本书为国家社科基金青年项目"乾嘉象数易学及其义理意涵研究"（17CZX031）最终成果。

焦循易学研究

张沛 著

人民出版社

序　一

张学智

　　焦循是清代乾嘉后期扬州学派的代表人物，尤以易学名世。他的《易学三书》自出手眼，创为新的解易体例；又有关于《论语》《孟子》的注释，以义理之学彰显象数背后的意蕴；既有乾嘉朴学的典型风貌，又有突破朴学局限，回归中国学术原貌的鲜明意图。关于焦循易学，学界已有一些论著。张沛的《焦循易学研究》在充分吸收、消化已有成果的基础上，作出了创造性贡献。我读后有几点感受，在这里说出来，以就教于方家。

　　其一，对乾嘉学术进行新的界定和评价。本书认为，除了由宋明理学的天人性命返回到经学的崇实证、重考据之外，乾嘉学术还有一个重要面向，即将义理之学与经学考据结合起来，通过抉发经典的深层含蕴，使其中的未发之覆显示出来。就这一点说，不能把焦循易学仅视为象数之学，更应把它视为义理之学。焦循在易学上所做的，就是把象数背后蕴含的义理宣发出来，实现经世致用理想；不是简单地由宋学返汉学，而是用汉学的面目表达宋学的内容，是在追求孔子之意的目标下汉宋兼采。所以，焦循拒斥抱残守缺的汉学，批评当时学者拘守许慎、郑玄之学而缺乏创新精神。由"创"而"通"，是扬州学派异于乾嘉大宗吴、皖之学最重要之点，以焦循为代表的扬州之学是乾嘉学术演进的自然结果。这些论点虽有取于前人如梁启超、张舜徽等，但本书以焦循易学为证对这一线索的勾勒、阐述，是充实饱满、有说服力的。

　　其二，对焦循解易体例的精准分析。《易学三书》是理解焦循之学的锁钥，其中最根本、最具创造力的在"旁通""相错""时行"三例。焦循曾自叙说，不通此不可以解《周易》经传之文。本书在这方面用力最深，结合大量卦爻实例对三例各自在焦循易学中的功能和地位进行详细分析，并与易学史上的其他体例进行比对，以彰显焦循的独创性。如对《易图略》所列举的三十则卦例在象数上的不同一一给予解说，由此将功能、作用各不相同的《易学三书》打通为一。在对"比例"的说明中，本书用通用的数学符号和图示予以说明，并结合具体象数推演，指出焦循易学与天算之间的关系。从中具见张沛的易学造诣，及对各种解易方法的融贯能力。

其三，对焦循"参伍求通"注释原则的说明。本书指出，焦循易学中象与辞之间存在着对应关系，辞是象的形式符号，象是辞的实质内容，而且同辞诸卦必有象数关联。故焦循的解《易》步骤是，先打通《周易》经传，将其拆分成字词单元，然后观察重复之辞分布于哪些卦中，根据旁通、时行、相错分析同辞诸卦之间的关联，推断相关字词的象数含义，最后将分解的《易》辞按经传的原先次序重新拼接，并逐爻逐卦地加以疏解。这一由合到分、由分到合的步骤，将《易》辞背后蕴涵的象数义理贯通于《周易》经传中，完成了他独特的易学创造。本书对焦循易学这一核心方法的概括和说明是准确的、深刻的，对揭示焦循易学的奥秘有推进之功。

其四，对焦循以《论》《孟》补充易学这一重要之点的阐发。本书提出，《周易》非卜筮之书，它的作用首在"设卦定人道"，即对人的终极之理的揭示。非但《周易》，儒家诸多经典作用皆在此，故其中的义理可以通释。《周易》经传采取的是以辞明象的曲折表达方式，而《论语》《孟子》言近旨远，内容宏深，将儒家宗旨显明表出。就此而言，《论》《孟》义理与《周易》象数可以相互发明，《论》《孟》与伏羲画卦为一体两面，研究《周易》须通贯其他经典。这是"参伍错综，引申触类"的表达方式的必然结果。所以焦循不仅穷毕生之力创通《周易》，晚年又用力于孔孟之书。焦循的《论语》《孟子》注疏是与《易学三书》紧密连接的，《论》《孟》等义理著作才是其易学体系的最终完成。《论》《孟》与《周易》可以互释，如"旁通"与"仁"，"时行"与"义"，"当位"与"礼"，"性善"与"智"，"道"与"命"，"教"与"卜筮"等。本书把焦循的所有著作打通，视为一个互相关联的有机整体，这是有深刻的、通贯的学术眼光的。

其五，对焦循理论缺失的指陈。本书对焦循的解经路数，其理论系统的首尾一贯，其著作的浑然一体，对焦循自出手眼、自创新例的理论勇气和创新精神大加赞扬，但也指出其中的缺失之处。本书结语旁征博引，对焦循思想的各方评价作了深入评述，最后借用当代著名易学家黄寿祺的评论，作为对焦循易学的总体评价："当清代乾、嘉之隆，举世崇尚汉学，好古不好是风气正盛之时，而循能独立为说，力辟荀、虞及康成诸家之谬，固可谓豪杰之士。惟其自所建立诸例，以测天之法测《易》，以数之比例求《易》之比例，虽曰自成一家之说，竟皆牵合胶固，无当经旨，较之郑氏爻辰有过之而无不及。"这个评价是公允的，切中要害的。本书各章节对焦循的评说与此一致，代表了张沛对焦循易学的整体看法。

张沛在北京大学哲学系攻读博士学位期间，我是他的指导教师。他的同名博士学位论文，获得了北京大学优秀博士学位论文奖。毕业工作后，他又对博士学位论文做了全面修改。本书是焦循易学、清代象数易学研究的新成果，具见张沛读书之广博，裁断之矜慎，思考之深沉。书中很多精彩观点，相信对读者会有裨益。本书即将付梓，我谨略述阅读书稿的几点感想，以向读者推荐。

是为序。

序 二

林忠军

　　象数与义理的关系问题是易学最基本的问题之一。对此问题的理解与判定，关乎易学解释的理路、指向、方法、实践。在易学发展史上，易学家自觉或不自觉地以此问题为核心展开研究，从而形成了异样的易学理论形态和不同的派别。溯其原，卜筮视域下的《周易》古经象辞并存，其象数符号系统与基于象数而作的卦爻辞文字系统相互显发，故今本《易传》中有两种易学研究方法和理路：一是"观象系辞""观象玩辞"，认为象是文本的根本，文辞本于象数，故解读文本须以象为据。一是"观变于阴阳而立卦""立象尽意"，认为阴阳之义先于象，象本于义理而成。后世汉易、宋易的解释模式，正由此两种不同的解释形式生发而出。以郑玄、荀爽、虞翻为代表的汉易，认为《周易》文本之形成是由象数而文辞，由文辞而义理，故其以训诂字义并揭示《易》辞背后的象数依据、再现《易》之本义为旨归。由王弼发端，而以程颐、杨简等人为代表的宋易，认为《周易》文本之形成是由义理而象数，由象数而文辞，故其解《易》的核心任务是通过疏解象数和卦爻辞来阐发人生之理、彰显圣人之道。

　　至清代，易学家们不再纠结象数与义理之先后、本末，如何由训诂、象数开显义理成为他们思考的重点。清人认为，宋易的最大缺失是忽略象数、训诂而空谈义理。因此，他们尝试构建由象数推演义理的话语系统和易学范式，走出宋儒易学解释的误区。惠栋曰："经之义存乎训，识字审音，乃知其义。"其《周易述》大致勾画了从象数、训诂到义理的框架。戴震秉承惠栋的思路，提出"古训明则古经明"的主张，其《孟子字义疏证》实现了由训诂阐发义理的体系建构，成为乾嘉经学的基本范式。张惠言"本天以求其端，原卦画以求其变，推象附事，以求文王、周公制作之意"，其《周易虞氏义》重建了虞翻易学体系，并凸显了"阴阳消息"之蕴意。

清代真正建构融象数、义理于一体的易学体系的，是"扬州学派"的代表人物焦循。焦氏学识淹博、著作宏富，于经学、数学、天算、地理、史学、文学、医学诸多领域皆造诣精深，于经无所不治，于学无所不通，被时人誉为"通儒"。他提倡以训诂方法求其义，反对脱离文本臆造。如其所言："经学者，以经文为主，以百家子史、天文术算、阴阳五行、六书七音等为之辅，汇而通之，析而辨之，求其训故，核其制度，明其道义，得圣贤立言之指，以正立身经世之法。"其易学研究以"实测"为方法，发明了"旁通""当位失道""时行""相错""比例"等象数体例，结合训诂假借，重建了汉代象数学体系，完成了由象数到义理的易学解释，又由《周易》与《论语》《孟子》的"相互发明""参伍错综"开显出内涵易学特色的儒学义理，卓然自成一家。尽管其象数发明与义理演绎不免有主观、牵强之处，但他对汉代易学的省察、对易学体系的建构乃至整个儒学体系的重建，无论深度还是广度，在当时堪称登峰造极。时人称其易学"石破天惊""凿破混沌"，并不为过。然而，由于焦循学识之淹博和易学体系的复杂性，不坐十年冷板凳，难以领悟融通其易学之真意，辨识其真伪是非。正因乎此，当今真正通其易学者凤毛麟角。焦循易学研究实乃极少数学者的自言自语、独傲孤芳，俨然是一冷门绝学。

张沛博士聪慧过人，思维敏睿，多才多艺，为人平和低调，好史学、经学，尤喜易学。在人欲横流、学风浮躁之今日，甘于寂寞，不尚浮华，不为名所累，不为利所役，孜孜矻矻，潜心于易学经典解读。他凭借深厚的学养、扎实的学术功底，在参阅前人研究和反复研读原典的基础上，于北京大学张学智教授门下完成了博士学位论文《焦循易学研究》。后经数年反复思考、补充完善，终于有本书付梓。其研究多有创见，值得肯首。本书全面、系统地理清了焦氏复杂的象数易学内涵及注经实践，并站在哲学高度，将其置于易学和儒学发展史中，以思辨的语言阐明了焦循基于易学象数而建构的儒学义理思想体系。更为重要的是，作者能够慧眼洞识焦循易学的创新与失误。就创新而言，汉易重卦象，焦循重爻变；汉易体例相互平列，焦循易例层层递进，是一个逻辑系统；汉人并未关注《周易》经传中重复出现的整句《易》辞，焦循则关注了此一问题；汉易之训诂假借多着眼于字义，而焦循易学的"假借"指的是符示相同象数内容的同声《易》辞之间的关联，其概念使用必须严格限定在解《易》范围内，即"假借说《易》"的立论前提和问题域不是小学的，而是象数学的。然而，焦循用比例法解释重出《易》辞看似屡试不爽，其实只是在分别截取六十四卦比例全图的一个个片段。这正是其易学体系的根本失误。

总之，张沛博士的《焦循易学研究》以小见大，闳通深远，思虑精邃，逻辑缜密，语言思辨，学风端正，是当今易学研究难得之力作，有助于进一步研究焦循易学和清代易学、哲学。本人愿意推荐之，与学界同仁共享。

林忠军于山东大学

岁次辛丑年末

目　录

导　论

一、线索与问题

　　回望中国古代哲学史便不难发现，虽然先秦、两汉、魏晋、隋唐、宋明直至清代，居于主流地位和发挥主导影响力的哲学派别或形态不尽相同，但作为中国哲学文化重要原典的《周易》一书，从未随王朝更替而遭禁绝，亦未因学术演进而淡出人们视野。易学之于中国哲学，绝非断裂式的静态端初，而是以其日新不竭的生命力持续发挥着滋养作用的鲜活源头。在《周易》经传丰赡深湛之学理内蕴的感召下，数代士人醉心于《易》者比肩叠踵。又因乎中国哲学自先秦时期即已确立起以述为作、融旧铸新、继往以开来的一贯诠释学进路，《周易》文本亦历经时代变迁而一次次地被赋予多向度的新解与重注。正是这些新解与重注，造就了中国易学史与哲学史的相映互摄，每每处于同一脉动之中：一方面，儒释道三家皆曾基于各自学术立场，凭借开放的心灵及其充足的思想原创力，或部分撷取，或彻然涵化《周易》蕴含的丰沛资源，从而使各个时期的中国哲学要么鲜明显现出对易学思想的融通吸纳，要么深层涵具着易学学理品格的通体浸润；另一方面，历代先贤之言《易》、解《易》，又皆根植于其当时的宏观文化格局和整体学术语境，由是，易学亦被源源不断地注入纷繁多彩的时代精神和哲学识见，继而犹有规范又免于拘迫持守，最终汇聚为慧命相续且新意层现的易学衍展长河。

　　易学起源于筮占，而占筮活动的深层文化根据，乃是先民所秉持的如下信念：行蓍操作过程既然是对宇宙创生大化的模拟再现，故借助蓍草这一神物，人得以契入大宇宙并与之感通，由此便可获取关于未知世界吉凶祸福的将然消息。大体诞生于西周初叶的《周易》古经,其主体内容即在于对占问事项之情状一则用卦爻画予以象征符示,再则用卦爻辞加以比拟晓喻。而后,在以德性为价值根基、以礼乐为鲜明特色的西周文化价值系统面临崩塌并开始解构和重构的过程中,孔子及其弟子完成了对《周易》古经的首度创造性诠释,从而使原本全然笼罩在巫卜氛围下、尚以信仰为主导意味的易学得以转进为以仁义等儒家文化价值和德性内涵充分贯注其中的天人之学。同时,《易传》亦开启了后世以象解《易》的滥觞。通观《易传》,其中不单有对八卦之象的总结列举和卦爻象例的创设运用,更有对象数关系及其作用地位的学理论说。"因此,《易传》不仅是义理派之祖,也是象数派之宗。"[①] 概言之,《易传》诸篇的相继问世,标志着易学作为一具备自身话语系统而特色鲜明的专门之学的正式形成。[②]

两汉以降,象数易学率先大发其皇,并成为易学的绝对主导。西汉大儒董仲舒以《公羊春秋》会通阴阳五行思想继而获得官方认肯之后,易学经师们便在其春秋阴阳说的示范引领下,普遍致力于谋求《周易》的阴阳五行化改造,卦气说由是成为汉代象数易学的主流。[③] 因乎以卦气为基石的占验派易学与阴阳术数、天人感应思潮弥漫的经学文化语境之深度契合,《周易》在此时期亦被渐次抬升为法天地而设政教的"群经之首""大道之源"[④]。直至灾异谴告的热浪被东汉党锢之争息褪,郑玄、荀爽、虞翻等易学家又在因循承继西汉占验易学旧例的基础上以其超卓深厚的易学学养发明新例,终将二者融通于解《易》,造就了东汉注经派易学的鼎盛局面。基于《易》乃圣

---

① 林忠军:《象数易学发展史》第一卷,齐鲁书社 1994 年版,第 50 页。

② 参见王新春:《易学与中国哲学》,人民出版社 2012 年版,第 81 页。

③ 刘大钧先生认为:"'卦气'之说,虽说不见于先秦,但与'爻辰''纳甲'一样,溯其源,恐怕也不是汉人独创。""估计汉人只是在前人基础上,作了补充和整理,使其说更加完备而已。"参见刘大钧:《周易概论》,齐鲁书社 1986 年版,第 168、169 页。本文此处只强调卦气说在汉代成为显学这一史实,并不涉及卦气说的产生年代问题。

④ 《汉书·艺文志》:"六艺之文:《乐》以和神,仁之表也;《诗》以正言,义之用也;《礼》以明体,明者著见,故无训也;《书》以广听,知之术也;《春秋》以断事,信之符也。五者,盖五常之道,相须而备,而《易》为之原。故曰'《易》不可见,则乾坤或几乎息矣',言与天地为终始也。"见(汉)班固:《汉书》卷三十《艺文志》,中华书局 1962 年版,第 1723 页。

人"观象系辞"而作的理念，注经派易学家深信《周易》之象与辞必定存在着严整对应，故其注《易》的核心任务即在于逐一明示象辞相契的微言大义。值此之际，大量的象数体例被创设翻新、运用衍展，极大地丰富了易学的内容。然而，顺循"专崇象数，以象生象，象外生象，以数演数"①的注《易》思路无限度发展，象数易学终成一牵强烦琐的僵死之说。平允地讲，"案文责卦，有马无乾，则伪说滋漫，难可纪矣。互体不足，遂及卦变；变又不足，推致五行"②确实是汉易注经的整体风格。

于是，王弼从汉代旧学中突围而出，以清新简明的文风畅然点出深邃的义理，并由此肇始一场易学革命，便绝非偶然。究其根本，王弼"得意忘象"论的剑锋所向，乃是作为汉易基本生长点和根本着力处的"象数优位"原则。"忘象以求其意"作为其易学革命的精髓，并非意图"尽废象数"，而是主张置"意"于"象"之上，以"求意"为"用象"之归宿，即完成由"象数优位"到"义理优位"的路向转换。王弼开风气之先，韩康伯继之在后，义理派一跃居于易学主流。至于汉易经说，虽有陆绩、干宝两重镇，终难逆转日薄西山的黯淡。两派间未曾止息的辩难攻错，若依交进互动的角度视之，则别是一番景象："魏晋南北朝以来象数与义理两大流派，能够自觉不自觉地认识并承认双方各自具有合理性的一面，任何一方都无法完全取代另一方的易学家，占有主流，而完全偏颇于一端者，毕竟是少数。"③及至唐代，调和两派的倾向已甚为明晰。在此易学文化语境下，孔颖达的《周易正义》作为官方经学重整的成果，既以王、韩义理为主体，又兼采郑玄等各家象数；而李鼎祚宛如空谷足音的《周易集解》，则在竭力辑存汉代以来象数成果的同时付出了广泛汲取魏晋义理学说的努力。

北宋伊始，与道教发展密切相关的象数易学得以勃兴。陈抟、刘牧的易学在存留部分汉易内容的同时，勇于冲破注经形式的囿限，以"河图""洛

① 林忠军：《论两汉易学的形成、源流及其特征》，《山东大学学报（哲学社会科学版）》2000年第1期。
② （魏）王弼：《周易略例·明象》，载楼宇烈校释：《王弼集校释》，中华书局1980年版，第609页。
③ 刘玉建：《魏晋至唐初易学演变与发展的特征》，《周易研究》2003年第4期。

书"的全新面貌登上了易学舞台；邵雍则基于宏大的宇宙视野，借常人难以为匹的思维原创性和知识整合力，写就了全然不同于传统经学形态的先天易学巨著《皇极经世》。理学的问世，更是宋易义理划时代的特出成就。极具儒家正统意识和文化承续担当的北宋儒者，普遍将魏晋以来儒学式微的症结归因于心性论的缺失。本着抗击佛老、复兴儒学的雄伟期许，北宋诸子皆以《周易》为学术根基开出了各自的理学体系，易学亦随即踏上了"性命之源"的心性改构历程。尔后，南宋朱熹依其卓荦的学术器识，再次推出了规模庞巨、内容宏富的易学体系。在"《易》为卜筮之书"的本义判定下，朱熹首倡三圣之别、经传分观：一则直指先天学等宋代象数新创为伏羲易；二则断定后天方位、大衍之术等象数成说为文王易；三则认信以《易传》为核心的儒学义理为孔子易。三圣之易虽有殊别，其本质则是同一天理的因时展现。继而，他在择取吸纳既往象数、义理精粹并以此完成易学建构的基础上，进一步为其增添了理学的底色。朱熹身后，其兼象数与义理、寓理学于经学的易学体系，亦在官方对程朱的多番推尊中同步加剧着影响。明初以来，诸儒言《易》谨奉朱学圭臬，除细枝末节处偶有发明，整体皆不越出朱熹易学之既定范围。直至阳明心学从朱学中流转而出并居于显学，"良知即易"旋即成为理学解《易》的主导路数。为达致"心""易"二者的相互诠显，心学家大多采取了近似策略：先将所有相关的易学范畴收摄于"良知"，再把易学问题的阐论化归为良知学的言说。因此，心学虽无理学式的深度易学亲缘，但在对良知的诠释意义上，心学易确有其独到价值。

明清易代后，尽管清廷仍旧沿袭前朝的官方学术，但原创精神丧失殆尽的朱子理学已经全然无法抵挡朴学的日益壮盛。清初经世背景下对宋易象数学的批判渐进波及整个理学，终于在乾嘉之际发展为汉学的大举复兴。惠栋、张惠言、姚配中等人在全面辑佚、整理汉代经说的基础上，或对师法家法加以疏通分介，或依据汉易体例重注《周易》经传，从而使近乎绝迹千年的汉代象数之学再发幽光。此外，朴学易的贡献亦不止于扶危起废，焦循融采汉学另创新例而独成一家的《易学三书》即是明证。

综上可见，历代易学总是在对前人成果的吞吐消化中不断被注入特定时代的文化精神，从而每每透显出前后相继而又生生日新的旺盛生命力。关于易学史的上述演变，清人曾给出一段经典性的概括：

> 《易》之为书，推天道以明人事者也。《左传》所记诸占，盖犹太卜之遗法。汉儒言象数，去古未远也；一变而为京、焦，入于禨祥；再变而为陈、邵，务穷造化，《易》遂不切于民用。王弼尽黜象数，说以老庄；一变而胡瑗、程子，始阐明儒理；再变而李光、杨万里，又参证史事。《易》遂日启其论端。此两派六宗，已互相攻驳。又易道广大，无所不包，旁及天文、地理、乐律、兵法、韵学、算术以逮方外之炉火，皆可援《易》以为说，而好异者又援以入《易》，故《易》说愈繁。①

也许我们会在一定程度上对四库馆臣的"六宗"分判有所保留，但无可否认的是，"两派"之说确实切中了易学史流变的核心脉络。有关象数易与义理易的总体区别，林忠军先生曾补晚清杭辛斋之未尽处加以详论："以学术风格言之，象数易注重文字训诂，失之于琐碎；义理易注重阐发大义，失之于空疏。以治学方法言之，象数易恪守家法，严正精确，失之于墨守故训；义理易注重应用，勇于创新，失之于主观臆断。""以注经言之，象数易以'观象系辞'为据，注重象数作用，专以象数注辞，揭示辞出自象数；义理易注重辞意，尤其偏于阐发易辞社会人生之理。以理论形态言之，象数易多与古代自然科学相结合，即吸收了天文学、历法、数学等自然科学的成果，建立了以古代自然科学为基础的易学体系；义理易多与古代传统文化相结合，从儒道释诸家中吸取营养，丰富其内容。""以思维水平言之，象数易偏于字句训诂，象辞联系，或占验应用，故思维水平一般较低；而义理易偏于阐发大道，善于运用抽象思维，故思维水平一般较高。以影响言之，象数易将古代科技引入易学，反过来又推动了中国古代科技发展。""义理易在中国文化大背景下形成、发展，同时，又对中国文化的发展产生了深远的影响，儒道释诸家皆援《易》为说，易学所包含的博大精深的思想，成为中国

---

① （清）永瑢等：《四库全书总目》卷一，中华书局1965年版，第1页。

文化的源头。"①

从两派关系的角度审视，古代易学的层层演进完全可以被目为一部象数与义理相互消长、交替主导的历史。然而，在某种意义上，现今学界开展的易学史研究却似乎与这一宏观整体的史实无涉，甚至是背离。尽管象数、义理两派各有所长仍是学者们的普遍共识，可一旦转入个案或断代易学史研究，重义理、轻象数的倾向随即显现无余。这看似只是学者们出于个体偏好的集合行为，实则耐人寻味、颇待深思。从更高的层面而言，对此现状成因的追问与反思，于易学乃至中国哲学研究的继续推进不无裨益。在当前受西学深度影响的学科体系划分下，易学属于中国哲学专业的研究范围。因而，如果我们把象数、义理研究的失衡与中国哲学史研究的侧重倾斜相联系，结论便近在眼前。

毋庸讳言，近年来中国哲学领域的汉学和清学研究明显处于弱势。一方面，专门致力于汉、清学术研究的学者较少、成果欠丰；另一方面，相较古代其他历史时期，以汉、清两代为对象的哲学探讨无论在广度还是在深度上皆未收获突破性进展。事实上，汉学、清学研究弱势的原因并不在于文献基础薄弱或缺乏技术支撑，究其根本，还是重视不足所致。比如，在现今各种版本的《中国哲学史》教材或通史描述性著作中，汉、清两代的篇幅比例与其总计六百余年的悠久历史表现得极不相称。除董仲舒、王充、戴震三人有专属章节外，其他人物大多只在时代哲学概况中被约略提及，甚至被直接舍去。那么，为何汉、清学术无法激起学者们高昂的研究热情？这就要从学术特质的分析入手来找寻原因。

长久以来，中国哲学领域似乎潜存着一种成见：虽然古代经学与哲学的发展大体同步，但经学是否应当作为哲学研究的对象，要视其内容的哲学性而定。缘于汉人所秉持的独特宇宙信念，两汉经学的思想架构完全建基于阴阳、四时、五行等经验性范畴，内容又掺杂着大量的阴阳术数、天人感应、灾异谴告之说；清学虽已完全剥离汉学浓重的信仰色彩，但朴学家给人的总体印象，仅是埋头于故纸堆中，专心致志地从事着对汉儒经说的辑佚董理、

---

① 林忠军：《象数易学发展史》第一卷，齐鲁书社1994年版，第7—8页。

训诂考据等工作，至于宇宙心性的形上兴趣和社会人生的义理阐发则付之阙如。因而，两汉经学和清代朴学非但未能凸显出先秦诸子、魏晋玄学或宋明理学式的高度哲学品格，更在抽象水平和思辨能力欠缺的同时输于格调不高。质言之，在哲学设准的衡判下，经学形态、运思方式和学术品位这三项弱点皆可归结为一，即哲学性的匮乏。缘此思路，我们便可进一步寻得象数学屡遭鄙薄的原因。既然象数易居于显学恰在汉、清两代，故其理应与此时期的整体经学风格一样疏于哲学理性。于是，哲学领域的大多数学者顺理成章地认为，象数学那些光怪陆离的易例创造只是出于构建占验体系或完善解经技术的需要。其如此烦琐复杂，要么旨在眩人耳目，要么缘于牵强附会。总之，象数无关乎哲学。相反，唯有义理易学对宇宙、社会、人生应然之道的透辟阐发，才称得上富含理性的哲学诠释。因而，包括宋代图书、先天之说在内的全部象数成果均无须深究，哲学视域下的易学研究仅以义理为对象即可——这正是当今象数易学研究疲弱的主要原因。不过，若以雍容宽舒的心态加以反思便不难发觉，"经学疏于哲学、象数无关义理"的判认理解，着实是一种未经深察的门户之见。

尽管宏观易学史甚为明晰地展现为两派分野、相互争胜的局面，但具体到每个思想家的易学体系中，象数与义理又从未截然分离。牟宗三先生曾指出："谈《易》者有象数义理之分，互相诋斥，俨若水火……须知象数与义理固无冲突……象果可忘也？果烦琐而讨厌也？义理与象果可离也？是必不然矣！"[①] 例如，从义理派最具典范意义的王弼《周易注》和程颐《易传》来看，二人都曾大量运用自然、事物、方位等《说卦》之象解《易》；所用之爻象，不但继承了《易传》以来的当位居中、承乘比应等旧例，更发明了"初上不论位"的新说。不单如此，王弼《易》注还在一定程度上对汉代象数学有所保留[②]，程颐亦曾沿用汉易卦气，且另创不同于十二消息系统的乾坤卦变说注经。诚如刘大钧先生所言，王弼"心中严格掌握着卦象，并没敢随意解

---

① 牟宗三：《周易的自然哲学与道德函义·自序二》，台湾文津出版社 1988 年版，第 4—6 页，标点有改动。

② 参见张沛：《王弼〈易〉注对"汉代象数"的舍弃与保留》，《人文杂志》2014 年第 1 期。

说"①。这一结论，也同样适用于程颐等义理派易学家。事实上，对现今大多数易学研究者来说，"义理不离象数"只是对易学常识的强力重述，早已无须争辩。"象数阐发义理"却迟迟未能获得学界的普遍认同。可是，一旦我们能不继续在学派归属的优劣比对上纠缠不清，摆脱入主出奴的偏见，继而对汉易著作加以研习精思，便不难体读出蕴藏在纷繁象数体例背后的丰沛义理情怀——卦气说不仅是对阴阳消长和时序更替的象征符示，更是汉儒参与政治、履行担当的理论工具；郑玄以"三礼"和爻辰注《易》，旨在凸显礼乐文化的正大精神；荀爽的升降说喻示着各社会角色在不同时局下的通权达变；虞翻以"成既济定"表达出宇宙社会全方位正定的极治理想。② 综上，"在各派易学中，象数易与义理易往往是紧密结合在一起的，讲义理，不脱离象数；讲象数，旨在阐发义理，二者在发展过程中相互吸收、相互影响"③。追本溯源，《周易》古经的象辞并存、相互显发，《周易》大传中象数与义理的相即不离、一体圆融实已注定了后世易学的基本诠释方向。"就《易传》的主导倾向而言，应当承认，它是属于义理派的易学……但是另一方面，《易传》也没有完全否定占筮，而保留了某些对象数的神秘崇拜。""这两种互相对立的易学倾向并存于《易传》之中，有时把义理置于首位，有时又把象数奉为神圣……如果按照'观变于阴阳而立卦，发挥于刚柔而生爻'的思路，把卦爻结构看做是对阴阳变化的一种摹拟和象征，这就表现为一种义理派的倾向。反之，如果按照'蓍之德圆而神，卦之德方以知'的思路，认为可以根据卦爻结构把天下所有的道理都推演出来，这就表现为一种象数派的倾向。由于这两种倾向表现得错综复杂，棼如乱丝，所以后来的象数派和义理派都可以在《易传》中找到自己的根据。"④ 不仅如此，尽管象数学以解释与重建卦爻象数为目标，但象数体例排列设置的导向原则往往在于其深层的义理内蕴；义理学虽致力于卦爻辞之文意解读和大道诠释，其义理表达却终究

① 刘大钧：《周易概论》，齐鲁书社 1986 年版，第 177 页。
② 参见王新春：《易学与中国哲学》第三部分《经学大语境下汉代象数易学的哲学文化底蕴与王弼对它的批判超越》，人民出版社 2012 年版，第 81—284 页。
③ 林忠军：《象数易学发展史》第一卷，齐鲁书社 1994 年版，第 8 页。
④ 余敦康：《汉宋易学解读》，华夏出版社 2006 年版，第 7—8 页。

无法脱离卦爻时位的象数架构。因此，所谓两派之争，绝非妄图以自我立场消解对方，而是指基于不同优位选择的治《易》路数判若两途。

值得庆幸的是，象数学研究的总体弱势并未消退部分学者萃心汉易的热情，他们孜孜矻矻地完成了对全部汉学易例的细节描述和对象数人物思想的整体评介，极少数学者还将研究方向进一步推展至对汉易义理的阐解开示，并已收获重要成果。①"以往学界每每仅看到这一时代象数之学本身烦琐牵强的一面，却常常忽视同情理解其内在深层的哲学性、思想性意涵，尤其是内中更具根本性意义的易学家之独特总体宇宙关怀与终极人文关切，乃至将此象数之学与筮占之术简单划等号，或至少断言此象数之学的主要功用在于占筮，以致此一领域的研究迟迟难有实质性突破。""我们既要充分看到其象数的烦琐之弊，更宜透过其烦琐的外在形式，深层开掘其内在有价值的哲学文化底蕴，而不应采取简单否定的态度。这体现了一个易学研究的视阈与方法的重要问题。"②

截至目前，汉易研究取得的重要进展尚未延拓至清易。作为清代易学主流的朴学易在总体上仍被视作对汉易乏于创造的恢复和祖述。当然，想必有学者确有所见，却无暇开展细致深入的系统探究。平心静气地看，"一代有一代之所胜"③是学术史发展每每呈露的面貌。退一步讲，即便不认可清代学术的成就超越了前代理学，至少也应承认清易与此前历代易学有所不同。就象数而言，乾嘉易学并非对汉代象数的全盘因袭。不满汉易旧例而持部分择取或彻底批判态度的学者大有人在，更有易学家裁汰汉学、自创新例用以注经。从义理来看，清学从绵延数百年的理学中转出，断无可能抛却义理不

---

① 关于汉代象数学的义理内蕴，代表性的研究成果有余敦康：《汉宋易学解读》上篇《汉代易学》，华夏出版社 2006 年版，第 3—125 页；王新春：《易学与中国哲学》第三部分《经学大语境下汉代象数易学的哲学文化底蕴与王弼对它的批判超越》，人民出版社 2012 年版，第 81—284 页；林忠军《周易郑氏学阐微》第四章"郑玄易学天道观"、第六章"效法天道的人道思想"，上海古籍出版社 2005 年版，第 51—72、121—138 页；林忠军：《〈易纬〉宇宙观与汉代儒道合流趋向》，《哲学研究》2002 年第 10 期。

② 王新春：《易学与中国哲学》，人民出版社 2012 年版，第 125、254 页。

③ （清）焦循：《易余籥录》卷十五，《丛书集成续编》第 29 册，台湾新文丰出版公司 1989 年版，第 369 页。

顾。比如，若对公认求古、信古最甚的惠栋易学著作加以通读，其显明的义理追求依然不难得见。事实上，从清人对理学诸儒的公然攻驳中，我们不仅可以深味出宋学思维的因袭影响，甚至可以看到些许明拒暗合之处。那么，乾嘉朴学究竟有哪些易学成就？在象数上有何超越前人的新创造？其义理又是如何吸纳时代精神的？要回答这些问题，就必须对朴学易进行一番丰富深入的个案探讨。本书选取焦循易学作为研究对象。

二、目标与方法

焦循（1763—1820），字理堂，一字里堂，晚号里堂老人，江都甘泉人，乾嘉之际著名学者，扬州学派代表人物。嘉庆六年乡试中举，翌年入京会试，落第还乡，自此绝意进取。年四十外，足不入城，终日与湖光山色相依，潜心著述于雕菰楼中。焦循学识淹博、著作宏富，于经学、数学、天算、地理、史学、文学、医学等领域皆有精深造诣，尤善《周易》《孟子》，被时人誉为"通儒"。主要易学著作有《雕菰楼易学三书》四十卷（《易章句》十二卷、《易图略》八卷、《易通释》二十卷）、《易话》两卷、《易广记》三卷、《周易补疏》两卷。此外，《论语通释》一卷、《论语补疏》三卷、《孟子正义》三十卷、《雕菰集》二十四卷、《易余籥录》二十卷、《里堂家训》两卷及后人所辑《焦里堂先生轶文》《昭代经师手简二编》中的部分文献，亦与其易学密切相关。

本书选取焦循易学作为研究对象，首先是因为其影响巨大。作为乾嘉时期与惠栋、张惠言并称的一流易学家，焦循曾被时人极力推许，其《易学三书》亦号称"石破天惊"之作。至于乾嘉后学直至现代学人的多番指斥，亦可视为其影响深远的侧面反映。其次，从易学史的角度看，相较惠栋《周易述》大体以荀、虞及干氏《易》说为主，张惠言《周易虞氏义》和《周易虞氏消息》之专攻虞翻，焦循易学无疑透显出更为充足的原创力。其创造性不仅体现于《易学三书》别具一格的象数建构，更展示在《论语》《孟子》注疏明畅丰富的义理表达中。最后，就学术流衍的一般情况而言，前期的思想成果往往会被后出者予以不同程度的扬弃。因其晚于惠栋和戴震，我们亦可从焦循对吴、皖两派的舍弃与保留中获知乾嘉后期学者对此前学术的评判与反思，从而有利于把朴学作为一连续推展的整体加以考察。

自清以来，有关焦循易学的评价、研究一直未曾中断。总体而言，清代学者对焦循易学的态度可谓截然二分。王引之、皮锡瑞赞其曰"精锐之兵"①"独辟畦町"②；朱骏声、郭嵩焘斥之曰"傅会难通"③"以《易》从例"④。不过，清人的褒贬在很大意义上只是表达了对焦循解经路数的个人好恶。及至民国，学界才相继出现一批评介焦循学术的单篇论文⑤，部分学者还编撰了焦循年谱、年表。⑥ 当然，这些研究也止步于全景式的描绘，未能详论其易学。与此相类，章太炎《清儒》、梁启超《中国近三百年学术史》中肯认焦氏易学的寥寥数语，仍与精深细致的系统探讨距离甚远。时至今日，焦循易学研究已然取得了重大突破。虽然以此为论题的专著仅有两部⑦，但专论文章或含有专门章节讨论焦循学术的著作中，较有价值者有 30 余篇（部）。此外，大陆地区已有少数几篇与焦循易学相关的学位论文⑧，台湾地区亦有

① （清）焦循：《雕菰楼易学五种》附录《王伯申先生手札》，凤凰出版社 2012 年版，第 1118 页。
② （清）皮锡瑞：《经学通论·易经》，中华书局 1954 年版，第 34 页。
③ （清）朱骏声：《传经室文集》卷二《书焦孝廉循易图略后》，载《续修四库全书》第 1514 册，上海古籍出版社 2002 年版，第 593 页。
④ （清）郭嵩焘：《郭嵩焘全集》第一册《周易释例叙》，岳麓书社 2012 年版，第 527 页。
⑤ 其中较有代表性的文章有白昭：《博大精深的学者焦里堂》，《清华周刊》第 309 期，1924 年；王永祥：《戴东原的继承者焦里堂》，《东北丛刊》第 12 期，1930 年；李承祜：《焦里堂先生评传》，载光华大学中国语文学会：《中国语文学研究》，中华书局 1935 年版，第 109—125 页；沈眉英：《焦里堂思想的述评》，《江苏研究》第 1 卷第 5 期，1935 年 9 月；荀生：《焦循学述——为焦里堂卒后百二十年纪念而作》，《中和》第 1 卷第 12 期，1940 年 12 月。
⑥ 王永祥：《焦里堂先生年谱》，《焦学三种》，中华书局 2014 年版；范耕研：《江都焦里堂先生年表》，《斯文半月刊》第 1 卷第 17、18 期合刊，第 20 期，1941 年。
⑦ 陈居渊：《焦循儒学思想与易学研究》，齐鲁书社 2000 年版；赖贵三：《焦循〈雕菰楼易学〉研究》，台湾花木兰文化出版社 2008 年版。
⑧ 程钢：《焦循天算学、易学学术思想研究》，西北大学 1996 年博士学位论文；陈修亮：《乾嘉易学三大家研究》，山东大学 2005 年博士学位论文；葛莱：《焦循〈孟子正义〉研究》，扬州大学 2012 年博士学位论文；贾培：《焦循〈孟子正义〉新论》，安徽大学 2012 年硕士学位论文。此外，大陆地区还有一些研究焦循的学位论文，但内容大多与易学无涉，兹不胪列。

部分硕士学位论文。① 上述成果极具借鉴意义和参考价值，但其未尽之处尚有继续深讨的余地，研究推进的可能性和必要性依然存在。一方面，就具体内容而言，现有成果虽已涵盖了焦氏易学的诸多层面，但许多讨论仍较粗略。例如，对象数义例的解析有待深入；对数学、训诂等注经方法的笼统论述较多，对解经技术的细节分析较少，至于象辞相应的落实方式更是罕有论及；义理层面则多为对性善、忠恕等中心内容的局部疏解，且这些疏解由于缺乏逻辑线索贯穿其中颇似未成体系的散落片段；此外，焦循对卦序、卦名等早期易学问题的说解及对此前诸家《易》注的评价，本是其易学的重要组成部分，长久以来却被置之不理，以至于曾被张之洞、柯劭忞等对焦氏易学持有总体否定态度的学者极力推崇的《周易补疏》亦鲜有问津。另一方面，从宏观角度看，绝大多数研究着力各有偏重，精于象数者未能详论义理，畅言义理者多不谈及象数。即使大体兼顾的著作仍有其详略取舍，真正能将二者予以同等重视者委实寥若晨星。

学术的推展绝不能仅靠知识细节方面的拾遗补阙。展开具体讨论之前，我们有必要对研究目标和研究方法加以深思熟虑。一般来说，目标和方法须依研究对象来合理选取。焦循易学象数、义理并重的特点，即已决定了此项研究不但要完整呈示这两方面的内容，在取径上亦须对两派路数有所兼容。然而，因乎象数与义理两条治《易》路向的根本差异，如何在二者间调和取舍，实关乎本书研究目标的确立及方法的选定。

前文已论及象数与义理的相互依存。固然，义理解《易》有赖于象数卦画；象数构设中存有义理关怀。但是，对二者相即不离的强调并不意味着否定易学分派的合理性。事实上，不同的优位选择最终造成了两派的本质差别。对义理易学来说，注经的关键任务在于从对卦爻辞的文意疏解中揭示其深层内蕴，继而阐发人生之理、彰明圣人之道。其之所以不离象数，首先是因为《周易》经传原本就存在符号与文辞的大体对应，故在解《易》过程中

① 陈进益：《清焦循〈易图略〉、〈易通释〉研究》，台湾"中央大学"1994年硕士学位论文；刘德明：《焦循〈孟子正义〉之义理学研究》，台湾"中央大学"1995年硕士学位论文；廖千慧：《焦循论语学研究》，台湾中正大学1995年硕士学位论文；石樱樱：《"执两用中"之恕道——焦循〈论语〉义理思想之阐发》，台湾逢甲大学1998年硕士学位论文。

不能不对涉及的象数内容加以指示。更重要的是，源自《易传》的乘承比应等象例为卦爻时位的比喻和拟人化诠释提供了极大便利。于是，寓人道于爻象即成为义理诸家解《易》的普遍策略。王弼曾云："夫卦者，时也；爻者，适时之变者也……承乘者，逆顺之象也；远近者，险易之象也。内外者，出处之象也；初上者，终始之象也。"①胡瑗曰："凡六十四卦，卦有六爻，一卦之体，象其一时；一爻之义，象其一人。"②程颐亦言："看《易》，且要知时。凡六爻，人人有用。圣人自有圣人用，贤人自有贤人用，众人自有众人用，学者自有学者用，君有君用，臣有臣用，无所不通。"③不过，义理派学者始终不认为卦爻之象与经传之辞具有同等的地位。注经是否用象，要么受制于《周易》原始文本的规限，要么需依卦画爻象能否有助于义理阐释而灵活取舍。若无必要，摆脱象数直切义理亦无可非议。因而，义理易学既总体不离象数，又非时时皆用象数。余敦康先生认为："《周易》的形式就是象数，它的内容就是义理。由于形式与内容不可分，象数与义理乃是紧密结合在一起的。讲象数，目的在于阐发某种义理，谈义理，也不能脱离象数这种表现工具。"④这一看法，与义理派易学家的理解大体一致。在义理优位的理念下，圣人以《易》辞文意承载的大道宏旨才是易学的本质内容，象数符号的价值则仅在于其形式上的辅助功能。此即义理派重辞不重象的根本原因。概言之，其注《易》的实质思路，是通过恰当运用象数体例，将一己之义理识见整体融摄在对《周易》经传的文辞解读中。因乎这一思路，义理易学研究的首要目标应当是从具体《易》注中梳理出易学家对宇宙、社会、人生的核心见解，继而还原其思想逻辑并加以学理评析。至于其中的象数成分，只需在工具意义上简略说明即可。相应地，义理研究必然要以哲学史方法为主导，并略采经学史方法。

与义理易学形成鲜明对照的是象数易学对卦爻符号的高度重视。在象数

---

① （魏）王弼：《周易略例·明卦适变通爻》，载楼宇烈校释：《王弼集校释》，中华书局1980年版，第604页。

② （宋）胡瑗：《周易口义·系辞下》，中国社会科学出版社2021年版，第440页。

③ （宋）程颢、程颐：《二程集》，中华书局2004年版，第249页。

④ 余敦康：《汉宋易学解读》，华夏出版社2006年版，第7页。

注经派看来，圣人观象而系辞是不容置疑的事实，注经的全部任务即是基于象辞相应的信念，逐字逐句地指出《易》辞背后的象数根据。一旦某一字词的取象得以落实，对此字词的训解即可停止。可见，此一注经方法完全是将《易》辞拆分为基于象数的字词单元，而对文意所指不甚重视。至于西汉的占验派和宋易的图书、先天学，更是从《周易》经传的文辞囿限中突围而出，通过四时五行之说的理论嫁接、黑白点的形式变换和层层有序的卦爻推演分别完成了易学体系的全部构建。其间，重象不重辞的特征表现得更为明显。但是，脱略《周易》文辞并不等于缺失义理意蕴。李尚信先生曾在其卦序研究著作中指出："任何构造原则都有一定的意义。《周易》是一部'法象天地'之作，它是站在哲学的高度来探讨筮法或宇宙、人生的问题。所以，卦序的构造原则就不能不具有哲学的意味。"①这一深刻分析同样适用于其他象数体系。我们认为，象数建构绝不是随意的，其特定的秩序化安排中往往潜存着某种内在的导向性原则，这种原则就是义理。以汉易爻辰说为例，假若爻辰的作用仅是将地支、五行引入筮法构造或注经活动，那么，一种爻辰理论就已足够，不必再造另外两种。事实上，纳十二地支入六十四卦的不同配法，反映了京房、《乾凿度》、郑玄三家义理的区别。②可见，与义理派《易》注明畅直接地阐发思想不同，象数易学的义理意涵或隐含在局部的义例发明与完整的体系构设内，或偶尔呈露于《周易》注疏的只言片语中。然而，无可否认的是，并非所有的象数体例皆有其义理底蕴。比如，我们今天固然可以赋予互体、半象以某种思想意义，但汉儒从未论及这些体例的深层内涵。互体和半象之于汉易，只能当作解经技术看待。这足以说明，在此派易学家的心目中，象数建构才是易学的第一要义。它具有相对完整的地位，绝不只是义理思想的铺陈而已。许多倾心于义理的学者在王弼"得意忘象"论的影响下，认为象数派的这一做法无疑是对形式与内容的本末倒置，可象数派学者未必将二者视作形式与内容。其象数优位原则下的理解，乃是以象数为主

---

① 李尚信:《卦序与解卦理路》，巴蜀书社 2008 年版，第 9 页。

② 京房爻辰说体现了"八卦相重"而生六十四卦的思想，《乾凿度》爻辰体现了"有天地然后有万物"的思想；郑玄爻辰说体现了"乾坤立易之门"的思想。见林忠军:《象数易学发展史》第一卷，齐鲁书社 1994 年版，第 157 页。

导、义理为从属。由于上述特征，象数易学研究应以评介各家的义例创造和体系构建为基本目标，至于在此基础上深究其义理内蕴则是第二步的工作。这并非刻意拉低义理阐释的重要意义，而是主张其不能越过象数学的事实描述独立完成。① 我们再次强调，突破繁难的象数细节后，义理思想的深度开掘理应作为象数研究的进一步目标。相应地，象数易学研究应以经学史方法为基础，并兼用哲学史方法。

或许正是两派易学及其研究路径的深层差异，造成了以往焦循易学研究的各有所偏。本书既旨在全面论析，则必须对两派研究的目标和方法予以兼取。具言之，约有如下三端：

其一，对象数注经的疏解评介。关于焦循象数学本质上是否同于汉易，学界众说纷纭，尚待深讨。不过，将其最重要的著述《雕菰楼易学三书》归为象数注经派作品当无疑义。程石泉先生曾言，《易学三书》甚为难读之原因有二："一、焦氏治《易》自立系统，自创条例，往日有所得于易汉学及易宋学者用于焦氏易，则无所助益；二、焦氏治《易》以全《易》为对象。务求纵通横通，于《易》获一全盘之了解；条例虽简，但讲一卦往往涉及数十卦，明一例往往贯穿全经，使初学乃至专讲微言大义者，觉焦易繁密，不易索解。"② 诚然，焦氏解经虽不及汉易体例纷繁，复杂程度却实有过之，不仅《易》辞、爻变纵横交错，更与天算、训诂纠缠扭结。本书的首要研究目标，即在于以经学史方法对焦循易学的象数体系和注经思路予以详尽探讨。

其二，对义理思想的分析阐释。焦循内心有极强的儒学道统意识，除长于易学，他对《论语》《孟子》亦多精深体悟。在他看来，"四书""五经"皆承载着"一以贯之"的圣人之道，故《易》与《论》《孟》并不彼此孤立，而应通而为一。这就意味着，其《论语补疏》《论语通释》《孟子正义》中的儒学义理与《易学三书》的象数之学亦互诠互补、内在关联，进而组成一有机整体。因此，探寻焦循易学的义理思想无须从象数内容中艰深发掘，而应

---

① 尽管部分学者对汉代易学研究突出象数的取径有所批评，但至今未见脱离象数评介泛论汉易义理的研究成果问世。其实，就象数易学研究而言，缺乏事实描述和细节支撑的义理阐发必定是游谈无根的。

② 程石泉：《易学新探·雕菰楼易义》，上海古籍出版社 2003 年版，第 248 页，标点有改动。

采用哲学史方法①对其《论》《孟》注疏及相关文献加以系统论析，此即本书的研究目标之二。

其三，衔接过渡的指示说明。就大多数易学体系而言，无论是义理本于象数，还是象数为义理之形式，二者的连接都是不言自明的。在这一点上，焦循易学尤为特殊。表面上，《易学三书》的象数建构与《论》《孟》著作中的儒学义理彼此独立，二者既无主导从属之分，亦非形式内容之别。然而，作为易学整体的构成部分，象数与义理绝无可能被平行放置，必有其深层的学理连接。尽管部分学者对此已有觉察，可始终未对焦循本人如何衔接二者这一关乎体系完整的关键问题给予明确回答。以往学界对焦循义理思想的解读每每表现为各项内容平列，恰是未能把握到其中隐含的象数线索所致。这正是本书的研究目标之三。

综上，本书的目标即是综合运用经学史和哲学史方法，对包括象数体例、解经理路和义理思想诸层面在内的焦循易学体系加以完整探讨。笔者期望，此项研究既能宏观全面，又能深入细致；既基于象数，又富于义理；既有传统经学式的爬梳董理，又有中国哲学式的阐扬开掘。

---

① 时下，用诠释学等西方哲学理论研究中国古代学术似乎是一种潮流。笔者并不否认这一研究路数对思想史研究法局限的突破及其高度的思想性和创造力。但也无需讳言，在以西学治中学的热浪中，哲学诠释能力和原创思维水平的确表现得参差不齐。至少，哲学的学理提升和深入开掘与刻意造作地叠用概念以使问题复杂化是完全不同的两件事。尽管焦循易学可以在多个面向上被赋予哲学式的阐发，但本书仍以质朴的易学史和哲学史研究为宗旨，在研究方法上对西方哲学理论采取回避态度。

第一章 乾嘉学术的批判承续

　　学术总是个体思想吸纳时代精神的产物，其创造性既表现为对前人具体识见的继承与超越，又体现为对当下特定文化课题的思索与回应。因而，中国古代学术的发展变迁往往与波澜壮阔的朝代更迭或政治调整息息相关。同样，明清易代的历史事件对清初学术的总体格局亦有重大影响。一方面，清廷基于拉拢汉族士子并加强文化专制的需要，因袭了前朝独尊朱子的官学政策，从而使理学传统在清代仍有广泛延续；另一方面，内心燃炽着华夷意识的明代遗臣在反思前朝学术时一致认为，旧朝覆灭与心学诸儒对境界气象的高谈阔论和对事功建构的贬抑疏离不无关系。他们主张，儒学绝不能在天道的高迈玄思、心性的细致分疏和人格的工夫证成上继续打转，而应以淑世情怀和现实关切为宗旨加以重整。于是，在内容上，清初儒学从"性与天道"的语录阐发中跨步而出，落脚为经世致用的五经诠解；在方法上，力求以训诂、考据等手段还原经典本义，继而去除宋学绵延几百余年的持续遮蔽。依此判准，宋代的图书、先天、《太极》诸说皆被目为无稽之谈。然而，当清初经学沿此方向发展至清中期，原本针对宋易象数的批判浪潮已渐进波及整个宋学，经世的核心精神亦随文字狱的高压而丧失殆尽，唯有清初确立的治经之法得以留存，并光大为专务汉代经说的乾嘉朴学。就在惠栋、戴震等人的精勤钻研将朴学不断推向深广并势不可挡地占据清学主导地位的同时，个中弊端的日益显现也随即招致了学界的多方指责。在此宏观学术时局之下，朴学阵营内的少数学者从对先辈时贤和自身为学之方的检视省察出发，改筑旧学、别立新说，意图使乾嘉朴学在纠偏补失中继往开来。焦循即是其中的杰出代表。

一、清代初期的学术转向

（一）朱学的官方推尊

中国古代史曾多次证明，建立古代政权的少数民族，其深层的文化心理或多或少都会受到华夏文明的熏陶浸润。清朝也不例外。从当时的历史情况看，清初的"用夏变夷"并非缘于汉族知识分子的文化策略，而是清廷以积极心态自觉选择的结果。随着皇权确立，统治者便清醒地意识到，仅凭入关之前粗陋的治理手段完全无法驾驭偌大的国家。现实考量下，唯有全方位借鉴汉族政权的国家管理方略和权力运作模式，才能为新建皇朝立定稳固的统治根基。这就意味着，清朝不仅要仿效前代的制度设计，还要充分吸纳汉族精英参与政治。出于这一目的，清初文化政策大多延续明代，程朱理学也由此得以继续独享官方学术的至尊地位。于是，顺治、康熙、雍正三朝除了将朱熹配享孔庙予以象征性表彰，还极力重用理学名臣，并编纂修订了《日讲四书解义》《春秋传说汇纂》《诗经传说汇纂》《朱子全书》《性理精义》等多部理学著作。

易学也受到了清廷的高度重视。顺、康二帝连续推出的《易经通注》《日讲易经解义》和《周易折中》三部"御纂"作品就是明证。其中，康熙帝命李光地主持编纂的《周易折中》不仅标志着清初官方易学的最高成就，而且是有清一代乃至古代易学史上最具影响力的著作之一。《四库全书总目》谈及此书曾云：

> 自宋以来，惟说《易》者至夥，亦惟说《易》者多歧。门户交争，务求相胜，遂至各倚于一偏……冠以《图说》，殿以《启蒙》，未尝不用数，而不以盛谈河洛致晦玩占观象之原。冠以程传，次以《本义》，未尝不主理，而不以屏斥谶纬并废互体、变爻之用。其诸家训解，或不合于伊川、紫阳而实足发明经义者，皆兼收并采，不病异同。①

---

① （清）永瑢等：《四库全书总目》卷六《周易折中》，中华书局 1965 年版，第 34—35 页。

《周易折中》的首要贡献，在于尊重并恢复了朱熹对《周易》经传的文本取向。众所周知，朱子《周易本义》的底本最终选择了吕祖谦编订的《古周易》而非王弼本。但朱子身后，《本义》意在凸显的经传相分率先被其后学董楷的《周易传义附录》打破，及至明初胡广等人纂作《周易大全》时仍主分传附经，且将《本义》割开分置程传之后。与《大全》明显有别，《周易折中》不但还原了《本义》经传相分的原意，而且将两家《易》注的次序调整为朱先程后。这足以证明，清代官方虽以程朱并尊，实则更重朱子。正是朱熹在易学派别上的不落两边，成就了《折中》兼象与义的鲜明特征。不过，《折中》所取的"义"乃是程朱之义理，"象"也仅限于朱子所明确肯认的象数内容。至于自汉至明诸家论《易》间或有益经旨却越出程朱范围者，只得收入"集说"一目略加提及。由此可见，书名所谓的"折中"，看似为象数、义理兼采并蓄，实则是将各家《易》说置于程朱易学尤其是朱子易学的标尺下予以衡判。

《折中》的这一特点，也充分体现在其他两部"御纂"之中。四库馆臣论《易经通注》云："发四圣之精微，衡诸儒之得失，斟酌乎象数义理，折以大中，非儒生株守专门、斤斤一家之言者所能窥见万一。"① 言《日讲易经解义》曰："儒者拘泥章句，株守一隅……即推奇偶者言天而不言人，阐义理者言心而不言事，圣人立教，岂为是无用之空言乎？……而于观象之中，深明经世之道。"② 值得注意的是，三部《易》著在明确表达对象数、义理的折中态度时，都对学派论争进行了严厉斥责。显然，钦定的官学著述真正的批评指向断然不会只是学风的相互争胜。唯有透过表象，我们才能获悉其中潜藏的深层用意。

任何否定背后都存有某种建设性原则。如果我们单凭三部"御纂"之兼取象数、义理就认定其宗旨在于调和止息两派易学纷争的话，我们便无从解释为何其仍抱定朱子门户入主出奴地大加取舍。事实上，"株守专门，斤斤一家""拘泥章句，株守一隅""门户交争，务求相胜"不仅是对学术门派之

---

① （清）永瑢等：《四库全书总目》卷六《易经通注》，中华书局 1965 年版，第 34 页。

② （清）永瑢等：《四库全书总目》卷六《日解易经解义》，中华书局 1965 年版，第 34 页。

争的客观描述，更是长久以来知识阶层高度活跃的侧面反映。清朝开国在汉族精英内心激起的巨大震动，无疑加剧了思想界的混乱局面。思想的统一关乎政权的稳固，清廷统治者显然对此有充分的认知。于是，他们试图以朱学一尊地位的牢固确立来抑制学术领域的郁勃繁荣。既然朱子之书已然穷尽了天下之理，一切是非就应依从朱子定论，不容再有其他见解，亦毫无讨论的余地。这才是包括《易》著在内的清初官学著述的核心宗旨。由此可知，对于统治阶层来说，朱学绝对地位的官方认定与搜查反清书籍、大兴文字狱等政治打压之间并不彼此孤立，而是同一文化政策的一体两面。此二者相互配合，共同指向思想专制这一政治目的。

在朝代更替之际，深具家国担当意识的明遗儒者虽然对清廷普遍表现出坚决的抗拒态度，但终究抵挡不住"遗民不世袭"①的历史规律发挥其客观效用。随着清廷执政根基的日趋安稳，越来越多的汉族知识精英也从前人怀念旧朝的落寞忧伤中缓步走出，渐渐坦然地接受了这一无可更改的现实。于是，当朱学被划定为开科取士的考试范围，加之恩威并施的政策引导，士人们或出于功名利达的引诱，或因乎身家性命之忧虑，纷纷投入了朱子理学的怀抱。另外，持朱学立场的明代遗老也在继续发挥着学术影响。总之，诸多因素共同造就了清代初期朱子理学的繁盛。与此同时，朱学门户也变得愈发严苛。比如，他们以朱熹之说为准绳对理学诸家进行了颇具判教意味的学术评定，对阳明心学的批判尤为猛烈。不过，虽然多数遗臣将大明破灭的原因部分归咎于阳明及其弟子，但入清以来心学一脉的持续影响仍未断绝。面对朱学的大肆挞伐，心学派儒者也曾予以强力回击。除心学外，理学诸支在清代皆有流衍。当然，局部存在的朱王之争和其他理学分支早已无从动摇朱子理学作为官方正学的绝对权威。

---

① 徐狷石"遗民不世袭"一语见于钱穆：《中国近三百年学术史·自序》，商务印书馆 1997 年版，第 2 页。钱伯城先生在《"遗民不世袭"：一条被遗忘的历史规律》一文中指出，该语出自全祖望《鲒埼亭集外编》卷三十《题徐狷石传后》，参见钱伯城：《问思集》增订本，中西书局 2011 年版，第 513—517 页。徐介之语如下："吾辈不能永锢其子弟以世袭遗民也，亦已明矣。然听之则可矣，又从而为之谋，则失矣。"见（清）全祖望：《全祖望集汇校集注》，上海古籍出版社 2000 年版，第 1365 页。

　　然而，官学地位的获得往往伴随着负面效应的显现。一旦朱学成为科举策试的题目，随即便会沦为记诵之学。因为多数士子并不关心理学的真精神，只在乎其能否博取声名利禄。即便不以应试为目的，那些忠诚信徒亦谨奉朱子圭臬，甘愿当理学的传声筒。这一点可从清初易学中获得证明。顺、康两朝，在三部"御纂"之外尚有其他朱学《易》著问世。如钱澄之的《田间易学》、陈梦雷的《周易浅述》、李光地的《周易通论》和《周易观彖》等。这些著作虽在细枝末节处偶有发明，但总体皆未出离朱子易学的边界。由此可见，清初的理学易在很大程度上只是对前人成说的循仿格套，早已失却了"北宋五子"和朱熹那般高度的原创力。这不能不说是官方推尊对朱学造成的伤害。

（二）经学的致用精神

　　就在清初官学被朱学一尊的沉闷空气笼罩之时，明代遗老正在酝酿一场影响深远的学术变革。这一变革无疑源于现实政治的强烈刺激。对亲历明清易代的汉族知识精英来说，千余年来儒家教化深植于心的华夷意识，此刻转作了对民族自信和民族尊严的极度摧残。当他们从天塌地陷般的巨大惊悸中迅速缓醒后，便开始了对旧朝覆灭原因的冷静探寻。在此过程中，他们普遍察觉到理学性格的虚浮疏阔与前朝政治的软弱乏力之间委实存在着相当程度的因果关联。理学家既以个体超越为根本宗旨，故不但满足于心性工夫和境界气象的自我缠绵，而且对力求淑世的其他儒者不屑一顾或大加嘲讽。待到理学之风遍吹朝野，谋事建功的需求随即被置诸脑后，甚至关乎国计民生的各项政事也因之屡受轻视。然而，国家终究不是个体，政治也绝非超越问题，政权的良性运行绝不可能脱离人欲的营谋计度和现实的功利成就。依此观之，理学之根本弊端即在于模糊了个体与国家、现实与超越的应然分界，以致任凭儒学哲思贬抑政治实行。仅就这一点而言，顾炎武、黄宗羲、王夫之等人的批判确已触及理学的内在缺陷。譬如黄宗羲云：

　　　　今之言心学者，则无事乎读书穷理；言理学者，其所读之书不过经生之章句，其所穷之理不过字义之从违。薄文苑为词章，惜儒林于皓首，封己守残，摘索不出一卷之内，其规为措注，与纤儿细士不见长短。天崩地解，落然无与吾事，犹且说同道异。自附于所谓道学者，岂非逃之者之愈巧乎？①

黄宗羲认为，理学发展至明清之际，业已沦为浮于表层的口耳之学，既无朱子般的泛观博览，又无体悟力行之功，只余留对少数书册的文意探讨。心学诸儒则以为良知现成、读书无益，纷纷脱略工夫而放任自然。当晚明政权风雨飘摇之际，平日长于玄谈阔论的一众朝臣却个个束手无策，唯有坐以待毙。从这一评论来看，黄宗羲对明末朱、王两家之失各有所见，亦皆有不满。不过，我们仍需留意其批判心学的分寸。作为蕺山的嫡传弟子，黄宗羲始终对阳明心学怀有高度的同情与尊敬。所以，他一面竭力指斥阳明后学的率性之病，一面又热烈颂扬阳明本人的学术成就。如其所言："自姚江指点出'良知人人现在，一反观而自得'，便人人有个作圣之路。故无姚江，则古来之学脉绝矣。"②从其对阳明后学与阳明本人的区别对待和对师说的终身推崇中不难看出，黄宗羲的真正意图在于纠正心学末流之偏，其心学立场则从未转移。

真正将矛头指向阳明的是顾炎武。依他之见，心学的空疏之失早在阳明本人处即已呈露端倪，绝非由其后学首倡。在一定意义上，顾氏此论的确可以视为一种真知灼见。一切工夫收摄于内，无疑是"心外无物"的必然结论；以良知为现实人生的绝对主宰，也就意味着当下心性本然自足。而在被弟子门人多番提及的"天泉证道""严滩问答""南浦请益"三件大事中，晚年阳明对龙溪的认肯褒扬更是促成其"四无论"的直接根由。明代心学后来在追寻"向上一机"的道路上渐行渐远，实与阳明本人的思想倾向不无关联。基于这一认识，顾炎武把晚明的空谈之风完全归罪于阳明："以一人而易天下，其流风至于百有余年之久者，古有之矣，王夷甫之清谈、王介甫之新说；其在于今，则王伯安之良知是也。孟子曰：'天下之生久矣，一治一乱。'拨乱

---

① （清）黄宗羲：《黄梨洲文集·留别海昌同学序》，中华书局 1959 年版，第 477 页。
② （清）黄宗羲：《明儒学案（修订版）》卷十《姚江学案》，中华书局 2008 年版，第 178 页。

世反之正，岂不在于后贤乎？""夫心之说有二。古人之所谓存心者，存此心于当用之地也；后世之所谓存心者，摄此心于空寂之境也。"① 应当理解，顾氏此间所谓"摄心于空寂"并非单指聂豹等人的归寂一路，乃是强调但凡言心止于向内寻求而不以用世为的者，皆与佛学无别。当然，他对心学的猛烈批评，亦有学派立场的因素掺杂其中。从其"复程朱之书以存《易》"② 的易学主张来看，顾炎武对程朱学说的肯定态度还是相当明显的。

相较顾炎武和黄宗羲，王夫之又有不同。在他看来，空谈误国并非仅始于陆王一脉，程朱二人亦难辞其咎。理学不单对心性之辨津津乐道，其所言"天理"又何尝不是玄远虚妄之谈？于是，他将程朱、陆王一同摒弃，而以北宋张载为归。其自拟墓石联曰："抱刘越石之孤愤，而命无从致；希张横渠之正学，而力不能企。"③ 在船山眼中，唯有至精至实的张载气学才配称为上接孔孟的儒学正脉。"张子之学，无非《易》也，即无非《诗》之志、《书》之事、《礼》之节、《乐》之和、《春秋》之大法也，《论》《孟》之要归也。"④

在对理学的徒托空言大张诛讨之余，明代遗老们也对宋明以来的语录之学表示出强烈反感。显然，此两者实为同一批判的不同向度。如果说理学是以心性论为核心内容的话，语录体则是承载其思想的主要形式。从理学发展的角度审视，心性论的渐次深化与语录之学的日益壮盛几乎同步。在汉唐经学向宋明理学转型的过程中，儒家文化经典系统经历了由"五经"到"四书"的相应调整，同时也涌现出一定数量的语录体著作。但至少在宋代，经学的地位并未滑落。比如，张载既以《正蒙》完成了气学的理论创设，又以《经学理窟》表达了本于礼学的政治主张；除《二程遗书》留有大量语录，程颐还写就了即理学即易学的《伊川易传》；至于朱熹，不单《语类》中的理学讨论影响深远，《周易本义》等经学著述亦多具慧见。事实上，宋代的理学

① （清）顾炎武著，（清）黄汝成集释：《日知录集释》卷十八《朱子晚年定论》、卷一《艮其限》，上海古籍出版社 1985 年版，第 1423—1424、114 页。
② （清）顾炎武著，（清）黄汝成集释：《日知录集释》卷一《朱子周易本义》，上海古籍出版社 1985 年版，第 93 页。
③ （清）王之春：《王夫之年谱》，中华书局 1989 年版，第 127 页。
④ （明）王夫之：《张子正蒙注·序论》，载《船山全书》第十二册，岳麓书社 2010 年版，第 12 页，标点有改动。

建构在相当程度上得益于经学资源的滋养，故在张、程、朱等人的思想体系内，经学与理学乃是宏观融通的统一整体。然而，尽管程朱兼具理学家与经学家的双重身份，其工夫路向亦旨在促成德性修养与知性探求的交进互动，可一旦落入实践层面，却又隐含着分离知识与价值的危险。这一可能性最终在由宋至明的理学演进中变成了现实。一方面，部分门人在"今日格一件，明日又格一件"①的践履过程中慢慢移步于对训诂名物等专门知识的深入钻研；另一方面，对心性涵养和境界气象的开阔表达愈发不能容忍经书内容的规限，故摆脱经学、推尊语录已成大势所趋。明中期以后，心学显学地位的确立更使理学与经学有如分河饮水。心学家们普遍认为，"心体""良知"对人之修成圣贤已然充足，研经著述式的外在增添不但在本质上毫无益助，其支离琐碎的述言方式亦远不如语录之学那般亲切灵动。而在专务经学的学者看来，理学只不过是学养匮乏却妄慕高远的借口而已。于是，经学与理学只得在某些局部细节上偶有关涉，观其大体则是各处一端。不过，理学毕竟在明代儒学中占有绝对优势。"理学以价值观念、伦理准则之确立为宗旨，以语录之学为最普遍的学问形式，经学这种本来是儒学精神传承载体的学问系统反而成了理学的附庸，成了一种供士大夫寄寓其志意，宣泄其智思，甚或炫耀其博雅的知识性学术形态，其重要性已远不能同理学相比。"②所以，明代的理学重镇大多对自身的经学成就毫不在意，而是将全副身心投入到讲学论道之中，由门人弟子汇编而成的语录著作即是其学术生命的真实写照。然而，这一举动却对明代经学造成了极大损伤。纵观古代学术史，明代的经学著作虽然数量颇丰，其中亦不乏来知德的《周易集注》这般戛戛独造的作品，但其即便没有皮锡瑞说的那样不堪③，总体水平较低确是不争的事实。

晚明以来，已有学者对经学与理学的严重失衡深感不安。如归有光曾

---

① （宋）程颢、程颐：《二程集》，中华书局 2004 年版，第 188 页。

② 张学智：《中国儒学史·明代卷》，北京大学出版社 2011 年版，第 587 页。

③ 皮锡瑞论明代经学曰："明时所谓经学，不过蒙存浅达之流；即自成一书者，亦如顾炎武云：'明人之书，无非盗窃。'弘治以后，经解皆隐没古人名字，将为己说而已。其见于《四库存目》者，新奇谬戾，不可究诘。"见（清）皮锡瑞著，周予同注释：《经学历史》，中华书局 2004 年版，第 201 页，标点有改动。

云:"六经之言,何其简而易也。不能平心以求之,而别为讲说,别求功效,无怪乎言语之支,而蹊径之旁出也。"①归氏此间在批评理学之余亦表达了复兴经学的希冀,但因其醉心古文无暇他顾,始终未能落实这一想法。方以智亦提出了"藏理学于经学"②的主张,并初步付诸尝试。及至清朝建立,经学的地位才在前代遗老的反思浪潮中获得真正扭转。在他们看来,要彻底革正理学大讲心性的疏阔之病,就必须通过经学的复兴与改筑来取代语录之学的大肆盛行。出于这一目的,明遗学者们再三强调攻研五经对于儒者治学的优先意义。黄宗羲曾云:"受业者必先穷经。经术所以经世,方不为迂儒之学,故兼令读史。"③顾炎武更是断言"理学即经学":

> 理学之名,自宋人始有之。古之所谓理学,经学也,非数十年不能通也。故曰:"君子之于《春秋》,没身而已矣。"今之所谓理学,禅学也,不取之五经而但资之语录,校诸帖括之文而尤易也。又曰:"《论语》,圣人之语录也。"舍圣人之语录,而从事于后儒,此之谓不知本矣。④

顾氏认为,宋明儒者谨守理学诸子之训,相信几部语录已然囊括一切可穷之理,殊不知儒学的大道至理原本尽在五经之中。研修经学方为格物穷理之本,此即先秦汉唐皆言经学而不讲理学的原因所在。显见,顾炎武是由否定"理学"名称的合法性入手,进而试图涤除宋明以来的语录之学及心性之风,从而使清初儒学重建朝着原始儒家的经学方向复归。

　　把上述两方面结合起来看,则明代遗老对理学的态度着实有些耐人寻味:既然坚守各自的理学立场,为何却对宋明儒学大加指斥?又何以致力于语录到经学的学术形态转换?我们唯有洞悉其理学批判的精神实质,才能明

---

① (明)归有光:《震川先生集》卷七《示徐生书》,上海古籍出版社2007年版,第150—151页,标点有改动。
② (明)方以智:《青原志略》卷首《发凡·书院》,华夏出版社2012年版,第13页。
③ 见(清)全祖望:《鲒埼亭集内编》卷十一《梨洲先生神道碑文》,载《全祖望集汇校集注》,上海古籍出版社2000年版,第219页。
④ (清)顾炎武:《亭林文集》卷三《与施愚山书》,载《顾亭林诗文集》,中华书局1959年版,第62页。

晓这一看似矛盾的做法背后隐含的深意。前文已言,以明代遗民自居的知识精英们在探寻旧朝破灭的原因时一致认为,理学由于太过关注个体超越的达成,以致忽略了公共事务的现实考量,最终在空谈心性境界中断送了大明政权。可见,"空谈误国"的结论由反思明亡而得,其批评理学亦是从"误国"的政治后果出发,继而推展为对"空谈"之学术品格的断然否定。这就意味着,儒学重整必须要吸取明代理学的惨痛教训,特别是消除现实意义上的负面效应。具体而言,其内容应超出对个体心性的繁杂辨析,尽力向现实关怀靠拢;在形式上,亦须挣脱滋养空言的语录载体,回归到深具淑世意蕴的经学上来。顾炎武曾云:"孔子之删述六经,即伊尹、太公救民于水火之心……故曰:'载之空言,不如见诸行事。'……愚不揣,有见于此,故凡文之不关于六经之指、当时之务者,一切不为。"[1]黄宗羲亦云:"儒者之学,经纬天地,而后世乃以语录为究竟,仅附答问一二条于伊、洛门下,便厕儒者之列,假其名以欺世……徒以生民立极、天地立心、万世开太平之阔论,钤束天下。一旦有大夫之忧,当报国之日,则蒙然张口,如坐云雾。"[2]总之,明遗的一切批判与重建,皆旨在推动由"空谈误国"到"经世致用"的学术转向。

在清初儒学著作中,顾炎武的《日知录》可谓匠心独运。此书内容涵盖经义、政事、礼制、科举、名义、史法、术数、地理诸方面,一扫理学心性的高迈之气,极力向儒学至实处贯彻下落。尽管乾嘉朴学之形成曾受此书影响,但顾氏本人并未将其视为训诂考据性质的作品,而是予以治世致用的明确定位:"君子之为学,以明道也,以救世也……而别著《日知录》,上篇经术,中篇治道,下篇博闻,共三十余卷。有王者起,将以见诸行事,以跻斯世于治古之隆。"[3]就此而言,阮元"世之推亭林者,以为经济胜于经史"[4]

---

[1] (清)顾炎武:《亭林文集》卷四《与人书三》,载《顾亭林诗文集》,中华书局1959年版,第95页。

[2] (清)黄宗羲:《黄梨洲文集·赠编修弁玉吴君墓志铭》,中华书局1959年版,第220页。

[3] (清)顾炎武:《亭林文集》卷四《与人书二十五》,载《顾亭林诗文集》,中华书局1959年版,第103页,标点有改动。

[4] (清)阮元:《揅经室三集》卷四《顾亭林先生肇域志跋》,载《揅经室集》,中华书局1993年版,第673页。

一语，恰恰点示出顾氏学问的根本宗旨。

黄宗羲亦在《明儒学案》中再次突出了"致良知"的"实行"之义：

> 致字即是行字，以救空空穷理，只在知上讨个分晓之非。乃后之学者测度想像，求见本体。只在知识上立家当，以为良知，则先生何不仍穷理格物之训，先知后行，而必欲自为一说耶？①

阳明所谓"致良知"，是指让己之良知达于事事物物。"致知之必在于行，而不行之不可以为致知也。"②可见，"行"原本就是"致"的要义之一。③然而，自龙溪"四无"之说问世以来，"一悟本体，即见功夫"④的先天路数随即风行天下。尔后，更有部分门人汲汲于捕捉光景，最终在玩弄追逐心体效验中彻底遗落了阳明心学的实行精神。不过，黄宗羲的这段论述之所以格外强调以"行"解"致"，不单是因为他对阳明后学之弊确有所见，更是因为此一含义与其所处时代的学术主题深度契合。

在重构儒学的诸家之中，颜元的思想最具个性。他早年泛滥于陆王、程朱，洞见两家之失后毅然移步"实学"。其学问之旨可以"力行"二字尽之，正所谓"心中醒，口中说，纸上作，不从身上习过，皆无用也"⑤。基于这一思想，他对"格物"予以全新训释："'格物'之'格'，王门训'正'，朱门

---

① （清）黄宗羲：《明儒学案（修订版）》卷十《姚江学案》，中华书局 2008 年版，第 178 页。
② （明）王守仁：《传习录》卷中《答顾东桥书》，载《王阳明全集》，上海古籍出版社 1992 年版，第 50 页。
③ 梁启超先生认为，黄宗羲的这一论述是对阳明"致良知"的"新解释"，"说致字即是行字，很有点像近世实验哲学的学风"，见梁启超：《中国近三百年学术史》，东方出版社 1996 年版，第 52 页。这一观点值得商榷。其实在阳明心学中，"行"原本就是"致"最重要的含义之一。张学智先生指出："致字有推致和扩充至极二义。""同良知的扩充、致极义比较起来，阳明更看重推致、实行义。"见张学智：《明代哲学史》，北京大学出版社 2000 年版，第 117、115 页。陈来先生也认为："王守仁的致知的观念也有三个要点，即'扩充''至极''实行'。"见陈来：《宋明理学（第二版）》，华东师范大学出版社 2003 年版，第 214 页，标点有改动。
④ （明）王守仁：《王阳明全集》卷三十五《年谱三》，上海古籍出版社 1992 年版，第 1306 页。
⑤ （清）颜元：《存学编》卷二《性理评》，载《颜元集》，中华书局 1987 年版，第 56 页。

训'至'，汉儒训'来'，似皆未稳……元谓当如史书'手格猛兽'之'格'、'手格杀之'之格，乃犯手捶打搓弄之义，即孔门六艺之教，是也。"① 当颜元将格物限定为礼、乐、射、御、书、数的周孔之教时，显然已经试图把理学引向原始儒学了。

至其弟子李塨处，经学的致用色彩进一步凸显出来。他说："圣人之作《易》专为人事而已矣。""圣教罕言性天，观《易》亦可见。乾坤四德，必归人事。以下《屯》'建侯'、《蒙》'初筮'，每卦皆言人事。至于大传'乾大始''坤成物'合以贤人德业，阴阳性道，归之仁知。君子'鼓万物而不与圣人同忧'，以明圣人之崇德广业有忧患焉。其余专明人事。此《易》之大旨也。"② 李塨的《周易传注》表现出强烈的"实学"指向。如《象·坎》"习教事"注云："《周礼》六德，智仁圣义忠和也。六行，孝友睦姻任恤也。所教之事，礼乐射御书数之六艺也。君子法坎水之频至，故常之习之。"③ 可见，李塨虽已入朝为臣，但在学术上仍留有师说的深刻印记。依此观之，明代遗老相继故去，并未滞碍其思想影响继续扩张。

综上，立足现实、张扬致用是明遗学术的突出特点。不过，他们在以此出发驳斥心性之学的同时，并未否认理学价值追求的一贯主题。此即是顾炎武、黄宗羲、王夫之等人坚守各自理学立场的原因。以顾炎武为例，他一面对程朱之书颇有推许，一面却又愤然慨叹："夫百余年以来之为学者，往往言心言性，而茫乎不得其解也。命与仁，夫子之所罕言也；性与天道，子贡之所未得闻也。"④ 质言之，明代遗老的儒学重整应当视为对理学意在超越、遗落现实之弊的内部拨正。推崇经学、贬低语录的用意也绝不只是完成一种著述体裁的更替，而是希望借此切入到经世精神的本质变革中。事实上，语

---

① （清）颜元：《习斋记余》卷六《阅张氏王学质疑评》，载《颜元集》，中华书局1987年版，第491页。
② （清）李塨：《周易传注》原序、凡例，载影印文渊阁《四库全书》第47册，台湾商务印书馆1986年版，第2、5页。
③ （清）李塨：《周易传注》卷二《坎》，载影印文渊阁《四库全书》第47册，台湾商务印书馆1986年版，第74页。
④ （清）顾炎武：《亭林文集》卷三《与友人论学书》，载《顾亭林诗文集》，中华书局1959年版，第43页。

录内容可能与心性毫不相干，比如《论语》；经学作为学术形态，也未必一定有用世之意，如杨简的《慈湖易传》。从学术发展的角度审视，每一次学术变迁的实质，都是运思方式和精神归宿的彻底转换。是否伴有著述体裁和经典系统的相应调整，并不具有根本意义。① 因此，明遗学者的批判与继承、理学立场与经学转向一时并在，皆是对经世致用宗旨的凸显，毫无矛盾存乎其间。也正是这一特征，造就了明代遗老的双重身份：他们既是宋明理学的总结者，又是清代学术的开创者。

（三）气本论与新伦理

一般而言，哲学即便不是对某一时代课题的直面回答，也至少会间接关涉所处当下的宏观文化思潮。就此而言，清初气本思想的大举复兴，乃是儒学精神现实回落的哲学表现。众所周知，气本论是中国哲学的一贯传统。先秦时期，儒道诸家对"气"皆有论及，其中又以《管子》"精气"说发明尤多。尔后，汉唐经学中关于宇宙情状的整体理解、人性善恶的内在思索和政治参与的雄伟期许，全部立基于对待消息的阴阳二气。及至北宋道学初创，张载又在充分吸纳此前元气论思想资源的基础上开出了宋明理学的"气学"一脉，并以全新的"太虚即气"说昂然挺立起抗击佛老的儒学担当。至于程朱理学，一则将天理确立为宇宙人生的终极根据，一则将天地万有的构成材质归之于气。理、气虽分属形而上与形而下，但二者实为不一不异、不离不杂的圆融关系。随着理学发展，明初曹端、薛瑄、胡居仁等人愈发不满朱子理气论的既定见解。在对二者之先后、聚散、同异等问题的不断深化中，朱子"不一不异"的理气关系最终衍生出罗钦顺"理气一物"的气学命题。由此可见，气论在理学体系中的解释功能非但未因天理的高度凸出而被湮没，反而在明

---

① 例如，东汉党锢之后与清代乾嘉时期的主流学术形态皆为经学，但二者透过相同或相近的注经体例表达了全然不同的精神诉求。朴学义理较多集中于个人在社会群体中的应然定位，远不具备东汉士人那般的政治担当感。王弼也在一定程度上对汉代象数学有所借鉴，其易学本质却与两汉经学明显不同。又如，宋代的儒学载体是语录与经学并行，至明代则专取语录之学，但这并不意味着宋、明两代的理学精神存在根本性的差异。由此可见，学术的研究对象和形式体裁与其精神实质之间并无严格的对应关系。

代中期迎来了再度振兴的机缘。心学继起，亦复如是。由于"心"或"良知"缺乏宇宙本源性的意涵，故心学每当面临客观世界的构成问题时，都会借助气学加以解释。如湛若水曰："天地之与万物，一气也。故天地之气相感，则太和氤氲，而化育成矣。"①王畿曰："天地间，一气而已。易者，日月之象，阴阳往来之体，随时变易，道存其中矣。"②罗汝芳曰："夫合天地万物，而知其为一气也，又合天地万物，而知其为一我也。"③

明清之际的气本转向同样导源于理气之辨。此一时期的儒者普遍认为，气是横贯宇宙的终极实在，天地间的诸多事象同由一气所生；理则只是气之运化呈现出的规则条理，绝不可离气而独存。如方以智曾云："一切物，皆气所为也。空，皆气所实也。"④"气行于天曰五运，产于地曰五材，七曜列星，其精在天。其散在地，故为山、为川、为鳞羽毛介草木之物。"⑤黄宗羲曰："理气之名，由人而造，自其浮沉升降者而言，则谓之气，自其浮沉升降不失其则者而言，则谓之理。盖一物而两名，非两物而一体也。"⑥王夫之曰："阴阳二气充满太虚，此外更无他物，亦无间隙，天之象，地之形，皆其所范围也。"⑦"气外更无虚托孤立之理。"⑧颜元云："若无气质，理将安附？"⑨李塨云："以阴阳之气之流行也谓之道，以其有条理谓之理。今乃分理道别为一物，曰理道善而气恶，不亦诞乎！"⑩从理学发展的角度看，"理

① （明）湛若水：《格物通》卷七《感应上》，载影印文渊阁《四库全书》第716册，台湾商务印书馆1986年版，第65页。
② （明）王畿：《王畿集》卷八《易与天地准一章大旨》，凤凰出版社2007年版，第182页。
③ （明）罗汝芳：《罗汝芳集》，凤凰出版社2007年版，第349页。
④ （明）方以智：《物理小识》，载《万有文库》第二集第543种，商务印书馆1937年版，第3页。
⑤ （明）方以智：《物理小识·总论》，载《万有文库》第二集第543种，商务印书馆1937年版，第1页。
⑥ （清）黄宗羲：《明儒学案（修订版）》卷四十四《诸儒学案上二·学正曹月川先生端》，中华书局2008年版，第1061页。
⑦ （明）王夫之：《张子正蒙注》卷一《太和篇》，载《船山全书》第十二册，岳麓书社2010年版，第26页。
⑧ （清）王夫之：《读四书大全说》卷九《孟子·告子上》，中华书局1975年版，第660页。
⑨ （清）颜元：《存性编》卷一《棉桃喻性》，载《颜元集》，中华书局1987年版，第3页。
⑩ （清）李塨：《周易传注》卷五《系辞上》，载影印文渊阁《四库全书》第47册，台湾商务印书馆1986年版，第147页。

为气之理"的命题可谓远承罗钦顺、近接刘宗周;① 就具体内容而言,清初诸儒所言亦未超出整庵、蕺山之范围。值得思考的是:顾炎武、黄宗羲、王夫之、颜元的学术立场分属理学、心学、气学、实学,其儒学主张亦不尽相同,为何却在哲学取向上一致归于气本论? 这就要从理、心、气三种形而上学的比较分析中寻找答案。

质言之,程朱的"天理"既是天地人物及宇宙一体大全的存在根基,又是人之道德伦理的终极来源。天理落实下贯,使每一人物皆完整禀受了同一太极而涵具了天命之性。由此出发,儒者应在"居敬涵养"和"格物穷理"的工夫践履中,一面从事对天地宇宙及万事万物的知性探求,一面致力于人欲克制和道德彰显的心性修养。心学不同。对阳明来说,人人生而俱有的心体良知已然是成圣成贤的充足资源,所谓天理不过是对人心内在价值的一种指称而已。因而,全部工夫即在于祛除遮蔽,继而令良知朗现并顺畅发用、主宰人生。概言之,"理"形而上的内涵决定了理学思想必然以宇宙万物及人之德性为中心;"心"和"良知"则更进一步将心学话题完全锁定在心性、工夫、境界之上。"气"则不然。自先秦时期起,气之交感流行就一直与宇宙的创生大化息息相关。如果说"理"立定了天人一体通贯的终极依据,"心"凸显出道德伦理的主体性原则,那么"气"便着眼于天地人物的基本构成。相较而言,"理"和"心"的本体设定,实质是将天地人物的不同样态和心性活动的纷繁复杂全然剥离后的先验统一;"气"则不止为宇宙万有的生成覆灭提供了一元论解说,其阴阳框架本身具备的差别相更可被因时赋予事实或价值色彩,从而完整容纳现实世界的无限丰富性。

尽管对朱子本人来说,"理附于气"的观点并无不妥,但朱子之意乃是突出太极之理为一超越具体形象而又内在于事物之中的至高本体。理为气之聚散、动静的所以然者,足以证明其逻辑在先的绝对地位。心学虽也承认气对万事万物的构成作用,却在根本上对宇宙大化流行的问题兴趣不足。因为

① 罗钦顺曾云:"理只是气之理,当于气之转折处观之。往而来,来而往,便是转折处也。"见(明)罗钦顺:《困知记》续卷上,中华书局 2013 年版,第 89 页。刘宗周亦云:"理即是气之理,断然不在气先,不在气外。"见(清)黄宗羲:《明儒学案(修订版)》卷六十二《蕺山学案·忠端刘念台先生宗周》,中华书局 2008 年版,第 1523 页。

大多数心学家抱定这样一种信念：唯有人伦问题才具备终极意义，理学探讨应集中在道德伦理的论域内。总之，理学和心学的学术特质，决定了天道、人心始终是宋明儒学的核心论题。然而在明遗学者们看来，不论天道幽深还是心性精微，无一不是未着实地的玄思空谈。即便程朱理学析离出的知识性研究，也仅是部分学者沉溺于名物穷索而不能自拔的结果，并无丝毫现实关怀存乎其间。宋明理学在超越之路上渐行渐远，无疑与其理本论或心本论的哲学根基关联紧密。于是，在经世精神的指引下，清初儒学既要抑制良知学心性领域的精细分辨，又要消解掉程朱天理说的本体性质，继而最终落脚为直面实际的气本哲学。

不过，气本论的品格虽然比理学、心学更为务实，但其本身仍属形而上学的范围。正如"北宋五子"中学问最为平实的张载，其学说所涵具的本体论意味亦是显而易见的。同样，明代遗老转向气学，并不等于将超越追求一概舍弃。究其根本，清初气本论实由宋明理学流转而出，绝非向汉唐气学的宇宙论复归。准确地说，"清代哲学大体上都是以气论为基础的，这不仅包含着一种本体论的转向，更重要的是表现了一种立足于现实关怀以重新确立超越追求的指向。这一点，又以宋明气学集大成的王夫之为典型代表。当王夫之'以气释理'并坚持'据器以出道'时，不仅表明了一种新的本体论的确立，同时也表明其力图通过器识、历史以重新探索道之超越指向的趋势"①。就此而言，清初儒学正是在对价值与超越的尊重持守和经世致用的现实面向之间寻求某种平衡。气本论的复兴，则显露出这一学术运动当中暗含的哲学尺度。

自北宋道学初创起，人性论就成为理学的重要论题。在天人通贯的基本理念下，人性价值的本然充足总是被归因于天道本体的落实赋予。因而，哲学的本体论转向必然意味着心性论的相应调整。对程朱理学来说，人性的天命与气质是对理气关系的人道复制，而当理的终极实体义被"气之条理"取代，人由禀赋太极而得的"天命之性"也就丧失了根据。罗钦顺认

---

① 冯达文、郭齐勇主编：《新编中国哲学史》下册，人民出版社 2004 年版，第 189 页，个别字词有改动。

为："但曰'天命之性'，固已就气质而言之矣；曰'气质之性'，性非天命之谓乎？一性而两名，且以气质与天命对言，语终未莹。"① 刘宗周认为："凡言性者，皆指气质而言也。或曰：'有气质之性、有义理之性。'亦非也。盈天地间，止有气质之性，更无义理之性。"② 既然包括人在内的万事万物皆为一气同构，除此之外别无本体，那么，气质一语便已然道破人性本质。这一观点，亦被主张气本论的清初儒者全盘继承。如黄宗羲云："夫盈天地间，止有气质之性，更无义理之性。谓有义理之性不落于气质者，臧三耳之说也。"③ 颜元亦云："非气质无以为性，非气质无以见性也。"④ 为了深入理解这一结论的精神实质，此处有必要对汉唐经学、宋明理学和清初儒学的人性学说略加比较。我们知道，汉唐经学是以气禀的精纯与偏杂作为区分人性等级的标准。在受气成形之始，人性的善恶智愚即已注定且无从更改。道德智性的先天差别，注定了人在现实社会中的不同等级地位。相应地，教化、奖惩亦需根据性之"三品"区别对待。可见，汉唐经学着重强调的化民成俗，乃是通过儒学和政治手段对人性加以制导。宋代以降，理学诸子在高度融会佛道二教思想资源的基础上重新确立了儒学本体论，从而将全部道德价值完整赋予每一个人。相较"理"和"心"的至高地位，"气"在很大程度上只是用于解释现实人性中为何会有恶的存在。理学的核心宗旨，是主张人人皆可由"变化气质"去除驳杂气禀对天理或心体的干扰遮蔽，以求达至圣贤境界。然而，随着人之主体地位的不断高扬，理学日益沉浸于个体修养，最终在向天命之性的本体回复中将儒学原有的现实关怀与气质的人欲杂染一道剥落净尽。正是为了打破理学不履实地的形上玄思，落回经世致用的儒学本旨，清初儒者才试图彻底消解天理的本体性质和由此而来的天命之性。应当理解，对气质之性的重新关注断然不是对人性问题本身的继续探索，而是直指对理学品格的现实纠偏。如果说汉唐经学着眼于对既定善恶的区别制导，宋明理

---

①　（明）罗钦顺：《困知记》卷上，中华书局 2013 年版，第 10 页。

②　（清）黄宗羲：《明儒学案（修订版）》卷六十二《蕺山学案·忠端刘念台先生宗周》，中华书局 2008 年版，第 1526 页。

③　（清）黄宗羲：《黄梨洲文集·先师蕺山先生文集序》，中华书局 1959 年版，第 348 页。

④　（清）颜元：《存性编》卷一《性理评》，载《颜元集》，中华书局 1987 年版，第 15 页。

学提倡对人性至善的本然复归，清初儒学则力求突出现实人性的自然意味。所以，明遗学者的以气论性虽然与汉唐儒者表现出某些共通之处，二者的精神归宿却并不相同。

更重要的是，清初儒学并不过分强调气质中的消极成分，而是由自然人性出发对人之情欲给予充分认肯。就精神指向而言，将欲望目为合理无疑是对理学"存理去欲"主张的全面反动。但从学术流变上看，这一思想又是对明代心学的直接继承。其实，理学的后期发展已然迈上了解构自身的历程。这一点，集中反映在泰州学派的发展壮大上。阳明尝言："自圣人以至于愚人，自一人之心，以达于四海之远，自千古之前以至于万代之后，无有不同。"① 因为良知不仅能对当下是非予以判断，还迫使道德认知必然趋于实行。作为价值根基，它是人人皆有、时时俱在的，故"虽至愚下品，一提便省觉"②。尔后，阳明旨在凸显的良知遍在与自足，率先被王艮换作现成与自然："天理者，天然自有之理也；才欲安排如何，便是人欲。"③ 为了指示日用伦常中的良知呈现，王艮主张"百姓日用即道"④。其"淮南格物"说更是理学对"保身""安身"的首度功利性肯定⑤："身与天下国家一物也，惟一物而有本末之谓。格，絜度也，絜度于本末之间，而知本乱而末治者否矣，此格物也……'自天子以至于庶人，一是皆以修身为本也。'修身立本也，立本安身也。""能爱身，则不敢不爱人；能爱人，则人必爱我；人爱我，则吾身保矣。"⑥ 至颜山

① （明）王守仁：《王阳明全集》卷八《书朱守乾卷》，上海古籍出版社1992年版，第279页。
② （明）王守仁：《王阳明全集》卷六《寄邹谦之》三，上海古籍出版社1992年版，第204页。
③ （清）黄宗羲：《明儒学案（修订版）》卷三十二《泰州学案一·心斋语录》，中华书局2008年版，第715页。
④ （清）黄宗羲：《明儒学案（修订版）》卷三十二《泰州学案一·处士王心斋先生艮》，中华书局2008年版，第710页。
⑤ 陈来先生指出，王艮"在传统儒家伦理的阐释上，采取了类似墨子的方法，使价值目标上自觉不自觉地加入了功利的意义"。"从文化的角度来看，王艮的这些思想不应被视为理学的'异端'，而是作为精英文化的理学价值体系向民间文化扩散过程中发展出来的一种形态，其意义应当在'世俗儒家伦理'的意义上来肯定。"见陈来：《宋明理学（第二版）》，华东师范大学出版社2003年版，第278页。
⑥ （清）黄宗羲：《明儒学案（修订版）》卷三十二《泰州学案一·处士王心斋先生艮》，中华书局2008年版，第712、715页。

农处，"制欲"与"体仁"又被区分开来。① 依他之见，对欲望念虑的省察克制不但无益于了悟心体，反而会因拘迫太甚妨害良知的扩充发用。于是，罗汝芳便以顺适、率性为宗："工夫难到凑泊，即以不屑凑泊为工夫，胸次茫无畔岸，便以不依畔岸为胸次，解缆放船，顺风张棹，则巨浸汪洋，纵横任我，岂不一大快事也哉！"② 总之，在泰州一脉对现成本体、自然工夫、庸常境界的反复深化中，心学制欲去恶的原本面向亦愈发淡化。同时，阳明学说中隐含的"百姓日用亦道"经由王艮"百姓日用即道"的转换，最终演变出李贽"百姓日用外无道"的"异端"思想。所谓"穿衣吃饭，即是人伦物理；除却穿衣吃饭，无伦物矣"③，实已彻底消除了天理与人欲的严整界限。由是，晚明时期的部分学者便从宋明儒学的理欲之防中挣脱而出，继而开启了对个体欲望的极力彰显。④

依此观之，明清之际陈确、王夫之、费密、颜元等人对情欲的正面肯

---

① 颜山农"制欲非体仁"一语，见（清）黄宗羲：《明儒学案（修订版）》卷三十四《泰州学案三·参政罗近溪先生汝芳》，中华书局 2008 年版，第 760—761 页。

② （清）黄宗羲：《明儒学案（修订版）》卷三十四《泰州学案三·语录》，中华书局 2008 年版，第 766 页。

③ （明）李贽：《焚书》卷一《答邓石阳》，中华书局 1961 年版，第 4 页。

④ 冯达文、郭齐勇主编的《新编中国哲学史》下册曾对阳明至李贽的心学流变做了极为精彩的分析："李贽的这些'异端'思想，实际上是从王阳明到泰州学派合乎逻辑的发展。其'吃饭穿衣即是人伦物理'正是王心斋'百姓日用即道'的活用与发展；其童心说也是王阳明'赤子之心'的同步推演；至于其'不以孔子之是非为是非'，则直接就是王阳明与罗钦顺辩论时原话的照搬。但李贽的这些反封建的异端思想，却是其前人所不具备的。比如王心斋的'百姓日用即道'，原本就已经从王阳明强调道的遍在性与普适性转而为百姓日用就是道，从而将道的超越性消解于道的普遍性之中。这本身已经转换了道的内涵。而李贽却沿着这一方向继续前进，其一句'除却穿衣吃饭，无伦物矣'就使道除了百姓日用之外，别无存在的可能。这显然是对道的内涵的再改变。再比如'不以孔子之是非为是非'，这在王阳明本来只有虚说的意义，其真实的含义恰恰是要坚持孔子的是非观，而李贽却是实实在在地不以孔子之是非为是非，要在孔子的是非之外另立是非标准。这就是王阳明被视为当时儒学的代表，而李贽却被视为异端的原因。至于'童心'说，虽源于阳明的'赤子之心'，但阳明是从道德的意义上谈'赤子之心'的，因而有善的规定，或者说就是至善的表现；而李贽则是从个体之情感、权益与感受的角度谈'童心'的，其所强调的首先是真。所以，王阳明理所当然地被视为理学的最后一位高峰，而李贽则被视为新崛起的市民意识的代表。"见冯达文、郭齐勇主编：《新编中国哲学史》下册，人民出版社 2004 年版，第 184—185 页。

定，乃是延续晚明而来。船山之说颇为典型：

> 礼虽纯为天理之节文，而必寓于人欲以见。（饮食、货。男女、色。）……唯然，故终不离人而别有天，终不离欲而别有理也。
>
> 人欲之各得，即天理之大同；天理之大同，无人欲之或异。①

在天人不二的气学视野下，"理为气之理序"的天道命题无疑可以推出"天理寓于人欲"的人道结论。一方面，人由禀气而成，故生来有欲本合自然之道；另一方面，理又依气而在，故天理必存乎人欲之中。依他之见，"天理"并不涉及那些源自形上本体的道德价值，而是用以指称百姓生活中的感性需求亦即"人欲"各得满足的和谐状态。就此而言，清初的主欲思想并非从个人角度立论，而是以国计民生为其整体面向的。所以，它不但与猖狂情识和纵欲主义毫无关联，甚至挺显个体意识也非其本意所在。对明遗诸老们来说，既然旧朝破灭的事实已经证明单凭"天理""良知"的道德理想远不足以支撑国家的良性运行，那么，正视人欲、直面现实就应成为经世之学的题中之义。

（四）实学方法的建立

事实上，清初儒学对此后学术的主要影响并不在于精神指向，而在于其实学方法。追根究底，清学方法的正面确立直接源于对理学后果的负面反思。宏观地看，无论是以五经为对象，还是以语录为载体，理学都不拘泥于儒家经典的文本原义，而是力求从原始文献中解读出有关宇宙终极依据和人之心性境界的天人通贯之道，故其研讨方式在本质上属于哲学性的义理阐发。而明清之际的学者认为，正是这种哲学的超越路数将理学诸儒引向了蔽于大道的空言冥想，以致忽略了学以致用的淑世关切。因而，仅凭学术形态的经学回归远不能涤去理学的高迈套括之气。于是，他们在深入思考治经之方的基础上，建立起清代学问的实学方法。

---

① （清）王夫之：《读四书大全说》，中华书局 1975 年版，第 519、248 页，标点有改动。

具体而言，明末清初学者的首要目标是把经学研究从对天道性命的虚浮阐释拉回到对文本字义的实在训解。早在理学几已占领整个学界的晚明时期，方以智就已觉察到考据方法的重要作用。"考究之门虽卑，然非比性命可自悟，常理可守经而已也。必博学积久，待征乃决。"①他虽然坚持考据学的地位不及理学，但又明确承认前者相较后者具有更高的难度。因为理学追求的天道性命可以由体悟思索而获得，经学研究则必须依赖切实精勤的知识积累。方氏的贡献不只是提示出经学考据的宏观方向，更在于确立了音韵训诂的具体方法。"音有定，字无定，随人填入耳。各土各时有宜，贵知其故。"②方以智认为，"音"才是汉语系统的基本表义单元，某种语义必然与某一特定的音存在较为稳定的关联。"字"则由音而设，同一音可能会因时、空、人之差异而被填入各不相同的字。所以，若要从根本上把握某一字义，就必须突破字形的表象限制，深入到字音的内在本质中。被梁启超誉为"近代声音训诂学第一流作品"③的《通雅》，即是方氏运用此一方法取得的成果。顾炎武紧随其后，进一步指出："读九经自考文始，考文自知音始。以至诸子百家之书，亦莫不然。"④在他看来，唯有审音识字方能通达文意，故音韵方法应当作为一切文献研究的基础和起点。除《日知录》留有大量训诂内容，顾炎武还著有专门的音韵学作品《音学五书》。其学术识见曾被戴震多次引用，足以证明顾氏音韵训诂的深厚功力。总之，"音韵学在明清之交，不期而到处兴起。但其中亦分两派，一派以韵为主，顾亭林、毛西河、柴虎臣等是；一派以音为主，方密之、吴修龄及继庄等是"⑤。尽管二者在具体观点上有所差别，但总体而言，明清之际业已形成了重视音韵训诂的学术风潮。并且，学者们还普遍强调训诂考据中的博征原则。方以智曰："是正古文，必

---

① （明）方以智：《通雅·凡例》，载影印文渊阁《四库全书》第857册，台湾商务印书馆1986年版，第5页。

② （明）方以智：《通雅》卷五十《切韵声原》，载影印文渊阁《四库全书》第857册，台湾商务印书馆1986年版，第928页。

③ 梁启超：《中国近三百年学术史》，东方出版社1996年版，第171页。

④ （清）顾炎武：《亭林文集》卷四《答李子德书》，载《顾亭林诗文集》，中华书局1959年版，第76页。

⑤ 梁启超：《中国近三百年学术史》，东方出版社1996年版，第193页。

藉他证，乃可明也……每驳定前人，必不敢以无证妄说。"① 顾炎武曰："列本证、旁证二条。本证者，《诗》自相证也；旁证者，采之他书也。二者俱无，则宛转以审其音，参伍以谐其韵。"② 在审定文字音义的过程中，学者必须给出充足确凿的文献依据。当该书通篇和其他典籍皆不能为某一论点提供证据时，务必谨严慎密、避免独断。综上可见，此一时期学术方法的变更趋势，乃是直接针对理学薄弱处而发。明清之际的学者们相信，正是理学超离文本原义的哲学偏好，招致了宋明儒者始终在本体心性的蹈空玄思中肆意游荡。而儒家学术的致用宗旨，早已包含在以五经为主干的原始经典中。于是，他们希望以平实质朴的训诂考据首先恢复儒家经学的本来面目，继而再对其中的现实关怀予以直观呈现。

但是，经世指向决定了儒学决不能止步于文献解读。如果说阳明后学的泥足空谈主要是因为过度高扬价值而架空知识，那么，程朱门人的不履实地则更多是因为终日辗转于书册典籍之中。这一后果，警示明清之际的学者绝不能以训诂考据的文义解释替代现实层面的知识探求。由于经世致用的实现会受制于对自然规律和社会理则的认知程度，故儒学不仅需要兼取实证方法，还应进一步寻求经义训解与实证研究的有机结合。在这一点上，明中期以来的科学探索和西学传入的助力作用同样不容忽视。总之，多种因素共同造就了晚明至清初学界的质测风尚。例如，方以智一面以"质测"和"通几"指称科学实证与哲学思辨，并对二者的研究范围进行分界，一面又对二者之不可偏废及其内在关系予以强调。"寂感之蕴，深究其所自来，是曰通几；物有其故，实考究之，大而元会，小而草木蠡蠕，类其性情，征其好恶，推其常变，是曰质测。质测即藏通几者也。有竟扫质测而冒举通几，以显其宥密之神者，其流遗物。"③ 黄宗羲则萃心钻研天文历算之学，本着"借数以明理"④

---

① （明）方以智：《通雅》卷首一《辨证说》，载影印文渊阁《四库全书》第 857 册，台湾商务印书馆 1986 年版，第 9—10 页。

② （清）顾炎武：《音论》卷中，《音学五书》，中华书局 1982 年版，第 35 页。

③ （明）方以智：《物理小识·自序》，载《万有文库》第二集第 543 种，商务印书馆 1937 年版，第 1 页。

④ （清）黄宗羲：《黄梨洲文集·答忍庵宗兄书》，中华书局 1959 年版，第 444 页。

的目的撰著了《授时历故》《大统历推法》《句股图说》《开方命算》等多部著作。王夫之更直指《大学》"格物"一目即是质测之学："盖格物者，即物以穷理，惟质测为得之。"① 李塨亦肯定了西方科学对研究"六艺"之"数"的借鉴作用："数本于古，而可参以近日西洋诸法者也。"② 因乎数学天算在各种质测方法中居于绝对主导，清代数学的辉煌成就格外引人瞩目，如天文算法的"开山之祖"③ 梅文鼎即是中国古代数学史上最杰出的人物之一。

综上，明清之际确立的主要学术方法，一是以音韵学为基础手段的训诂考据，一是以数学天算为主体内容的质测之学。此一学术方法的深刻变革，连同气本论的哲学取向、以气论性的人性学说和认肯情欲的新伦理观，一起造就了儒学整体面貌的焕然一新。概言之，清初儒学的核心宗旨在于"由虚转实"④，即修正理学的超越指向，凸显经学的现实关切，而经世致用始终是贯穿其中的根本精神。这场声势浩大的清初儒学重整运动，无论就广度还是深度而言，都是中国古代学术史上浓墨重彩的一笔。它既是宋明理学的总结扬弃，又是乾嘉朴学的滥觞所出。

二、从清初到乾嘉

（一）经学辨伪风潮

在很大程度上，明代遗老的学术转向已经划定了儒学研究的应然范围。因乎经学形态和实学方法的确立，儒者们纷纷踏上了由训诂考据直达五经本义的治学道路。他们不但认为通过音韵手段足以还原先秦经典存载的圣人之意，而且坚信凭借考据学标准即可对古代文献与历代经说的是非真伪加以甄别。这一信念，催动着经学辨伪浪潮的逐日高涨。由于清学乃是从理学中流

---

① （清）王夫之：《搔首问》，载《船山全书》第十二册，岳麓书社 1992 年版，第 637 页。

② （清）冯辰、刘调赞：《李塨年谱》卷三，中华书局 1988 年版，第 96 页。

③ 梁启超：《清代学术概论》，上海古籍出版社 2005 年版，第 19 页。

④ 梁启超先生曾指出："明季道学反动，学风自然要由蹈空而变为核实——由主观的推想而变为客观的考察。客观的考察有两条路：一自然界现象方面；二社会文献方面。"见梁启超：《中国近三百年学术史》，东方出版社 1996 年版，第 20 页。

转而出，故此一时期学术考证的主要目标，即在于去除宋学原创内容对经学本旨的长久遮蔽。其中，又以宋易的先天、图书诸说首当其冲。

确切地说，宋代象数学是在朱熹明确认肯后才产生广泛影响的。尽管明代朱学作为官学的地位始终不曾动摇，但部分学者仍对朱子《易》说有所质疑。比如，季本的《易学四同》曾明确反对将自然之易、伏羲之易、文王之易、孔子之易分而为四的观点。其《别录·图文余辨》亦在辨析《周易本义》卷首九图后，认为《后天图》非文王所作，且对《先天方位图》抱有怀疑态度。① 归有光则将朱熹的先天诸图全部归于邵雍："盖以《图》说《易》，自邵子始。吾怪夫儒者不敢以文王之《易》为伏羲之《易》，而乃以伏羲之《易》为邵子之《易》也，不可以不论。"② 及至明清之际，顾炎武率先点出河洛先天与道教方术的关系："希夷之图、康节之书，道家之易也。自二子之学兴，而空疏之人、迂怪之士举窜迹于其中以为《易》，而其《易》为方术之书，于圣人寡过反身之学去之远矣。"③ 相较而言，顾炎武的批评着眼于思想渊源上的儒学品性不纯，黄宗羲的批评则已深入到宋易象数的学理本身。一方面，他继承了南宋永嘉学者薛季宣的观点，将河图、洛书视为上古时期的地理图，并对其名称逐字加以解释："谓之'图'者，山川险易，南北高深，如后世之图经是也；谓之'书'者，风土刚柔，户口扼塞，如夏之《禹贡》，周之《职方》是也。谓之'河、洛'者，河、洛为天下之中，凡四方所上图书皆以'河、洛'系其名也。"④ 另一方面，他也切中了"加一倍法"难以为四画卦、五画卦提供合理解释的理论困难："生十六，生三十二，卦不成卦，爻不成爻。一切非经文所有，顾可谓之不穿凿乎？"⑤ 黄宗炎进一步整合了上

---

① 《四库全书总目·易学四同》云："辨朱子九图之误，其论《后天图》非文王所作，是矣。至谓《先天圆图》亦尚有可疑，则仍纠绕于图之中，不能确定也。"见（清）永瑢等：《四库全书总目》卷七《易学四同》，中华书局1965年版，第53页。

② （明）归有光：《震川先生集》卷一《易图论下》，上海古籍出版社2007年版，第4页。

③ （清）顾炎武著，（清）黄汝成集释：《日知录集释》卷一《孔子论易》，上海古籍出版社1985年版，第134页。

④ （清）黄宗羲：《易学象数论》卷一《图书一》，载《易学象数论（外两种）》，中华书局2010年版，第14页。

⑤ （清）黄宗羲：《易学象数论·自序》，载《易学象数论（外两种）》，中华书局2010年版，

述诸家的看法。在对图书的理解上，他除了赞许其兄黄宗羲的地图说，还展开了更为详细的讨论：河图的黑白点排列无疑源于《系辞》的天地十数，但《易传》原文并未将天数、地数赋予五行生成和方位次序的意味，作为治理天下经法方略的《洪范》九畴也与洛书九宫毫无关系；先天学之所以无法给出八变十六、十六变三十二的相关证据，乃是因《周易》六十四卦本由"八卦相重"而得，而与"加一倍法"无涉；至于周敦颐的《太极图》，则是由道教《无极图》首尾颠倒并略加修整而成，其源流可上溯至河上公。[1] 因而，"有宋图学三派出自陈图南，以为养生驭气之术，托诸《大易》，假借其乾坤水火之名，自申其说，如《参同契》《悟真篇》之类，与《易》之为道截然无所关合"[2]。清初易学辨伪的总结性作品是胡渭的《易图明辨》。在该书中，胡氏一则将先天学全然归结为对《系辞》"易有太极"章的误读："《大、小横图》既戾于圣人之经，又绝非希夷之指，先天之赘肬也，安得冠诸经首，以为伏羲不言之教乎？"[3] 一则指出河图、洛书的五行本旨实出于《洪范》而无关乎《周易》："大抵五行主《洪范》，则附以《春秋》，而不及'大衍'。"[4] 他还试图彻底消解北宋以来易图泛滥的局面："《诗》《书》《礼》《乐》《春秋》皆不可以无图。唯《易》则无所用图，六十四卦二体六爻之画，即其图矣。"[5]《周易》义理尽在古经卦爻之中，一切易图皆属附会之说。总之，以上诸家的共同推动，使对宋易象数的批判浪潮逐渐越出明代遗老的学术圈，继而波及某些入朝为臣的清初儒者。李光地[6]、李塨等人对河洛先天的排斥态度即

第12页。

[1] 详见（清）黄宗炎：《图学辨惑》，载《易学象数论（外两种）》，中华书局2010年版，第329—472页。相关研究参见林忠军：《易学源流与现代阐释》，上海古籍出版社2012年版，第296—302页。

[2] （清）黄宗炎：《图学辨惑·自序》，载《易学象数论（外两种）》，中华书局2010年版，第428页，标点有改动。

[3] （清）胡渭：《易图明辨》卷七《先天古易下》，中华书局2008年版，第180页。

[4] （清）胡渭：《易图明辨》卷一《河图洛书》，中华书局2008年版，第9页。

[5] （清）胡渭：《易图明辨·题辞》，中华书局2008年版，第1页，标点有改动。

[6] 需要指出，《周易观象》等私家著述与官学钦定的《周易折中》虽同为李光地纂作，但二书之具体观点存在一定程度的差别。毋庸置疑，极少论及先天、图书的前者更能如实反映李氏本人的易学见解。

是明证。除易学外，他们还对其他经学著作开展了大量的辨伪工作。如阎若璩的《尚书古文疏证》认为，存世的古文《尚书》及孔安国传皆属伪作；万斯大则以《周官辨非》《仪礼商》等考辨作品力斥礼学之非。

值得注意的是，这些学者在易学上大多抱有坚定的义理立场。他们不仅对宋易象数大加挞伐，对汉易经说亦嗤之以鼻。如顾炎武认为："荀爽、虞翻之徒穿凿附会、象外生象……'十翼'之中，无语不求其象，而《易》之大指荒矣。岂知圣人立言取譬，固与后之文人同其体例，何尝屑屑于象哉。王弼之注虽涉于玄虚，然已一扫易学之榛芜而开之大路矣。不有程子，大义何由而明乎？"① 黄宗羲亦云："降而焦、京，世应、飞伏、动爻、互体、五行、纳甲之变，无不具者。吾读李鼎祚《易解》，一时诸儒之说芜秽康庄，使观象玩占之理，尽入于淫瞀方技之流，可不悲夫！有魏王辅嗣出而注《易》，得意忘象，得象忘言；日时岁月，五气相推，悉皆摈落，多所不关，庶几潦水尽而寒潭清矣……逮伊川作《易传》，收其昆仑旁薄者，散之于六十四卦中，理到语精，《易》道于是而大定矣。"② 胡渭也将王弼、程颐认作易学正传。③

相比象数考辨致力于破斥伪说、义理内容大多因循继承，清初易学的突出成就集中体现在音韵训诂方面。例如，顾炎武的《易音》在以先秦古韵知识训解《易》辞的基础上，得出了《周易》经传实乃韵文的结论；黄宗炎则从"六书"之说出发，将《易纬·乾坤凿度》的八卦文字说进一步推展至六十四卦。在他看来，"《易》为文字之祖，于《六经》之中尤宜先讲六书"④。无论经卦、别卦，其卦象均为上古文字。如坎☵为"水"、巽☴为"木"、《大有》⑤䷍为"昊"、《蛊》䷑为"岚"。⑥

---

① （清）顾炎武著，（清）黄汝成集释：《日知录集释》卷一《卦爻外无别象》，上海古籍出版社1985年版，第93—94页。

② （清）黄宗羲：《易学象数论·自序》，载《易学象数论（外两种）》，中华书局2010年版，第11页。

③ 详见（清）胡渭：《易图明辨》卷十《象数流弊》，中华书局2008年版，第261—263页。

④ （清）黄宗炎：《周易寻门余论》卷上，载《易学象数论（外两种）》，中华书局2010年版，第358页。

⑤ 为有效区分同名经卦与别卦，本书提及别卦卦名时一律用书名号，特此说明。

⑥ 诚如林忠军先生所言，黄宗炎"之所以提出文字解释法，是因为他看到，古篆近古，用

综上可见，清初易学辨伪的根本目标，是以训诂考据向《周易》原典复归。顾炎武所言"经学自有源流，自汉而六朝而唐而宋，必一一考究，而后及于近儒之所著，然后可以知其异同离合之指"①，并不是要恢复汉代以来的经学原貌，而是强调应以五经文本为标尺检视审核各家经说。就易学而言，包括顾氏在内的大多数清初儒者显然是将义理思想视为《周易》本旨，故唯有王弼、程颐的《易》注最符合经传本义。"观象系辞"虽是《周易》相较其他经典的特出之处，但"玩辞观象"必须严格限定在经传本身的范围内。黄宗羲曾把"八卦、六画、象形、爻位、反对、方位、互体"之外的一切《易》象归为"伪象"。②依此观之，汉宋两代创发的象数内容无一不是有悖经义、亟须剥落的穿凿之说。这种回归经传与恢复汉易间的巨大差异足以说明，清初易学不可简单视作乾嘉易学之开端。

值得注意的是，在清初儒者中，毛奇龄的易学展现出与众不同的鲜明个性，有必要单独分析。一方面，他是易学辨伪的重镇之一，批评宋易象数不遗余力。首先，其《仲氏易》归纳了先天之学的八点错误："一、画繁；二、四五无名；三、三六无住法；四、不因；五、父子母女并生；六、子先母、女先男、少先长；七、卦位不合；八、卦数杜撰无据。"③其次，他在《河图洛书原舛编》中指出，图书之学乃是道教陈抟窃取汉代纬书和郑玄注的结果，汉、宋两代理解的河图、洛书皆不合于先秦古说。最后，《太极图说遗议》

之解释《周易》更接近其本义。然而，由于文字字形及字义几经演化，后世不了解文字字形意义变化，在解读《周易》和其他经典时，使用的是后来文字（俗字）字义，导致无法获得经典的真实意义，出现误读现象。他试图找到一种比前代解释《周易》和其他经典更为确凿的方法，即从较早的文字形态入手，以六书分析字形确定字义、句意，纠正后世以俗字解《易》所出现的问题。见林忠军：《易学源流与现代阐释》，上海古籍出版社 2012 年版，第 291—292 页。

① （清）顾炎武：《亭林文集》卷四《与人书四》，载《顾亭林诗文集》，中华书局 1959 年版，第 95—96 页。

② "圣人以象示人，有八卦之象，六画之象，象形之象，爻位之象，反对之象，方位之象，互体之象，七者而象穷矣。"（清）黄宗羲：《易学象数论》卷三《原象》，载《易学象数论（外两种）》，中华书局 2010 年版，第 117 页。

③ （清）毛奇龄：《仲氏易》卷一，载影印文渊阁《四库全书》第 41 册，台湾商务印书馆 1986 年版，第 186 页。

认为，周子《太极图》本自《道藏》，其中的二、三两图更是直接渊源于《参同契》的"坎离匡廓"和"三五至精"。① 另一方面，他又在《推易始末》和《仲氏易》中推出了自创的以"移易说"②为核心的象数体系。概言之，毛氏从别卦六爻的阴阳排列出发，将六十四卦总体上区分为"聚卦"和"分易卦"两大类。前者通过两爻互易的方式生成后者，如聚卦《观》䷓之上即为分易卦《蹇》䷦、半聚卦《中孚》䷼上之三即为分易卦《需》䷄。可见，"移易说"本质上是对卦变思想的继承与改造。从具体内容上看，一卦可从多卦推出、辟卦之外的特定"聚卦"亦能生卦、"子母聚卦"既由"聚卦"而来又可变作"分易卦"等思想，显然与汉易有别而近乎朱子。但它毕竟对"聚卦"范围有所规定，不像朱说那般随意灵活。其阴阳互易，亦不仅限于两爻相比。这又是移易说同于汉学而异于朱子之处。当然，宋代李之才和朱熹的卦变说本就源自荀爽、虞翻，故仍留有甚为鲜明的汉易品格。及至移易说，汉学本质则展现得一览无余。对此，毛氏曾直言不讳："推易之说虽发自仲氏，而诸儒实先启之。西京以后，六季以前必有早为是说者，而汉学中衰，遂致沦没。"③这样看来，毛奇龄已经不满足于对宋代象数学的大肆抨击，而转向汉易风格的象数重构了。

因其易学明显表现出立足象数和破宋立汉的倾向，故有学者认为，毛氏持有坚定的汉学立场，而对宋学一概不取。④ 这一观点的主要论据有二：其

① 详见（清）毛奇龄：《毛奇龄易著四种》，中华书局2010年版，第97—100页。朱伯崑先生曾对毛氏的易学辨伪予以详细分析，参见朱伯崑：《易学哲学史》第四卷第九章第二节《毛奇龄〈仲氏易〉和李塨〈周易传注〉》，昆仑出版社2005年版，第287—306页。
② 对毛氏"移易说"的详细评介，参见林忠军：《易学源流与现代阐释》，上海古籍出版社2012年版，第205—220页。
③ （清）毛奇龄：《推易始末》卷四，载《毛奇龄易著四种》，中华书局2010年版，第54页，标点有改动。
④ 例如，朱伯崑先生认为，毛奇龄"以提倡汉学自居，竭力批评王弼、程朱倡导的义理之学，其解《易》在阐发汉易的传统，也是对易学史上宋学的挑战"，"毛氏则从汉易出发，攻击陈抟系统的象数之学"。见朱伯崑：《易学哲学史》第四卷，昆仑出版社2005年版，第291页，标点有改动。廖名春先生也认为："毛奇龄则不属于宋易系统中的人物。""故对整个宋易，从图书到义理派，他都一一进行攻击，毫无顾忌。"见廖名春、康学伟、梁韦弦：《周易研究史》，湖南出版社1991年版，第375页。

一，清初儒者尽管不赞同朱熹对先天、图书、《太极》等宋易象数学的笃信态度，却十分称许其义理思想。相较而言，毛奇龄似乎有很深的朱学偏见。其二，除易学体系采纳了汉易资源，毛氏还明确肯定了研究汉代经说的必要性。他在评论来知德易学时曾说："夫只得汉学十分之一，而世竞传之且至如此，然则汉学可少耶？"[1]此又被部分学者视为其汉学立场的有力证明。然而，一旦我们掌握毛氏更多的一手文献，就会发现这一观点尚有商榷余地。毛奇龄曾在自撰《墓志铭》中谈及由朱转王的为学经历："予幼所学为朱熹改本，误以格物穷理为正学首功，遂以研索典籍，详究事物为极事，遇有言心学者，辄唾之。今始知统该于身，觉中有根柢，而外鲜遗落，涉艰履险皆泰然焉。"[2]四库馆臣也颇能洞察毛氏心思："奇龄历诋先儒，而颇尊其乡学，其直指知本，仍王守仁之良知。其主诚意，则刘宗周之慎独也。"[3]就此而言，毛奇龄反感朱学的真正原因应当归结为理学领域的心学立场，并不能导出全盘舍弃宋学的结论。其把握汉易的分寸亦值得注意。移易说的建立固然有赖于对汉代卦变的内在继承，但他并不否认汉儒解《易》"补苴傅会，未免牵强"[4]的弊端。在毛奇龄本人看来，其易学宗旨仍在于回归原典："予之为经，必以经解经，而不自为说，苟说经而坐与经忤，则虽合汉、唐、宋诸儒并为其说，而予所不许。"他在"儒说之中汉取十三而宋取十一，此非左汉而右宋也"[5]，乃是基于汉代经师的注解相比宋明著述更为接近《周易》经传的信念。正是这种对本义的不同理解，使毛奇龄对待汉易的态度相较同时期的其他儒者更为宽容，其易学建构亦得以吸纳更多汉代经说的思想资源。但是，我们只能承认其易学属于象数一派，却不能由此过度引申出毛氏只取

---

① （清）毛奇龄：《推易始末》卷三《明瞿塘来氏卦综图》，载《毛奇龄易著四种》，中华书局2010年版，第49页，标点有改动。

② （清）毛奇龄：《西河集》卷一百零一《自为墓志铭》，载影印文渊阁《四库全书》第1321册，台湾商务印书馆1986年版，第129页。

③ （清）永瑢等：《四库全书总目》卷三十七《大学知本图说》，中华书局1965年版，第315页。

④ （清）毛奇龄：《推易始末》卷一，载《毛奇龄易著四种》，中华书局2010年版，第7页，标点有改动。

⑤ （清）毛奇龄：《西河集》卷五十二《经义考序》，载影印文渊阁《四库全书》第1320册，台湾商务印书馆1986年版，第453页。

汉学的结论。这不单是因为他明确批评了汉易的缺陷，更因为其心学偏好对易学观点产生了深层影响。也许毛氏本人对其所谓本义坚信不疑，可客观地讲，移易说等易学诠释很有些"六经注我"的心学意味。[①] 在这一点上，毛氏完全不同于此后吴、皖两派的治经路数，所以惠栋才批评他"非汉非宋""思而不学"[②]"其书之不足观"[③]，戴震也认为他"贼经害道"[④]。总之，毛奇龄的象数立场及其对汉易的部分肯定虽然在清初儒者中独树一帜，但与乾嘉学者孜孜以求的恢复汉说仍有本质区别，不可目为严格意义上的汉学开山。

站在严格的考据学立场上审视，清初学者的易学辨伪工作的确在一定程度上道破了实情。应当承认，河图、洛书实属宋人吸纳汉易和道教资源基础上的再造，先天之学更是邵雍个人的全新发明，二者皆与《周易》经传之本义无涉。但从学术史的角度看，是否拥有充足的经典文献依据与其学理价值的高低乃是两个完全不同的问题。诚如杨效雷先生所言："指出'一六居下'和'戴九履一'两种图示非先秦文献中所记载的河图洛书，并不意味着否定这两种图式本身的哲学和科学价值。研究这两种图式的学者自可继续从事这一有价值的工作。"[⑤] 同样，即便《太极图》确与道教存在千丝万缕的联系，也不宜断言周子学说的儒学品性不纯，继而抹杀其对宋明理学的开创性意义。对此，陈来先生曾有一段透辟之论："一个图式仅仅是一种理论表达的方式。在利用前人思想资料方面，图式与范畴一样，其意义取决于对图式的解释。同一图式也可以经过不同解释和改造而服务于不同的思想体系。"[⑥] 面对清初的经学辨伪浪潮，我们首先应理解其时代意义在于剥落宋学原创内

---

① 於梅舫曾对毛奇龄本人的学术立场及其在汉学发展过程中被赋予的不同定位进行了翔实讨论。参见於梅舫：《从王学护法到汉学开山——毛奇龄学说形象递变与近代学术演进》，《中山大学学报（社会科学版）》2014 年第 1 期。

② （清）惠栋：《九曜斋笔记》卷二《本朝经学》，载《丛书集成续编》第 20 册，台湾新文丰出版公司 1989 年版，第 634 页。

③ （清）惠栋：《松崖笔记》卷三《推易始来》，载《丛书集成续编》第 20 册，台湾新文丰出版公司 1989 年版，第 608 页。

④ （清）戴震：《戴震文集》卷九《与任孝廉幼植书》，中华书局 1980 年版，第 138 页。

⑤ 杨效雷：《清儒〈易〉学平议》，载孙剑秋、刘大钧等：《易道研几：穷究易经精微启发教学典范》，台湾五南图书出版股份有限公司 2012 年版，第 485 页。

⑥ 陈来：《宋明理学（第二版）》，华东师范大学出版社 2003 年版，第 38 页。

容的遮蔽，从而为恢复五经本义廓清了道路。至于清儒考据的具体结论，既要充分重视，又不能盲目地以"伪说"的事实一概否认宋易象数的独到价值。这才是平正公允的态度。

（二）乾嘉学术形成的内在逻辑与外部原因

众所周知，清学发展至乾嘉时期，业已形成了以训诂考据为主导方法、汉代经说为核心内容的朴学。那么，究竟是何种原因导致了学术风气的陡然一变？乾嘉朴学与清初儒学乃至宋明理学之间有何关联？此一转换又是如何完成的？这一系列的问题，几代学人曾进行过多番探讨，并给出了不尽相同的答案。其中，章太炎先生率先将朴学的成因归为宋学原创力的衰竭和清代文化政策的严酷："清世，理学之言竭而无余华；多忌，故歌诗文史梏；愚民，故经世先王之志衰。（三事皆有作者，然其弗逮宋明远甚。）家有智慧，大凑于说经，亦以纾死，而其术近工眇踔善矣。"[1] 梁启超先生也认为，"清代思潮"是"宋明理学之一大反动，而以'复古'为其职志者也"[2]。至于乾嘉学者普遍投身于古典文献的原因，则"又须拿政治现象来说明"：一方面，"凡在社会秩序安宁、物力丰盛的时候，学问都从分析整理一路发展。乾、嘉间考证学所以特别流行，也不外这种原则罢了"；另一方面，"凡当主权者喜欢干涉人民思想的时代，学者的聪明才力，只有全部用去注释古典……雍、乾学者专务注释古典，也许是被这种环境所构成"。[3] 与此有别，在冯友兰先生看来，"汉学家之义理之学，表面上虽为反道学，而实则系一部分道学之继续发展也"[4]。钱穆先生亦有类似观点："学术之事，每转而益进，途穷而必变。""清代经学，亦依然沿续宋元以来，而不过切磋琢磨之益精益纯而已。"[5]"汉学诸家之高下浅深，亦往往视其所得于宋学之高下浅深以为

---

[1] 章太炎：《清儒》，载汪学群：《清代学问的门径》，中华书局 2009 年版，第 34 页，标点有改动。

[2] 梁启超：《清代学术概论》，上海古籍出版社 2005 年版，第 3 页。

[3] 梁启超：《中国近三百年学术史》，东方出版社 1996 年版，第 20、25、22 页。

[4] 冯友兰：《中国哲学史》下册，华东师范大学出版社 2000 年版，第 302 页。

[5] 钱穆：《〈清儒学案〉序》，载汪学群：《清代学问的门径》，中华书局 2009 年版，第 177—178 页。

判。"①侯外庐先生则从马克思主义史学观出发，着重揭示了文化政策对汉学形成的客观影响。他认为："对外的闭关封锁与对内的'钦定'封锁，相为配合，促成了所谓乾嘉时代为研古而研古的汉学，支配着当时学术界的潮流。"②

大体而言，上述观点可划为两派：一则以章、梁二先生为代表，主张清学由反动宋学而来，故而呈现出截然不同的学术风格；一则以冯友兰、钱穆为代表，认为清学乃理学之余绪，二者实为发展承继的统一整体。但是，只要我们不过分纠缠于个中差异，便不难发觉，无论是创新说还是延续说，都未把清学与理学看作彼此断裂的前后两截。其实，学术史上的每次变迁，都包含对此前思想因子的承袭与批驳。清初儒学及至乾嘉朴学的形成，亦应作如是观。这就意味着，明清学术发展的过程性考察远比理学与清学的静态比对更有助于深层原因的揭示。同时，学界以往的研究成果也在不断提示我们须对乾嘉学术形成的内外因予以综合考量。③要之，既要找出符合学术演进规律的内在逻辑，又不可忽视政治因素的外部影响。

因乎乾嘉学术和宋明理学的根本差异，若要抽丝剥茧般地还原明清两代儒学的发展脉络，就必须从多方面加以探讨。而清学的三种主流称谓，恰为我们提供了切入问题的不同角度。尽管均用于指称乾嘉学术，三者在具体内涵上的区别却是不言自明的："朴学"侧重于治学风格的朴实无华；"考据学"着眼于训诂考据等学术方法；"汉学"则强调以汉代经说为研究对象。既然三者相连一体，共同标示出鼎盛时期的清学特质，我们便可由此上溯清初、宋明，分别从三方面对乾嘉学术形成的逻辑演进予以宏观描述。

就学术重心和治学风格而言，虽然程朱学说本身具有容纳知识探究的一

---

① 钱穆：《中国近三百年学术史》，商务印书馆1997年版，第1页。

② 侯外庐：《中国思想通史》第五卷，人民出版社1956年版，第411页。

③ 诚如杨效雷先生所言："清统治者'稽古右文'和大兴文字狱等政策，只是清考据学产生的外因，其内因则是学术自身的发展规律。即使没有清统治者'稽古右文'和大兴文字狱等政策，考据学也迟早会产生。考据本是一种科学研究的方法，历朝历代都有考据成果问世，但考据影响于整个学术界，形成一般社会风气，则非清莫属。"见杨效雷：《清儒〈易〉学平议》，载孙剑秋、刘大钧等：《易道研几：穷究易经精微启发教学典范》，台湾五南图书出版股份有限公司2012年版，第484页。

面，部分朱学门人亦由格物工夫转入知性穷索，但理学的终极目标无疑在于价值追求。由于相信道德人伦的达成在根本上有赖于敬畏涵养天命之性或呵护扩充心体良知，理学始终以心性精微为主体内容，以个体超越为精神指向，其学风也就相应趋于超然浮泛。而在清初儒者看来，高深玄远只能将儒学引向空谈误国的境地。为了使学问归于敦本务实，他们一面以客观知识的凸显来祛除宋明理学的心性内容，一面又试图将价值追求重新确立在现实观照的基础之上。及至乾嘉，清初儒学原本的经世精神被逐渐剥落，甚至价值信念和义理追求亦丧失殆尽。儒者的智思仅仅寄托于各项专门学问，知识的探索既已成为儒学的主要面向。"朴学"之"朴"，即是对其专心知识罕言义理的整体描述。依此观之，宋明到清初再到乾嘉，儒学经历了从高迈虚浮到经世致用再到"为学问而治学问"① 的学风转换以及由价值优先过渡为知识与价值并重，继而转向以知识为主导的重心迁移。

从学术方法和哲学基础来看，程朱理学以理气观作为体系的全部生长点，阳明心学则以良知心体撑开局面。这种理本论或心本论的形上建构，决定了宋明理学必然采取哲学阐发式的学术路径。清初儒者本着学以致用又不脱离价值关切的宗旨，除了上接明代罗钦顺之端即把理学的形上范畴归之于气，还建立了以训诂考据和天算实测为核心的治学之方。最终，这一颇具开创意义的学术方法被乾嘉学者踵事增华，并一跃居于学界的绝对主导地位。实测考证之风的弥漫，也使证据成为检验知识合法性的标准。在"凡立一义，必凭证据，无证据而以臆度者，在所必摈"② 的设准下，气本论随即沦为失却学理依归的蹈空之说。此时的儒家经学，已大体不出声音训诂和名物考据的既定范围，故有"考据学"之称。显见，乾嘉考据学的形成与清初实学方法的建立直接相关，后者又导源于对宋明理学哲学诠释路数的反动。而从理、心回归气本再到形而上学的彻底消解，则可视为明清儒学重整运动的哲学反映。

依学术形态和文献对象观之，随着理学地位的不断提升，语录体业已取

---

① 梁启超：《清代学术概论》，上海古籍出版社 2005 年版，第 41 页。

② 梁启超：《清代学术概论》，上海古籍出版社 2005 年版，第 40 页。

代经学成为儒学谈论的主要方式。因此，明代经学的训诂、辑佚成就以及姚士粦、胡震亨、张献翼、董守谕、钱谦益等人不同程度的复汉倾向①，都被掩盖在语录之学的极盛局面下，未能引起较大反响。直至清初，经学的地位才因儒学重整浪潮得以再度振兴。虽然明遗学者大多坚守各自的理学立场，但在由训诂考据回归五经本义的过程中，他们把宋易象数等一系列后世创造统统目为伪说予以剥落，以致对宋学的整体权威性造成了一定程度的伤害。于是，乾嘉时期的大批学者先后走上了弃宋尊汉的治学道路。他们在恢复、辑佚两汉经说之余，又力图厘清各家师法、家法。正是在此意义上，乾嘉学术常被称作"汉学"。由此可知，明清两代儒学的变迁，不仅包含了从理学到经学的形态转换，更贯穿着以明代理学语录为起点、清初五经原典为中转、乾嘉汉代经说为终点的文献更动线索。

从以上三方面来看，乾嘉学术确实是承接宋明理学和清初儒学发展而来。倘若说明遗学者的追求在于由虚转实，乾嘉诸老的目标便是进一步深化清初实学。就各个层面而言，我们都应充分认肯清初学术重整运动的贞下起元之功。不过，对明清儒学的动态审视固然有助于大体勾勒其演进历程，但这只是强调三者并非前后断绝，而是有内在逻辑存乎其间。必须承认，宋明、清初和乾嘉时期的学术总体上异大于同。比如，清初儒学除保留了理学弘扬的价值信念，其学术形态、哲学基础、伦理观念、治学之方都已发生了深刻变革。至于乾嘉学术，则唯独全盘继承了明代遗老建立的实学方法。对戴震以外的多数学者来说，气本思想和情欲主张并不值得专门讨论。关键在于，经世致用这一清初儒学宗旨的消解，足以证明学术实质已然发生了深层变革。那么，乾嘉儒者现实情怀再度失落的原因是什么？这就只能从政治文化的角度加以解释。

事实上，清朝高压政策对乾嘉学术的巨大影响，早已成为学界的普遍共识。② 对此，钱穆先生曾有一段精辟论述："清儒自有明遗老外，即鲜谈

---

① 参见郭素红：《明代易学中的汉学倾向》，《东岳论丛》2009年第10期；陈祖武：《清代学术源流》，北京师范大学出版社2012年版，第177页。

② 如梁启超先生认为："康熙二十年以后，形势渐渐变了。遗老大师，凋谢略尽。后起之秀，多半在新朝生长，对于新朝的仇恨，自然减轻。先辈所讲经世致用之学，本来预备

政治。何者？朝廷以雷霆万钧之力，严压横摧于上，出口差分寸，即得奇祸，习于积威，遂莫敢谈。不徒莫之谈，盖亦莫之思。精神意气，一注于古经籍，本非得已，而习焉忘之，即亦不悟其所以然。此乾、嘉经学之所由一趋于训诂考索也。"①由于经世层面的儒学讨论往往会因涉及时政评议触碰政治忌讳，康熙以来的儒者为免祸发齿牙，愈发不敢正视清初儒学确立的现实指向。与此同时，清廷学术态度的转变也对乾嘉学派的形成起到了推波助澜的作用。陈祖武、朱彤窗在《乾嘉学派研究》中指出："从乾隆三年（1738）到十八年（1753），在历年所举行的十九次经筵讲学中，不惟讲官笃守朱子之教，而且高宗亦步亦趋，阐发朱子学说，君唱臣和，俨然一派尊崇朱子学气象。""到二十一年（1756）二月再举行仲春经筵，高宗的讲论却发生了十分引人注目的变化。这便是第一次对朱子的《四书章句集注》提出了质疑。""其后，在迄于乾隆六十年（1795）的三十二次经筵讲学中，明显地向

推倒满洲后实见施行。到这时候，眼看满洲不是一时推得倒的，在当时政府之下实现他们理想的政治，也是无望。那么，这些经世学都成为空谈了。况且谈到经世，不能不论到时政，开口便触忌讳。经过屡次文字狱之后，人人都有戒心。"见梁启超：《中国近三百年学术史》，东方出版社1996年版，第18页。侯外庐先生认为："康熙以来的反动的文化政策，比元代统治的手法圆滑到万倍。一方面大兴文字之狱，开四库馆求书，命有触忌讳者焚之（见章炳麟《检论》卷四《哀焚书》），他方面又采取了一系列的愚弄政策，重儒学、崇儒士。"见侯外庐：《中国思想通史》第五卷，人民出版社1956年版，第410页，标点有改动。张舜徽先生认为："为什么乾嘉学者们愿意将自己有用的岁月投入到烦琐的考证工作中呢？这是有他们的时代背景和不得已的苦衷的。当清代初年，屡兴文字狱……于是读书识字的人们，人人自危，首先不敢研究明末史事，怕触犯忌讳；也不敢多写诗文，怕无故惹祸。于是他们集中精力研究经学，从事校勘和笺注的工作。"见张舜徽：《张舜徽集·清代扬州学记》，华中师范大学出版社2005年版，第5—6页。朱伯崑先生认为："到雍正、乾隆时代，由于清王朝大力推行文字狱等文化高压政策，许多知识分子为了免遭迫害，只好埋头于对古代典籍的一字一物的考证。这样，清初实学中经世致用的学风被阉割了，从而形成了以考据学为中心的汉学。"见朱伯崑：《易学哲学史》第四册，昆仑出版社2005年版，第325页。陈祖武先生认为："自康熙中叶以后，随着清廷统治的趋于稳定，尤其是雍正、乾隆两朝文字狱的冤滥酷烈，顾炎武在《日知录》中所寄寓的学以经世思想，横遭阉割。为此后学术界所继承的，只是其朴实的考经证史方法而已。"见陈祖武、朱彤窗：《乾嘉学派研究》，河北人民出版社2005年版，第86页。

① 钱穆：《中国近三百年学术史》，商务印书馆1997年版，第591—592页。原文衍一"于"字，删去。

朱子学提出质疑，竟达十七次之多。""他在经筵讲坛上的讲论，实无异朝廷学术好尚的宣示。""一方面是理学的不振和对理学诸臣的失望，另一方面是经学稽古之风的方兴未艾，二者交互作用的结果，遂成清高宗的专意崇奖经学。""值得指出的是，清高宗确立崇奖经学格局的过程，也正是他将专制皇权空前强化的过程。"①于是，清初独尊朱子的官学格局终于在乾隆时期发生了动摇。这在乾隆帝命傅恒等人修纂的《周易述义》中表现得极为明显：

> 盖汉易之不可训者，在于杂以谶纬、推衍禨祥。至其象数之学，则去古未远，授受具有端绪。故王弼不取汉易，而解"七日来复"，不能不仍用六日七分之说。朱子亦不取汉易，而解"羝羊触藩"，亦不能不仍用互兑之义。岂非理有不可易欤？诸臣仰承指授，于宋易、汉易酌取其平，探義、文之奥蕴，以决王、郑之是非。千古易学，可自此更无异议矣。②

尽管该书与顺、康二帝的三部钦定《易》著有着同样的思想专制目的，但作为清代又一部易学"御纂"，《周易述义》的核心思路已不再是按朱子易学之定准来衡判象数、义理两派，而是试图对汉学、宋学采取调和折中的态度。这充分说明，乾隆朝对汉学的兴起有着清醒的觉察。恰因儒者执守训诂考据颇能契合强化专制的需要，清廷才自觉顺应了此一思潮，并以奖掖学者和钦定经说等方式不断将朴学推向巅峰。

综上，乾嘉学术的成因问题头绪繁多、错综复杂，并非由某种绝对主导因素造就而成。不过，将其大体归结为儒学发展的内在逻辑与文化政策等外部原因的交织作用，应当没有问题。

与乾嘉学术形成密切相关的还有汉学开山人物的界定问题。自清以来，学界业已提出种种看法。其中，《四库全书总目》将清学源头上溯至明代方以智："考据名物、象数、训诂、音声……风气既开，国初顾炎武、阎若璩、

---

① 陈祖武、朱彤窗：《乾嘉学派研究》，河北人民出版社 2005 年版，第 6、7、14、17、20 页。
② （清）永瑢等：《四库全书总目》卷六《周易述义》，中华书局 1965 年版，第 35 页。

朱彝尊等沿波而起，始一扫悬揣之空谈。"①汪中等人则将首创之功归诸顾炎武："古学之兴也，顾氏始开其端。"②江藩又言有清汉学皆自阎若璩始，其《汉学师承记》开篇即论阎氏，而将顾炎武、黄宗羲二人附于书末。③ 其实，所谓"开山"，无非是指清学的本质转换起自何人。就此而言，上述观点的差异源于学者们审视明清儒学整体演进所采取的不同角度。不难察觉，《四库全书总目》对方以智的推崇乃是基于其训诂考据方法对清儒治学的深远影响，故四库馆臣实是将方氏视为"考据学"先驱。顾炎武则远不止此。在梁启超看来，顾氏思想在"开学风""开治学方法""开学术门类"三方面贡献甚大④。从这个意义上说，顾炎武不仅是清代"考据学"的建立者，还是"朴学"的开创者。但因其学问以经世为宗旨，顾氏并不像此后学者那样专任考据。人道层面的价值关切，使他依然固守着理学立场。"真正进入考据狭路中的人"是阎若璩。侯外庐先生主张："十八世纪的专门汉学，好像是继承顾、黄等人的考据，事实上是把清初学者的经世致用之学变了质的。专门汉学的前驱者，决不应当追源于顾黄诸人。"⑤阎氏在清学流变历程中的重要意义，不是他对前人"朴学""考据学"的继承运用，而是对旧学范围的彻底挣脱。

任何学派的形成都不是一蹴而就的。明代经学的微妙端倪经历了明清之际及清初学者的逐步变革才最终成为乾嘉时期的主流学术。顾炎武和阎若璩，诚然是此动态过程中的两大关节。可是，清初儒者虽然完成了"朴学"和"考据学"的初创工作，却尚未开启乾嘉"汉学"的根本转向。一方面，追求五经本义和考辨文献真伪的经学浪潮，确实在客观上对宋学造成了一定伤害。例如，否定宋易象数的河洛、先天、《太极》诸说势必会危及朱子学的权威地位；"阎氏证《古文尚书》之伪，推翻了道学家十六字心传在经典

① （清）永瑢等：《四库全书总目》卷一一九《通雅》，中华书局 1965 年版，第 1028 页。
② 见（清）凌廷堪：《校礼堂文集》卷三十五《汪容甫墓志铭》，中华书局 1998 年版，第 320 页。
③ 见（清）江藩、（清）方东树：《汉学师承记（外二种）》卷八，中西书局 2012 年版。
④ 梁启超：《中国近三百年学术史》，东方出版社 1996 年版，第 74 页。
⑤ 侯外庐：《中国思想通史》第五卷，人民出版社 1956 年版，第 404—405 页，标点有改动。

上的依据"①，也无疑会对程朱学说有所冲击。另一方面，经学辨伪在很大程度上仍然"属于宋易内部的调整，因为大多数的批评和考辨者对程朱易学的义理部分是给予肯定的，因此这种批评与考辨与以后汉学的兴起没有内在的必然联系，也就是说从这种批评与考辨本身不能得出转向汉学或导致汉学复兴的结论"②。事实上，经学研究转向"汉学"，是由惠栋率领的乾嘉吴派真正实现的，所以惠栋才是严格意义上的汉学开山。一如看破此意的方东树所云："顾、黄诸君，虽崇尚实学，尚未专标汉帜。专标汉帜，则自惠氏始。"③

（三）惠栋、戴震和张惠言

长久以来，学界在论及乾嘉学术时每每延续章太炎先生和梁启超先生的吴皖分立说。④ 随着研究的不断推进，侯外庐、杨向奎二位先生的观点逐渐引起了学者们的普遍重视。"严格讲来，汉学是始于惠栋，而发展于戴震的。"⑤"与其这样按地域来划分，还不如从发展上来看它前后的不同，倒可以看出它的实质。"⑥我们认为，将吴、皖、扬州、常州视作前后相继的整体

---

① 侯外庐：《中国思想通史》第五卷，人民出版社 1956 年版，第 408 页，标点有改动。

② 汪学群：《清初易学》，商务印书馆 2004 年版，第 664 页。本书赞同引文中的观点，但对该书如下内容持保留态度："至于乾嘉时期的汉学家把这种考辨当成汉学复兴或复兴的先导，那不过是他们主观的逆推，为其复兴汉学寻找依据或借口。""正如清初易学不存有一个从宋易向汉易转变的过程以及汉易的先导或朴学易的复兴一样，清初学术也不存一个反理学的运动或汉学的复兴。"同上书，第 664、667 页。由于称许钱穆先生的观点，汪先生偏爱从宋学余绪的角度理解清学，进而认为清初儒者并无反动理学的意图，乾嘉汉学也与清初经学的辨伪浪潮无甚关联。其实，钱穆说的要义正在于把学术变迁视为动态连续的统一整体，而不是像汪先生那样刻意将清初与乾嘉分割开来。

③ （清）方东树：《汉学商兑》卷上，载《汉学师承记（外二种）》，中西书局 2012 年版，第 36 页。

④ 章太炎《清儒》曾云："其成学著系统者，自乾隆朝始。一自吴，一自皖南。吴始惠栋，其学好博而尊闻。皖南始江永、戴震，综形名，任裁断。此其所异也。"载汪学群：《清代学问的门径》，中华书局 2009 年版，第 34 页。梁启超先生亦主张"惠、戴两家，中分乾嘉学派"，见梁启超：《中国近三百年学术史》，东方出版社 1996 年版，第 210 页。

⑤ 侯外庐：《中国思想通史》第五卷，人民出版社 1956 年版，第 414 页。

⑥ 杨向奎：《杨向奎集·谈乾嘉学派》，中国社会科学出版社 2006 年版，第 295 页。

推进过程确实比四派分立说更符合乾嘉朴学的真实情形和学术发展的一般规律。而吴派惠栋、皖派戴震和常州先驱张惠言三人经学思想的递相影响即是这一结论的有力证据。

据陈居渊先生考证，"'汉学'作为乾嘉时代学术文化的主流，并不是由一两个学者的提倡同时产生并发展的，而是在某一局部地区首先成为地域性学派，随后才不断向外传播和转移其地域位置"，"在惠氏之前，苏州地区已形成了研究汉经的学术氛围"。"从学术渊源的角度来理解，吴派的经学研究形成于明清之际的吴中地区。至于奠定吴派规模的，则是经过了惠氏祖孙三代的努力才告完成。"① 惠栋（1697—1758），字定宇，号松崖，江苏元和人，乾嘉吴派领军，涉猎甚广，尤精于《易》。其易学思想约有五端：首先，因王弼《易》注问世后汉代象数学著作多已散落不存，惠氏治学遂以辑佚董理古代文献中残留的汉儒《易》义为首要目标。在《易汉学》中，他对孟喜、京房、郑玄、荀爽、虞翻、干宝等人的易学体例进行了系统爬梳，从而使汉易诸家学说的基本面貌得以呈现。再者，其《周易述》以自行注疏的方式对汉易象数的解经运用进行了具体详尽的示范。如《颐》卦辞"贞吉"注文曰："巽宫游魂卦，消息十一月……《晋》四之初，与《大过》旁通。卦互两坤，万物致养，故名《颐》。三之正，五上易位，故《颐》'贞吉'，养正则吉也。反复不衰，与《乾》《坤》《坎》《离》《大过》《小过》《中孚》同义。故不从《临》《观》四阴二阳之例。或以《临》二之上。"② 此间，惠氏《易》注的汉学风格显露无遗。不单其解说经文与东汉经师一样以指示象辞相应为旨，他对经卦互体、六日七分、八宫、反对、旁通、之正、卦变等汉易体例的调度也十分自如。其次，惠栋继承了清初的实学方法，主张对古代典籍的文义解释必须以音韵训诂为入路："五经出于屋壁，多古字古言，非经师不能辨。经之义存乎训，识字审音乃知其义。"③ 复次，惠氏对宋易象数学一概予以驳

---

① 陈居渊：《焦循儒学思想与易学研究》，齐鲁书社 2000 年版，第 53、50—51 页，个别字词有改动。

② （清）惠栋：《周易述》卷四《周易上经·颐》，中华书局 2007 年版，第 79 页，标点有改动。

③ （清）惠栋：《九经古义·述首》，载《丛书集成初编》第 254 册，商务印书馆 1937 年版，第 1 页。

斥，但其批判乃是立足于一准汉说，这又与清初诸儒不尽相同。最后，惠栋将易学之精神主旨归结为"时中"二字："《易》道深矣，一言以蔽之曰：时中。"① 其《易微言》两卷亦曾逐一讨论几、独、心、道、诚、中、性命、情、理、人心道心等理学核心范畴。此足以说明，尽管惠氏极重象数，却并未废黜义理探求。

综上可见，惠栋易学与清初儒学之间委实有些藕断丝连。一方面，其音韵训诂的治经方法和对图书先天的否定态度皆可视作二者渊源的直接表现；另一方面，他对汉代易学的高度倾心，也应理解为经学辨伪思潮合乎逻辑的发展。因为疑宋虽不是信汉的等价条件，却至少是必要条件。而惠栋正是清学由疑宋转向信汉的关键人物。从学术史的角度评价，乾嘉后学乃至当今学者得以明晓那些光怪陆离的汉代象数学说，实应感念其发轫之功。然而，因乎惠氏以彰明汉学为毕生职志，故其经学著作罕出己意，略显创见不足。同时，《周易述》打通两汉诸家《易》例的做法，虽将其淹博学识一一展露，却也失于师法、家法不明。这两项缺陷，既为乾嘉汉学留下了发展空间，也为戴、张二人指明了前进方向。②

"皖派的汉学研究，其渊源可以追溯至最初讲读于歙县富商汪梧凤之'不疏园'的所谓'江门七子'"，"他们不仅同在不疏园师从徽州学者江永研习六经，而且都系徽州府人，成为开皖派汉学研究的主要骨干"。③ 个中翘楚，非戴震莫属。戴震（1724—1777），字东原，一字慎修，安徽休宁人，

---

① （清）惠栋：《周易述》附《易汉学》卷七《易尚时中说》，中华书局 2007 年版，第 624 页。

② 郑朝晖先生曾这样评价惠栋易学："惠栋在自己的《易》学七书中，为清代学界展示了一个'知识性'的范型，他的《易》学理论相对于传统的儒家经学研究而言，在运思方向上发生了本质性的转变，他将传统经学的解释性行为改变为清代朴学的证明性行为，从而凸现'经义之真'作为根本价值的含义……这样，惠栋就将纯粹的文献考据学改造成了重视证明与分理的清代朴学。惠栋主张的证明性行为，是一种自觉的理性行为，因为他提出了证明原则，强调了证据的真实性与可检验性，也践行了一些新的考证方法与逻辑化方法，保证了他的经义考证行为既是一个要求真实性的学术行为，也是一个追求合理性的学术行为，从而形成了清代朴学的所谓知识性行为。"见郑朝晖：《〈易〉学史研究与符号遮蔽——从惠栋研究误区出发》，载孙剑秋、刘大钧等：《易道研几：穷究易经精微启发教学典范》，台湾五南图书出版股份有限公司 2012 年版，第 555 页。

③ 陈居渊：《焦循儒学思想与易学研究》，齐鲁书社 2000 年版，第 51 页。

三十五岁时曾与惠栋一见定交，其《题惠定宇先生授经图》一文称：

> 前九年，震自京师南还，始觌先生于扬之都转盐运使司署内……明年，则又闻先生殁于家。今徒拜观先生遗像……莫之能窥测先生涯涘。然病夫六经微言，后人以歧趋而失之也。言者辄曰："有汉儒经学，有宋儒经学，一主于故训，一主于理义。"此诚震之大不解也者。夫所谓理义，苟可以舍经而空凭胸臆，将人人凿空得之，奚有于经学之云乎哉？惟空凭胸臆之卒无当于贤人圣人之理义，然后求之古经，求之古经而遗文垂绝、今古悬隔也，然后求之故训。故训明则古经明，古经明则贤人圣人之理义明，而我心之所同然者，乃因之而明。贤人圣人之理义非它，存乎典章制度者是也……彼歧故训、理义二之，是故训非以明理义，而故训胡为？①

尽管戴震与惠栋一样突出考据知识和训诂方法的重要意义，但戴氏此间的立言主旨乃是强调"故训"与"理义"在儒家经籍中的本然合一。因而，他格外反对将二者截然分判，并用于指称汉、宋学术的不同特质。在他看来，审辨字词文义和穷索典章制度绝非经学研究的全部任务，唯有作为获求五经本义的手段方能实现其价值。如果说戴震对游离经文直抒义理的否定是有感于宋学之弊而发，则他对割裂理义专任故训的不满显然针对的是惠氏后学的治经风格。需要注意的是，其批评对象未必包括惠栋本人在内，因为惠氏著作原本不乏义理内容。专务辑佚考据，更多应归咎于吴派门人的片面发展。此外，戴震不仅不否认惠栋提倡的治学方法，而且更大规模地继承了清初以来的实学路径：

> 经之至者道也，所以明道者其词也，所以成词者字也。由字以通其词，由词以通其道……一字之义，当贯群经。本六书，然后为定。至

---

① （清）戴震：《戴震文集》卷十一《题惠定宇先生授经图》，中华书局1980年版，第167—168页，下引该书改动标点处不逐一说明。

若经之难明，尚有若干事：诵《尧典》数行，至"乃命羲和"，不知恒星七政所以运行，则掩卷不能卒业；诵《周南》《召南》，自《关雎》而往，不知古音，徒强以协韵，则龃龉失读；诵古《礼经》，先《士冠礼》，不知古者宫室、衣服等制，则迷于其方，莫辨其用；不知古今地名沿革，则《禹贡》《职方》失其处所；不知少广旁要，则《考工》之器不能因文而推其制；不知鸟兽、虫鱼、草木之状类名号，则比兴之意乖……仆闻事于经学，盖有三难：淹博难，识断难，精审难……前人之博闻强识，如郑渔仲、杨用修诸君子，著书满家，淹博有之，精审未也。①

他指出，当下的汉学研究不能停留于辑佚恢复的水准，而应对古书之言加以价值判认和是非裁断，并形成个人见解。也就是说，"淹博"基础上的"识断"与"精审"，才是戴震真正超越惠栋之处。因此，清代学者曾以"求古"和"求是"来概括惠、戴二人的治学取向："方今学者，断推两先生，惠君之治经求其古，戴君求其是。"② 这一见解后来又被梁启超先生进一步引申为"惠派治学方法，吾得以八字蔽之，曰'凡古皆真，凡汉皆好'"③。我们认为，梁先生的评价尽管在事实层面上符合惠栋治学的特点，但若以此作为否定惠氏学术价值的根据则有欠妥当。从学术变迁的角度讲，复原汉代经说的本来面目无疑是汉学得以成立的基本前提，故作为汉学开创时期关键人物的惠栋将其主要精力用于汇集整理散佚文献，本在情理之中。其实，不仅惠栋的这一开先之举影响了戴震治学方向的转变，吴派学者的淹博辑佚也在一定程度上为皖派的精审识断提供了文献基础。质言之，梁氏话语中之所以夹带讽刺，实是因其持有"吴皖分立"之成见，未能察觉到两派之间的承继发展关系。更重要的是，在惠栋本人的思想中，"古"与"是"也未必如后世学者理解得那般不同。清人王鸣盛云："究之，舍古亦无以为是。"④ 钱大昕亦辩驳云：

---

① （清）戴震：《戴震文集》卷九《与是仲明论学书》，中华书局 1980 年版，第 140—141 页。
② （清）洪榜：《戴先生行状》，载（清）戴震：《戴震文集》，中华书局 1980 年版，第 255 页。
③ 梁启超：《清代学术概论》，上海古籍出版社 2005 年版，第 26 页。
④ （清）洪榜：《戴先生行状》，载（清）戴震：《戴震文集》，中华书局 1980 年版，第 255 页。

"以古为师，师其是而已矣，夫岂陋今荣古，异趣以相高哉！"①孙建秋先生认为："王、钱二人都认为求古就在求是，求是也必须从求古入手。换一个角度说，当清儒不满宋明以来的经注时，必转而寻求更为近古的书籍，则汉儒经注正是必然的'古'，也是不得不的'古'，这是回归原典下自然的选择，而惠、戴、王、钱四人，也都肯定这便是'是'。因此，我们可以从其他方面论断惠、戴二人学术成就的高低，却不宜用'古'与'是'来评论二人。"②从其"经之义存乎训，识字审音乃知其义。是故古训不可改也，经师不可废"③的表述中不难得见，惠栋本人的复"古"并非毫无原则地是古非今、立汉斥宋，而是服从于寻求五经本义之"是"这一目标。与戴震一样，惠栋治经亦以"求是"为归，只是他尚未意识到汉代经师所言未必就合乎经传之真而已。况且，他并未一概否定宋明理学的价值，如其所云："汉人经术、宋人理学，兼之者乃为大儒……大儒不易及也。"④退一步讲，即便其传世著述确有一从汉说之嫌，我们也只能将惠氏之失归结为"以古为是""信汉太深"，但这毕竟与不论真伪一意复古的癖好存在本质区别。⑤就此而言，以"求古""求是"来概括惠栋与戴震、吴派与皖派的分歧似乎是一种学术偏见。二者之差异其实不在于"求是"与否，而在于对"是"的认知不同。在这一点上，钱穆先生的看法更为平实："惠、戴论学，求其归极，均之于《六经》，

---

① （清）钱大昕：《潜研堂集》卷二十四《臧玉林经义杂识序》，上海古籍出版社1989年版，第391页。
② 孙剑秋：《易学新论》，台湾中华文化教育学会，2007年版，第33—34页，标点有改动。
③ （清）惠栋：《九经古义·述首》，载《丛书集成初编》第254册，商务印书馆1937年版，第1页。
④ （清）惠栋：《九曜斋笔记》卷二《汉宋》，载《丛书集成续编》第20册，台湾新文丰出版公司1989年版，第635页。
⑤ 郑朝晖先生指出："近代以来，'古'这个词往往具有贬义，已经负载了许多价值观的含义，而在惠栋的或者当时人的语词使用中，却不一定是这样的……'古'这个词在价值观序列上并不低于'是'这个词。但当梁启超总结惠栋的学术特点为'凡古必真，凡汉皆好'的时候，'古'就成了低于'是'或者某种思想性的词了……'古'这个词对于惠栋而言，并不具有特别的价值观含义，主要是一种时间维度的考量。"见郑朝晖：《〈易〉学史研究与符号遮蔽——从惠栋研究误区出发》，载孙剑秋、刘大钧等：《易道研几：穷究易经精微启发教学典范》，台湾五南图书出版股份有限公司2012年版，第550页，标点有改动。

要非异趋矣。其异者，则徽学……其用心常在会诸经而求其通；吴学则希心复古，以辨后起之伪说……其用心常在溯之古而得其原。故吴学进于专家，而徽学达于征实。"①

如果说戴震弥补了惠氏学问短于己见的缺陷，张惠言则有意摆脱《周易述》杂糅众家《易》例的做法。张惠言（1761—1802），字皋文，号茗柯，江苏武进人，常州学派先驱。其易学成就主要体现在三个方面：其一，他在《周易郑氏注》《周易荀氏九家易》《易义别录》等著作中对两汉、魏晋以来的十余家《易》注进行了更为全面的辑录。其中，马融、陆绩、姚信、蜀才等人皆为惠氏《易汉学》未曾论及者。其二，他对汉易经师自创的义例加以严格判认，专攻虞翻而兼言别家。除代表作《周易虞氏义》和《周易虞氏消息》外，张氏还有《虞氏易礼》《虞氏易事》《虞氏易言》《虞氏易候》等多部作品详论虞翻易学。尤值一提的是，《周易虞氏义》不仅照录了李鼎祚《周易集解》中的全部虞翻《易》注并予以细致疏解，更在《集解》未存虞说处参照其他注文为其逐一添加了符合虞氏易例的补注。如《乾》九二"见龙在田，利见大人"虞注阙，张惠言遂以虞氏《文言》注补之曰："阳息至二，兑为'见'，故称'见龙'。《易》有三才，初、二地道，地上故'在田'。'大人'谓二，有君德，当升《坤》五，时舍于田，之正体离，物皆相见，与五同义。"②此段注文涉及的十二消息、三才之象、中位说、之正说、经卦互体皆为虞翻《易》注之常用体例，即张氏补注完全契合虞氏家法。其三，在《虞氏易礼》中，张氏又试图打通易学与礼学。如该书《禴》条曰："爻言'禴'者三，皆在二体离，故注以夏祭释之。殷礼四时之祭，春曰礿、夏曰禘。周则改之，春曰祠、夏曰禴，以禘为王者之大祭，《天保》《文王》之诗，而言禴、祠焱。尝孔冲远以为文王改制，此礼是也。《萃》'王假有庙''用大牲吉'，是时会诸侯之事；《升》'南征吉''亨于岐山'，是巡守封禅之事。二者皆在时祭后行之，故各于二言'禴'。举一时以该三，且以明改制也。《既济》王者功成治定，当颁典礼。卦亨在二，二不当王；五虽正位，'初吉终乱'。

① 钱穆：《中国近三百年学术史》，商务印书馆 1997 年版，第 357 页。
② （清）张惠言：《周易虞氏义》卷一《周易上经》，北京大学出版社 2012 年版，第 1 页。

故皆以诸侯言之，谓之'邻'。'东邻杀牛'者，殷之褅也；'西邻禴祭'，周之禴也。不王不褅，故不如西邻之时矣。然文王不言褅制者，立庙追祖所自出，殷人已然。审谛昭穆，亦因殷祭之义，但明时祭之不用褅，则褅之大祭足以明之矣。"①

惠栋、戴震等人的引领示范造就了乾嘉学者逐日高涨的汉学热情。然而，当唯汉是尊之风势不可挡地弥散开来，客观性的汉学研究终于变成了全凭主体偏好的据守汉说，清初顾炎武"学者之患，莫甚乎执一而不化"②的告诫并未起到作用。对此，戴震曾颇为感慨地说："今之博雅能文章、善考核者，皆未志乎闻道。徒株守先儒而信之笃，如南北朝人所讥：'宁言周孔误，莫道郑服非。'"③本来，乾嘉汉学是可以容纳义理讨论的。例如，惠栋的《易微言》和戴震的《原善》《绪言》《孟子字义疏证》都曾对理、心、性等理学范畴进行过详细疏解。这种用汉学方法解说宋学内容的治学路数，与其说是对理学问题的消解，不如说是对儒学义理的重建。可随着汉学声势日壮，音韵训诂、名物考证、天算实测、史实考据等工作使学者们的义理兴趣愈发淡化。戴震的"义理三书"不断受到来自汉学阵营内部的批评，足以证明其故训、理义之辨并未唤起当时学者的十足警醒。与此同时，终日埋头故纸堆中的学究们，早已忘却了儒者应有的济世承当。即便内心残存一抹现实情怀，也终因顾忌文字狱而噤若寒蝉。由此可见，纵然"中国旧有的学术，只有清代的'朴学'确有'科学'的精神"④，其代价却是人文精神的沉沦。直至扬州学派脱颖而出，乾嘉汉学才踏上自我纠偏的学术征程。

---

① （清）张惠言：《虞氏易礼》，载《丛书集成续编》第29册，台湾新文丰出版公司1989年版，第229页。
② （清）顾炎武著，（清）黄汝成集释：《日知录集释》卷一《艮其限》，上海古籍出版社1985年版，第112页。
③ （清）戴震：《戴震文集》卷九《答郑丈用牧书》，中华书局1980年版，第143页。
④ 胡适著，陈平原选编：《胡适论治学·清代学者的治学方法》，安徽教育出版社2006年版，第154页。

三、焦循经学的破与立

（一）对乾嘉学术的反思

自复兴之日起，汉学就持续不断地遭受着多方指责。在其趋于极盛的过程中，学界的猛烈抨击也在与日俱增。因乎清初官方的高度推崇和在野儒者的学术承递，理学依旧发挥着不容忽视的影响。即便朴学已在总体上占尽风流，局部性的汉宋之争仍未止歇。如取道宋学的方东树认为："近世，为汉学者，其蔽益甚，其识益陋。其所挟，惟取汉儒破碎穿凿谬说，扬其波而汩其流，抵掌攘袂，明目张胆，惟以诋宋儒、攻朱子为急务。要之，不知学之有统，道之有归，聊相与逞志快意，以骛名而已。"①如果说宋学派的驳斥在很大程度上只是一种儒学内部的异见表达，同汉学家一样未能免于意气的话，以袁枚为首的文学家则已触及汉学墨守故说、乏于创造的内在弊病。在批判之声不绝于耳的同时，训诂考据风潮也在步向强弩之末。随着古代典籍的辨伪、残存经说的辑佚、字词音义的审辨和名物制度的考证几已涵盖早期经学的方方面面，汉学也终因继续推进的方向模糊而疲态尽现。饱受非议和后劲不足的双重压力，致使部分汉学家开始了对自身学术的深刻省察。他们逐渐意识到戴震故训、理义之辨的真理性。训诂质测、辑佚考据的确只应作为获求儒家精义的手段，可他们却由此将儒学引入一隅，完全障蔽了应然的丰富面向。就连戴震的著名弟子段玉裁也满怀愧疚地忏悔道："所读之书，又喜言训故考核，寻其枝叶，略其本根，老大无成，追悔已晚。"②不过，反思旧学往往又是改良学术的起点。真正集吴、皖两长于一身并引领乾嘉后期汉学革新风潮的，是以阮元、汪中、焦循等人为代表的扬州学派。

事实上，章太炎、梁启超等近代学者尚未将扬州诸儒归为同一学派。民国时期虽已出现"扬州学派"的笼统提法，却未详细论及。真正奠定扬州学

---

① （清）方东树：《汉学商兑·重序》，载（清）江藩、（清）方东树：《汉学师承记（外二种）》，中西书局2012年版，第369页。

② （清）段玉裁：《经韵楼集》卷八《博陵尹师所赐朱子小学恭跋》，上海古籍出版社2008年版，第193页。

派研究规模的，当数张舜徽先生的《清代扬州学记》。该书不仅对乾嘉时期
扬州地区的重要学者展开了丰富的个案研究，还对扬州学派的总体特征进行
了高度概括：就学术渊源而言，"扬州学术，无疑是与戴震有比较深厚的关
系"，"扬州学者治学的特点，首先在于能'创'……其次在于能'通'……
这都是吴、皖两派学者们所没有，而是扬州诸儒所独具的精神和风格"。"扬
州学派的治学态度和所取得的成绩，都有'圆通广大'的气象"，他们"清
算了当时汉学家们烦琐的治学方式。由狭窄变为广大，由拘隘变为圆通"。
此外，"像汪中、焦循、阮元都能大胆地对一些问题，特别是对伦理方面的
问题，提出自己的看法"。① 张先生点出的上述特点，在焦循的学术思想中
皆有鲜明体现。既然扬州诸儒的治学风格有革新汉学的明确指向，且由批判
整合吴、皖两派尤其是延续戴学而来，则唯有从其对此前汉学的反思入手，
我们才能理解"创"和"通"的真正用意。

首先，焦循严厉批评了当时学者据守汉说的普遍倾向。"近之学者，无
端而立一'考据'之名，群起而趋之，所据者汉儒，而汉儒中所据者又唯郑
康成、许叔重。执一害道，莫此为甚。许氏作《说文解字》，博采众家，兼
收异说。郑氏……未尝据一说也……近之学者，专执两君之言，以废众家。
或比许、郑而同之，自擅为考据之学，吾深恶之也。"② 本来，辑佚汉说只是
朴学研究的基础性工作。可随着汉学影响的日益扩大，学界逐渐形成了唯汉
是尊的信念。在汉学家们看来，汉儒所言即是儒家经学的全部内容，除此之
外的一切思想皆不属于儒学范围。而两汉经师又首推许慎、郑玄，于是，对
许、郑之学的尊奉代替了儒者的个人思考，拘执汉说也就变成了研究汉学的
唯一方式。依焦循之见，对汉儒成说不加审辨地一概持守非但无助于明晓五
经本义，反而会对儒家先圣开示的大道宏旨造成遮蔽。许慎、郑玄治学皆主
采撷众长而非专执一家，清代儒者推尊许、郑完全不能构成排斥其他经学识
见的理由。唯有五经承载的圣人之意，方能作为衡定后世儒说的最终依据：

① 张舜徽：《张舜徽集·清代扬州学记》，华中师范大学出版社 2005 年版，第 7—8、19 页。
② （清）焦循：《里堂家训》卷下，载《丛书集成续编》第 60 册，台湾新文丰出版公司 1989
年版，第 670—671 页。

> 吾述乎尔，吾学孔子乎尔，然则所述奈何？则曰：汉学也。呜呼，
> 汉之去孔子几何岁矣，汉之去今又几何岁矣？学者，学孔子者也。学汉
> 人之学者，以汉人能述孔子也，乃舍孔子而述汉儒。汉儒之学，果即孔
> 子否邪？……且夫唐宋以后之人，亦述孔子者也。持汉学者，或屏之不
> 使犯诸目，则唐宋人之述孔子，讵无一足征者乎？学者或知其言之足
> 征，而取之又必深讳其姓名，以其为唐宋以后之人，一若称其名，遂有
> 碍乎其为汉学者也。噫，吾惑矣！ ①

焦循强调，一切经学研究皆应以彰明孔子立定的儒学本义为归。虽然汉代经
说在一定程度上传述了孔子，但其具体内容毕竟会因时过境迁而有所变化。
所以，汉儒所述与孔子所言并不等同，汉学复兴的价值即在于还原两汉典籍
中留存的孔子思想。可是，时人却舍孔子之本而逐汉儒之末，不仅未能把握
到复归本义的经学原旨，连汉学的真切精神都不曾领略。其抱残守缺地执定
汉学，完全是出于深峻的门户意识。更有甚者，乃是妄图借当下汉学的绝对
优势来抬升自己的学术地位。② 焦循把这些表面拘执汉说实为媚俗从众的汉
学家喻为"家奴"："譬诸懦夫不能自立，奴于强有力之家，假其力以欺愚贱；
究之其家之堂室、牖户，未尝窥而识也。"③一味据守的学风必然伴有学术观
点上的入主出奴。此时的汉学家，要么不求其解地一概否斥两汉之后尤其是
理学诸子的论述；要么明知其确有所见，却刻意隐匿其名而暗袭其说，从而
免去自身汉学品性不纯的嫌疑。对此，焦循深表质疑。在他看来，宋明儒者

---

① （清）焦循：《雕菰集》卷七《述难四》，载《丛书集成初编》第 2192 册，商务印书馆
1936 年版，第 104—105 页。

② 《易余籥录》记有如下一事，足以证明当时士人"是汉非宋"之甚："乾隆乙卯乡试，同号
生刺刺谈经，大约祖郑康成而左朱考亭，明日题下，为'旅酬下为上'。是生则深斥朱注
之非，以为'宾弟子、兄弟之各举觯于其长'非古义。予诘之曰：'此正郑玄注，而朱
子依之未易。君谓郑氏为学者所当守而不可易，然则此独千虑之一失，而朱子偶拾之
邪。'其人默然。"见（清）焦循：《易余籥录》卷三，载《丛书集成续编》第 29 册，台
湾新文丰出版公司 1989 年版，第 296 页。

③ （清）焦循：《焦循致王引之书（一）》，载赖贵三：《昭代经师手简笺释》，台湾里仁书局
1999 年版，第 201 页。

与两汉经师同以承传孔子为志，二者所述虽有偏颇背离五经本义之处，但也都有契合的一面。所以，经学诠释不应盲目地斥宋尊汉，而应在追求孔子之意的目标下对汉宋儒学予以公允裁夺。焦循的这一结论，在某种意义上反映出乾嘉学术的演进轨迹：惠栋率领的吴派学者基于"复古以求是"的理念，孜孜于汉代经说的原貌呈现；戴震为首的皖派学者则将"古"与"是"区分开来，主张在文献辑佚的基础上对其是非加以精审识断；焦循代表的扬州学派则延续了戴震的思路，一方面对"古不必是"进行了具体论证，另一方面又把孔子本义树立为经学研究的最高标准，并将裁定权衡的对象延拓至此前儒学发展史上的全部内容。正是基于这一看法，扬州学者对惠栋著作多有指摘。焦循曾言："东吴惠氏为近代名儒，其《周易述》一书，循最不满之。大约其学拘于汉之经师，而不复穷究圣人之经。"① 王引之也认为："惠定宇先生考古虽勤而识不高、心不细，见异于今者则从之，大都不论是非。"② 平心而论，扬州学派的这一批评诚然切中了惠栋治学的弊端，但不可否认其中确有苛责前人之嫌。在很大程度上，惠栋经学的种种不足是汉学初期发展的客观局限所致，不应过分归咎于学术目光的短浅和器识的促狭。

其次，焦循也对经学研究的义理缺失甚为不满。乾嘉学人讨论义理最为详尽者当数戴震。但事实上，为戴震赢得极大声誉的仍是训诂考据性质的著述，其戛戛独造的"义理三书"反而广受责难。对戴震考据学推崇备至的纪昀读了《孟子字义疏证》之后居然"攘臂扔之，以非清净洁身之士，而长流污之行"③。其他学者也纷纷以为戴氏此举是将"有用精神耗于无用之地"④。由此可见，戴震高度重视的故训、理义之辨，完全被湮没在朴学考据的洪流之中，并未获得广泛认同，以致其学传遍及小学、考证、算学诸多领域，唯独义理无人问津。至于惠栋等人有限的义理论述，更不足以激起学界的回

---

① （清）焦循：《焦循致王引之书（二）》，载赖贵三：《昭代经师手简笺释》，台湾里仁书局1999年版，第208页。

② （清）王引之：《王伯申先生手札》，载（清）焦循：《雕菰楼易学五种》，凤凰出版社2012年版，第1118页。

③ 章太炎：《释戴》，载《章太炎全集》第四册，上海人民出版社1985年版，第123页。

④ （清）章学诚：《文史通义》补遗续《答邵二云书》，中华书局1956年版，第368页。

响。似乎在当时学者的眼中,专门知识与儒学义理并不像戴震所说的那样统一,而是构成了一种此消彼长的关系,前者的渐趋鼎盛自然导致后者的日益消解。于是,原本作为经学手段的训诂考据、天算质测也就反宾为主地成为目的本身。"乾嘉学者虽明言以训诂通大义,但事实上将大义视为训诂,由训诂替代大义。"① 其实,明清之际首倡考据的方以智即已经强调"质测"与"通几"不可偏废:"或质测,或通几,不相坏也。"② 可清学发展至吴、皖后学,已然偏离了清初考据的路向规划。"所谓通道,决不是那种非决定的条件的文字语言所能胜任的。""文字的校勘,对于古史的研究,的确也是必要的,然而校勘了的经籍并不就等于史学。"③ 直至扬州焦循处,此一偏弊才得以真正扭转:

> 述其人之言,必得其人之心;述其人之心,必得其人之道。学者以己之心为己之道,以己之道为古人之言,曰"吾述也",是托也,非述也。学者不以己之心求古人之言,朝夕于古人之言,而莫知古人之心,而曰"吾述也",是诵也,是写也。诵写非述也……然则述也者,述其义也,述其志也。④

焦循指出,儒学讨论的结穴在于阐释五经中的圣人之意和大道至理。依此观之,宋明理学式的文献解读乃是假托经文、全凭己意;时下汉学家的经学研究则是专任故训、无涉义理,二者各得一偏。这一兼及汉宋的双重批评,背后指向的正是训诂、义理通而为一的治学主张:

> 循读东原戴氏之书,最心服其《孟子字义疏证》。说者分别汉学、

---

① 陈居渊:《焦循儒学思想与易学研究》,齐鲁书社 2000 年版,第 57 页。
② (明)方以智:《物理小识·总论》,载《万有文库》第二集第 543 种,商务印书馆 1937 年版,第 3 页。
③ 侯外庐:《中国思想通史》第五卷,人民出版社 1956 年版,第 419—420 页。
④ (清)焦循:《雕菰集》卷七《述难一》,载《丛书集成初编》第 2192 册,商务印书馆 1936 年版,第 102—103 页,标点有改动,下引《雕菰集》改动标点处不再逐一说明。

宋学，以义理归之宋，宋之义理诚详于汉，然训故明乃能识羲文周孔之义理。宋之义理，仍当以孔之义理衡之，未容以宋义理，即定为孔子之义理也。①

对乾嘉学界以故训、理义判分汉宋学术的做法，戴震曾予以明确批评。焦循此论，无疑是对戴震思想的进一步发展。一方面，宋学义理虽详，却因疏于文字音韵的考究而脱离了先圣本义；另一方面，终日沉浸于汉儒旧说的辑佚整理和训诂考据，只能使经学沦为口耳记诵的"本子之学""拾骨之学"②。这样看来，以训诂为手段、义理为归宿，才是研治经学的应然路数。二者的有机融通，既能纠正朴学疏于义理的时弊，又能确保其义理诠释符合五经的本来面目。其实，从焦循对《孟子字义疏证》的衷心推许和对宋学内容的总体否定中可以看出，其所谓的义理追求乃是延续惠栋、戴震而来，即采用汉学方法探讨理学问题。但在吴、皖后学阉割义理的情势下，重新确立这一治学理路就显得意义重大。此后的朴学能够不断容纳前期汉学相对轻的四书学，并陆续推出阮元的《性命古训》《大学格物说》和凌廷堪的《慎独格物说》等重要篇章，应当归功于扬州学者的精勤不倦和远见卓识。

　　最后，焦循还对经世意识的淡漠加以反拨。抛开客观性的政治因素，单就学术自身的逻辑演进而言，朴学对致用精神的忽略确实与训诂考据为主的治学之方存在某种关联，或者说，是由清初实学的片面发展所致。清初儒学重整运动针对的是理学尤其是明代心学超越虚化、遗落现实的偏弊，故实学建设始终围绕着经世致用的宗旨展开。乾嘉朴学则以言必有证为治学原则，即关于儒学的一切讨论要么符合音韵训诂的学术规则，要么存有数学、天算、地理、考据等各项知识的证据支撑。也就是说，尽管乾嘉学者同清初诸儒一样标榜实学，但"实"的内涵已经发生了重大转变，后者原本意在凸显的"实用"逐渐被前者换作"实证"。这一概念迁移折射的，乃是乾嘉前后

---

① （清）焦循：《雕菰集》卷十三《寄朱休承学士书》，载《丛书集成初编》第2194册，商务印书馆1936年版，第203页。

② （清）焦循：《里堂家训》卷下，载《丛书集成续编》第60册，台湾新文丰出版公司1989年版，第671页。

清学精神的根本转向。即便朴学学风极为笃实，但在政治关怀和人生关切的现实指向上非但较之清初儒学犹如天冠地履，甚至与宋明理学亦相去甚远。因为它只在故纸堆中终日徜徉，而与儒学本有的价值追求全然无涉。扬州学者对儒学经世意识的缺失有清醒的觉察，于是，他们凭借经典注疏对儒家圣贤的淑世关怀给予了适度点示。如焦循《论语补疏》云："樊迟请学稼，则孔子目为小人。小人不求禄位者也。子张学干禄，孔子即告以得禄之道。圣人以事功为重，故不禁人干禄而斥夫学稼者也。"① 阮元《论语论仁论》云："天子诸侯不体群臣，不恤民时，则为政不仁极之。视臣草芥，使民糜烂，家国怨而畔之，亦不过不能与人相人偶而已，秦、隋是也。"② 然而，阉割致用精神尽管与学术自身的演进有关，但其主因毕竟是清廷的文字狱等高压政策，这终究是知识精英不能掌控的。所以，扬州学派的学以致用并未高调喧张，大多只在古史评价的字里行间隐然呈露。即便如此，严酷的政治现实足以衬托出扬州学者此一微薄的经世反弹所需的勇气和承当。③ 真正完成这一任务的，是常州的今文经学学派。

综上，乾嘉学术的症结可以概括为拘泥汉说、不问义理和疏于经世三个方面。从学术变迁的角度审视，乾嘉学术早在转型之际即已隐含了种种偏弊的可能性："朴学"的重心从价值关怀变为知性探索，义理追求由是被淡化；"汉学"从复古求是入手，最终演变成不论是非的固守汉儒；"考据学"则与政治高压一起，在对实学方法的不断高扬中将儒学义理与致用精神一并消去。不过，在焦循等扬州学者看来，乾嘉学术的上述缺陷完全可以修正弥

---

① （清）焦循：《论语补疏》，载《皇清经解》第六册，上海书店 1988 年版。

② （清）阮元：《揅经室一集》卷八《论语论仁论》，载《揅经室集》，中华书局 1993 年版，第 177 页。

③ 王法周指出："凌、焦、阮三人生活的时代，是一个极为专制的时代，这使得他们在学术与政治现实之间始终存在着一种特殊的内在紧张。作为儒家学者，他们都有守成传统的思想倾向，理论上也颇有不能自圆其说之处。在现实的政治压力与先儒的治道理想巨大张力之间，在稳定既定社会秩序的前提下，他们通过复古寻求思想的创新，左冲右突，上索下探，艰难地体现着传统士大夫的天下情怀。如果我们能把乾嘉学者放回到那个特殊的高压时代，就可能多一些同情与通透的了解，做到既不以学概人，也不以道德为唯一尺度来裁量天下之士。"见王法周：《乾嘉学术对政治的反拨——以凌廷堪、焦循、阮元为中心》，《史学月刊》2014 年第 2 期，第 39 页。

补。他们虽明确提出依孔子原意对宋学加以公允定夺，但其实从未放弃内心深处的排宋立汉倾向。这一点，可以从焦循对明代心学的猛烈抨击中获得证实："明人讲学，至徒以心觉为宗，尽屏闻见，以四教六艺为桎梏，是不以规矩，便可用其明；不以六律，便可用其聪……真邪说诬民，孟子所距者也。"① 甚至因理学思想异于汉唐经学，焦循便将其归为正统之外的儒学别传："《宋史》分《道学》于《儒林》，最精最善。道学乃宋儒特创一门户，异乎唐以前之儒，分之是也。"② 唯有两汉诸儒，才能代表历代经学的最高水平："余谓三代以后，汉如春，六朝隋唐如夏，宋人之学则秋矣，而明人则冬也。"③ 这就意味着，焦循等人的经学重整必定会采取改良汉学的方式。针对乾嘉学者拘执汉说、不问义理和疏于经世的通病，扬州学者相应提出了回归经传本义、融通训诂义理和恢复致用精神的主张。尽管他们认为三者皆本自经学原典中的圣人之意，可事实上，把扬州学派引领的这场学术运动看作是对原始儒学的复归，远不如视为参照清初儒学来革新汉学贴切。

（二）"求通""求义"与"自得性灵"

出于补偏救弊的目的，扬州儒者纷纷从对吴、皖两派的批评反思中开出了各自的汉学重构，焦循尤为典型。在他看来，经学建设亟需解决的问题是祛除执一之病，变据守为圆通。这一转变，不仅要求学者以更为开朗广阔的视野和雍容宽舒的心态突破五经与四书、汉学与宋学的严整疆界，还应在操作层面上综合运用各种学术方法。因此，焦循梳理了当时汉学界流行的治经五法，并逐一分析其优劣得失：

今学经者众矣，而著书之派有五：一曰通核；二曰据守；三曰校雠；

① （清）焦循：《孟子正义》卷十四《离娄章句上》，中华书局1987年版，第474页，下引该书改动标点处不逐一注明。
② （清）焦循：《易余籥录》卷八，载《丛书集成续编》第29册，台湾新文丰出版公司1989年版，第328页。
③ （清）焦循：《易余籥录》卷十二，载《丛书集成续编》第29册，台湾新文丰出版公司1989年版，第354页。

四曰摭拾；五曰丛缀。此五者，各以其所近而为之。通核者，主以全
经，贯以百氏，协其文辞，揆以道理，人之所蔽，独得其间，可以别是
非、化拘滞，相授以意，各惬其衷。其弊也，自师成见，亡其所宗，故
迟钝苦其不及，高明苦其太过焉；据守者，信古最深，谓传注之言，坚
确不易，不求于心，固守其说，一字句不敢议，绝浮游之空论，卫古学
之遗传。其弊也，踽踽狭隘，曲为之原，守古人之言，而失古人之心；
校雠者，六经传注，各有师授，传写有讹，义蕴乃晦，鸠集众本，互相
纠核。其弊也，不求其端，任情删易，往往改者之误，失其本真，宜主
一本，列其殊文，俾阅者参考之也；摭拾者，其书已亡，间存他籍，采
而聚之，如断圭碎璧，补苴成卷，虽不获全，可以窥半。是学也，功
力至繁，取资甚便，不知鉴别，以为赝真，亦其弊矣；丛缀者，博览广
稽，随有心获，或考订一字，或辨证一言，略所共知，得未曾有，溥博
渊深，不名一物。其弊也，不顾全文，信此屈彼，故集义所生，非由义
袭，道听途说，所宜戒也。五者兼之则相济。学者或具其一而外其余，
余患其见之不广也，于是乎辨。①

尽管此文结末明确以五者相须而备否定了执一废众的治学倾向，但若仔细留
意这些评述，我们仍可以体味出焦循本人的侧重。显然，他仅仅肯定了"据
守""校雠""摭拾"的文献还原意义，而其共同缺陷则是不求其义，以致无
法合理地对典籍材料加以甄别裁断。"丛缀"虽能泛观博览，善于名物故训，
却因缺乏贯通、专精不足而终成一系列支离孤立的知识片段。相较而言，四
者之短恰为"通核"之长。它既能通观全书、兼顾各家而无拘泥琐碎之病，
又能独得圣贤之意而对诸说是非加以取舍。唯学者领会未必尽如经籍本义，
方为其失。从焦循对"通核"的推许中不难得知，"求通"和"求义"正是
其着意突出的治学原则。这两条原则，无疑是对此前汉学偏弊的直接修正。
同时，"五者兼之则相济"的看法说明，他并未否认清初以来逐步确立的方

---

① （清）焦循：《雕菰集》卷八《辨学》，载《丛书集成初编》第2192册，商务印书馆1936年版，
第109页。

法系统。其实，无论任何时代，辑校文献和知识考索都在经学范围内拥有不可替代的价值，焦循此论只是格外强调对治经方法的运用应置于对经学典籍的本义探求之中。如其所言：

> 盖古学未兴，道在存其学。古学大兴，道在求其通。前之弊患乎不学，后之弊患乎不思。证之以实而运之于虚，庶几学经之道也。①

清初儒学至汉学初期的主要任务是通过搜集、汇整佚失汉说来革除宋明理学脱离经义高谈心性的"思而不学"之病，当下汉学继续推进的目标则是以整体贯通各家儒学来修正乾嘉学者拘执汉儒不复探究的"学而不思"之失。"运之于虚"，是指研治五经不可墨守一家成说，必有个人致思审辨参与其中；"证之以实"，即一切字词训解和义理诠释必须贴合五经本义，可以从经文全篇中获得证实。焦循认为，这种学与思的有机结合，才是经学研究的应然路数，亦即《史记》所云"好学深思，心知其意"②的确切含义：

> 非好学深思、心知其意，何以能此？夫融会经之全文，以求经之义，不为传注所拘牵，此诚经学之大要也。③

具言之，明晓五经本义，必须将经文上下打通，整体把握全篇。如是，一则可免去字词训释的前后抵牾，一则可令圣人一贯的义理思想全然朗显。也就是说，儒家经义只能凭一己学思从以经解经中求取，绝不可能由盲从后儒、据守传注而得。在逻辑次序上，经文本义乃是绝对在先者，它非但不是后世注疏的产物，反而是评判其是非曲直的终极依据。因而焦循强调，研习经学

---

① （清）焦循：《雕菰集》卷十三《与刘端临教谕书》，载《丛书集成初编》第 2194 册，商务印书馆 1936 年版，第 215 页。

② （汉）司马迁：《史记·五帝本纪》："《书》缺有间矣，其轶乃时时见于他说。非好学深思，心知其意，固难为浅见寡闻道也。"（汉）司马迁：《史记》，中华书局 1982 年版，第 46 页。

③ （清）焦循：《雕菰集》卷十五《代阮侍郎撰万氏经学五书序》，载《丛书集成初编》第 2194 册，商务印书馆 1936 年版，第 241 页。

必须留意经、注、疏之间的区别，不可将三者盲目混同："学经之法，不可以注为经，不可以疏为注。孔颖达、贾公彦之流所释毛、郑、孔安国、王弼、杜预之注，未必即得其本意。执疏以说注，岂遂得乎？必细推注者之本意，不訾入其肺腑，而探其神液……要之，既求得注者之本意，又求得经文之本意，则注之是非可否了然呈出，而后吾之从注非漫从，吾之驳注非漫驳。不知注者之本意，驳之非也，从之亦非也。"①毋庸置疑，焦循此论的真正用意是以五经本义的至高地位来消解汉代经说的权威性，从而破除学界当下弥漫的泥汉之风。与此同时，包括两汉在内的历代注疏皆应置于经典原义的标尺下予以重新审视。凡合经义者，不论学派门户和成书年代，一律应予肯定。这就是焦循所谓的"主以全经，贯以百氏"。概言之，所谓"求通"，既指剥除汉学的拘执之弊，又指兼容并采古今诸家。在这一点上，其挚友王引之亦有相近看法："故大人之治经也，诸说并列，则求其是……盖执于汉学之门户，而不囿于汉学之藩篱者也。"②可见，"求通"实为扬州学人的普遍追求。

需要注意的是，这一治经理路是以对经文本义的个人理解为前提的。"通"并非不加分辨地逐一胪列，而是以己意裁定取舍的结果。当前人注疏皆不同于自家所见时，只得舍去他人、另立新解。王念孙曰："说经者，期于得经意而已。前人传注不皆合于经则择其合经者从之。其皆不合则以己意逆经意，而参之他经、证以成训，虽别为之说，亦无不可。"③在扬州学者看来，这非但不是对前人的漠视与不敬，反而是经学研究的必由之途。焦循亦云：

> 学经者，博览众说而自得其性灵，上也；执于一家而私之以废百

---

① （清）焦循：《里堂家训》卷下，载《丛书集成续编》第60册，台湾新文丰出版公司1989年版，第670页。

② （清）王引之：《经义述闻·序》，载《万有文库》第二集第11种，商务印书馆1935年版，第5页，标点有改动。

③ （清）王引之：《经义述闻·序》，载《万有文库》第二集第11种，商务印书馆1935年版，第5页。

家，惟陈言之先入，而不能自出其性灵，下也。①

据焦循本人考证，"'性灵'二字，见钟嵘《诗品》及《颜氏家训·文章篇》"②，可知其原与文学创作相关。至于焦循将"性灵"一词移就至经学领域，更以"自得性灵"为治学宗旨，则需结合当时学界的著作考据之争来寻求理解。

"性灵"说渊源虽久，却是在袁枚的大力倡导后方才成为清代文化界的焦点问题的。袁诗有云："天涯有客太詅痴，错把抄书当作诗。抄到钟嵘《诗品》日，该他知道性灵时。"③他强调，文学创作不是寻章摘句，必须独出心裁。著作的匠心巧思又必缘于创作者的灵气，亦即"性灵"。就此而言，袁枚乃是在基本含义上使用"性灵"一词的。如果这一讨论仅限于文学领域，似乎并不足以激起经学家的强烈反感。关键在于，袁枚并未止步，而是以"性灵"为标准进一步判定"著作"与"考据"的价值高下。他认为：

> 著作者如大匠造屋，常精思于明堂奥区之结构，而木屑竹头非所计也；考据者如计吏持筹，必取证于质剂契约之纷繁，而圭撮毫厘所必争也。二者皆非易易也。然而一主创，一主因；一凭虚而灵，一核实而滞；一耻言蹈袭，一专事依傍；一类劳心，一类劳力。二者相较，著作胜矣。且先有著作而后有书，先有书而后有考据。以故著作者，始于六经，盛于周、秦；而考据之学，则自后汉末而始兴者也。④
>
> 形而上者谓之道，形而下者谓之器。古文，道也；考据，器也：器易而道难。作者之谓圣，述者之谓明。古文，作也；考据，述也：述易

---

① （清）焦循：《里堂家训》卷下，载《丛书集成续编》第60册，台湾新文丰出版公司1989年版，第670页。

② （清）焦循：《易余籥录》卷十二，载《丛书集成续编》第29册，台湾新文丰出版公司1989年版，第351页。

③ （清）袁枚：《小仓山房诗集》卷二十七《仿元遗山论诗》末首，载《小仓山房诗文集》，上海古籍出版社1988年版，第691页。

④ （清）袁枚：《小仓山房续文集》卷二十九《散书后记》，载《小仓山房诗文集》，上海古籍出版社1988年版，第1777页。

而作难。①

袁枚为其"著作胜于考据"的观点提供了三项论据：其一，著作以自我创造为核心，非聪慧颖悟不能胜任。考据则多因袭借鉴前人成说，只需精勤发愤即可。其二，著作是考据的对象，亦是其得以成立的前提。相较考据，著作在时间和逻辑上都居于优先地位。其三，考据纠缠于微观细节和具体知识，故为"器"。著作则超越局部通达整体，故为"道"。对袁枚来说，"创"与"因"、"作"与"述"、"道"与"器"这三点理由又可归结为一，即"性灵"可在著作中尽情抒发，却在考据中付之阙如。

尽管这一看法确实有些缘于文学立场的偏见，但我们亦可揣测，或许他的不满在一定程度上也与考据泛滥日益暴露的偏弊有关。不过，汉学的极盛局面，注定了袁氏此论尚未引起经学家们的普遍反思，便已招致猛烈回击。孙星衍复书曰：

> 侍推阁下之意，盖以钞撷故实为考据、抒写性灵为著作耳，然非经之所谓道与器也。道者谓阴阳柔刚仁义之道，器者，谓卦爻《彖》《象》载道之文。是著作亦器也……侍因器以求道、由下而上达之学，阁下奈何分道与器为二也？……古人重考据甚于重著作，又不分为二。何者？古今论著作之才，阁下必称老、庄、班、马，然老则述黄帝之言，庄则多解老之说，班书取之史迁，迁书取之《古文尚书》《楚汉春秋》《世本》《石氏星经》、颛顼夏殷周鲁历，是四子不欲自命为著作……古人之著作即其考据，奈何阁下欲分而二之？②

在前半部分中，孙氏并未逐一破斥袁枚给出的证据，只是扣紧道器之分进行了辩驳。事实上，袁枚在以形而上与形而下区别著作与考据时，的确没有为其"著作为道"的结论提供详细论证，亦没有对"道""器"范畴的使用范

---

① （清）袁枚：《小仓山房尺牍详注》卷三《覆家实堂》，浙江古籍出版社 2020 年版，第 69 页。
② （清）孙星衍：《问字堂集　岱南阁集》卷四《答袁简斋前辈书》，中华书局 1996 年版，第 90—91 页，标点有改动。

围加以界定，故孙星衍以道器之辨作为切入点有其合理之处。他认为，《系辞》"形而上者谓之道"的"道"即是《说卦》"阴阳""刚柔""仁义"的三才之道，"器"则是包括卦爻辞和《易传》在内的《周易》文辞。按照这种理解，著作、考据等所有文章都只能归于形下层面。随着道器关系被解读为易道与文辞的合一，袁枚以二者分指著作、考据的做法也就失却了依据。接着，孙星衍又在答书的后半段提出了"著作即考据"的论点。依他之见，《庄子》是对《老子》的考据，《老子》又是对黄帝之言的考据。但凡古人之书，皆可视作先贤思想的注疏。在此意义上，"古人之著作，即其考据"。既然著作、考据全无分别，则袁枚所云"创"与"因"、"作"与"述"的理由同样不能成立。不过，我们必须指出，孙星衍在这场争论中"不仅仅使用着与袁枚不同的'著作'含义，而且还使用着不同的'考据'含义。通常所说的考据一词，指的是文本之间的回归与互证，并不包括精神本原上的回归与传承。我们决不把老子对于黄帝——姑且同意老子与黄帝之间有奥秘的思想或学术传承关系——的阐发看作是考据，因为找不到老子对黄帝的某个文本的注释"[1]。更重要的是，孙氏此间的全部讨论丝毫没有触及袁枚"性灵"的立论之本。也许，这就是袁枚收到答书后旋即中止论争的原因。

随后，焦循也参与到这场辩论中来。在写给孙星衍的信中，他不仅表达了对著作、考据之争的看法，还全方位地论述了自己对经学相关问题的思考。这篇《与孙渊如观察论考据著作书》，实可视作焦循经学的思想总纲：

> 经学者，以经文为主，以百家、子史、天文、术算、阴阳、五行、六书、七音等为之辅。汇而通之，析而辨之，求其训故，核其制度，明其道义，得圣贤立言之指，以正立身经世之法。以己之性灵合诸古圣之性灵，并贯通于千百家著书立言者之性灵，以精汲精，非天下之至精，孰克以与此！不能得其精，窃其皮毛，敷为藻丽，则词章诗赋之学也……盖惟经学可言性灵，无性灵不可以言经学……词章之有性灵者必

---

① 程钢：《著作考据之争与焦循易学——焦循"徒托空言"发微》，载饶宗颐：《华学》第三辑，紫禁城出版社1998年版，第139页，标点有改动。

由于经学，而徒取词章者，不足语此也。赵宋以下，经学一出臆断，古学几亡，于是为词章者亦徒以空衍为事，并经之皮毛，亦渐至于尽，殊可悯也。王伯厚之徒，习而恶之，稍稍寻究古说，摭拾旧闻，此风既起，转相仿效，而天下乃有补苴掇拾之学。此学视以空论为文者，有似此粗而彼精；不知起自何人，强以考据名之，以为不如著作之抒写性灵。呜乎，可谓不揣其本而齐其末矣。本朝经学盛兴，在前如顾亭林、万充宗、胡朏明、阎潜丘；近世以来，在吴有惠氏之学，在徽有江氏之学、戴氏之学。精之又精……其自名一学，著书授受者，不下数十家，均异乎补苴掇拾者之所为。是直当以经学名之，乌得以不典之称之所谓考据者，混目于其间乎！若袁太史所称，择其新奇随时择录者，此与经学绝不相蒙，止可为诗料策料，在四部书中为说部。世俗考据之称，或为此类而设，不得窃附于经学，亦不得诬经学，为此概以考据目之也。著作之名，见于班孟坚《宾戏》。其辞云："取舍者，昔人之上务；著作者，前列之余事。"推其著作为余事，倘以道与器配之，正是取舍为道、著作为器。今袁太史以考据为器、著作为道，已异于班氏之说……乃无端设一"考据"之目，又无端以著作归诸抒写性灵之空文，此不独"考据"之称有未明，即"著作"之名亦未深考也。袁氏之说不足辨，而"考据"之名不可不除。果如补苴掇拾不能通圣人立言之指，则袁氏之说转不为无稽矣。[1]

与袁枚、孙星衍不同，焦循并未直接比较著作、考据之是非优劣，而是首先立定经学研究的应然路数。其要点有五：第一，解读五经不可脱离经文，须以本义为最高依据，即"以经文为主"；第二，天算质测、音韵训诂、典章制度等具体知识都是训释经文的必要工具，即"为之辅"；第三，通达词句文义是为了明晓圣人之意和儒家之道，即"明其道义，得圣贤立言之指"；第四，据守一家只能遮蔽经义，应按五经原旨裁定诸说，凡合本义者皆予吸

---

[1] （清）焦循：《雕菰集》卷十三《与孙渊如观察论考据著作书》，载《丛书集成初编》第2195册，商务印书馆1936年版，第213—214页。

纳肯认，即"汇而通之、析而辨之"；第五，需体现儒家经学克己复礼和博施济众的现实情怀，即"立身经世之法"。显然，上述五点皆为革正汉学偏失而设。在此基础上，焦循又讨论了"性灵"与经学的关系。在他看来，经学研究即是以己之性灵会合古圣先贤与历代各家性灵的过程，其本质是"性灵"的融通。这一见解，显然直接源于戴震"古经明则贤人圣人之理义明，而我心之所同然者，乃因之而明"的观点。在求取五经涵具的义理思想这一点上，焦循与戴震并无不同。然而，戴震主张的"求是"尽管含有主体性的精审识断，却毕竟没有把对经文本义的一己识见置于逻辑在先的绝对地位。从"自得其性灵上也"的论断中可以看出，焦循所谓的"性灵"，其实是指对五经原义和儒家之道的个人理解，包括"个体""本义""义理"三层要素。其"性灵"一词除"个体"义较为靠近袁枚之外，内涵实已发生了较大转移。更重要的是，焦循的使用一开始就隐含了经学论域的限定，这与袁枚基于文学立场展开著作、考据之辨的做法迥然有别。正是从"义理"一义出发，焦循才顺理成章地将"性灵"归诸经学，因为一切大道皆由五经承载。按照他的规定，文学作品展示出的灵气与才情，根本称不上"性灵"。即便部分辞章传达出某些义理思想，那也是由于创作者受到了经学的沾溉，以致字里行间流露出些"文以载道"的意思。不过，这恰恰证明著作仅是载道之器，绝不像袁枚理解的那样具有道的高度。值得注意的是，焦循并未在抑制著作的同时高扬考据。相反，他对后者的不满较之前者尤甚。"惟经学可言性灵，无性灵不可以言经学"的命题说明，在焦循的思想中，性灵乃是经学的充要条件。依此标准审视，一心搜集汇编古旧文献的清代考据学根本不属于经学范围，因为它既不符合性灵的主体性原则，也毫不关涉经文本义和义理主旨。经学成就绝不是仅凭拾遗补阙就能取得的，清初顾炎武至乾嘉惠栋、戴震的经学研究，无不涵具着"本义"或"义理"的性灵。鉴于考据学与经学的严格界限，考据一词理应从经学语汇中剔除。综上可见，在著作、考据的相关问题上，焦循与袁枚、孙星衍二人各有同异。一方面，他与袁枚都以"性灵"作为生长点撑开全部讨论，且都对"个体"予以张扬，但在"性灵"一词的内涵界定和使用范围上，焦循与袁枚存在较大差异。另一方面，焦循完全同意孙星衍对袁枚道器之辨的反驳，可孙氏的著作、考据合一论又是他

绝对不能接受的。事实上，孙星衍忽略本义、义理而专攻考据的倾向，正是
焦循着意批判的对象。

如果说焦循对"考据"的极力否定源于对汉学之弊的深入洞察，那么，
"自得性灵"便是他重整经学所致力的方向。伴随着这场学术更新浪潮，汉
学的开山人物也被重新确立。在焦循、阮元等扬州学者看来，汉学首倡之功
应归于毛奇龄：

> 国朝经学盛兴，检讨首出于东林、蕺山讲学标榜之余，以经学自
> 任，大声疾呼，而一时之废疾顿起。当是时，充宗名于浙东，朏明名于
> 浙西，宁人、百诗名于江淮之间。检讨以博辨之才，睥睨一切，论不相
> 下，而道实相成。迄今学者日益昌明，大江南北著书授徒之家数十，视
> 检讨而精核者固多，谓非检讨开始之功则不可。①

思想家之所以被塑造为特定时期的学术偶像，往往是因为其思想贴合了
当时的某种文化精神。扬州诸儒推尊毛氏的原因，不仅在于毛奇龄对汉代经
说比其他清初学者更具包容之心，因而相对靠近乾嘉学人的汉学立场，还在
于其以经解经、兼采汉宋的治学路数，与汉学革新主张的寻求本义、反对据
守极其一致。更重要的是，在高度凸显经学个性的焦循眼中，毛氏易学涵纳
众说、卓然一家的特征非但不是惠栋所说的"思而不学"，反而是性灵独具
的体现。②

---

① （清）焦循：《代阮抚军撰毛西河全集序》，《焦里堂先生轶文》，载《丛书集成续编》第
193 册，台湾新文丰出版公司 1989 年版，第 126 页。
② 关于这一点，於梅舫的分析十分精当："此举大体有两层深意：一在重述空言性理之不当，
一在箴贬汉学泥古之弊。了解此意，也才能更好理解阮元、焦循之苦心。""联系阮、焦
之学术旨趣，可知其人重视毛奇龄，实乃欣赏毛氏以经解经之治学眼光。这与焦循有意
纠正当时学界流行之汉学研究中惟汉是从之弊大有关系。"见於梅舫：《从王学护法到汉
学开山——毛奇龄学说形象递变与近代学术演进》，《中山大学学报（社会科学版）》2014
年第 1 期，第 107、109 页。陈居渊先生也认为："阮元等人不仅表彰毛奇龄'以经学自任，
大声疾呼'为清代汉学开先之功，更以学术发明的优先性来确认毛奇龄开一代风气之先
的学术成就。""之所以推崇毛奇龄的学术并尊奉为清代汉学开山，其中无疑蕴含着重塑
经学典范和更新汉学的要求。"见陈居渊：《汉学更新运动研究——清代学术新论》，凤凰

或许可以这样理解，乾嘉汉学面临的危机逼出了扬州学者的经学建树。焦循等人的"通"和"创"，实是为汉学初期固守执一之病开出的单方。概言之，"创"是首先达成对经籍本义的个人把握，"通"则是依照己见裁定圆融历代各家。也就是说，"通"以"创"为前提。因乎经文本义在不同学者看来千差万别，五经遂获得了种种别开生面的解读。就此而言，扬州学派对乾嘉汉学原创生命力的延续贡献甚巨。然而，这些对本义的不同诠释只是消去了许、郑两家及两汉经师头顶笼罩的光环，却未摘除儒者心头根深蒂固的门户观念。当他们不再斤斤于汉宋之争时，经学探讨又转向了是己非人。尽管汉学家普遍坚信回归经文即可印证自家注疏真实合理，但其诠解实已超出五经原文的规限，进而表现出某种"六经注我"的色彩。在这一点上，焦循易学尤为典型。

（三）治学经历

在"性灵"说的自我感召下，焦循勤勉不倦，以研治经学为毕生职志。他虽涉猎广博、著作宏富，但用心尤苦亦最为精善者始终是易学。这与其家学背景有关。"综观十八世纪的经学研究，虽然仍遵循汉代以来通过师承、传授二种主要途径，但经学上颇有建树的那些名家，更多的却来自少秉庭训与自幼濡染家学。"[1] 比如，吴县惠有声、惠周惕、惠士奇、惠栋一门四代，高邮王安国、王念孙、王引之祖孙三人，常州庄存与及侄子庄述祖、外孙刘逢禄等三辈学者，都出自声名显赫的经学世家。焦循亦然。其"曾祖源，江都县学生，为《周易》之学。祖镜、父葱，皆方正有隐德，传易学"[2]。焦循不仅治学兴趣受到家学传统的深刻影响，其解《易》理路也直接源于幼年时期父亲焦葱的一个提问：

先父尝云："历来讲《易》者，多不能使《易》辞了然明畅厌人意。

出版社 2013 年版，第 212、214 页。

[1] 陈居渊：《汉学更新运动研究——清代学术新论》，凤凰出版社 2013 年版，第 64 页。

[2] （清）阮元：《通儒扬州焦君传》，见（清）焦循：《雕菰集·传》，载《丛书集成初编》第 2191 册，商务印书馆 1936 年版，第 1 页。

惟于辞之同处思而贯之，当得其解。如'密云不雨，自我西郊'，《小畜》言之矣，何以《小过》又言之？'帝乙归妹'言于《归妹》宜矣，又何以言于《泰》？'先甲三日，后甲三日'言于《蛊》矣，何以《巽》又言'先庚三日，后庚三日'？于此求之，庶有途径可入。"循奉此教，凡四十年而成《易学三书》，未知能当先父之意？然先父所示学《易》可入之途径，固贤人所不能易也。①

长久以来，《周易》经传的文辞重复似乎只是无须深究的事实。虽然历代注家对此必有察觉，但从现有文献来看，同辞现象直至焦葱才被视为颇有讨论必要的易学问题。即便他本人尚未形成某种确切答案，我们亦须认肯其独到之处。关键在于，焦葱提示的"于辞之同处思而贯之"自此便成为焦循治《易》的运思方向。② 标志着焦循象数体系最终建成的《易学三书》，其核心任务即是系统合理地解释《周易》通篇的词句重出问题。就此而言，焦氏易学的建构原则得益于其父当年的提问。《易学三书》之所以独树一帜，也正是因为焦循心中始终萦绕着与众不同的问题意识。③

　　焦循的易学体系并非一蹴而成。尽管治经的根本思路从未更改，学术推进的具体方向却每每模糊。有关学《易》道路上的屡次转折，焦循曾言：

　　　　循家三世习《易》，循幼秉父教，令从"十翼"求经。然弱冠已前，第执赵宋人说，二十岁从事于王弼、韩康伯注，二十五岁后，进而求诸

① （清）焦循：《易余籥录》卷一，载《丛书集成续编》第29册，台湾新文丰出版公司1989年版，第282页。
② 程钢先生指出："父亲的一个提问——可能是很普通的一个提问，到目前为止，尚未能找见其父有坐实这一学术设想的著作。——曾产生过启示般的影响力，这也是可能的。焦循的父亲也未必真正理解他这个提问对于易学史的意义。"见程钢：《焦循天算学、易学学术思想研究》，西北大学1996年博士学位论文，第2页。
③ 有必要指出，元儒吴澄曾以卦变说解释《丰》卦爻辞"丰其蔀，日中见斗"何以两见："与六二同……'日中'谓六二。'斗'者，震象。卦因二、四相易而成此二象，故二爻之辞同。"意谓《丰》由《泰》卦二四互易而来，是以《丰》之六二、九四系有同辞。见(元)吴澄：《易纂言》卷二，载影印文渊阁《四库全书》第22册，台湾商务印书馆1986年版，第482页。然而，吴澄并未逐一论及《周易》全篇的重出辞句，更未将其视作解《易》入路。

汉魏，研究于郑、马、苟、虞诸家者，凡十五年。年四十一，始尽屏众说，一空已见，专以"十翼"与上下两经，思其参互融合，脉络纬度。①

　　余自弱冠即学《易》，至四十岁，此二十年中，奔走于科场，兼习他学，未尝专也，而一无所得。自四十至四十七，此八年专于学《易》，始悟得旁通之旨，然名利之心未净……庚午至今五年，无一日不穷思苦虑……乃知学《易》前后三十年，仅有此四五年也。抑且四十以前学六书、音韵之学，学《九章》、天元之学，诸学既明于胸，而此四五年中乃得空诸所有以研究其微。②

据此，我们可以把焦循的治《易》经历分为三个阶段。第一阶段是四十岁前，其中又有两次转折：二十岁前倾心于宋学；二十至二十五岁间专攻魏晋王弼、韩康伯注疏；二十五至四十岁的十五年中，焦循一面研修汉易，一面精钻音韵训诂和数学天算。第二阶段是四十至五十三岁。在此期间，焦循专心求索《周易》经传，终于解通全篇《易》辞并撰作修订《易学三书》。第三阶段是五十三至五十八岁。此五六年，焦循已转向《孟子》学研究，志在著成《孟子正义》。

　　值得注意的是，虽然焦循早年学《易》的用力方向与思想圆熟后的易学见解天悬地隔，但其日后所需的知识储备几乎无不源自第一阶段的学术经历。首先，依次研习宋易、魏晋易、汉易为其奠定了完整深厚的易学史基础，同时亦反映出焦循正在追本溯源的道路上不断前行。其次，除写就了《里堂学算记》等多部高水平的数学专著，焦循还将九章、比例、天元术等数学思想自觉地运用于解《易》活动中。因而，《易学三书》的象数建构在一定程度上得益于其数学成就。最后，作为乾嘉时期学术风尚的六书、音韵之学，更是其建立易学体系的重要资源。唯有凭借象数体例与文字训诂的创造性融通，焦循方才实现了对同辞现象的通篇释解。基于第一阶段的学养积

---

① （清）焦循：《雕菰集》卷二十四《告先圣先师文》，载《丛书集成初编》第2196册，商务印书馆1936年版，第391页。

② （清）焦循：《易广记》卷一，载《雕菰楼易学五种》，凤凰出版社2012年版，第1068页，标点有改动。

淀，他又在此后两个阶段相继推出了《易通释》《易图略》《易章句》《周易补疏》《易话》《易广记》等易学著作①及《论语补疏》《论语通释》《孟子正义》等四书学注疏。需要说明的是，焦循易学体系最终确立的标志并非《易学三书》，而是《孟子正义》。因为《三书》构建的象数体系只是完成了对《周易》经传的"本义"诠释，"义理"思想则留待《论》《孟》著述进一步阐发。至于"个性"，则贯穿在前后二者之中。对焦循来说，《论》《孟》学关乎"性灵"三要素的齐备即经学规模的完整，故其晚年才汲汲于儒学义理。如是观之，《易学三书》实为焦循毕生学术之结穴，数学天算和音韵训诂不妨视作焦氏象数学的方法基础，《孟子正义》则是其《周易》研究的义理延伸。一如侯外庐先生所言，焦循是"由数学形成易学，并由易学形成哲学体系"②。

基于这种理解，本书选取《易学三书》作为研究焦循易学思想体系的起点。在具体论述之前，我们须对《三书》次序略加说明。"焦循完成《易学三书》撰写的实际情况是，先撰写《易通释》，然后再撰写《易图略》，最后撰写《易章句》。""但是原手写稿本、原手写稿定本及各类丛书本中的《易学三书》

---

① 此外，《仲轩易义解诂》一书亦署名焦循。经学者考证，该书实为托伪之作。详见黄寿祺：《易学群书平议》，北京师范大学出版社 1988 年版，第 103—105 页；刘建臻：《焦循学术论略》，社会科学文献出版社 2012 年版，第 199—202 页。与此相反，赖贵三先生主张："此书必经焦循之手，系其早岁钞撰的予遗残稿；纵非其亲作，或即其本家、外家先人的遗稿，与其《易》学渊源有关；或为时儒《易》说原作，钞誊以便采择者。"见赖贵三：《台海两岸焦循文献考察与学术研究》第七章《焦循定稿〈仲轩易义解诂〉考释》，台湾文津出版社 2008 年版，第 199—224 页。笔者认为，即便该书确经焦循之手，也与其易学圆熟后的见解绝不相类，仅可作为尚未成学时的文献资料予以留存。因此，本书对《仲轩易义解诂》一概不取。

② 侯外庐：《中国思想通史》第五卷，人民出版社 1956 年版，第 548 页，字句略有改动。王茂等人所著《清代哲学》亦有类似观点："焦循治学途径，由算学而《易》学，借《易》理而发挥其哲学思想。"见王茂等：《清代哲学》，安徽人民出版社 1992 年版，第 692 页。程钢先生更以此区分了焦循治学的三个阶段："第一阶段，算学研究，实际上是焦循思想的导言，焦循学术研究中的重要问题都与此直接或间接相关。""第二阶段，易学研究，是其学术系统的中坚。""第三阶段，孟子阶段，可以看作是其易学的推广与展开。"见程钢：《焦循天算学、易学学术思想研究》，西北大学 1996 年博士学位论文，第 9 页，个别语序、字句有调整。

秩序"即《章句》《通释》《图略》次第排列，"当属焦循晚年最后所定"①。因此，皮锡瑞认为："学者先玩《章句》，再考之《通释》《图略》，则于《易》有从入之径，无望洋之叹矣。"②其实，后学的研习进路应按思想逻辑拟定，不必遵照著作原本的前后排列。在《易学三书》中，《易章句》为典型的注疏体裁，内容是以象数体例对《周易》全文作出简明注释。《易通释》类似于辞典，是以条目形式逐一说明《易》辞对应的取象，并着重分析重出词句。《易图略》则可拆分为三：一是图解自创象数体例，二是通论早期易学问题，三是破斥汉儒旧说。因乎体例创设乃是象数注经派易学的基石，故对《易图略》的描述与评介理应居于优先地位。在此问题上，程石泉先生的观点更符合象数研究的一般规律："读者若能先因《图略》以知焦氏易例，读《章句》，而以《通释》随时检查，则焦氏易学自成系统，自易了解。"③

---

①　陈居渊:《焦循　阮元评传》，南京大学出版社 2006 年版，第 188 页，标点有改动。

②　(清)皮锡瑞:《经学通论·易经》，中华书局 1954 年版，第 34 页。

③　程石泉:《易学新探·雕菰楼易义》，上海古籍出版社 2003 年版，第 249 页。

第二章　"实测而知"的象数体例

中国古代思想家钟情的经典注疏方式尽管包括对前人成说的频繁征引，却始终不同于文献资料的采集汇编。究其根本，历代学者之所以不厌其烦地对五经、四书等原始典籍予以重释，是因为他们有着异于前人的讨论面向或表达诉求。对焦循来说，以往解《易》著作并未关注的同辞现象，正是其《易学三书》所要探讨的关键问题。问题总不是无来由的。《周易》经传的文辞重出何以会成为一个易学问题？它是否基于某种理论前提？

事实上，同辞现象未必会引起义理派学者的好奇心，因为他们更注重贯通全《易》的"理一"，而非条目细节的"分殊"。在义理层面上，六十四卦、三百八十四爻所系之辞都是对同一易道的文字言说，具体语词之同异并不妨碍终极义理的表达。相较而言，象数派更注重对《易》辞细节的条分缕析。我们知道，以象解《易》的理论基点是《周易》象辞的严整对应。然而，"密云不雨，自我西郊"同见于《小畜》《小过》等异象同辞的实例，却明显与象数派同辞必同象、异象必异辞的既定认知存在冲突。正是这一冲突，激发了焦葱对象辞关系的重新思考。虽然他没有给出相同文辞系于不同卦爻的原因，但其问题本身还是传达出如下信念：《易》辞重出绝非偶然，必有某种深意寓于其间。

顺此思路，焦循在象辞问题上进行了更为深入的探索。在他看来，《周易》经传的同辞现象只能说明学者对《易》象缺乏正确的理解，绝不能否定象辞相应的根本原则。即便"异象必异辞"的易学信念与"异卦有同辞"的文本事实不符，需要修正的也只能是后者。于是，焦循采取了区分"卦"与"象"的策略。简言之，一旦系有同辞的不同卦被赋予某种象数上的一致性，"异卦"便有了"同象"，"异卦同辞"亦可相应地转化为"同象同辞"。因而，焦循易学的核心任务，即是为同辞诸卦设立通前彻后、符合《易》理的象数连接。其要点有三：第一，以象辞相应为前提；第二，以象数注经为形式；第三，以连接诸卦为目的。纵观易学史，唯荀氏升降、虞氏旁通与卦变最能符合上述要求，故焦循早年曾试图以改良汉代易例来通解《周易》。可几经辗转，终未能称意。日后他谈及此段经历，依旧感慨万端："譬如探星宿海河，原已走万里，觉其不是又回家，更走万里又不是，又回又走。每次万里不惮往返。"①"研求经义，得一说为难，得一说久而觉其非即舍去为尤难……此中甘苦真能身历者知之。"②

既然易学史上的种种成说皆不能直接有效地达成目标，焦循遂将之毅然摒弃，一意向《周易》经传求索。最终，他"实测"出"旁通""相错""时行"三例并贯通全《易》，从而完成了《易学三书》的象数建构：

> 余学《易》所悟得者有三：一曰旁通，二曰相错，三曰时行。此三者，皆孔子之言也，孔子所以赞伏羲、文王、周公者也……余初不知其何为"相错"，实测经文、传文，而后知"比例"之义出于相错。不知相错，则比例之义不明。余初不知其何为"旁通"，实测经文、传文，而后知升降之妙出于旁通。不知旁通，则升降之妙不著。余初不知其何为"时行"，实测经文、传文，而后知变化之道出于时行。不知时行，则变化之道不神。未实测于全《易》之先，胸中本无此三者之名。既实测于全《易》，觉经文、传文有如是者，乃孔子所谓相错；有如是者，乃孔子所谓旁通；有如是者，乃孔子所谓时行。测之既久，益觉非相错、非旁通、非时行，则不可以解经文、传文。③

所谓"实测"，即是将"证之以实"的经学原则贯彻于易学研究。焦循格外

---

① （清）焦循：《易话》上《学〈易〉丛言》，载《雕菰楼易学五种》，凤凰出版社 2012 年版，第 1012 页。

② （清）焦循：《易话》上《〈易〉辞举要》，载《雕菰楼易学五种》，凤凰出版社 2012 年版，第 1020—1021 页。

③ （清）焦循：《易图略·叙目》，载《雕菰楼易学五种》，凤凰出版社 2012 年版，第 839 页。

强调，"旁通""相错""时行"是三圣作《易》运用其中并通过"十翼"原文点出的"书法"，而非自家创设的解经之"例"。前者由实测经传而来，是对本义的发现；后者纯属臆造，是个人的发明。① 为了凸显这一差别，他不仅屡言"初不知""实测后知"，甚至明确主张五经本无例："赵东山与朱枫林书，称洪氏说《春秋》云：'《春秋》本无例，学者因行事之迹以为例。……'余谓《易》亦然，其引申之迹，可按而测矣。"② 也就是说，以"旁通"等三者解《易》属于直造本义的"以经解经"，完全不同于汉代经学式的"以经从例"。平心而论，我们还是将焦氏此举看作是对自家易学的有意拔高较为妥当。因乎文字古奥、言简义丰，《周易》古经的词句原义难以确证，自然也谈不到依照所谓的"本义"来评判历代易学。然而，本义的模糊性却造就了文本的开放性。尽管自汉至清的学者纷纷宣称自己推出的崭新《易》注还原了《周易》本义，但客观地讲，这些诠释无一例外地源于时代文化精神的浸润沾溉，并与易学家个人的问题意识、学术视角、知识构成等多种因素有关。焦循易学同样如此。他的特别之处，在于将"例"这个经学概念赋予了"主观""创造"的含义，从而反衬出"实测"的"客观""本义"色彩。事实上，二者只是称谓不同，并无本质区别。那些在后人看来极尽牵强附会之能事的汉代易家，也多不用"例"来指称其象数解经方法。与焦循一样，他们坚信自己发明的体例就是对圣人之意的发现。或许是内心对此有清醒的认知，焦循亦有"天机发泄"时。比如，他在《寄王伯申书》中说"其例有三"，即指"旁通""时行""相错"③。有见及此，本书仍按经学惯例，称其为象数

① 程钢先生曾注意到这一问题："焦循用例，但不称例"的"主要的原因是他所说的'例'与前人有很大不同。还由于'例'之概念于经无征，他本人并不相信经自身中有什么例……依照反对例的学者说，圣人作经，不可能有例。因为圣人对我们来说，乃是神而不测的。倘若有例，则导致学者与圣人平等的结论。这一点，焦循也是同意的，但是，焦循强调的是，并非圣人所用的例本身有多么深奥难测，而是圣人用例的方式奥不可测。"见程钢：《焦循天算学、易学学术思想研究》，西北大学 1996 年博士学位论文，第 78—79 页。
② （清）焦循：《易话》上《学〈易〉丛言》，载《雕菰楼易学五种》，凤凰出版社 2012 年版，第 1012 页。
③ 参见（清）焦循：《焦里堂先生轶文·寄王伯申书》，载《丛书集成续编》第 193 册，台湾新文丰出版公司 1989 年版，第 124 页。

体例。此外，由于焦循在专言易例的《易图略》中又将三者细分为五，故本章讨论即按"旁通""当位、失道""时行""相错""比例"的顺序依次展开。

一、旁通

易学中的"旁通"一词，出自《乾·文言》"六爻发挥，旁通情也"一语。"其本义是就《周易》六爻的性能而言的，是说六爻发动挥变，可以广通万物之情，即《系辞》所谓的'以通神明之德，以类万物之情。'……故此旁通是指广泛通达。"① 以"旁通"二字命名易学体例，则是三国虞翻的创造。依他之意，若两别卦六对同位之爻阴阳爻性截然相反，此两卦即互为旁通。如虞氏《小畜》䷈注云："与《豫》䷏旁通。"《谦》䷎卦注云："与《履》䷉旁通。"② 王弼虽将汉易体例几近剥落，其《夬》䷪之九三注文却亦引入《剥》卦䷖六三。③ 在象数层面上，他与虞翻的旁通说并无不同。二人的分歧在于，虞翻认为旁通两卦卦意相通，故可相参互诠；王弼主张两卦卦意截然相反，似应正反比对。无论如何，旁通由此成为后世易家广泛使用的解经体例。孔颖达、来知德分别将其更名为"变卦""错卦"，但其象数含义未有本质改变。直至顾炎武处，旁通的内涵才发生转移："《序卦》《杂卦》皆旁通之说。先儒疑以为非夫子之言，然《否》之'大往小来'承《泰》之'小往大来'也，《解》之'利西南'承《蹇》之'利西南，不利东北'也，是文王已有相受之义也。"④ 尽管顾氏仍将旁通视作经传古义，但由此间《解》䷧、《蹇》䷦两卦可知，其所言"旁通"实指虞氏易之"反对"，即孔颖达之"覆卦"、来知德之"综卦"。从易学史的角度评价，顾氏此说无甚创造，只是一种称谓上

---

① 林忠军：《象数易学发展史》第一卷，齐鲁书社1994年版，第221页。

② （清）李道平：《周易集解纂疏》，中华书局1994年版，第148、193页。

③ 王弼注《夬》九三"壮于頄，有凶。君子夬夬，独行遇雨若濡。有愠，无咎"云："頄，面权也，谓上六也。最处体上，故曰权也。《剥》之六三，以应阳为善。夫刚长则君子道兴，阴盛则小人道长。然则，处阴长而助阳则善，处刚长而助柔则凶矣。"见（魏）王弼：《周易注·下经》，载楼宇烈校释：《王弼集校释》，中华书局1980年版，第435页。

④ （清）顾炎武著，（清）黄汝成集释：《日知录集释》卷一《序卦杂卦》，上海古籍出版社1985年版，第131—132页。

的调换而已。

真正使旁通说以焕然一新的面貌重登易学舞台的是清儒焦循。首先，他根据六十四卦逐爻的阴阳排列将其区分为三十二组，每组两卦相互对待，同位之爻一阴一阳。如《屯》䷂自初至上分别为初九、六二、六三、六四、九五、上六，《鼎》䷱自初至上分别为初六、九二、九三、九四、六五、上九，则《屯》《鼎》两卦即属同一旁通卦组；又如《蒙》䷃二、上为阳，初、三、四、五为阴，则其旁通卦必为二、上为阴，初、三、四、五为阳之《革》䷰。

其次，每一旁通卦组的两卦之间具有如下爻变关系：

> 凡爻之已定者不动，其未定者，在本卦初与四易、二与五易、三与上易，本卦无可易，则旁通于他卦。亦初通于四、二通于五、三通于上……初必之四，二必之五，三必之上，各有偶也；初不之四，二不之五，三不之上，而别有所之，则交非其偶也……凡旁通之卦，一阴一阳，两两相孚。共十二爻，有六爻静，必有六爻动。《既济》六爻皆定，则《未济》六爻皆不定。"六爻发挥""六位时成"，谓此十二爻中之六爻也。①

根据爻性与爻位，焦循把一组旁通卦的十二爻划分为"定"与"未定"两类。对任一别卦而言，凡阳爻居初、三、五三阳位，阴爻居二、四、上三阴位即为"定"；反之，阳爻居阴位或阴爻居阳位则为"未定"。显然，焦循所谓的"定"与"未定"就是传统易学的"当位""不当位"、"得正""不得正"或称"得位""失位"。由于旁通卦组六爻爻性相反，同一爻位上的两爻必一者得定、一者未定，故两卦十二爻必六爻定、六爻未定，且均匀分布于六位之中。继而，焦循规定了卦爻运行的具体规则——定爻必静，未定须动。由于六未定爻自初至上每位一爻，按"应位"原则，势必可在旁通卦组内构成初四、二五、三上三对相应关系。若某一别卦应位两爻相应且同属未定，则应彼此互易；若某一别卦应位两爻敌应，则必有一爻未定。此时，爻变须在该旁通

---

① （清）焦循：《易图略》卷一，载《雕菰楼易学五种》，凤凰出版社 2012 年版，第 848—849 页，标点有改动。下引《雕菰楼易学五种》改动标点处不再逐一说明。

卦组的两卦之间进行。以《复》《姤》为例，《复》《姤》旁通，《复》六三、六五两爻未定，初九、六二、六四、上六四爻定；《姤》九三、九五两爻定，初六、九二、九四、上九四爻未定，则此旁通卦组之三对爻变为《姤》初之四、《姤》二之《复》五、《复》三之《姤》上（参见图1）。

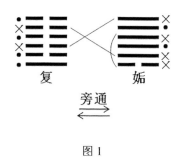

图 1

在《旁通图》[①] 中，焦循逐一列出了三十二组旁通卦的三对爻变：

☰《乾》 二之《坤》五 四之《坤》初 上之《坤》三
☷《坤》 五之《乾》二 初之《乾》四 三之《乾》上

☳《震》 五之《巽》二 四之《巽》初 三之《巽》上
☴《巽》 二之《震》五 初之《震》四 上之《震》三

☵《坎》 二之《离》五 初之《离》四 三之《离》上
☲《离》 五之《坎》二 四之《坎》初 上之《坎》三

---

① （清）焦循：《易图略》卷一，载《雕菰楼易学五种》，凤凰出版社2012年版，第841—848页。焦循原图有两处错误：第一，《震》"三之《巽》上"误作"上之《巽》三"；第二，《巽》"上之《震》三"误作"三之《震》上"。陈居渊先生校点该书时已出注说明，岑溢成、郭彧亦曾指出上述讹误，见岑溢成：《焦循〈易图略〉的系统研究》，《鹅湖学志》第三十一期，2003年；郭彧：《易图讲座》，华夏出版社2007年版，第265页。本书所附《旁通图》已作订正。

䷒《艮》　五之《兑》二　初之《兑》四　上之《兑》三
䷹《兑》　二之《艮》五　四之《艮》初　三之《艮》上

䷌《同人》　四之《师》初　上之《师》三
䷆《师》　二之五　五之二　初之《同人》四　三之《同人》上

䷇《比》　初之《大有》四　三之《大有》上
䷍《大有》　二之五　五之二　四之《比》初　上之《比》三

䷐《随》　四之《蛊》初　三之《蛊》上
䷑《蛊》　二之五　五之二　初之《随》四　上之《随》三

䷴《渐》　初之《归妹》四　上之《归妹》三
䷵《归妹》　二之五　五之二　四之《渐》初　三之《渐》上

䷂《屯》　三之《鼎》上
䷱《鼎》　二之五　五之二　初之四　四之初　上之《屯》三

䷤《家人》　上之《解》三
䷧《解》　二之五　五之二　初之四　四之初　三之《家人》上

䷰《革》　四之《蒙》初
䷃《蒙》　二之五　五之二　初之《革》四　三之上　上之三

䷦《蹇》　初之《睽》四
䷥《睽》　二之五　五之二　四之《蹇》初　三之上　上之三

䷈《小畜》　二之《豫》五　上之《豫》三
䷏《豫》　五之《小畜》二　初之四　四之初　三之《小畜》上

䷗ 《复》　五之《姤》二　三之《姤》上

䷫ 《姤》　二之《复》五　初之四　四之初　上之《复》三

䷪ 《夬》　二之《剥》五　四之《剥》初

䷖ 《剥》　五之《夬》二　初之《夬》四　三之上　上之三

䷎ 《谦》　五之《履》二　初之《履》四

䷉ 《履》　二之《谦》五　四之《谦》初　上之三　三之上

䷻ 《节》　二之《旅》五　三之《旅》上

䷷ 《旅》　五之《节》二　初之四　四之初　上之《节》三

䷕ 《贲》　五之《困》二　上之《困》三

䷮ 《困》　二之《贲》五　初之四　四之初　三之《贲》上

䷶ 《丰》　五之《涣》二　四之《涣》初

䷺ 《涣》　二之《丰》五　初之《丰》四　三之上　上之三

䷯ 《井》　二之《噬嗑》五　初之《噬嗑》四

䷔ 《噬嗑》　五之《井》二　四之《井》初　三之上　上之三

䷒ 《临》　二之五　五之二　三之《遁》上

䷠ 《遁》　初之四　四之初　上之《临》三

䷭ 《升》　二之五　五之二　初之《无妄》四

䷘ 《无妄》　四之《升》初　三之上　上之三

䷙ 《大畜》　二之五　五之二　上之《萃》三

䷬ 《萃》　初之四　四之初　三之《大畜》上

䷡ 《大壮》　二之五　五之二　四之《观》初

䷓ 《观》　初之《大壮》四　三之上　上之三

䷄ 《需》　二之《晋》五

䷢ 《晋》　五之《需》二　初之四　四之初　三之上　上之三

䷣ 《明夷》　五之《讼》二

䷅ 《讼》　二之《明夷》五　初之四　四之初　三之上　上之三

䷊ 《泰》　二之五　五之二

䷋ 《否》　初之四　四之初　三之上　上之三

䷨ 《损》　二之五　五之二　三之上　上之三

䷞ 《咸》　初之四　四之初

䷟ 《恒》　二之五　五之二　初之四　四之初

䷩ 《益》　三之上　上之三

䷼ 《中孚》　二之《小过》五　三之上　上之三

䷽ 《小过》　五之《中孚》二　初之四　四之初

䷛ 《大过》　二之《颐》五　初之四　四之初

䷚ 《颐》　五之《大过》二　三之上　上之三

䷾ 《既济》

䷿ 《未济》　二之五　五之二　初之四　四之初　三之上　上之三

综上可见，焦氏"旁通"共有三层要义：第一，两卦关系；第二，爻变关系；第三，爻位关系。分而论之，每项内容各有其易学史渊源；合而观之，三者内在相连、环环相扣，与以往诸例皆有不同。事实上，三十二对旁通卦早在虞翻首创旁通体例时即已确立。在指称对待两卦阴阳相反时，焦氏旁通只是对虞氏易相关内容的系统化、完整化。然而，其"旁通"一词并不仅限于描述两卦的静态关系，还具有卦爻互易的动态含义。就后者而言，焦氏旁通又与荀爽、虞翻的升降说和卦变说存在一定程度的易学亲缘。不过，虽然三者皆以爻变为本质，其具体规则却不尽相同。一般来说，卦变是指某一别卦阴阳两爻彼此互易，它不但不涉及该卦的旁通卦，两爻的变爻数量也明显异于焦氏旁通的"六爻动"。除了卦爻互易，焦氏旁通与荀、虞卦变并无相同之处。相较卦变，焦循更多吸纳的是荀爽的"升降"说。因为荀氏易既有某一别卦内部的自行升降，又有《乾》《坤》两卦之间的卦爻交换。在这一点上，焦循建立的卦爻运行规则与之颇为相类。但是，荀爽并不墨守"阳升阴降"的原则，而是结合注经需要灵活地决定变爻的数量和爻位。这种随意性又是焦循不能接受的。于是，他通过引入爻位关系为其设置了一定之规：首先，他借用《易传》的"得位""失位"说，把变爻范围锁定为旁通卦组十二爻中的失位六爻。六爻均衡分布于六位，自初至上必每位一爻。这样既可以避免变爻数量的不确定性，又可以杜绝荀氏升降变正为不正的情况。其次，参照荀爽、虞翻的"之正"说，将"失位变正"确立为卦爻运行的等价条件。一方面，升降必须以之正为目的，不变正不可以升降；另一方面，之正又必须采取两爻升降的方式，失正之爻不能自行实现爻性转变。他显然意识到，一旦将荀氏易学中本无必然关联的"升降说"与"之正说"彻底打通，卦爻运行的随意性即可避免。最后，为了彻底消解爻变的灵活性，焦循又为卦爻交易设立了"应位"前提。这样一来，分居六位的未定六爻就只能按初四、二五、三上的相应关系两两互换。至此，每一旁通卦组既已确定卦爻运行的唯一方案。

综上，六爻阴阳截然相反的旁通两卦，遵循应位原则，以升降形式进行之正的过程，即是焦循所谓的"旁通"。这一定义提示出，在"旁通"的三要素中，两卦的静态对待是前提，卦爻的动态互易是归宿，得正、相应等爻位关系则是贯穿其中的原则。同时，此一定义也充分揭示出以往易学资源对焦循象数建构的重要影响。诚然，其具体内容几乎全部来自荀、虞两家和

《易传》义例，但任何学说终究不是凭空而造，都或多或少、自觉不自觉地受到了既往学术的滋养。所以，焦循旁通说的创设不应仅被视为易学史素养的厚积薄发，内中蕴含的高度原创力和思想整合力更值得重视。

即便我们不难分析出焦氏旁通与汉易"旁通""升降""之正"之间的学理渊源，焦循本人还是将其来源归于"实测"。这就意味着，他必须提供旁通说出自《周易》经传的证据。对此，焦循给出了两点证明。第一，《说卦》"父母六子说"的递变生成可以推导出旁通卦组三对阴阳爻之依次互易：

> 卦始于乾、坤，初与初索成震、巽，二与二索成坎、离，三与三索成艮、兑。此乾坤平列也。若乾与坤重为《否》《泰》，则《否》四之初，即一索也；《泰》二之五，即再索也；《否》上之三，即三索也。若乾与乾重、坤与坤重，则《乾》四之《坤》初，即《否》四之初也；《乾》二之《坤》五，即《泰》二之五也；《乾》上之《坤》三，即《否》上之三也。故旁通之义，即由一索、再索、三索之义而推。①

显然，这一论证建立在赋予《说卦》以全新解释的基础之上。在他看来，"父母生六子"即是一种经卦旁通，因为八卦不仅可以根据阴阳爻性区分成四组旁通经卦，乾、坤六爻按初、中、上的次序互易也完全符合"六爻动"的爻变规则。也就是说，父母六子说完全具备焦氏旁通的两大要素，即两卦关系与爻变关系。唯有在爻位关系上，二者稍有不同。概言之，经卦旁通只能采取三爻同位互易的方式，别卦旁通则须遵循六爻三组应位之原则。不过，"应位说"本就从同位而来。初四、二五、三上之所以被视为应位，乃是因其分居别卦上下体之同位。这样一来，经卦旁通与别卦旁通的爻位差异亦可忽略。经卦乾、坤生震、巽的初爻互易，正对应别卦《否》四（上体乾初）之初（下体坤初）、《乾》四（上体乾初）之《坤》初（下体坤初）的两爻置换；经卦乾、坤生坎、离的中爻互易，正对应别卦《泰》二（下卦乾二）之五（上体坤二）、《乾》二（下体乾二）之《坤》五（上体坤二）的两爻置换；

---

① （清）焦循：《易图略》卷一，《雕菰楼易学五种》，凤凰出版社 2012 年版，第 848 页。

经卦乾、坤生艮、兑的上爻互易，正对应别卦《否》三（下体坤上）之上（上体乾上）、《乾》上（上体乾上）之《坤》三（下体坤上）的两爻置换。焦循由此认为，《说卦》所云"一索""再索""三索"，不仅指乾坤生六子过程中的三对同位互易，还对应旁通两卦未定六爻构成的三对应位爻变。

此处有必要对所谓的旁通特例问题略加说明。查《旁通图》可知，在三十二组旁通卦中，《泰》《否》、《损》《咸》、《恒》《益》、《既济》《未济》四组之卦爻运行表现为两别卦自行升降而无彼此交易。例如，《泰》九二、六五相应且同属未定，《否》初六与九四、六三与上九亦如是，故《泰》之二五、《否》之初四与三上皆应两两互易，但《泰》《否》之间并无卦爻往来。按焦氏旁通规则，若某一别卦应位两爻敌应，则二者中必有一爻未定，该未定爻须与旁通卦应位之爻互易。因而，旁通两卦自行升降势必满足一卦六爻三组应位两两相应的条件。而初四、二五、三上皆能得应，亦即上下二体互为旁通。由是，我们可由四组旁通经卦推知此类旁通别卦共有四对：乾、坤经卦旁通，以乾、坤为上下体的别卦《泰》《否》亦旁通；震、巽经卦旁通，以震、巽为上下体的别卦《恒》《益》亦旁通；坎、离经卦旁通，以坎、离为上下体的别卦《既济》《未济》亦旁通；艮、兑经卦旁通，以艮、兑为上下体的别卦《损》《咸》亦旁通。[①] 可见，以上八个别卦不仅各自上下体互为旁通，其两两对待亦可结成四组旁通别卦，且每组两卦互为"两象易"。由于此四组旁通只有自行升降而无彼此互易，故部分学者将其归为焦氏旁通之特例。例如，程石泉先生认为："此八卦相互之爻位，只有自身之变动，而无相互之爻之，此于焦氏所谓旁通之义系由乾坤平列一索再索三索之义而推则似有牴牾。岂《泰》《否》《损》《咸》《恒》《益》《既济》《未济》八卦根本于旁通为特例；抑焦氏所言旁通之定义，应加修正，使上举八卦之所以旁通更得一完满之解说乎？"[②] 赖贵三先生补充说："其本卦之二与五易、初与四易、三与上易，仍得《泰》《否》《损》《咸》《恒》《益》《既济》《未济》

---

① 元儒吴澄称之为"八卦对体自重者"，见（元）吴澄：《易纂言外翼》卷一《卦统》，载影印文渊阁《四库全书》第 22 册，台湾商务印书馆 1986 年版，第 599 页。

② 程石泉：《易学新探·雕菰楼易义》，上海古籍出版社 2003 年版，第 283 页，标点有改动。

八卦中之错综，此于焦循旁通义例，实为特例。"①概言之，程先生之所以将《泰》《否》等四组旁通认作特例，是因为他把焦循视作旁通证据的"父母六子说"误认为旁通的定义。程氏以为，既然焦氏旁通规则完全是对"父母生六子"的拓展，而六子卦的生成又以乾、坤两爻依次互易的方式实现，则两卦间的卦爻置换理应成为旁通的必要条件。然而，如果别卦旁通真是对六子生成的全然效法，那它就应遵循《乾》初之《坤》初的同位原则，而非《乾》二之《坤》五的应位原则。这充分证明，焦循易学中的"父母六子说"并不具备定义旁通的功能。也就是说，旁通卦组的三对卦爻互易未必非要像"乾坤生子"一样发生在两卦之间。

根据三对爻变中自行升降和卦间互易的不同数量，我们可以将三十二组旁通归为四类：第一，三对卦间互易，无自行升降。显然，此类卦须满足一卦六爻三组应位两两敌应的条件。而初四、二五、三上均不相应，即是别卦上下两体相同。因而，此类卦只有《乾》《坤》、《震》《巽》、《坎》《离》、《艮》《兑》四组，即八纯卦两两对待构成的四组旁通。第二，两对卦间互易，一对自行升降。此类卦的特点是一卦六爻之三组应位只有一组相应。用乘法原理推算或查《旁通图》可知，此类卦共有十二组即二十四卦。②第三，一对卦间互易，两对自行升降。此类卦三组应位只有一组敌应，亦有十二组即二十四卦。③第四，三对自行升降，无卦间互易。此类卦即《泰》《否》、《损》《咸》、《恒》《益》、《既济》《未济》四组旁通。依此观之，倘若把《说卦》"一索、

---

① 赖贵三：《焦循〈雕菰楼易学〉研究》，台湾花木兰文化出版社 2008 年版，第 91 页，标点有改动。

② 一卦六爻之三对应位中有一对相应共有初四、二五、三上三种可能，其阴阳排列又有阴上阳下、阴下阳上两种可能。余下两组敌应爻各有同阴、同阳两种可能。根据乘法原理，其全部可能性为（3×2）×（2×2）=24。此二十四卦必成十二组旁通，即《旁通图》所列《同人》《师》、《比》《大有》、《随》《蛊》、《渐》《归妹》、《小畜》《豫》、《复》《姤》、《夬》《剥》、《谦》《履》、《节》《旅》、《贲》《困》、《丰》《涣》、《井》《噬嗑》。

③ 一卦六爻之三对应位中只有一对敌应共有初四、二五、三上三种可能，此对敌应爻又有同阴、同阳两种可能。余下两组相应爻之阴阳次序各有阴上阳下、阴下阳上两种可能，故其全部可能性为（3×2）×（2×2）=24。此二十四卦必为十二组旁通，即《旁通图》所列《屯》《鼎》、《家人》《解》、《革》《蒙》、《蹇》《睽》、《临》《遁》、《升》《无妄》、《大畜》《萃》、《大壮》《观》、《需》《晋》、《明夷》《讼》、《中孚》《小过》、《大过》《颐》。

再索、三索"式的三组卦间互易作为焦氏旁通的硬性指标，特例就不应仅限于第四类的四组旁通卦，而应囊括后三类的二十八组旁通。这足以说明，程石泉先生其实并没有严格地按照"乾坤六子说"的三组卦间互易来衡判焦氏旁通。不过，依程氏之见，三组爻变不必都在两卦之间进行，毕竟不等于旁通体例可以脱离卦间互易。也就是说，两卦之间至少要有一组卦爻置换方可称作旁通。按照这一规定，《泰》《否》等四对别卦自然就被认作焦氏旁通的违例现象。

事实上，当觉察到《否》《泰》等卦的爻变法则并不符合两卦互易的限定条件时，我们不应急于断言特例，而应反思自己对"旁通"的内涵界定是否存在偏差。平心静气地看，《易学三书》不仅没有对卦间互易的变爻数量予以规定，甚至连旁通体例的定义都未及给出。就此而言，以两卦置换卦爻作为旁通必要条件的观点实属后人臆测。或许，这种认知导源于对"旁通"一词的字面理解。在部分学者看来，"旁"和"通"分别指涉"两卦关系"和"爻变关系"，二字连用即已显示爻变须在两卦之间进行。可焦循本人并未对此作出明确规定。对他而言，即便卦爻运动表现为别卦之自行升降，《泰》《否》诸卦也必须放在旁通卦组中予以定位，从相互对待的角度进行审视。无论爻变发生在两卦内部还是彼此之间，都应视为旁通卦组系统内的三对互易。这种非本质性的区别，绝不能作为划定四组旁通特例的依据。至于赖先生的补充，固然包括了对八卦爻变结果的正确归纳，但它更不足以成为判分特例的理由。正是由于未能意识到"旁通两卦"之于焦循易学的重要意义，程先生、赖先生才每每以"八卦"称呼《泰》《否》等"四组旁通"。我们再次强调，自虞翻创立旁通体例以来，两卦对待就成为一种解读《周易》卦爻关系的基础性视角。纵然虞氏易尚未将动态爻变引入旁通，它仍圆满体现着对待互通的核心精神。在这一点上，焦循易学可谓是虞氏思想的全盘继承者。

第二，《周易》经传中的相同字词，更是诸卦由旁通彼此连接的明证。在《易图略》中，焦循列举了三十则卦例。鉴于这些繁简不一的卦例颇有助于理解焦氏旁通的推演过程，下文予以逐一解说：

　　1.《同人》九五："大师克相遇。"若非《师》与《同人》旁通，则《师》之"相克"、《师》之"相遇"，与《同人》何涉？

焦循认为，《同人》九五爻辞"大师克相遇"之"师"字即《师》之卦名。因《同人》☲与《师》☷旁通，故《同人》爻辞言及《师》卦。

　　2.《艮》六二："不拯其随。"《兑》二之《艮》五，《兑》成《随》，《兑》二之"拯"，正是《随》之"拯"。若非《艮》《兑》旁通，则"不拯其随"之义不可得而明。

《艮》☶、《兑》☱旁通，《艮》六二定、六五未定，《兑》九五定、九二未定。按焦氏旁通规则，《兑》二应之《艮》五。两爻互易后，《兑》成《随》☱，故《艮》六二爻辞言"不拯其随"，此"随"字即《随》之卦名。

　　3.《涣》初之《丰》四，《丰》成《明夷》，故《丰》九四言"遇其夷主"，与《涣》六四"匪夷所思"互相发明。若非《丰》《涣》旁通，则"匪夷所思""遇其夷主"，何以解说？

《丰》☲、《涣》☴旁通。《丰》初九定、九四未定，《涣》六四定、初六未定。按焦氏旁通规则，《丰》四应之《涣》初。两爻互易后，《丰》成《明夷》☷，故知《丰》九四爻辞"遇其夷主"、《涣》六四爻辞"匪夷所思"之"夷"，皆指《明夷》卦名。

　　4.《屯》九五"屯其膏"，即《鼎》九三"雉膏"之"膏"，《屯》《鼎》旁通。

《屯》九五爻辞云"屯其膏"，《鼎》九三爻辞云"雉膏不食"。《屯》☵、《鼎》☲旁通，故两爻辞同系"膏"字。

5. "需，不进也。""晋者，进也。"惟《需》《晋》旁通，故"进""不进"相反。

《杂卦传》云："需，不进也。"《彖·晋》曰："晋，进也。"《需》☵☰《晋》☲☷旁通，故《易传》言此两卦用同"进"字。

6.《解》上六"射隼于高墉之上"，谓六三旁通于《家人》，《家人》上巽为"高墉"，《同人》四之《师》初成《家人》，亦云"乘其墉"。《家人》与《解》旁通，一"墉"字明之。

《同人》☲☰、《师》☷☵旁通。《同人》初九定、九四未定，《师》六四定、初六未定，则《同人》四应之《师》初。两爻互易后，《同人》成《家人》☲☴。《家人》又与《解》☵☳旁通。《同人》九四爻辞云"乘其墉，弗克攻"，《解》上六爻辞云"公射隼于高墉之上"。其同言"墉"，意在指示两旁通卦组之关联。

7. "《噬嗑》，食也。""井泥不食""井渫不食"，谓未旁通于《噬嗑》。

"《噬嗑》，食也"出自《杂卦》；"井泥不食""井渫不食"分别为《井》之初六、九三爻辞。《井》☵☴与《噬嗑》☲☳旁通，故两卦同称"食"。"不食"，指《井》尚未旁通于《噬嗑》。

8. "《屯》见而不失其居"，《蛊》六四"往见"，谓初六旁通于《随》四，《随》即成《屯》，是为《随》《蛊》旁通。

《随》☱☳、《蛊》☶☴旁通。《随》初九定、九四未定，《蛊》六四定、初六未定。《随》四之《蛊》初后，《随》成《屯》☵☳。《蛊》六四爻辞曰"裕父之蛊，往见吝"，《杂卦传》曰"《屯》见而不失其居"。其均用"见"字，意在指示《随》《蛊》旁通而成《屯》。

9.《同人》九三"升其高陵"，上九通于《师》三，《师》成《升》。

《同人》☲与《师》☷旁通。《同人》九三定、上九未定，《师》上六定、六三未定。《同人》上之《师》三后，《师》成《升》☷，故《同人》九三爻辞曰"升其高陵"，此"升"字即《升》之卦名。

10.《明夷》六五"箕子之明夷"，"箕子"即"其子"，《中孚》九二"鸣鹤在阴，其子和之"，谓九二旁通《小过》六五。惟《小过》六五不和《中孚》之九二，而以四之初成《明夷》，故云"其子之明夷"。苟其子与鹤鸣相和，则明不伤夷，是《中孚》《小过》旁通。

《中孚》☴、《小过》☳旁通。按焦氏旁通规则，《小过》初六、九四相应且同为未定之爻，互易则成《明夷》。《中孚》九二爻辞曰"鸣鹤在阴，其子和之"，《明夷》六五爻辞曰"箕子之明夷"。"箕""其"通假，"箕子"即"其子"。其之所以同见于《明夷》《中孚》，乃是因《中孚》《小过》旁通而成《明夷》。

11.旁通自此及彼、自近及远，故取义于"射"。《既济》六爻皆定，不用旁通，则"水火不相射"。

《说卦》："雷风相薄，水火不相射。"此"射"字，即指旁通卦组两爻互易。"水火"则与《象·既济》"水在火上"之义相类，是以上下经卦的自然之象述说别卦《既济》☲。在六十四卦中，唯《既济》六爻皆正无须动变，故《易传》称"水火不相射"。

12.《困》成《需》、《贲》成《明夷》，则"有言不信"。以《贲》之"小"而合《困》之"有言"，为"小有言"。《需》旁通于《晋》，《明夷》旁通于《讼》，则虽"小有言"而"终吉"。故《需》《讼》称"小有言"，《明夷》称"主人有言"。

《困》☵☱、《贲》☲☶旁通。《贲》九三定、上九未定，《困》上六定、六三未定。同时，《困》初六、九四相应且同为未定之爻。按焦氏旁通规则，《贲》上应之《困》三、《困》之初四亦须互易。尔后，《困》成《需》☵☰、《贲》成《明夷》☷☲，《明夷》又旁通于《讼》☰☵。由《贲》卦辞"小利有攸往"、《困》卦辞"有言不信"、《需》之九二与《讼》之初六爻辞皆云"小有言"以及《明夷》初九爻辞"主人有言"可见，《周易》古经为明示各卦之象数关联，特将《需》《讼》两卦同系以"小有言"、《需》《讼》《贲》三卦同系以"小"、《需》《讼》《困》《明夷》四卦同系以"有言"。

13.《明夷》"三日不食"，旁通于《讼》则"食旧德"。

《明夷》初九爻辞曰"三日不食"，《讼》六三爻辞云"食旧德"。《明夷》☷☲与《讼》☰☵旁通，故两卦皆有"食"字。

14."物畜然后有礼，故受之以《履》"，《祭义》《仲尼燕居》皆以"礼"为"履"。《履》旁通于《谦》，故"《谦》以制礼"。

"物畜然后有礼，故受之以《履》"出自《序卦》；"《谦》以制礼"出自《系辞下》"三陈九卦"章。"履""礼"同义。《谦》☷☶《履》☰☱旁通，故两卦同言"礼"。

15."井泥不食"谓《丰》四之《井》初成《需》，故"需于泥"。《丰》成《明夷》，《需》二之《明夷》五，为"致寇至"。传云"灾在外"，即《丰》"过旬灾"之"灾"。

《井》☵☴、《噬嗑》☲☳旁通。《噬嗑》六三、上九相应且同属未定，两爻率先互易成《丰》☳☲。又因《井》六四定、初六未定，《噬嗑》初九定、九四未定，故《井》初亦应之《噬嗑》四（即《丰》四）而成《需》☵☰、《明夷》。在《周易》经传中，《井》初六爻辞曰"井泥不食"，《需》九三爻辞曰"需于泥"，《丰》初九《小象》曰"过旬灾"，《需》九三《小象》曰"灾在外"。《井》《需》

同言"泥"、《丰》《需》皆称"灾"，即意在指示由《井》《噬嗑》旁通运行而来的诸卦关联。

16.《小畜》"密云不雨，自我西郊"，其辞又见于《小过》六五。《小畜》上之《豫》三，则《豫》成《小过》，《中孚》三之上则亦成《需》，以《小过》为《豫》之比例，以《中孚》为《小畜》之比例。解者不知旁通之义，则一"密云不雨"之象，何以《小畜》与《小过》同辞？

本条涉及两组旁通。其一，《小畜》☲、《豫》☷旁通。《小畜》九三定、上九未定，《豫》上六定、六三未定。《小畜》上之《豫》三后，《小畜》成《需》☵、《豫》成《小过》☶。其二，《中孚》☲、《小过》☶旁通。《中孚》六三、上九相应且同属未定，两爻互易成《需》，《小过》不变。以上两组旁通三上互易后均成《需》与《小过》，即《小畜》上之《豫》三为《中孚》旁通于《小过》而上之三之比例（"比例"之义详后），故《小畜》卦辞与《小过》六五皆言"密云不雨，自我西郊"，以示旁通、比例之义。

17.《家人》何以"行有恒"？上旁通于《解》三，则《解》成《恒》。

《家人》☲、《解》☵旁通。《家人》九三定、上九未定，《解》上六定、六三未定。《家人》上之《解》三，《解》成《恒》☳，故《象·家人》曰："君子以言有物而行有恒。"此"恒"字即《恒》之卦名。

18."《大畜》，时也。"《随》四之《蛊》初即《大畜》，是为"天下随时"。

《随》☱、《蛊》☶旁通。《随》初九定、九四未定，《蛊》六四定、初六未定。《随》四之《蛊》初，《蛊》成《大畜》☶。《杂卦》曰："《大畜》，时也。"《象·随》曰："贞无咎，而天下随时。"《易传》言此两卦用同"时"字，即为明示旁通之义。

19.《杂卦传》"《大过》，颠也"，而《大过》经文不称"颠"。《颐》六二、六四两称"颠"，"颠"即"颠实扬休"之"颠"，谓《颐》五空虚，《大过》二往填实之。非《大过》与《颐》旁通，何以经之"颠"在《颐》，而传之"颠"在《大过》。

《大过》☱、《颐》☶旁通。《大过》九五定、九二未定，《颐》六二定、六五未定，则《大过》二应之《颐》五。《杂卦》云"《大过》，颠也"，《颐》六二、六四爻辞皆云"颠颐"。两卦之"颠"字，如《礼记·玉藻》"盛气颠实扬休"之"颠"。郑注"颠读为阗"①，义为"填"，即《大过》二填实《颐》五。

20.《临》初九、九二皆云"咸临"，惟《遁》上之《临》三，则《遁》成《咸》。

《临》☷、《遁》☰旁通。《临》上六定、六三未定，《遁》九三定、上九未定。《临》三之《遁》上后，《遁》成《咸》☱，故《临》之初九、九二爻辞皆称"咸临"，此"咸"字即《咸》之卦名。

21.《兑》九五"孚于剥"，《兑》三之《艮》上成《夬》，《夬》与《剥》旁通，故"孚于剥，有厉"，即《夬》之"孚号有厉"。

《艮》☶、《兑》☱旁通。《兑》上六定、六三未定，《艮》九三定、上九未定。《兑》三之《艮》上后，《兑》成《夬》☱。《夬》又旁通于《剥》☶，故《兑》九五爻辞曰"孚于剥，有厉"，此"剥"字即《剥》之卦名。《夬》卦辞亦云"孚号有厉"。《兑》《夬》同称"有厉"、《兑》之爻辞言及《剥》卦，皆为指示两组旁通之相互关联。

---

① （汉）郑玄注，（唐）孔颖达等正义：《礼记正义》卷三十《玉藻》，载（清）阮元校刻：《十三经注疏（清嘉庆刊本）》三，中华书局 2009 年版，第 3217 页。

22.《益》上九"立心勿恒，凶"，向非《恒》《益》旁通，《恒》之有心，何与《益》事？

《恒》☳☴、《益》☴☳旁通，故《益》上九爻辞曰"立心勿恒"，此"恒"字为卦名。

23.《同人》四之《师》初，《同人》成《家人》，是以"承家"。

《同人》☰☲、《师》☵☷旁通。《同人》初九定、九四未定，《师》六四定、初六未定。《同人》四之《师》初后，《同人》成《家人》☴☲，故《师》上六爻辞云"开国承家，小人勿用"。此"家"字即《家人》卦名。

24."师，众也"，又以《大有》为众，何也？《师》二之五成《比》，《比》则旁通于《大有》，《大有》二之五成《同人》，《同人》则旁通于《师》。

《师》☵☷、《同人》☰☲旁通。《师》九二、六五相应且同属未定，两爻互易成《比》。《比》又旁通于《大有》☲☰。《彖·师》："师，众也。"《杂卦》："《大有》，众也。"《易传》言《大有》《师》同用"众"字，乃为旁通而设。

25.《贲》上之《困》三，《困》成《大过》，为"棺椁"所取，《贲》成《明夷》，"中心"灭亡，故云"死期将至"。

《贲》☶☲、《困》☱☵旁通。《贲》九三定、上六未定，《困》上六定、六三未定。《贲》上之《困》三，《贲》成《明夷》☷☲、《困》成《大过》☱☴。《系辞下》"观象制器"章曰："古之葬者，厚衣之以薪，葬之中野，不封不树，丧期无数，后世圣人易之以棺椁，盖取诸《大过》。"《系辞下》解《困》六三爻辞"困于石，据于蒺藜；入于其宫，不见其妻，凶"曰："非所困而困焉，名必辱；非所据而据焉，身必危。既辱且危，死期将至，妻其可得见耶？"《大过》《困》由旁通相连，故《系辞下》同以"死"义解之。

26.《革》"治历明时""章""蔀"，历法也。惟《涣》二之《丰》五，《丰》成《革》，五"来章"、四"丰蔀"，所以"治历明时"。不知旁通之义，则不知《丰》之"章""蔀"即《革》之"治历"。

《涣》☴☵、《丰》☳☲旁通。《涣》九五定、九二未定，《丰》六二定、六五未定。《涣》二之《丰》五后，《丰》成《革》☱☲，故《革·大象》曰："君子以治历明时。"《丰》六二、九四曰"丰其蔀"，六五曰"来章"。《丰》之"章""蔀"皆为历法名词，① 正与《革》之"治历明时"呼应。

27."'或跃在渊'，乾道乃革"，谓《乾》成《革》而旁通于《蒙》。渊即泉也。跃在渊，犹云"山下出泉"也。

《乾》☰、《坤》☷旁通。《乾》九五定、九二未定，九三定、上九未定，《坤》六二定、六五未定，上六定、六三未定。《乾》二先之《坤》五而后上之《坤》三，《乾》即成《革》☱☲。《革》又旁通于《蒙》☶☵，故《文言·乾》曰："'或跃在渊'，乾道乃革。"此"革"字为卦名。《象·蒙》曰："山下出泉，蒙。""泉""渊"皆与水相关，近乎同义。《文言》解《乾》之所以提及《革》《蒙》，乃是因三卦以旁通相互连接。

28.《丰》四之《涣》初，《涣》成中孚，《丰》成《明夷》，故《明夷》《涣》皆称"用拯马壮，吉"。

《丰》☳☲、《涣》☴☵旁通。《丰》初九定、九四未定，《涣》六四定、初六未定。《丰》四之《涣》初后，《丰》成《明夷》☷☲、《涣》成《中孚》☴☱。此四卦因《丰》《涣》旁通而彼此相连，故《涣》之初六爻辞与《明夷》六二爻辞同言"用拯马壮，吉"。

---

① 《后汉书·律历志下》："岁首、至也，月首、朔也。至朔同日谓之章，同在日首谓之蔀，蔀终六旬谓之纪，岁朔又复谓之元。"见（清）王先谦：《后汉书集解》，中华书局1959年版，第3428页。

29.《夬》二旁通《剥》五成《观》，故《剥》传云"观象也"。若非旁通，《剥》之象何以有"观"？

《夬》☱、《剥》☶旁通。《夬》九五定、九二未定，《剥》六二定、六五未定。《夬》二之《剥》五后，《剥》成《观》☶，故《象·剥》曰："顺而止之，观象也。"此"观"字为卦名。

30.《巽》二旁通《震》五，《震》成《随》，故《巽》称"随风"。①

《巽》☴、《震》☳旁通。《巽》九五定、九二未定，《震》六二定、六五未定。《巽》二之《震》五后，《震》成《随》☳，故《象·巽》曰"随风，巽"，此"巽"字即《巽》之卦名。

以上三十例证除第 11 则为反例、第 16 则涉及"比例"说，其余二十八则约可别为四类：第一，旁通两卦不必爻变即有同辞，如第 1、4、5、7、13、14、19、22 则；第二，旁通卦组一次爻变所成两卦与原旁通两卦合计四卦间享有同辞，如第 2、3、8、9、10、17、18、20、23、25、26、28、29、30 则；第三，旁通卦组两次爻变分开进行，其间所成四卦与原旁通两卦合计六卦间享有同辞，如第 15 则；第四，旁通卦组爻变所成之卦再取旁通，此三组旁通合计六卦间享有同辞，如第 6、12、21、24、27 则。抛开这些象数细节的差别，我们不难理解旁通三十例证的真正目的。尽管它们是作为旁通体例合乎《周易》经传的证据出现在《易图略》中的，但将其视作焦循对其父同辞之问的回答显然更贴切。因为旁通的主要作用，即是以象数方法在系有相同或同义字辞的诸卦之间建立连接，其问题面向仍是同辞现象引申出的象辞关系。由"《易》之系辞全主旁通"② 的结论可知，焦循坚信其整合改筑后的旁通体例足以成为完整构建象数系统和最终解决象辞问题的稳固基石。于是，他沿此思路，对旁通易学展开了更为深入的探索。

---

① 旁通三十例证见（清）焦循：《易图略》卷一，载《雕菰楼易学五种》，凤凰出版社 2012 年版，第 849—852 页。

② （清）焦循：《易图略》卷一，载《雕菰楼易学五种》，凤凰出版社 2012 年版，第 852 页。

二、当位、失道

虽然焦循所谓"定"与"未定"与传统易学的"当位""失位"说之具体内涵无甚区别，但他总是避免使用"当位"一词，而是用"定"来描述阳爻居阳位、阴爻居阴位的六爻情状。这一举动绝不是一种名称上的标新立异，其深层原因在于他对《易传》屡屡言及的"当位"二字有着异于前人的理解："说者以柔爻居二四上、刚爻在初三五为当位，非其义也。"① 在他看来，《易传》所说的"当位"无关乎阴阳爻性与奇偶爻位的契合，而是旨在判别旁通两卦三对爻变的先后次序：

> 易之动也，非当位，即失道，两者而已。何为当位？先二五，后初四、三上是也。何为失道？不俟二五，而初四、三上先行是也。②

按焦氏象数规则，旁通卦组十二爻中的未定六爻必然分居六位，且卦爻运行无论采取自行升降还是卦间互易的方式，皆须遵循初四、二五、三上的应位原则。由于三组爻变并非同时发生，某相应两爻势必率先互易，则其先行两爻无非三种可能，或初四，或二五，或三上。据此，焦循确立了判分"当位""失道"的唯一标准：对任一旁通卦组而言，凡二五先行者即为"当位"；二五不先行，即初四或三上先行者则为"失道"。

在《易图略》中，焦循以《当位失道图》③ 详细展示了三十二组旁通"当

① （清）焦循：《易话》下《说当位》，载《雕菰楼易学五种》，凤凰出版社 2012 年版，第1035 页。

② （清）焦循：《易图略》卷二，载《雕菰楼易学五种》，凤凰出版社 2012 年版，第 886 页。

③ （清）焦循：《易图略》卷二，载《雕菰楼易学五种》，凤凰出版社 2012 年版，第 853—885 页。原图中《比》《大有》一组有两点错误：一是《比》三之《同人》上得《蹇》《革》而非《革》《蹇》；二是《比》三之《大有》上得《蹇》《大壮》而非《革》《升》。岑溢成、郭彧已指出上述讹误，详见岑溢成：《焦循〈易图略〉的系统研究》，《鹅湖学志》第三十一期，2003 年；郭彧：《易图讲座》，华夏出版社 2007 年版，第 265 页。为准确、清晰地呈示焦循易学的"当位失道"之意，本书对原图做了订正、修改，特此说明。

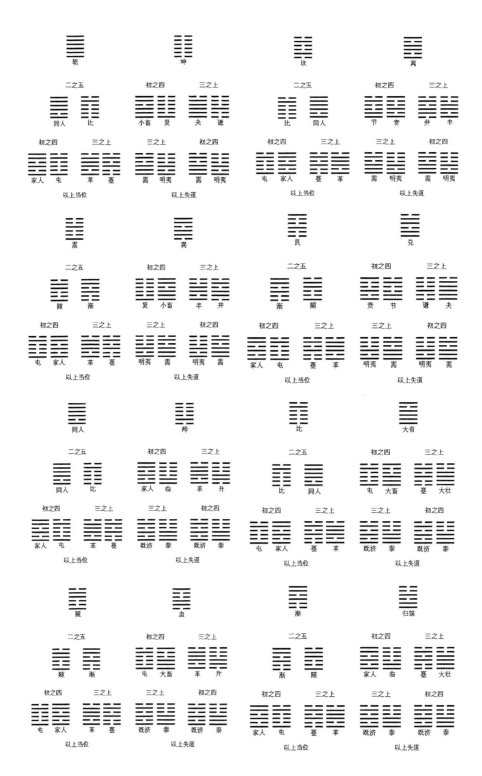

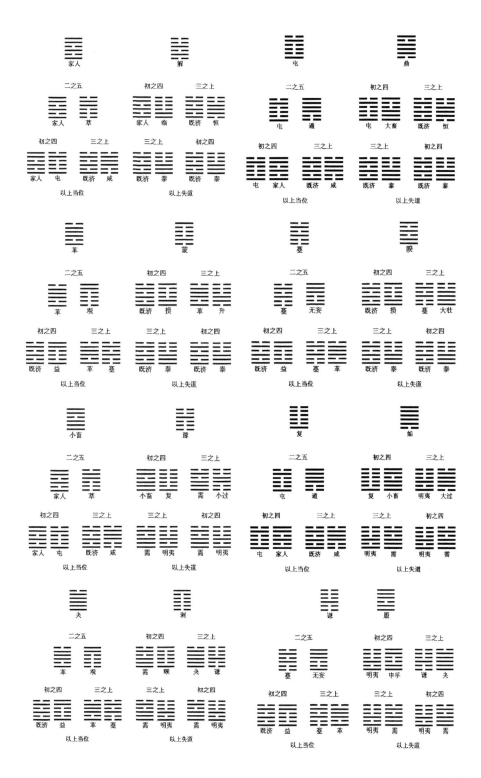

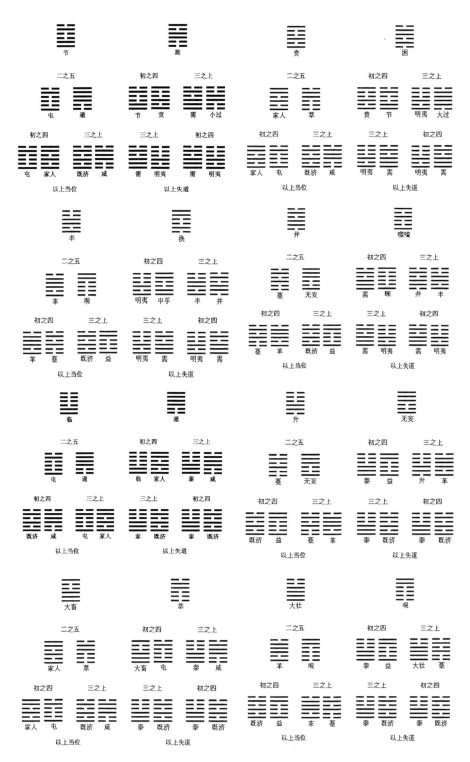

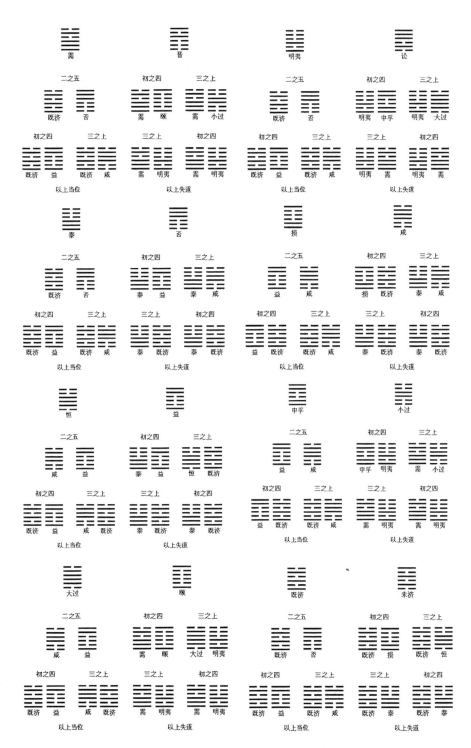

图 2

位"和"失道"运行的情形（见图 2）：

此处仍以《复》《姤》为例加以说明。《复》《姤》旁通，三对爻变为《姤》初之四、《姤》二之《复》五、《复》三之《姤》上。按焦循的规定，《姤》二之《复》五先行即属"当位"。具言之，有如下三种可能：其一，二五先行，初四、三上尚未续变或不再续变，即《姤》二之《复》五，《姤》成《遁》、《复》成《屯》。其二，二五先行，初四从之，即《姤》二先之《复》五而后《姤》初之四。其等同于《遁》初之四、《屯》不变而得《屯》《家人》。其三，二五先行，三上从之，即《姤》二先之《复》五而后《复》三之《姤》上。其等同于《屯》三之《遁》上，《屯》成《既济》、《遁》成《咸》（参见图 3）。

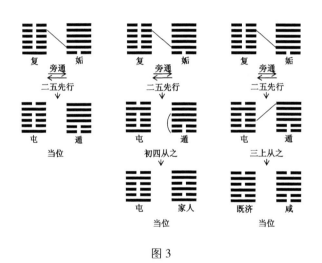

图 3

反之，《姤》二之《复》五不先行则为"失道"。在《当位失道图》中，焦循列举了四种可能：其一，初四先行，二五、三上尚未续变或不再续变，即《姤》初之四、《复》不变而成《小畜》《复》。其二，三上先行，初四、二五尚未续变或不再续变，即《复》三之《姤》上，《复》成《明夷》、《姤》成《大过》。其三，初四先行，三上从之，即《姤》初四互易后，《复》三再之《姤》上。其等同于《复》三之《小畜》上，《复》成《明夷》、《小畜》成《需》。其四，三上先行，初四从之，即《复》三先之《姤》上而后《姤》初之四。其等同于《明夷》不变、《大过》初之四而得《明夷》《需》（参见图 4）。

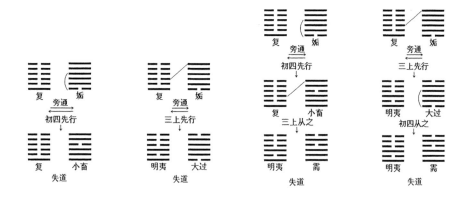

图 4

以上四者均非二五先行，必属失道。然而，旁通卦组两对爻变相继发生的可能性并未穷尽，尚存如下两种：其一，初四先行，二五从之，即《姤》初四互易后，《姤》二再之《复》五。其等同于《小畜》二之《复》五，《小畜》成《家人》、《复》成《屯》。其二，三上先行，二五从之，即《复》三之《姤》上后，《复》五再之《姤》二。其等同于《明夷》五之《大过》二，《明

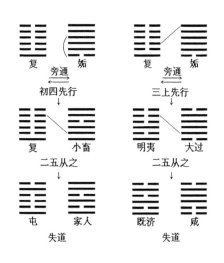

图 5

夷》成《既济》、《大过》成《咸》。依"凡二五不先行即为失道"的标准，上述两种情形亦属失道。这样一来，《复》《姤》两卦失道运行的可能性应合计六种（参见图5）。

以上分析同样适用于其他旁通卦组，因而我们可将结论拓展至三十二组旁通。对任一旁通卦组而言，当位运行之可能性共有三种：二五先行，初四、三上尚未续变或不再续变——对应《当位图》中层"二之五"或"五之二"；二五先行，初四从之——对应《当位图》下层"初之四"或"四之

初"；二五先行，三上从之——对应《当位图》下层"三之上"或"上之三"。失道运行之可能性共有六种：初四先行，二五、三上尚未续变或不再续变——对应《失道图》中层"初之四"或"四之初"；三上先行，初四、二五尚未续变或不再续变——对应《失道图》中层"三之上"或"上之三"；初四先行，二五从之——《当位失道图》未显示；三上先行，二五从之——《当位失道图》未显示；初四先行，三上从之——对应《失道图》下层"三之上"或"上之三"；三上先行，初四从之——对应《失道图》下层"初之四"或"四之初"。

显见，"'当位''失道'只是对于卦爻变动方式的评价，本身并不是卦爻变动的方式"①。严格说来，它是依附于旁通的爻变评判机制，不能算作独立的象数体例。其实，在《旁通图》二五、初四、三上的排列顺序中，当位说就已初现端倪。②作为旁通卦组卦爻运行的评判原则，它只关注爻变的次序，而不在意爻变的结果。比如，虽然旁通两卦二五先行、初四从之与初四先行、二五从之的结果完全相同，但从卦爻互易的先后次序来看，二者必定分属当位与失道。关键在于，当位、失道这一称谓已然透露出明显的价值评判意味，即"当位则吉，失道则凶"③。也就是说，《易》辞之"吉"必合"二五先行"之象，"凶"则大多与"失道"相关。由是，《周易》中的"吉""凶""悔""吝"等占辞皆可依据旁通卦组的爻变次序加以解释，如其所云："非伏羲设卦之外别有吉凶悔吝也，即指伏羲设卦之所之也。所之谓二之五、初之四、上之三，当位、失道皆视乎所之。"④

毋庸置疑，当位体例与传统易学的"中位说"渊源极深。这一点，焦循

---

① 岑溢成：《焦循〈当位失道图〉牟释述补》，载李明辉、蔡仁厚等：《牟宗三先生与中国哲学之重建》，台湾文津出版社1996年版，第251页，标点有改动。

② 岑溢成曾注意到这一问题："在《旁通图说》中，焦循指出阴、阳爻的相应存在于初四、二五、三上各爻之间时，单从爻位的先后立说，并没有突出任何一种变动方式。但在《旁通图》中，则各卦的爻变，都是从二五开始的。"见岑溢成：《焦循〈当位失道图〉牟释述补》，载李明辉、蔡仁厚等：《牟宗三先生与中国哲学之重建》，台湾文津出版社1996年版，第248页。

③ （清）焦循：《易图略》卷二，载《雕菰楼易学五种》，凤凰出版社2012年版，第886页。

④ （清）焦循：《易章句》卷七，载《雕菰楼易学五种》，凤凰出版社2012年版，第161页。

亦直言不讳："惟中正乃当位，《易》以五为中阳刚位，五则中正。"① 不过，他还是更多强调当位之义是由"实测"而得：

> 何以为"位不当"？是宜从经传中测之……《需》《困》《噬嗑》三传皆云"虽不当位"。《需》上六传云"虽不当位，未大失也"，若如俗解，则《需》之三上，刚柔皆正，何以转为不当位？……《需》之初四、三上、五皆正，惟九二不正，则所谓不当位者，于此可明。正以初四、三上先正，而二未正，所以不当。惟变通于《晋》，而《需》二之《晋》五，不成两《既济》，而《晋》成《否》，上三爻皆刚，为"三人来"，斯为"未大失"。不当位在《需》，而二既之《晋》五，则当位自在《晋》……《困》九四传云"虽不当位"，指《困》成《需》也。《困》旁通《贲》而成《咸》，则"有与"。因不当位而成《需》，《需》通《晋》，《晋》仍成《咸》，故云"虽不当位，有与也"。《井》之不当位，在三先于五，"徽纆""丛棘"之凶，用狱之不利者也。《井》通于《噬嗑》，《噬嗑》成《无妄》，而后上之三，则三仍从五，故云"虽不当位，利用狱也"……"当"谓二五先于三四，"不当"谓三四先于二五，断然无疑。②

原文甚长，此处截取《需》《困》《噬嗑》三卦略加说明。在易学史上，《需》卦上六《小象传》的"虽不当位，未大失也"一句，曾令历代注者颇费周章。原因在于，按《易传》的当位说，《需》上六阴爻居阴位为当位，此间却言"不当位"。倘若坚持《易传》原本的当位体例，该句便只能归于违例。然而，在圣人作《易》的信念笼罩下，轻言变例有亵渎先圣之嫌。于是，以往诸家诠解此条传文时，或暂且放弃当位说另觅新解，如王弼；③ 或以象数方法变

---

① （清）焦循：《易话》下《说当位》，载《雕菰楼易学五种》，凤凰出版社 2012 年版，第 1035 页。

② （清）焦循：《易通释》卷三《当》，载《雕菰楼易学五种》，凤凰出版社 2012 年版，第 288—293 页。

③ 王弼以其"初上不论位"说解《需》上六《小象》云："处无位之地，不当位者也。"见

上六为上九，从而曲折回护当位体例，如荀爽。①而在焦循看来，"定"与"未定"的区分必须贯彻于三百八十四爻，不能有选择地回避。其旁通说"定爻静"的规则，更不能容忍上六变上九即变正为不正。《需》卦九三、上六皆定而《小象》曰"不当位"，恰恰证明了以往易学对《易传》"当位"二字的理解存在根本失误。与前人的不同之处在于，焦循将此一《需》卦理解为经由卦爻运动而来。《需》之初四、三上皆定，说明其作为爻变结果可能来自某旁通卦组的初四互易、三上互易或初四与三上相继互易。但其九五定、九二未定，证明该组旁通一定未经二五互易，必属失道，故《小象》曰"不当位"。"未大失"，则表明失道之《需》又以旁通之法自行补救。《需》《晋》旁通。《需》九五定、九二未定，《晋》六二定、六五未定。在《需》《晋》两卦构成的旁通卦组中，《需》☵二、《晋》☶五先行，《需》成《既济》☲、《晋》成《否》☷，故《需》上六爻辞云"不速之客三人来"，"三人"即指《否》上体乾之三阳爻。《否》象见于《需》之爻辞，正为明示《需》《晋》旁通而成《既济》《否》。"失道"由是转为"当位"，故《小象》曰"未大失也"。

《困》《贲》旁通，其三对爻变为《困》初之四、《困》二之《贲》五、《困》三之《贲》上。若二五先行、三上从之，即《困》二先之《贲》五而后《困》三之《贲》上，则《困》成《咸》、《贲》成《既济》，是为当位。若初四先行、三上从之，或三上先行、初四从之，即《困》之初四互易后《困》三之《贲》上，或《困》三之《贲》上后《困》初之四，则《困》成《需》、《贲》成《明夷》，是为失道。《困》九四《小象》曰"不当位"，即指后一种情形。《困》失道成《需》后，又以旁通之法补救。《需》《晋》旁通。二五先行、三上从之，即《需》二先之《晋》五而后《晋》三之上，《需》成《既济》，《晋》成《咸》，失道由是转为当位（参见图6）。"有与"之"与"，皆指《咸》卦之象（详后）。

"系用徽纆，寘于丛棘"见于《坎》上六爻辞；"虽不当位，利用狱也"出自《彖·噬嗑》。焦循认为，《噬嗑》传文"不当位"一语是由《坎》《离》

（魏）王弼：《周易注·上经》，载楼宇烈校释：《王弼集校释》，中华书局1980年版，第247页。

① 荀爽以《需》上六降三注此句曰："上降居三，'虽不当位'，承阳有实，故'终吉，无大失矣'。"见（清）李道平：《周易集解纂疏》，中华书局1994年版，第118页。

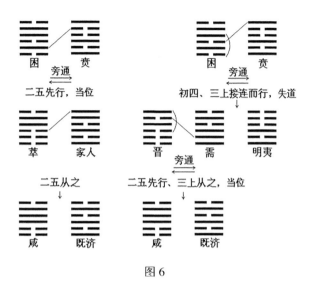

图6

而来。《坎》☵、《离》☲旁通，三上失道先行成《井》䷯、《丰》䷶。《井》以旁通之法自行补救，取其旁通卦《噬嗑》䷔，继而二五先行、三上从之，即《井》二先之《噬嗑》五而后《噬嗑》三之上，其等同于《无妄》䷘三之上、《蹇》不动而成《革》䷰、《蹇》䷦。

值得注意的是，以上三卦均涉及用"旁通"补救"失道"的方法。在《易图略》中，焦循曾以《乾》《坤》为例对其进行过说明：

> 凶何以化吉？《乾》二不之《坤》五，而四先之《坤》初，《乾》成《小畜》，《坤》成《复》，是失道而凶者也。若能变通，以《小畜》通《豫》，以《复》通《姤》。《小畜》《复》初四虽先行，而《豫》《姤》初四则未行，以《豫》《姤》补救《小畜》《复》之非，此"不远复"所以"修身"也。此凶变吉也。①

《乾》☰、《坤》☷旁通，其三对爻变为《乾》二之《坤》五、《乾》四之《坤》初、《乾》上之《坤》三。若初四先行，即《乾》四之《坤》初而成《小畜》䷈、《复》

---

① （清）焦循：《易图略》卷二，载《雕菰楼易学五种》，凤凰出版社2012年版，第886页。

☷，则为失道。在焦循易学中，补救失道的方法只有"变通"。所谓"变通"，就是取其旁通卦，并以此旁通卦组作为卦爻运行之新起点，亦即《小畜》旁通于《豫》☷、《复》旁通于《姤》☰。《乾》《坤》虽未二五先行，但《小畜》《豫》、《复》《姤》皆可二五先行。《小畜》二之《豫》五，则《小畜》成《家人》☲、《豫》成《萃》☱；《姤》二之《复》五，则《姤》成《遁》☶、《复》成《屯》☵。由是，失道便可转为当位，此即"凶变吉"之法。

变通之法表明，"吉""凶"并非一成不变。不仅凶可以转吉，吉也可能转凶：

> 吉何以变凶？《乾》二先之《坤》五，四之《坤》初应之，《乾》成《家人》，《坤》成《屯》，是当位而吉者也。若不知变通，而以《家人》上之《屯》三，成两《既济》，其道穷矣，此"亢龙"所以为"穷之灾"也。此吉变凶也。①

《乾》《坤》二五先行，初四从之，即《乾》二先之《坤》五而后《乾》四之《坤》初，则《乾》《坤》当位成《家人》☲、《屯》☵。此时，若续以三上互易，即《家人》三再之《屯》上，则两卦皆成《既济》☵，遂转为"凶"。需要特别说明的是，与荀爽、虞翻的"成既济定"说相反，焦循把成两《既济》规定为所有卦爻运行结果中最凶的一种。也就是说，"凶"有两种情形，一指失道，一指成两《既济》。由《乾》《坤》二五先行，初四、三上相继从之而成两《既济》可见，两《既济》与失道并无必然关联，它也可能从当位而来。为了明确区分两种不同的"凶"，焦循在多数情况下以"终止道穷"指称成两《既济》。"终止道穷"必"凶"，"凶"则未必"终止道穷"。对任一旁通卦组而言，凡初四、二五、三上三对爻变连续进行，其结果势必为十二爻皆定之两《既济》。要避免终止道穷，旁通卦组至多容许连续进行两对爻变，无论此两对爻变是当位还是失道，第三对爻变都不可以继续进行，而须采取"变通"之法。其具体步骤如下：《乾》《坤》先二五、再初四成《家人》《屯》后，《家人》与《屯》各取旁通，并令此两组旁通成为卦爻运行的新起点。《家人》通《解》☳、《屯》

---

① （清）焦循：《易图略》卷二，载《雕菰楼易学五种》，凤凰出版社 2012 年版，第 886 页。

通《鼎》☱。《家人》《解》二五先行、三上从之，当位成《既济》、《咸》☷；《屯》《鼎》二五先行、三上从之，当位亦成《既济》《咸》。

概言之，旁通卦组两对爻变完成后随即变通，才能避免成两《既济》。反之，若不及时变通，先二五、后初四或先二五、后三上的当位之势亦会由吉转凶。

就象数技术而言，变通无非就是引入作为卦爻运行结果的某卦之旁通卦，其本质仍为旁通。但细究起来，二者尚有如下差别：旁通描述的是既定卦组的内部关系，变通则指称建立新旁通的过程。由于吉凶总会随着卦爻运行不息因时转化，故无论当位、失道，皆须及时变通。"惟凶可以变吉，则示人以失道变通之法；惟吉可以变凶，则示人以当位变通之法。"① 凶之变吉在于能变通，吉之变凶则因不变通。一言以蔽之，变通是转失道为当位即促成凶变吉和避免成两《既济》即防止吉变凶的唯一方法。在《易图略》中，焦循又把变通的各种情形统称为"时行"。

三、时行

"时行"二字见于《象传》。《象·小过》曰"过以利贞，与时行也"，《象·艮》曰"时止则止，时行则行，动静不失其时"，《损》《益》两卦《象传》皆称"与时偕行"。不过，在《象传》中，"时行"二字并不指称某种特定的象数体例，而是旨在表达一种义理，即人的行为应在当下的整体时局中予以定位。直至焦循，"时行"才被赋予明确的象数内涵，并由此成为一种注经体例。他说："《系辞传》总揭其义云'变通配四时'，云'变通莫大乎四时'，云'变通者，趣时者也'，时之为变通，不烦言而决矣。"② 所谓"时行"，即旁通卦组遵循变通之法运行不息的动态过程。"能变通，即为时行。时行者，元亨利贞也。"③ 值得注意的是，焦循此间又以乾之四德解说时

---

① （清）焦循：《易图略》卷二，载《雕菰楼易学五种》，凤凰出版社 2012 年版，第 886 页。

② （清）焦循：《易通释》卷八《时》，载《雕菰楼易学五种》，凤凰出版社 2012 年版，第 442 页。

③ （清）焦循：《易图略》卷三，载《雕菰楼易学五种》，凤凰出版社 2012 年版，第 911 页。

行。所以，若要准确把握时行体例的具体内容，我们就必须先对焦循易学中
"元""亨""利""贞"四字的象数含义加以考察。

《易通释》解"元"字曰：

> 元之义为始，自乾六爻，依其序推之，初、三、五已定，所动而行
> 者，二、四、上也。《乾》二之《坤》五为始……诸卦之生生，始于《乾》
> 二之之《坤》五，故"乾元"为"资始"。《坤》六五《文言传》云"黄中通理"，
> 明以"中"字释"黄"字。通者，自《乾》二旁通。理者，分理，谓统天也。
> 《乾》二旁通分理，而美在《坤》五之中。以是明元，元之义明矣。①

焦循认为，"元"字当取"起始"义。《乾》《坤》之三对爻变须二五先行，故
凡《易》辞言"元"，皆指旁通两卦二五当位。"元"之义，亦可以《文言·坤》"黄
中通理"四字证之。土居五行方位之中，对应五色为黄，则"黄""中"义近，
皆指二、五中位，"通"即旁通。此四字连用，实为指示旁通卦组二五先行。

其释"亨"曰：

> 《坤》传云"坤厚载物，德合无疆。含弘光大，品物咸亨"，品即等
> 也。物之有品，即礼之有等……礼所以辨上下，定尊卑。《乾》二之《坤》
> 五为元，《乾》四、《乾》上，视元之所在，而次第会之。二五尊贵，四
> 上卑贱，卑从尊而不踰，贱从贵而不僭，是以合礼。《乾》二之《坤》五，
> 四会之则《坤》成《屯》，上会之则《坤》成《蹇》。②

焦循把《坤·彖》"品物咸亨"的"品"字训为"品级"。由是，"亨"便
具有了"礼序""等次"的含义。自《易传》起，一卦六位就被赋予了不同
的等级地位。在中位象征尊贵而其余四位象征卑贱的前提下，初四、三上跟

---

① （清）焦循：《易通释》卷一《元》，载《雕菰楼易学五种》，凤凰出版社 2012 年版，第
233 页。
② （清）焦循：《易通释》卷一《亨》，载《雕菰楼易学五种》，凤凰出版社 2012 年版，第
241 页。

从二五的爻变次序正是尊卑有定、先后有序的礼之体现，故"亨"即指后于二五的初四、三上互易。如《乾》二、《坤》五先行，《乾》成《同人》、《坤》成《比》为"元"。《乾》四之《坤》初从之，即《乾》成《家人》、《坤》成《屯》则为"亨"；《乾》上之《坤》三从之，即《乾》成《革》、《坤》成《蹇》亦为"亨"。

其释"利"曰：

> 《系辞传》赞"利"字最详，既云"变而通之以尽利"，又云"变动以利言"……而揭其要云："通其变，使民不倦，神而化之，使民宜之。《易》穷则变，变则通，通则久。"……《乾》六爻不言元亨，九二、九五两言"利见大人"。九二谓《坤》成《屯》，《屯》变通于《鼎》。九五谓《乾》成《家人》，变通于《解》，《屯》《家人》盈不可久，以变通而可久，是之谓"利"。①

由《系辞》"利"与"变通"每每并言可知，"利"字实乃"变通"之同义语。按焦氏象数学，《乾》《坤》二五先行、初四从之成《家人》《屯》后，若继以三上，则将成两《既济》而终止道穷。因而，《家人》《屯》必须及时变通。《家人》旁通于《解》，《屯》旁通于《鼎》。此即《乾》九二、九五爻辞中两"利"字之含义。

其释"贞"曰：

> "贞"者，正也。乃有"贞吉"矣，又有"贞凶""贞吝""贞厉"。有"可贞"矣，又有"不可贞"……"贞"，谓成《既济》也……经之言贞，必连于利，利而贞则吉，不利而贞则凶耳……成两《既济》，故"贞凶"。②

---

① （清）焦循：《易通释》卷一《利》，载《雕菰楼易学五种》，凤凰出版社 2012 年版，第 247 页。

② （清）焦循：《易通释》卷一《贞》，载《雕菰楼易学五种》，凤凰出版社 2012 年版，第 253—257 页。

旧说训"贞",约有两端:一则以《子夏传》为代表,训"贞"为"正"①;一则以《说文》为代表,训"贞"为"卜问"②。前者影响较大,为《正义》《集解》等书所取,焦循亦主此说。不过,与前人不同的是,他把"贞"之"正"界定为阴阳爻性与奇偶爻位完全契合。也就是说,唯有六爻皆定方可称"正"。这样一来,"贞"字就被赋予了固定的卦象,它与《既济》必然关联。我们知道,作为卦爻运行结果的《既济》或由当位而来,或由失道而来。为了标明二者的区别,圣人在"贞"字之后附以断语,从而构成"贞吉""贞凶"等各种《易》辞。

总之,根据焦循的"实测","元""亨""利""贞"皆是卦爻运行的指示语。分而观之,其象数含义各自有别:二五先行之元、初四或三上后动之亨标明爻变的发生次序,变通之利提示爻变的中间关节,成《既济》之贞则描述卦爻运行的结果。合而观之,四者又彼此衔接、环环相扣,以运行不息的卦爻推演将《周易》六十四卦、三百八十四爻连成一体:

> 《大有》二之五,为《乾》二之《坤》五之比例。故《传》言"元亨"之义,于此最明,云:"大中而上下应之。""大中",谓二之五为元,"上下应"则亨也。盖非上下应,则虽大中不可为元亨。《既济》传云:"利贞,刚柔正而位当也。"刚柔正,则六爻皆定,贞也。贞而不利,则刚柔正而位不当。利而后贞,乃能刚柔正而位当。由元亨而利贞,由利贞而复为元亨,则时行矣。③

《乾》《坤》旁通,二五先行,《乾》成《同人》,《坤》成《比》;《大有》《比》旁通,二五先行,《大有》成《同人》,《比》不变,即《大有》二之五为《乾》二之《坤》五之比例(详后)。因《大有》与《乾》《坤》互为比例,故《象传》

---

① 《子夏传》云:"元,始也。亨,通也。利,和也。贞,正也。"见(魏)王弼、(晋)韩康伯注,(唐)孔颖达正义:《周易正义》,载(清)阮元校刻:《十三经注疏(清嘉庆刊本)》一,中华书局 2009 年版,第 21 页。

② 见(汉)许慎撰,(清)段玉裁注:《说文解字注》,上海古籍出版社 1988 年版,第 127 页。

③ (清)焦循:《易图略》卷三,载《雕菰楼易学五种》,凤凰出版社 2012 年版,第 911 页。

将"大中而上下应之"一语系于《大有》卦。焦循认为，"大中"即二五之元，"上应"即三上之亨，"下应"即初四之亨。此句意在表明，亨必以元为前提，否则便属失道；大中之后也唯有继以上应或下应，方可称为"元亨"，不然就是元而不亨。此为元、亨相连之证。利、贞之关联，则见于《象·既济》"利贞，刚柔正而位当也"一句。依焦氏之见，"利贞"乃是"刚柔正而位当"的充分条件。不利而贞，或当位，或失道。以《临》䷒、《遁》䷠为例，若"大中上应"，即《临》先二五互易而后三之《遁》上，则《临》成《既济》䷾、《遁》成《咸》䷞，此为当位而"贞"；若初四先行、三上从之或三上先行、初四从之，则《临》成《泰》䷊、《遁》成《既济》，此为失道之"贞"。利而后元成《既济》，则必为当位之贞。由此可见，孤立的元亨利贞只是爻变进程的局部片段，唯当其连接为《周易》卦爻的整体运动时，四者的意义才能真正凸显。这种元亨利贞交替而成的永无终止的运行过程，就是焦循所谓的"时行"。

如果说"元亨利贞"概括了时行的技术环节，"变通"则直接点出了时行的象数实质。按照焦循的规定，若把卦爻运动严格限定在某一旁通卦组内，失道就成了不可挽回的定局。纵使二五当位先行，第二对爻变完成后亦须立即停止，以免坠入两《既济》之终止道穷。也就是说，孤立的旁通卦组只能有两种归宿：或失道而终，或当位而止。这是焦循绝对不能接受的。对他来说，引入其他旁通卦组乃是解决此一问题的最佳途径。在新的旁通关系中，原当位之爻可以继续运行，失道者也能不再受制于先前卦组，从而以二五先行打开新的局面。在促成凶变吉即转失道为当位和防止吉变凶即避免成两《既济》的意义上，焦循称其为"变通"。然而，新旁通的介入毕竟只是卦爻运动的中间环节，它必须与大中、上下应等爻变发生连接。只有在需要单独指称建立新旁通或与其他象数规则有所区分时，焦循才使用"利"的概念；当利与元、亨、贞三者组成完整的卦爻运动时，则以"时行"称之。概言之，时行的本质就是旁通的连接。一旦某旁通卦组连续进行两对爻变，就必须引入新的旁通。此新旁通卦组再次完成两对爻变，又可继续引入下一组旁通。这种新旧旁通的不停连接，使《周易》六十四卦即三十二组旁通最终得以成为通泰、有序的整体象数系统。

综上可见，焦循易学的时行体例完全是在旁通和当位失道说的基础上生长起来的。因此，我们即可根据当位失道说推知时行的全部细则。既然当位、失道皆须时行，那么，任一旁通卦组当位、失道的九种可能就分别对应时行的九种情形。以下将其合并为六，逐一加以说明。

图 7

第一，"二五先行当位，变通不穷"，对应当位之第一种情形"二五先行，初四、三上尚未续变或不再续变"。

图 7[①] 所示为时行的第一种情形。任一旁通卦组二五互易后立刻变通，不再进行第二对爻变，即"元而利"。因其二五先行，属于当位而时行。如焦循所云：

---

① （清）焦循：《易图略》卷三《时行图·二五先行当位，变通不穷》，载《雕菰楼易学五种》，凤凰出版社 2012 年版，第 889—893 页。

《乾》《坤》、《坎》《离》、《震》《巽》、《艮》《兑》八卦，两两旁通，二五先行，成《同人》《比》、《随》《渐》四卦，是之为元……不俟亨而即变通，则《同人》通《师》，《比》通《大有》，《随》通《蛊》，《渐》通《归妹》。①

以《乾》《坤》为例，《乾》二、《坤》五先行，《乾》成《同人》，《坤》成《比》。此时立即变通，不再继之以上下应。《同人》取其旁通卦《师》，《比》取其旁通卦《大有》。尔后，《同人》《师》、《比》《大有》分别成为卦爻运行的新起点。又如《坎》《离》旁通，《坎》二、《离》五先行亦成《比》《同人》。此时立即变通，不再继之以上下应。《比》取其旁通卦《大有》、《同人》取其旁通卦《师》。尔后，《比》《大有》、《同人》《师》分别成为卦爻运行的新起点。由于《乾》《坤》与《坎》《离》二五先行之结果相同，故《时行图》第一部分"二五先行当位，变通不穷"将此两组四卦合而为一。《乾》《坤》、《坎》《离》两旁通卦组居于最上层；其二五先行之结果《同人》《比》与《比》《同人》居于中层，分别对应上层两组旁通；中层四卦实为两对相同结果，其变通后所产生的两组新旁通亦完全相同，即居于下层的《同人》通《师》、《比》通《大有》。该图其余部分，与此类同。

通观《时行图》第一部分"二五先行当位，变通不穷"可见，其上、中、下三层各为十六组三十二卦。其中，中层十六组三十二卦包含一次重复，实为八组十六卦。不难推知，两旁通卦二五先行之后，二、五两位皆得定，余下四爻阴阳相反。六十四卦中，阴居二且阳居五者共十六卦。② 由此可知，该图中层之八组十六卦实已囊括三十二组旁通二五先行的全部可能性，即完全对应《当位图》中层"二之五"或"五之二"所列结果。此十六卦再各取旁通，即该图下层之十六组三十二卦。值得注意的是，《周易》的原始旁通应为三十二组六十四卦，焦氏此间则只取十六组三十二卦。细察可见，其上

---

① （清）焦循：《易图略》卷二，载《雕菰楼易学五种》，凤凰出版社 2012 年版，第 886 页。

② 别卦六二、九五两爻定，其余四爻皆有阴阳两种可能，根据乘法原理，其可能性有 $2^4=16$ 种。

层所列十六组旁通之二五互易皆发生于两卦之间，① 而二五先行表现为一卦自行升降、一卦不变之另外十六组，② 此图未曾涉及。于是，程石泉先生认为，二五先行后随即变通之时行"只能行诸《乾》《坤》《坎》《离》等三十二卦，而不能行诸《同人》《师》《比》《大有》等三十二卦。盖《同人》《师》《比》《大有》等旁通之卦，其二五先行之道，只行于一卦之自身，非相互交易。此盖'时行'之一种方式，非若大中上下应、元亨利贞图之能普遍应用于六十四卦也"③。这一观点值得商榷。因为对焦循本人来说，《易图略》中的各种图示只是对其象数体例的辅助说明。他似乎更在意这些图示能否直观地呈现爻变规则，而对其是否穷尽了一切可能性并不十分看重。这一点，在《当位失道图》中已有体现。尽管该图并未涉及先初四、后二五和先三上、后二五两种情形，却并不妨碍我们依据《易学三书》中的文字表述将其判认为失道。《时行图》亦应作如是观。事实上，按照《时行图》"二五先行当位，变通不穷"所展示的规则，《同人》《师》等十六组旁通也完全可以采取"元而利"的时行方式。以《同人》《师》为例。二五先行后，《师》成《比》，《同人》不变。此时，不继以初四、三上，即"元而不亨"，而令《同人》《比》各取旁通，《同人》通《师》，《比》通《大有》。与二五卦间互易的十六组旁通不同的是，自行升降者"元而利"的两对结果中有一对等同于原旁通卦组。但是，在焦氏象数学中，卦爻的运行不息及其先后次序才是第一位的问题，爻变结果并不具有绝对意义，也绝不足以作为判分时行特例的理由。倘若"卦爻运行的结果不可与起点等同"是一条隐含的原则，那么《乾》《坤》等十六组旁通也会同样排斥"元而利"的时行规则，因为《乾》二之《坤》五所得《同人》《比》两卦变通后构成的两对旁通若坚持二五先行，仍会回到《同人》《比》的起点。这也正是焦循将此图称为"二五先行当位，变通不穷"的原因。基于此，本

---

① 旁通卦组二五互易发生于两卦之间者，必此卦二五同阴、彼卦二五同阳。二五同阴者，余下四爻可阴可阳，故其可能性有 $2^4=16$ 种；二五同阳者，余下四爻亦可阴可阳，其可能性亦有 $2^4=16$ 种。此十六卦与彼十六卦必定构成十六组旁通。

② 旁通卦组二五互易表现为一卦自行升降、一卦不变者，必此卦九二、六五、彼卦六二、九五。九二、六五者，余下四爻可阴可阳，其可能性有 $2^4=16$ 种；六二、九五者，余下四爻亦可阴可阳，其可能性亦有 $2^4=16$ 种。此十六卦与彼十六卦必定构成十六组旁通。

③ 程石泉：《易学新探·雕菰楼易义》，上海古籍出版社 2003 年版，第 292 页，标点有改动。

书把《同人》《师》二五先行后随即变通而成的《同人》《师》同样视为卦爻运行的新起点，并将二五自行升降的十六组旁通之"元而利"一律看作时行。

第二，"初四先行不当位，变而通之，仍大中而上下应"，对应失道之第一种情形"初四先行，二五、三上尚未续变或不再续变"。

图8

图8① 所示为时行的第二种情形。任一旁通卦组初四互易后立刻变通，不再进行第二对爻变。因其初四先行，属于失道而时行。如焦循所言：

> 《乾》《坤》、《坎》《离》、《震》《巽》、《艮》《兑》初四先行，成《小畜》《复》、《节》《贲》，则失道矣。《小畜》之失在四，通于《豫》以补之；《复》之失在初，通于《姤》以补。《节》《贲》通《旅》《困》同。②

---

① （清）焦循：《易图略》卷三《时行图·初四先行不当位，变而通之，仍大中而上下应》，载《雕菰楼易学五种》，凤凰出版社2012年版，第893—897页。

② （清）焦循：《易图略》卷三，载《雕菰楼易学五种》，凤凰出版社2012年版，第911页。

以《坎》《离》为例，《坎》初之《离》四先行，《坎》成《节》，《离》成《贲》。此时立即变通，不继以二五或三上。《节》取其旁通卦《旅》，《贲》取其旁通卦《困》。尔后，《节》《旅》与《贲》《困》成为卦爻运行的新起点。又如《艮》《兑》初四先行，亦成《贲》《节》。此时立即变通，《贲》取其旁通卦《困》，《节》取其旁通卦《旅》。尔后，《贲》《困》与《节》《旅》分别成为卦爻运行之新起点。由于《坎》《离》与《艮》《兑》初四先行之结果相同，故《时行图》第二部分将此两组四卦合而为一。《坎》《离》、《艮》《兑》两组旁通居于最上层；其初四先行之结果《节》《贲》与《贲》《节》居于中层，分别对应上层的两组旁通；中层四卦实为两对相同结果，其变通后所产生的两组新旁通亦完全相同，即居于下层的《节》通《旅》、《贲》通《困》。该图其余部分，与此类同。

《时行图》第二图"初四先行不当位，变而通之，仍大中而上下应"之上、中、下三层亦各有十六组三十二卦。其中，中层十六组三十二卦包含一次重复，实为八组十六卦。两旁通卦初四互易后，初、四两爻皆定，余下四爻阴阳相反。六十四卦中，阳居初且阴居四者共十六卦。① 由此可知，该图中层之八组十六卦实已囊括三十二组旁通初四先行的全部可能性，完全对应《失道图》中层"初之四"或"四之初"所列结果。此十六卦再各取旁通，即该图下层之十六组三十二卦。同样，该图上层只取初四互易发生于两卦之间的十六组旁通，② 而初四互易表现为一卦自行升降、一卦不变之另外十六组，③ 此图未曾涉及。事实上，按《时行图》第二图所展示的规则，《小畜》《豫》、《复》《姤》等十六组旁通亦可采用初四互易而后变通的时行方法。以《小畜》《豫》为例，初四先行后，《小畜》不变，《豫》成《复》。此时，不继以二五或三上，而令《小畜》与《复》各取旁通，《小畜》通《豫》，《复》通《姤》。与《时行图》

---

① 别卦初九、六四两爻定，其余四爻皆有阴阳两种可能。根据乘法原理，其可能性有 $2^4=16$ 种。

② 旁通卦组初四互易发生于两卦之间者，必此卦初四同阴、彼卦初四同阳。初四同阴者，余下四爻可阴可阳，其可能性有 $2^4=16$ 种；初四同阳者，余下四爻亦可阴可阳，其可能性亦有 $2^4=16$ 种。此十六卦与彼十六卦必定构成十六组旁通。

③ 旁通卦组初四互易表现为一卦自行升降、一卦不变者，必此卦初六、九四，彼卦初九、六四。初六、九四者，余下四爻可阴可阳，其可能性有 $2^4=16$ 种；初九、六四者，余下四爻亦可阴可阳，其可能性亦有 $2^4=16$ 种。此十六卦与彼十六卦必定构成十六组旁通。

一同理，其两组结果虽有一组等同于原旁通卦组，本书仍将初四自行升降的十六组旁通之初四互易后随即变通的卦爻运行方式视为时行。①

第三，"三上先行不当位，变而通之，仍大中而上下应"，对应失道之第二种情形："三上先行，初四、二五尚未续变或不再续变"。

图 9

图 9② 所示为时行的第三种情形。任一旁通卦组三上互易后立刻变通，不再进行第二对爻变。因其三上先行，属于失道而时行。焦循曰：

> 三上先行成《夬》《谦》、《丰》《井》，则失道矣。《夬》之失在上，

---

① 与第一种情形相类，程石泉先生认为，《小畜》《豫》、《复》《姤》"等三十二卦则不能行之。如《小畜》与《豫》旁通，初四先行，《豫》成《复》，《小畜》仍为《小畜》，变而通之《复》通《姤》，《小畜》仍通《豫》……实为循环其道"。见程石泉：《易学新探·雕菰楼易义》，上海古籍出版社 2003 年版，第 295 页。

② （清）焦循：《易图略》卷三《时行图·三上先行不当位，变而通之，仍大中而上下应》，载《雕菰楼易学五种》，凤凰出版社 2012 年版，第 897—901 页。

通于《剥》以补之;《谦》之失在三,通于《履》以补之。《丰》《井》通《涣》《噬嗑》同。①

以《乾》《坤》为例,《乾》上之《坤》三先行,《乾》成《夬》、《坤》成《谦》。此时立即变通,不继以初四或二五。《夬》取其旁通卦《剥》,《谦》取其旁通卦《履》,并使《夬》《剥》与《谦》《履》成为卦爻运行之新起点。又如《艮》《兑》旁通,《艮》上之《兑》三先行,亦成《谦》《夬》。《谦》取其旁通卦《履》,《夬》取其旁通卦《剥》。由于《乾》《坤》与《艮》《兑》三上先行之结果相同,故《时行图》第三部分将此两组四卦合而为一。《乾》《坤》、《艮》《兑》两组旁通居于最上层;其三上先行之结果《夬》《谦》与《谦》《夬》居于中层,分别对应上层的两组旁通;中层四卦实为两组相同结果,其变通后所产生的两组新旁通亦完全相同,即居于下层的《夬》通《剥》、《谦》通《履》。该图其余部分,亦复如是。

与以上两图相类,《时行图》第三图"三上先行不当位,变而通之,仍大中而上下应"之上、中、下三层各有十六组三十二卦。其中,中层十六组三十二卦包含一次重复,实为八组十六卦。两旁通卦三上互易后,三、上两爻皆正,余下四爻阴阳相反。六十四卦中,阳居三且阴居上者共十六卦。②由此可知,该图中层之八组十六卦实已囊括三十二组旁通三上先行之全部可能性,完全对应《失道图》中层"三之上"或"上之三"所列结果。此十六卦再各取旁通,即该图下层之十六组三十二卦。同样,该图上层只取三上互易发生于两卦之间的十六组旁通③,并未涉及三上互易表现为一卦自行升降、一卦不变之另外十六组。④按《时行图》第三图所示的规则,《夬》与《剥》、

---

① (清)焦循:《易图略》卷三,载《雕菰楼易学五种》,凤凰出版社 2012 年版,第 911 页。

② 别卦九三、上六两爻定,其余四爻皆有阴阳两种可能。根据乘法原理,其可能性有 $2^4=16$ 种。

③ 旁通卦组三上互易发生于两卦之间者,必此卦三上同阴、彼卦三上同阳。三上同阴者,余下四爻可阴可阳,其可能性有 $2^4=16$ 种;三上同阳者,余下四爻亦可阴可阳,其可能性亦有 $2^4=16$ 种。此十六卦与彼十六卦必可构成十六组旁通。

④ 旁通卦组三上互易表现为一卦自行升降、一卦不变者,必此卦六三、上九,彼卦九三、上六。六三、上九者,余下四爻可阴可阳,其可能性有 $2^4=16$ 种;九三、上六者,余下四

《谦》与《履》等十六组旁通亦可采用三上互易而后变通的时行方法。如《夬》《剥》三上先行,《夬》不变,《剥》成《谦》。此时不继以初四或二五,而令《夬》与《谦》各取旁通,《夬》通《剥》,《谦》通《履》。其两组结果亦有一组等同于原旁通卦组,但本书仍将三上自行升降的十六组旁通之三上互易后随即变通的卦爻运行方式视为时行。

第四,"元亨""利贞",对应当位第二、第三两种情形:"二五先行,初四从之""二五先行,三上从之"。

时行的第四种情形,是任一旁通卦组依次完成"大中上下应"两对爻变后,为避免成两《既济》而及时变通,即"元亨而利"。因其二五先行,属于当位而时行。在《时行图》第四图"元亨"(图 10)[①] 中,焦循首先归纳了旁通卦组大中上下应的全部结果:

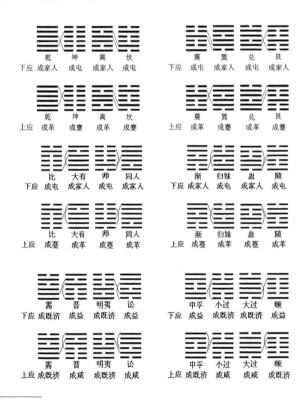

交亦可阴可阳,其可能性亦有 2^4=16 种。此十六卦与彼十六卦必定构成十六组旁通。

① (清)焦循:《易图略》卷三《时行图·元亨》,载《雕菰楼易学五种》,凤凰出版社 2012 年版,第 901—909 页。

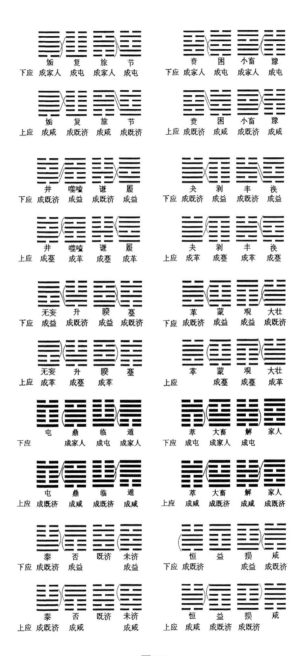

图 10

任一旁通卦组二五先行、初四从之后，两卦必初九、六二、六四、九五四爻皆定，其三、上两位只有两种可能：或此卦三上同阳，彼卦三上同阴；或此卦九三、上六，彼卦六三、上九。前者即《家人》☲、《屯》☵，后者即《既济》☲、《益》☷。任意旁通卦组大中下应之后皆不外乎此两种可能，即《当位图》下层"初之四"或"四之初"所列结果。同理，某一旁通卦组二五先行、三上从之后，两卦必六二、九三、九五、上六四爻皆定，其初、四两位只有两种可能：或此卦初四同阳，彼卦初四同阴；或此卦初九、六四，彼卦初六、九四。前者即《革》☲、《蹇》☵，后者即《既济》☲、《咸》☳。任意旁通卦组大中上应之后亦不外乎此两种可能，即《当位图》下层"三之上"或"上之三"所列结果。将大中下应与大中上应之结果合并，即可得出任一旁通卦组元亨之后的全部四种可能[1]：

　　凡元亨必成《家人》《屯》、《蹇》《革》或《既济》《咸》，或《既济》《益》。[2]

---

[1] 学界对此已有详论。王琼珊说："三易则成两《既济》，故辄二易而止。二易之后，仅余二爻不定，爻止阴阳二数，二之二次方为四，故上应、下应之后，所成之卦，各止有四。又二易之后，所余不定之二爻，或二卦各有其一，或同在一卦。此不定之二爻同在一卦，则另一卦六爻皆定而为《既济》。故上应、下应所成之四卦中，各有一《既济》。下应所成之四卦为《家人》《屯》《既济》《益》，上（笔者按：原文误作'下'，兹正之）应所成之四卦为《蹇》《革》《既济》《咸》。此八卦中，《既济》重出，实止七卦。"见王琼珊：《易学通论》，台湾广文书局2012年版，第123页，标点有改动。岑溢成还曾用图示法加以穷举，参见岑溢成：《焦循〈当位失道图〉牟释述补》，载李明辉、蔡仁厚等：《牟宗三先生与中国哲学之重建》，台湾文津出版社1996年版，第252—253页。本书尊重上述研究成果，并充分认可其分析角度和最终结论的借鉴价值，但同时指明其中部分观点有欠妥当。此处再次强调，"旁通"是贯穿在焦循象数学中的基础性原则，故而卦爻运行的结果只能以成对的方式出现。就此而言，王琼珊将"元亨"后的"四组可能"合并为"七卦"的说法虽然在运算结果上无可指摘，但有悖于焦氏易学的基本精神。岑溢成对"当位说"的理解似有偏差，从其"当位的结果只有四种情况"的观点推断，他可能是将"当位"完全等同于"元亨"即"大中上下应"，未能意识到"旁通卦组二五先行，初四、三上尚未续变或不再续变"的可能性。

[2] （清）焦循：《易图略》卷二，载《雕菰楼易学五种》，凤凰出版社2012年版，第887页。

至此，旁通卦组已完成两对爻变，若第三对爻变继续进行，势必陷入两《既济》之穷，故大中上下应之后须立即变通，即元亨而利。以上四组结果各取其旁通卦，《家人》通《解》、《屯》通《鼎》；《蹇》通《睽》、《革》通《蒙》；《既济》通《未济》、《咸》通《损》；《既济》通《未济》、《益》通《恒》。其中，《既济》《未济》重复出现一次，即作为卦爻运行新起点的旁通实为七组。当然，七组旁通继续元亨的结果仍不出《家人》《屯》等四种可能。

在四组结果中，焦循格外重视《既济》《咸》与《既济》《益》两组。此两组旁通皆涉及《既济》卦，故而与"贞"相关。事实上，只要不限定卦爻运行的次数，任意旁通卦组在多次元亨利之后，皆有可能得出《既济》《咸》或《既济》《益》。以《乾》《坤》为例。《乾》《坤》大中下应之后，《乾》成《家人》，《坤》成《屯》。此时变通，《家人》通《解》、《屯》通《鼎》。若《家人》《解》大中上应，则《家人》成《既济》，《解》成《咸》。《屯》《鼎》大中上应，亦成《既济》《咸》。又如，《乾》《坤》大中上应之后，《乾》成《革》，《坤》成《蹇》。此时变通，《革》通《蒙》，《蹇》通《睽》。若《革》《蒙》大中下应，则《革》成《既济》，《蒙》成《益》。《蹇》《睽》大中下应，《蹇》成《既济》，《睽》成《益》。总之，四组元亨之结果变通后形成的七组旁通，皆可通过再次元亨的方式得出《既济》《咸》或《既济》《益》。焦循曰：

> 《家人》通《解》，则《解》成《咸》，《家人》成《既济》；《屯》通《鼎》，则《鼎》成《咸》，《屯》成《既济》；《蹇》通《睽》，则《睽》成《益》，《蹇》成《既济》；《革》通《蒙》，则《蒙》成《益》，《革》成《既济》；《益》通《恒》，则《恒》成《咸》，《益》成《既济》；《咸》通《损》，则《损》成《益》，《咸》成《既济》。成《既济》则终，成《咸》《益》则有始，故《恒·象传》特明之云"终则有始"。[①]

焦循认为，《周易》中频繁出现的"利贞"二字，即为指示《既济》《咸》

---

① （清）焦循：《易图略》卷二，载《雕菰楼易学五种》，凤凰出版社 2012 年版，第 887—888 页。

与《既济》《益》两种运行结果而设。其中,"贞"字对应《既济》卦象,"利"字则是就与《既济》共同构成爻变结果的《益》卦或《咸》卦而言的。此即《象·恒》曰"终则有始"之意,"终"言《既济》,"有始"指《咸》《益》。据此,焦氏又作《时行图》第五图"利贞"(图11)[①]:

䷤	《家人》	成	《既济》	终	贞	䷧	《解》	成 《咸》 有始 利
䷂	《屯》	成	《既济》	终	贞	䷱	《鼎》	成 《咸》 有始 利
䷰	《革》	成	《既济》	终	贞	䷃	《蒙》	成 《益》 有始 利
䷦	《蹇》	成	《既济》	终	贞	䷥	《睽》	成 《益》 有始 利
䷩	《益》	成	《既济》	终	贞	䷟	《恒》	成 《咸》 有始 利
䷞	《咸》	成	《既济》	终	贞	䷨	《损》	成 《益》 有始 利

图 11

值得注意的是,该图可以引申出一个颇费思索的问题。显然,《既济》《咸》与《既济》《益》必由旁通卦组两对爻变而来,此时若不及时变通,则将成两《既济》而终止道穷。按照焦循设定的象数规则,《咸》应通《损》,《益》应通《恒》,《既济》应通《未济》。然而,《时行图》第五图"利贞"却仅言六组旁通,唯独脱略《既济》《未济》一组;该卷图后所附文字,亦无一语涉及《既济》通于《未济》。更重要的是,图中明确标出"成既济终"四字,似乎更加印证了《既济》已无变通的必要和可能。不过,通观《易图略》可见,《旁通图》中《既济》《未济》的三对爻变同样赫然在列,卷三《时行图》虽未明言《既济》通于《未济》,卷二却早已言之。[②]这意味着,"成既济终"的"终"并不以"变通"为主语。一方面,作为《时行图》第五图"利贞"结果的《既济》《咸》和《既济》《益》绝非时行的终点。前者可通《未济》

① (清)焦循:《易图略》卷三《时行图·利贞》,载《雕菰楼易学五种》,凤凰出版社2012年版,第909—910页。

② "《既济》通于《未济》",见(清)焦循:《易图略》卷二,载《雕菰楼易学五种》,凤凰出版社2012年版,第887页。

《损》，后者可通《未济》《恒》。另一方面，《既济》通《未济》诚然又与其他三十一组旁通有所不同，因为该组旁通未定六爻即三对爻变全在《未济》一卦，《既济》则六爻皆定不可易动。由是可知，"爻变"才是"终"的真正主语。所谓"成既济终"，其实就是说卦成《既济》，则六爻皆定，无爻可变。不过，这正提示《既济》亟待通于《未济》而继续时行。所以焦循又说："《既济》已终，通于《未济》则不终。"① 至于"有始"，则指《咸》《益》两卦各自变通，且以其所在的旁通卦组作为卦爻运行的新起点。此即《时行图》第五图"利贞"的确切含义。

第五，"初四先行、二五从之不当位，变而通之，仍大中而上下应""三上先行、二五从之不当位，变而通之，仍大中而上下应"，对应失道之第三、第四两种情形"先初四、后二五""先三上、后二五"。

时行的第五种情形，是任一旁通卦组初四先行或三上先行后未经变通，又继之以二五互易。此时，该组旁通两对爻变业已完成，为防止成两《既济》，必须及时变通。因其二五不先行，属于失道而时行。尽管《当位失道图》并未涉及上述两种失道情形，《时行图》亦未呈示此类时行，但其具体内容实可由焦氏象数规则推出。

就运行结果而言，初四先行、二五从之完全等同于大中下应，三上先行、二五从之完全等同于大中上应，故任一旁通卦组先初四、再二五或先三上、再二五之结果仅有四种可能，即《时行图》第四图"元亨"所列《家人》《屯》、《蹇》《革》、《既济》《咸》、《既济》《益》。相应地，其时行方式亦为四组结果各取旁通。例如，《大畜》《萃》初四先行，《萃》成《屯》，《大畜》不变。二五从之，则《大畜》成《家人》，《屯》不变。此时，该组旁通已连续完成两对爻变，若继以三上将成两《既济》。于是，《家人》《屯》各取旁通。《家人》通《解》，《屯》通《鼎》。如此，两组旁通即可成为卦爻运动之新起点。

第六，"初四先行、三上从之不当位，变而通之，仍大中而上下应""三上先行、初四从之不当位，变而通之，仍大中而上下应"，对应失道之第五、

---

① （清）焦循：《易通释》卷九《终》，载《雕菰楼易学五种》，凤凰出版社2012年版，第478页。

第六两种情形"初四先行、三上从之""三上先行、初四从之"。

时行的第六种情形，是任一旁通卦组经历初四、三上两对爻变之后方才变通。因其二五不先行，属于失道而时行。《失道图》虽已囊括"先初四、再三上"与"先三上、再初四"两种可能，但《时行图》并未涉及此类时行，我们不妨依据焦循易学的象数法则推知其具体细节。

旁通卦组初四、三上相继互易后，两卦必初九、九三、六四、上六四爻皆定，其二、五两位只有两种可能：或此卦二五同阳，彼卦二五同阴；或此卦六二、九五，彼卦九二、六五。前者即《需》䷄、《明夷》䷗，后者即《既济》䷾、《泰》䷊。① 此两种可能完全等同于《当位图》下层"初之四"或"四之初"、"三之上"或"上之三"所列结果之同项合并：

其失道而又失道者，非成《明夷》《需》，即成《既济》《泰》。然《泰》通于《否》，《既济》通于《未济》。②

《明夷》可变通于《讼》，《需》可变通于《晋》。③

由此可见，初四、三上接连失道，仍以两组结果各取旁通为时行规则，即《明夷》通《讼》、《需》通《晋》；《既济》通《未济》、《泰》通《否》。

以上分别讨论了任一旁通卦组时行的六种情形。其中，前三种属于一对爻变之后的时行，后三种属于两对爻变之后的时行。需要指出，并非所有的卦爻运行结果都可以变通。在焦循易学中，只有一种情况是不可以时行的，那就是旁通卦组三对爻变连续进行以致成两《既济》。"惟不能时行，致成两《既济》，则终止道穷。"④ 两《既济》十二爻皆定，时行已步入穷途末路，不可再变通于《未济》。反之，只要旁通卦组不成两《既济》，"无论当位、失道，

① 参见岑溢成：《焦循〈当位失道图〉牟释述补》，载李明辉、蔡仁厚等：《牟宗三先生与中国哲学之重建》，台湾文津出版社1996年版，第253—254页。文中"失道的结果只有两种情况"的说法，应修正为"先初四、再三上或先三上、再初四即两对爻变相继失道的结果只有两种"。

② （清）焦循：《易图略》卷二，载《雕菰楼易学五种》，凤凰出版社2012年版，第887页。

③ （清）焦循：《易图略》卷三，载《雕菰楼易学五种》，凤凰出版社2012年版，第912页。

④ （清）焦循：《易图略》卷三，载《雕菰楼易学五种》，凤凰出版社2012年版，第912页。

一经变通，则元亨者更加以元亨；不元不亨者，改而为元亨"①。

必须强调的是，上文将时行暂且局限在孤立旁通卦组内的做法只是出于论述的方便。事实上，时行是一个无穷流转的动态运行模式，单一旁通卦组的六种变通情形不过是对其局部片段的截取：任一旁通卦组甲完成一对或两对爻变后，不论当位、失道，作为结果的两卦皆须变通。尔后，两卦所在之旁通卦组乙、丙分别成为卦爻运行的新起点。当乙、丙各自完成一对或两对爻变后，不论当位、失道，其所得两卦亦须变通，而此两卦所在之旁通卦组丁、戊又分别成为卦爻继续运行的起点。除非其间某组旁通三对爻变连续进行导致了两《既济》的后果，否则时行皆可如是循环往复、永无止息。就象数技术而言，其本质已被前辈学者一语道破："焦氏之术，盖取二旁通卦而变之，成二非旁通卦。此二非旁通卦，复各取旁通，又变之成二非旁通卦。此二非旁通卦，又各取旁通，变之……终不使成两既济，至不可复易。"② 正是凭借时行体例，先前彼此孤立的旁通卦组才得以初步连接为焦氏象数的整体系统。一方面，三十二组旁通仍是焦循易学的基本单元；另一方面，每组旁通又皆可与若干卦组相互衔接。这无疑为象辞问题的最终解决提供了极大便利。为了进一步拓展诸卦之间的象数联系，焦循又创设了"相错"体例。

四、相错

"相错"二字出自《说卦》。《说卦传》曰："天地定位，山泽通气，雷风相薄，水火不相射。八卦相错。"在易学史上，此段文字发挥重大影响基本是在宋代以后，因为在宋易象数学中，《说卦》正是先天八卦方位符合《周易》本义的关键证据。其中，"天地""山泽""雷风""水火"分别被视作八经卦的自然之象，"相错"则既指每组两卦互为旁通，又指其所居方位正相反对，如山为艮象，泽为兑象，艮、兑旁通，艮居西北，兑居东南，此即"山泽通

---

① （清）焦循：《易图略》卷二，载《雕菰楼易学五种》，凤凰出版社 2012 年版，第 887 页。
② 王琼珊：《易学通论》，台湾广文书局 2012 年版，第 123 页。

气，艮兑相错"之意。其余三组与此相类。随着认肯弘扬先天易的朱子学影响日甚，"天地定位"一节与"小圆图"之紧密相连亦已成为明清学者的普遍信念。对此，焦循不以为然：

> 天地，《乾》《坤》也。山泽，《艮》《兑》也。雷风，《震》《巽》也。水火，《坎》《离》也。天地相错，上天下地成《否》，二五已定，为"定位"。山泽相错，上山下泽成《损》，二交五为"通气"。雷风相错，上雷下风成《恒》，二交五为"相薄"。水火相错，上水下火成《既济》，六爻皆定，不更往来，故"不相射"。此《否》则彼《泰》，此《损》则彼《咸》，此《恒》则彼《益》，此《既济》则彼《未济》，而统括以"八卦相错"一语。六十四卦，皆此天地、山泽、雷风、水火之相错也。传又自发明之，云："水火相逮，雷风不相悖，山泽通气，然后能变化而成万物。"变"不相射"而云"相逮"，"不相射"谓《既济》，"相逮"谓《既济》变通于《未济》也。"不相射"则"寂然不动"，"相逮"则"感而遂通"矣。变"相薄"而云"不相悖"，五失道则悖。《恒》二之五而后《益》上之三，则"不相悖"，"不相悖"由于"相薄"也……知雷风为《震》《巽》所错，则知天地为《乾》《坤》所错，山泽为《艮》《兑》所错，水火为《坎》《离》所错也。[1]

他认为，"天地""山泽"固然是作为《易》卦的自然之象出现在《说卦》中的，但其指示的并非八经卦，而是六十四别卦中的八纯卦。所谓"相错"，指的是发生在两个相关别卦之间的一种卦爻运行方式。具言之，此上体与彼下体结成一新别卦，彼上体与此下体亦结成一新别卦，因其表现为两别卦上下二体的相互交错，故称"相错"。[2] 例如，八纯卦所在的四组旁通各自相错后，

---

[1] （清）焦循：《易图略》卷四，载《雕菰楼易学五种》，凤凰出版社 2012 年版，第 922—923 页。

[2] 部分学者曾将"相错"解释为"两别卦互换下卦"。对此，何泽恒先生的批评可谓切中要害："以'下卦交换'释里堂之'相错'，乃徒据卦爻之表象为说，非里堂援据《说卦传》'八卦相错'而推衍之本旨。"见何泽恒：《焦循研究》，台湾大安出版社 1990 年版，第 51 页。

《乾》《坤》成《否》《泰》；《艮》《兑》成《损》《咸》；《震》《巽》成《恒》《益》；《坎》《离》成《既济》《未济》。关键在于，"相错"并不是孤立的卦爻运行方式，它与旁通、时行等象数体例一气通贯。由此出发，焦循对《说卦》的相关文字给出了如下解释：天地《否》卦二五皆定，故云"天地定位"。《损》《咸》旁通，《损》九二、六五两未定爻须互易，即下体兑泽中爻之上体艮山中爻，故云"山泽通气"。《恒》《益》旁通，《恒》卦九二、六五未定，其二之五即巽风中爻升震雷中爻，"相薄"言二之五，故曰"雷风相薄"。大中后继以上应，元亨而成《咸》《既济》，《说卦》以"不相悖"三字明之。水火《既济》六爻皆定，无从变易，即"不相射"，通于《未济》则可变易，故《说卦》特在"水火不相射"一语后补"水火相逮"四字以指示《既济》通于《未济》（参见图 12）。总之，经过焦循的重释，《说卦传》"天地定位"一章便成为"相错"体例的经典依据。

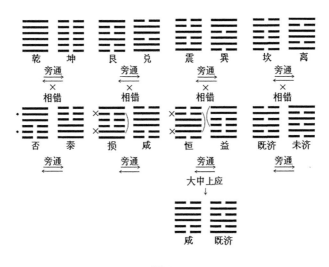

图 12

理论上，八纯卦两两相错即可得出全部六十四卦。但在焦氏易学中，相错并不是无条件的。概言之，唯有两卦互为旁通或共同构成旁通卦组的某种爻变结果时，方才允许其置换内外卦。据此，焦循将相错归为四类，分别对应《相错图》的四张图示。同时，他还试图以《周易》经传的同辞现象证明四类相错皆由实测而得。以下逐一详论：

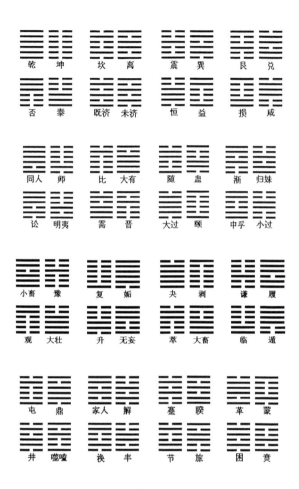

图 13

图13①所示为相错的第一种情形,即旁通两卦直接互换内外卦。由焦氏旁通和相错规则可知,旁通卦组相错必成另一旁通卦组,即每组相错含有两组旁通,合计四卦。依此计算,《周易》六十四卦即三十二组旁通恰为十六组相错。如《复》《姤》旁通,《复》坤上震下、《姤》乾上巽下,二者互易内外卦,则为坤上巽下之《升》、乾上震下之《无妄》,《无妄》与《升》亦旁通。同理,《无妄》《升》相错即成《姤》《复》旁通。因乎此类相错通行

———————————

① (清)焦循:《易图略》卷四《八卦相错图·八卦相错一》,载《雕菰楼易学五种》,凤凰出版社 2012 年版,第 914—918 页。

于三十二组旁通，故《相错图》一势必囊括全部旁通卦组，即与《旁通图》、《当位失道图》及《时行图》"元亨"之最上层对应。焦氏深信，此图可以进一步揭示《周易》经传之象辞相应：

> 《蒙》《革》为《困》《贲》之相错，故《蒙》称"困蒙"。《睽》《蹇》为《旅》《节》之相错，故《蹇》称"中节"。《家人》《解》即《丰》《涣》之相错，故《丰》称"蔀其家"。《鼎》《屯》相错为《噬嗑》。"《噬嗑》，食也"，故《鼎》成"雉膏不食"。《比》《大有》相错为《需》《晋》，"《大有》，众也"，则《晋》称"允众"。"《比》，乐也"，则《需》称"饮食燕乐"。《大壮》《观》相错为《小畜》，故《小畜》"舆说辐"，《大壮》"壮于大舆之辐"。《临》《遁》相错为《履》，故"履虎尾"，《遁》亦云"遁尾"。《归妹》《渐》相错为《小过》《中孚》，《随》《蛊》相错为《大过》《颐》。《大过》二之《颐》五成《咸》，则"过以相与"。《中孚》二之《小过》五成《咸》，则"与尔靡之"。所谓"与"，即《咸》之"感应相与"。①

按《相错图》一，《蒙》《革》相错成《贲》《困》，故《困》之卦名系于《蒙》六四爻辞"困蒙"之下。《睽》《蹇》相错成《旅》《节》，故《节》之卦名见于《蹇》九五《小象》"以中节也"。《家人》《解》相错成《涣》《丰》，故《丰》上六爻辞曰"蔀其家"，此"家"字即《家人》卦名。《屯》《鼎》相错成《井》《噬嗑》，《杂卦传》曰"《噬嗑》，食也"，《鼎》九三爻辞曰"雉膏不食"，二者同言"食"，即为明示此一相错关系。《比》《大有》相错成《需》《晋》，故《杂卦》曰"《比》乐《师》忧""《大有》，众也"，《晋》九三爻辞曰"允众，悔亡"，《大象·需》曰"君子以饮食宴乐"，即《大有》《晋》皆言"众"，《比》《需》同称"乐"。《大壮》《观》相错成《豫》《小畜》，故《小畜》九三爻辞曰"舆说辐"，《大壮》九四爻辞曰"壮于大舆之輹"。"辐""輹"同音假借，且两卦皆言"舆"字。《临》《遁》相错为《谦》《履》，故《履》之卦辞"履虎尾"与《遁》之初六

---

① （清）焦循：《易图略》卷四，载《雕菰楼易学五种》，凤凰出版社 2012 年版，第 923—924 页。

爻辞"遁尾"皆用"尾"字。《归妹》《渐》旁通，相错成《小过》《中孚》；《随》《蛊》旁通，相错成《大过》《颐》。《小过》《中孚》二五先行，当位成《咸》《益》。《大过》《颐》二五先行，当位亦成《咸》《益》，故《大过》九二《小象》曰"过以相与"，《中孚》九二爻辞曰"吾与尔靡之"，《象·咸》曰"二气感应以相与"。三卦皆称"与"，即为指示卦爻运行而设。

图 14

图14①所示为相错的第二种情形，即任一旁通卦组二五当位先行后交换内外卦。前文已言，三十二组旁通大中之后势必六二、九五皆定，其结果共计八组十六卦。又由相错规则可知，二五皆定之卦相错后仍二五皆定，故此八组十六卦应为四组相错，亦即《相错图》二中的八组二五先行结果，必定与《当位图》中层"二之五"或"五之二"及《时行图》一"二五先行当位，变通不穷"之中层完整对应。如《明夷》《讼》旁通，二五先行成《既济》《否》。《既济》《否》相错得《比》《同人》。同理，《坎》《离》旁通，二五先行而成《比》《同人》，《比》《同人》相错得《既济》《否》。

焦循强调，此类相错亦由实测《易》辞而得：

《既济》《否》相错为《比》《同人》，故《比》之"匪人"亦《否》之"匪人"。《否》"不利君子贞"，谓《泰》不成《既济》，而《否》成《既济》。《同人》则"利君子贞"，谓《师》先成《比》也。《泰》二之五，则"于食有福"，《讼》二之《明夷》五，则"食旧德"，《讼》二不之《明夷》五，则"三

---

① （清）焦循：《易图略》卷四《八卦相错图·八卦相错二》，载《雕菰楼易学五种》，凤凰出版社2012年版，第918—919页。

日不食"。《需》二之《晋》五，在《需》则"饮食"，在《晋》则"受福"。《未济》二之五，则"实受其福"。《讼》《晋》《未济》成《否》，《明夷》《需》《泰》成《既济》。《既济》"需有衣袽"，《需》二之《晋》五成《既济》《否》也。《师》"否臧凶"，《师》二之五成《比》，《比》《同人》相错成《否》也。①

此段文句错综复杂、颇无头绪，兹予以简要梳理。《泰》《否》、《明夷》《讼》、《需》《晋》、《既济》《未济》四组旁通二五先行皆成《既济》《否》。《同人》《师》旁通，二五先行成《同人》《比》。按第二类相错规则，《既济》《否》相错为《比》《同人》。《比》六三："比之匪人。"《否》："否之匪人，不利，君子贞。"《同人》："利君子贞。"《泰》九三："于食有福。"《讼》六三："食旧德。"《明夷》初九："三日不食。"《象·需》："君子以饮食宴乐。"《晋》六二："受兹介福。"《既济》六四："繻有衣袽。"《既济》九五："实受其福。"《师》初六："否臧凶。"《比》《否》同称"匪人"；《否》《同人》皆言"君子贞"，但《同人》《师》二五当位先行成《比》，《否》初四、三上接连失道成《既济》，故

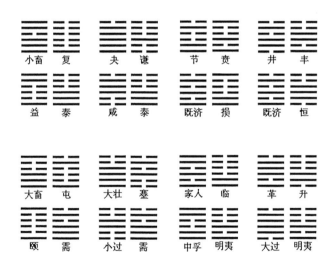

图 15

① （清）焦循：《易图略》卷四《八卦相错图·八卦相错三》，载《雕菰楼易学五种》，凤凰出版社 2012 年版，第 925 页。

前者称"利",后者称"不利";《泰》《讼》《需》二五先行皆称"食",《明夷》五不之《讼》二为"不食";《泰》《晋》《既济》三卦皆言"福";"繻"通"需",即《需》之卦名;"否臧凶"之"否",亦指卦名。

图15① 所示为相错的第三种情形,即任一旁通卦组初四失道先行或三上失道先行后互易内外卦。前文已言,三十二组旁通初四先行后势必初九、六四皆定,其结果为八组十六卦;三上先行后势必九三、上六皆定,其结果亦八组十六卦,即任一旁通卦组一对爻变失道的结果共有十六种可能。又由相错规则可知,初四皆定之卦相错后仍初四皆定,三上皆定之卦相错后仍三上皆定,故上述合计十六组三十二卦恰为八组相错。亦即《相错图》三所列八组初四先行结果,必定与《失道图》中层"初之四"或"四之初"及《时行图》二"初四先行不当位,变而通之,仍大中而上下应"之中层完整对应;《相错图》三所列八组三上先行结果,必定与《失道图》中层"三之上"或"上之三"及《时行图》三"三上先行不当位,变而通之,仍大中而上下应"之中层完整对应。如《大壮》《观》旁通,初四先行成《泰》《益》,相错得《复》《小畜》。《震》《巽》旁通,初四先行成《复》《小畜》,相错得《泰》《益》。又如,《节》《旅》旁通,三上先行成《需》《小过》,相错得《蹇》《大壮》。《归妹》《渐》旁通,三上先行成《大壮》《蹇》,相错得《小过》《需》。

此类相错之证据仍在《周易》经传中:

> 《姤》上之《复》三,《复》成《明夷》,《姤》成《大过》,故为"大难"。大者,《大过》。难者,《明夷》也。《大过》《明夷》相错为《革》,《明夷》通《讼》,与《革》通《蒙》同,故云"以蒙大难"。非明乎相错,不知"蒙大难"之义也。《丰》四之《涣》初,《涣》成《中孚》,《丰》成《明夷》,《中孚》《明夷》相错为《家人》。"家人,内也",故云"内难而能正其志"。非明乎相错,不知"内难"之何以为"内"也。②

---

① (清)焦循:《易图略》卷四,载《雕菰楼易学五种》,凤凰出版社2012年版,第919—921页。

② (清)焦循:《易图略》卷四,载《雕菰楼易学五种》,凤凰出版社2012年版,第926页。

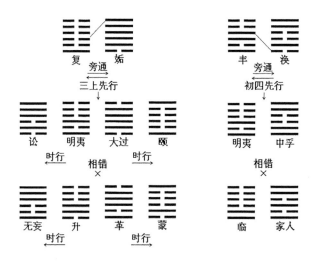

图 16

《复》《姤》旁通，三上先行，失道成《明夷》《大过》，二者相错得《升》《革》。《明夷》通《讼》，《革》通《蒙》。《丰》《涣》旁通，初四先行，失道成《明夷》《中孚》，二者相错得《临》《家人》，故《象·明夷》曰"以蒙大难，文王以之""内难而能正其志，箕子以之"。"蒙"即《蒙》卦，"大"即《大过》，又据《杂卦》"《家人》，内也"知"内"字指《家人》卦。三卦皆见于《明夷》传文，足以证明上述两组相错及其旁通关系（参见图 16）。

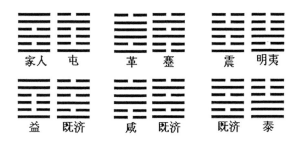

图 17

图 17① 所示为相错的第四种情形，即任一旁通卦组两对爻变连续进行

---

① （清）焦循：《易图略》卷四《八卦相错图·八卦相错四》，载《雕菰楼易学五种》，凤凰出

后交易内外卦。前文已言，若两对爻变当位而行，其大中上下应之结果必不出《家人》《屯》、《蹇》《革》、《既济》《咸》、《既济》《益》四种；若旁通两卦初四或三上失道先行且二五从之，结果亦不出上述四者；若两对爻变为初四、三上或三上、初四接连失道，则其结果或为《需》《明夷》，或为《既济》《泰》。综上，任一旁通卦组连续完成两对爻变之后只有六种结果，此六组十二卦恰可构成三组相错：《家人》《屯》和《既济》《益》初四、二五四爻皆定，互为相错；《蹇》《革》和《既济》《咸》二五、三上四爻皆定，互为相错；《明夷》《需》和《既济》《泰》初四、三上皆定，互为相错。不难推知，《相错图》四中的六组爻变结果，必为《当位失道图》下层"初之四"或"四之初"、"三之上"或"上之三"所列结果之同项合并，其中当位四组亦同于《时行图》四"元亨"之最下层。例如，《夬》《剥》旁通，大中下应成《既济》《益》，相错为《屯》《家人》。《临》《遁》旁通，大中下应成《屯》《家人》，相错得《既济》《益》。又如，《随》《蛊》旁通，初四先行、三上从之成《既济》《泰》，相错为《需》《明夷》。《谦》《履》旁通，三上先行、初四从之成《明夷》《需》，相错得《泰》《既济》。

焦循以《易》辞证之曰：

> 《需》"致寇至"，谓《晋》成《明夷》，《需》二之《明夷》五为寇也。《解》"致寇至"，谓《解》成《泰》、《家人》成《既济》，而《泰》二之五为寇也。《泰》《既济》相错即《需》《明夷》。[1]

《需》《晋》旁通，初四、三上接连失道成《需》《明夷》；《解》《家人》旁通，初四、三上接连失道成《泰》《既济》。《需》《明夷》与《泰》《既济》互为相错，故《需》九三爻辞与《解》六三爻辞皆云"致寇至"。

> 《屯》"见"而《益》亦"见善"。《损》成《益》而后《咸》四之初

版社 2012 年版，第 921—922 页。

[1] （清）焦循：《易图略》卷四，载《雕菰楼易学五种》，凤凰出版社 2012 年版，第 926 页。

为"居吉",与《屯》之"利居贞"互明,《益》《既济》相错为《屯》《家人》也。①

《咸》《损》旁通,大中下应成《既济》《益》,相错得《家人》《屯》。《屯》初九:"利居贞。"《杂卦》:"《屯》见而不失其居。"《象·益》:"见善则迁。"《咸》六二:"居吉。"圣人为指示诸卦因相错而彼此连接,特令《屯》《咸》同言"居"、《屯》《益》皆称"见"。

以上就是焦循易学相错说的大体内容。在易学史上,以"错"命名象数体例始于明人来知德,但来氏所谓"错卦"是以虞翻的"旁通"、孔颖达的"变卦"为基本含义的。依此观之,焦循的相错体例与来氏易学无甚关联,似为个人发明。不过,倘若我们对易学史稍加回溯,便会觉察到焦氏相错之说乃是直接受启于虞翻易学的"两象易"。二者之不同处在于,"两象易"是别卦自身之上下两体互易,如《大壮》䷡与《无妄》䷘;"相错"则将其引申到两卦之间,继而成为与旁通、时行既相互区别又彼此关联的卦爻运行模式。这一体例的创设,使焦循象数体系中的六十四卦得以更加顺畅无碍地连接起来,尤其是若干旁通卦组经过多次卦爻运行之后可以得出相同结果。这种情况,就是焦循所说的"比例"。

五、比例

"比例"二字并不见于《周易》经传,而是源自数学,其基本含义与现今数学中广泛使用的比例概念大体相同。简言之,若 a、b、c、d 四个数满足 a:b=c:d 的条件,则 a、b 与 c、d 互为比例。焦循相信,这一数学概念同样适用于易学研究,因为二者具有两方面的对应关系:其一,a、b 与 c、d 分别代表两组旁通,合计四卦。":"代表某种爻变规则,即 a:b 与 c:d 各自对应两组旁通按相同爻变规则运行所得之结果。当 a:b=c:d 即爻变结果相同时,二者互为比例,如焦循所云:"以此推之得此数,以彼推之亦得

---

① （清）焦循:《易图略》卷四,载《雕菰楼易学五种》,凤凰出版社 2012 年版,第 926 页。

此数，数之比例如是，《易》之比例亦如是。"① 例如，《节》䷻、《旅》䷷旁通，《小畜》䷈、《豫》䷏旁通。《节》《旅》三上先行成《需》䷄、《小过》䷽，《小畜》《豫》三上先行亦成《需》《小过》。设 a、b 为《节》《旅》，c、d 为《小畜》《豫》，"："为三上先行，则《节》:《旅》=《小畜》:《豫》=《需》《小过》，即《节》三之《旅》上为《小畜》上之《豫》三之比例。又如，《乾》《坤》二五先行、初四从之成《家人》䷤、《屯》䷂，《渐》䷴、《归妹》䷵二五先行、初四从之亦成《家人》《屯》。设 a、b 为《乾》《坤》，c、d 为《渐》《归妹》，"："为大中下应，则《乾》:《坤》=《渐》:《归妹》=《家人》《屯》，即《乾》《坤》大中下应为《渐》《归妹》大中下应之比例。

其二，两组旁通互为相错，或按相同规则运行所得之结果互为相错，亦成比例。尽管焦循本人并未给出具体解释，我们依然能从数学的比例概念中找到其与相错体例的可比之处。这里提供两种解释。第一种是 a、b 与 c、d 各自对应一旁通卦组，"："指互为旁通或某种爻变规则，"="代表相错。如 a、b 取《乾》《坤》，c、d 取《否》《泰》，"："取旁通，则《乾》:《坤》=《否》:《泰》，即《乾》《坤》为《泰》《否》之比例。又如，a、b 取《坎》《离》，c、d 取《革》䷰、《蒙》䷃，"："取初四先行，则 a:b 之比值为《节》䷻、《贲》䷚，c:d 之比值为《既济》䷾、《损》䷨。因《节》《贲》与《既济》《损》互为相错，故《坎》:《离》=《革》:《蒙》，即《坎》初之《离》四为《革》四之《蒙》初之比例。第二种解释较为复杂。首先，在数学比例式 a:b=c:d 中，a 与 d 被称为外项，b 与 c 被称为内项。假若内项、外项分别对应易学中的内卦与外卦，并将"："视为二者的连接符，a:b 与 c:d 便各自代表某一别卦，"="则符示此两卦互为旁通。如 a 为震、b 为乾、c 为坤、d 为巽，则 a:b 为《大壮》䷡、c:d 为《观》䷓。《大壮》《观》互为旁通，故"震:乾=坤:巽"。其次，在数学中，比例式 a:b=c:d 可以通过内外项交易推出另一比例式 a:c=b:d，这恰与焦循相错体例的置换内外卦规则相类。按此说法，"震:乾=坤:巽"必可导出"震:坤=乾:巽"的推论。验算可见，震:坤为《豫》䷏，震为外项，坤为内项；乾:巽为《小畜》䷈，乾为内项，巽为外项。《豫》与《小

---

① （清）焦循:《易图略》卷五，载《雕菰楼易学五种》，凤凰出版社 2012 年版，第 948 页。

畜》旁通，且与《大壮》《观》互为相错，故"震：坤＝乾：巽"成立。最后，上述两组比例式中的四组比值 a：c、b：d 与 a：b、c：d 又可联立为（a：c）：（b：d）＝（a：b）：（c：d）的比例式，由此可证《豫》《小畜》与《大壮》《观》互为比例。以上论证适用于任一相错卦组，故凡两组旁通互为相错，二者必有比例关系。

综上，焦循易学中的"比例"包括"运行结果相同"和"互为相错"两种情形。所谓"运行结果相同"，即两组或两组以上的旁通卦按同一规则行动之后得出相同两卦，则其中任意一组与其他旁通卦组均成比例。"互为相错"又可分为三类：两组旁通互为相错，则此旁通卦组为彼旁通卦组之比例，此类对应《相错图》一；两组旁通完成一对同位爻变之后所得两卦互为相错，则两组旁通成比例，此类对应《相错图》二和《相错图》三；两组旁通完成两对同位爻变之后互为相错，两组旁通亦成比例，此类对应《相错图》四。

既然比例的实质在于相错或爻变结果相同，则有必要先对《周易》六十四卦的相错和爻变结果加以统计。在《比例图》①中，焦循按《周易》通行本卦序逐一穷举了每一卦由相错而得的全部情形及其作为旁通卦组爻变结果的所有可能性：

《乾》☰

　《否》《泰》错

《坤》☷

　《泰》《否》错

---

① 原图见（清）焦循：《易图略》卷五《比例图》，载《雕菰楼易学五种》，凤凰出版社 2012 年版，第 928—948 页。郭彧先生指出，《比例图》有如下五处错误："《屯》有四'错'，共有十五组爻变'比例'，脱'《豫》五之《小畜》二、四之初'一组，《益》有四'错'，共有十五组'比例'，脱'《履》二之《谦》五、四之《谦》初'一组。""《讼》本有一'错'，多出'《否》《未济》错'（为'变已正之爻为不正'例，与焦氏所定法则相悖）。""《大过》'《萃》《升》错'当为'《革》《升》错'。""《恒》本有二'错'，脱'《丰》《井》错'。""《遁》当有三组爻变'比例'，脱'《鼎》二之五'、'《姤》二之《复》五'、'《旅》五之《节》二'。"见郭彧：《易图讲座》，华夏出版社 2007 年版，第 265 页，标点有改动。此外，《雕菰楼易学五种》中的《比例图》尚有其他讹误。本书附图时已做修正，并逐一说明。

《屯》☲☳

《井》《噬嗑》错　《蹇》《无妄》错　《需》《颐》错　《既济》《益》错

《临》二之五　《萃》四之初　《旅》五之《节》二　《姤》二之《复》五　《大有》四之《比》初　《蛊》初之《随》四

《乾》二之《坤》五、四之《坤》初　《离》五之《坎》二、四之《坎》初　《巽》二之《震》五、初之《震》四　《艮》五之《兑》二、初之《兑》四　《师》二之五、《同人》四之《师》初　《归妹》二之五、《渐》初之《归妹》四　《解》二之五、四之初　《困》二之《贲》五、四之初　《豫》五之《小畜》二、四之初（原图阙，今增补）

《蒙》☷☳

《贲》《困》错

《需》☵☰

《比》《大有》错　《屯》《大畜》错　《蹇》《大壮》错　《既济》《泰》错

《大过》四之初　《中孚》上之三　《剥》初之《夬》四　《豫》三之《小畜》上　《噬嗑》四之《井》初　《旅》上之《节》三

《坤》初之《乾》四、三之《乾》上　《离》四之《坎》初、上之《坎》三　《震》四之《巽》初、三之《巽》上　《艮》初之《兑》四、上之《兑》三　《谦》初之《履》四、《履》上之三　《丰》四之《涣》初、《涣》上之三　《复》三之《姤》上、《姤》四之初　《贲》上之《困》三、《困》四之初　《讼》四之初、上之三

《讼》☰☵

《同人》《师》错　（原图衍"《否》《未济》错"）

《师》☷☵

《明夷》《讼》错

《比》☵☷

《需》《晋》错　《既济》《否》错

《乾》二之《坤》五　《离》五之《坎》二　《师》二之五

《小畜》☰☴

《观》《大壮》错　《益》《泰》错

《坤》初之《乾》四　《巽》初之《震》四　《姤》四之初

《履》☰

　　《遁》《临》错

《泰》☷

　　《坤》《乾》错　《复》《小畜》错　《谦》《夬》错　《明夷》《需》错

　　《恒》四之初　《损》上之三　《无妄》四之《升》初　《遁》上之《临》三　《观》初之《大壮》四　《萃》三之《大畜》上

　　《比》初之《大有》四、三之《大有》上　《同人》四之《师》初、上之《师》三　《随》四之《蛊》初、三之《蛊》上　《渐》初之《归妹》四、上之《归妹》三　《家人》上之《解》三、《解》四之初　《屯》三之《鼎》上、《鼎》四之初　《革》四之《蒙》初、《蒙》三之上　《蹇》初之《睽》四、《睽》上之三　《未济》四之初、上之三

《否》☰

　　《乾》《坤》错　《同人》《比》错

　　《未济》二之五　《需》二之《晋》五　《明夷》五之《讼》二

《同人》☰

　　《讼》《明夷》错　《否》《既济》错

　　《坤》五之《乾》二　《坎》二之《离》五　《大有》二之五

《大有》☰

　　《晋》《需》错

《谦》☷

　　《临》《遁》错　《泰》《咸》错

　　《剥》上之三　《乾》上之《坤》三　《兑》三之《艮》上

《豫》☷

　　《大壮》《观》错

《随》☱

　　《大过》《颐》错　《咸》《益》错

　　《巽》二之《震》五　《艮》五之《兑》二　《归妹》二之五

《蛊》☶

《颐》《大过》错

《临》䷒

　　《谦》《履》错　《明夷》《中孚》错

　　《解》四之初　《同人》四之《师》初　《渐》初之《归妹》四

《观》䷓

　　《小畜》《豫》错　《家人》《萃》错

　　《蒙》二之五　《夬》二之《剥》五　《丰》五之《涣》二

《噬嗑》䷔

　　《鼎》《屯》错

《贲》䷕

　　《蒙》《革》错　《损》《既济》错

　　《旅》四之初　《坎》初之《离》四　《兑》四之《艮》初

《剥》䷖

　　《大畜》《萃》错

《复》䷗

　　《升》《无妄》错　《泰》《益》错

　　《豫》四之初　《乾》四之《坤》初　《震》四之《巽》初（原图误作《巽》四之《震》初）

《无妄》䷘

　　《姤》《复》错　《遁》《屯》错

　　《睽》二之五　《谦》五之《履》二　《井》二之《噬嗑》五

《大畜》䷙

　　《剥》《夬》错　《颐》《需》错

　　《鼎》四之初　《比》初之《大有》四　《随》四之《蛊》初

《颐》䷚

　　《蛊》《随》错　《大畜》《屯》错

　　《晋》四之初　《夬》四之《剥》初　《井》初之《噬嗑》四

《大过》䷛

　　《随》《蛊》错　《革》《升》错（原图误作《萃》《升》错）

《讼》上之三　《贲》上之《困》三　《复》三之《姤》上

《坎》☵☵

　　《既济》《未济》错

《离》☲☲

　　《未济》《既济》错

《咸》☱☶

　　《兑》《艮》错　《随》《渐》错　《夬》《谦》错　《革》《蹇》错

　　《恒》二之五　《否》上之三　《颐》五之《大过》二　《中孚》二之《小过》五　《大畜》上之《萃》三　《临》三之《遁》上

　　《解》二之五、《家人》上之《解》三　《鼎》二之五、《屯》三之《鼎》上　《小畜》二之《豫》五、上之《豫》三　《复》五之《姤》二、三之《姤》上　《节》二之《旅》五、三之《旅》上　《贲》五之《困》二、上之《困》三　《明夷》五之《讼》二、《讼》上之三　《需》二之《晋》五、《晋》上之三　《未济》二之五、上之三

《恒》☳☴

　　《震》《巽》错　《丰》《井》错（原图阙，今增补）

　　《未济》上之三　《家人》上之《解》三　《屯》三之《鼎》上

《遁》☰☶

　　《履》《谦》错　《无妄》《蹇》错

　　《鼎》二之五（原图阙，今增补）　《姤》二之《复》五（原图阙，今增补）　《旅》五之《节》二（原图阙，今增补）

《大壮》☳☰

　　《豫》《小畜》错　《小过》《需》错

　　《睽》上之三　《比》三之《大有》上　《渐》上之《归妹》三

《晋》☲☷

　　《大有》《比》错

《明夷》☷☲

　　《师》《同人》错　《临》《家人》错　《升》《革》错　《泰》《既济》错

　　《履》四之《谦》初　《涣》初之《丰》四　《姤》上之《复》三　《困》

三之《贲》上 《小过》四之初 《颐》上之三

《乾》四之《坤》初、上之《坤》三 《坎》初之《离》四、三之《离》上 《巽》初之《震》四、上之《震》三 《兑》四之《艮》初、三之《艮》上 《豫》四之初、《小畜》上之《豫》三 《旅》四之初、《节》三之《旅》上 《井》初之《噬嗑》四、《噬嗑》上之三 《夬》四之《剥》初、《剥》上之三 《晋》四之初、上之三

《家人》☲☴

《涣》《丰》错 《观》《革》错 《中孚》《明夷》错 《益》《既济》错

《大畜》二之五 《遁》四之初 《困》二之《贲》五 《豫》五之《小畜》二 《归妹》四之《渐》初 《师》初之《同人》四

《坤》五之《乾》二、初之《乾》四 《坎》二之《离》五、初之《离》四 《震》五之《巽》二、四之《巽》初 《兑》二之《艮》五、四之《艮》初 《大有》二之五、四之《比》初 《蛊》二之五、《随》四之《蛊》初 《复》五之《姤》二、《姤》四之初 《节》二之《旅》五、《旅》四之初 《鼎》二之五、四之初

《睽》☲☱

《旅》《节》错

《蹇》☵☶

《节》《旅》错 《屯》《遁》错 《需》《小过》错 《既济》《咸》错

《升》二之五 《观》上之三 《噬嗑》五之《井》二 《履》二之《谦》五 《归妹》三之《渐》上 《大有》上之《比》三

《乾》二之坤五、上之《坤》三 《离》五之《坎》二、上之《坎》三 《震》五之《巽》二、三之《巽》上 《兑》二之《艮》五、三之《艮》上 《师》二之五、《同人》上之《师》三 《蛊》二之五、《随》三之《蛊》上 《夬》二之《剥》五、《剥》上之三 《丰》五之《涣》二、《涣》上之三 《蒙》二之五、三之上

《解》☳☵

《丰》《涣》错

《损》☶

《艮》《兑》错　　《贲》《节》错

《未济》四之初　　《蹇》初之《睽》四　　《革》四之《蒙》初

《益》䷩

《巽》《震》错　　《渐》《随》错　　《小畜》《复》错　　《家人》《屯》错

《损》二之五　　《否》四之初　　《小过》五之《中孚》二　　《大过》二之《颐》五　　《大壮》四之《观》初　　《升》初之《无妄》四

《蒙》二之五、《革》四之《蒙》初　　《睽》二之五、《蹇》初之《睽》四　　《夬》二之《剥》五、四之《剥》初　　《丰》五之《涣》二、四之《涣》初　　《井》二之《噬嗑》五、初之《噬嗑》四　　《需》二之《晋》五、《晋》四之初　　《明夷》五之《讼》二、《讼》四之初　　《未济》二之五、四之初　　《履》二之《谦》五、四之《谦》初（原图阙，今增补）

《夬》䷪

《萃》《大畜》错　　《咸》《泰》错

《履》上之三　　《坤》三之《乾》上　　《艮》上之《兑》三

《姤》䷫

《无妄》《升》错

《萃》䷬（原图《萃》在《升》后，今依通行本卦序正之）

《夬》《剥》错　　《革》《观》错

《解》二之五　　《贲》五之《困》二　　《小畜》二之《豫》五

《升》䷭

《复》《姤》错　　《明夷》《大过》错

《蒙》上之三　　《同人》上之《师》三　　《随》三之《蛊》上

《困》䷮

《革》《蒙》错

《井》䷯

《屯》《鼎》错　　《既济》《恒》错

《涣》上之三　　《离》上之《坎》三　　《震》三之《巽》上

《革》䷰

《困》《贲》错　　《萃》《家人》错　　《大过》《明夷》错　　《咸》《既济》错

《大壮》二之五　《无妄》上之三　《剥》五之《夬》二　《涣》二之
《丰》五　《师》三之《同人》上　《蛊》上之《随》三

《坤》五之《乾》二、三之《乾》上　《坎》二之《离》五、三之《离》
上　《巽》二之《震》五、上之《震》三　《艮》五之《兑》二、上之《兑》
三　《大有》二之五、《比》三之《大有》上　《归妹》二之五、《渐》上
之《归妹》三　《谦》五之《履》二、《履》上之三　《井》二之《噬嗑》
五、《噬嗑》上之三　《睽》二之五、上之三

《鼎》䷱

《噬嗑》《井》错

《震》䷲

《恒》《益》错

《艮》䷳

《损》《咸》错

《渐》䷴

《中孚》《小过》错　《益》《咸》错

《蛊》二之五　《震》五之《巽》二　《兑》二之《艮》五

《归妹》䷵

《小过》《中孚》错

《丰》䷶

《解》《家人》错　《恒》《既济》错

《噬嗑》上之三　《坎》三之《离》上　《巽》上之《震》三

《旅》䷷

《睽》《蹇》错

《巽》䷸

《益》《恒》错

《兑》䷹

《咸》《损》错

《涣》䷺

《家人》《解》错

《节》䷻

　　《蹇》《睽》错　《既济》《损》错

　　《困》四之初　《离》四之《坎》初　《艮》初之《兑》四

《中孚》䷼

　　《渐》《归妹》错　《家人》《临》错

　　《讼》四之初　《谦》初之《履》四　《丰》四之《涣》初

《小过》䷽

　　《归妹》《渐》错　《大壮》《蹇》错

　　《晋》上之三　《节》三之《旅》上　《小畜》上之《豫》三

《既济》䷾

　　《坎》《离》错　《节》《贲》错　《井》《丰》错　《屯》《家人》错
《蹇》《革》错　《需》《明夷》错　《比》《同人》错

　　《泰》二之五　《咸》四之初　《益》上之三　《晋》五之《需》二
《讼》二之《明夷》五　《解》三之《家人》上　《鼎》上之《屯》三　《蒙》
初之《革》四　《睽》四之《蹇》初

　　《师》初之《同人》四、三之《同人》上　《大有》四之《比》初、
上之《比》三　《蛊》初之《随》四、上之《随》三　《归妹》四之《渐》初、
三之《渐》上　《豫》五之《小畜》二、三之《小畜》上　《姤》二之《复》
五、上之《复》三　《剥》五之《夬》二、初之《夬》四　《谦》五之《履》
二、初之《履》四　《噬嗑》五之《井》二、四之《井》初　《涣》二之《丰》
五、初之《丰》四　《旅》五之《节》二、上之《节》三　《困》二之《贲》
五、三之《贲》上　《临》二之五、《遁》上之《临》三　《遁》四之初、
《临》三之《遁》上　《升》二之五、《无妄》四之《升》初　《升》初之
《无妄》四、《无妄》上之三　《萃》四之初、《大畜》上之《萃》三　《大
畜》二之五、《萃》三之《大畜》上　《大壮》二之五、《观》初之《大壮》
四　《大壮》四之《观》初、《观》三之上　《中孚》二之《小过》五、《小
过》四之初　《小过》五之《中孚》二、《中孚》上之三　《大过》二之《颐》
五、《颐》上之三　《颐》五之《大过》二、《大过》四之初　《否》四之
初、上之三　《恒》二之五、四之初　《损》二之五、上之三

《未济》䷿

　《离》《坎》错

　　事实上，《比例图》每卦下罗列的繁杂细目均可由焦氏象数体例推知，无须一一计算。因乎爻变始终遵循定爻不动和应位互易的原则，故任一别卦初四、二五、三上三组应位中有几组得定，足以反映出该卦作为相错及爻变结果有多少种可能：若某卦无相应两爻得定，则该卦只能以旁通卦组的形式出现，不可能是卦爻互易的结果。相应地，它只能由一组原始旁通相错而得。此类卦共有二十七卦①。例如，《坤》卦得定的二、四、上三爻并不构成应位关系，故其只能来自《泰》《否》相错，不可能由任何爻变而得。若某卦一对应位得定，则该卦作为旁通卦组爻变结果的可能性共有三种。其中，一爻变者两种，两爻变者一种。② 相应地，它或由一组旁通直接相错而得，或由旁通卦组完成一对爻变之后相错而得。此类卦共有二十七卦。③ 例如，《比》卦得定的二、四、五、上四爻中仅二五相应，故其可能来自"二爻变"即"《离》五之《坎》二"、"五爻变"即"《乾》二之《坤》五"、"二五两爻变"即"《师》二之五"，或是由《相错图》一之《需》《晋》及《相错图》三之《既济》《否》两组相错而得。若某卦两对应位得定，则该卦作为旁通卦组爻变结果的可能性共有十五种。其中，一爻变者四种，两爻变者六种，三爻变者四种，四爻变者一种。④ 相应地，其由旁通卦组直接相错而得的可能性有一种，由旁通卦组完成一对爻变后相错而得的可能性有两种，由旁通卦组两对爻变完成后相错而得的可能性有一种，

---

① 某卦无相应两爻得定，则其初四、二五、三上三组应位各有三种可能：或同阴，或同阳，或爻性与爻位阴阳相反。根据乘法原理，其可能性共有 $3 \times 3 \times 3 = 27$ 种。

② 即组合数，$C_2^1 = 2$，$C_2^2 = 1$。

③ 某卦一组应位得定，即初四、二五、三上3选1，共三种可能；其余两组应位各有三种可能，或同阴，或同阳，或爻性与爻位阴阳相反。根据乘法原理，其可能性共有 $3 \times 3 \times 3 = 27$ 种。

④ 一爻变即4选1，有 $C_4^1 = 4$ 种可能；两爻变即4选2，有 $C_4^2 = 6$ 种可能。三爻变必为某卦应位两爻互易、其余两定爻中有一爻来自旁通间互易，前者为2选1，后者亦2选1，根据乘法原理，共有 $C_2^1 \times C_2^1 = 4$ 种可能。四爻变必为某卦两组应位互易，只有1种可能。

共计四种。此类卦共有九卦。① 例如，《需》卦初四、三上两组应位得定，故其可能来自"初爻变"即"《噬嗑》四之《井》初"、"三爻变"即"《旅》上之《节》三"、"四爻变"即"《剥》初之《夬》四"、"上爻变"即"《豫》三之《小畜》上"、"初三两爻变"即"《离》四之《坎》初、上之《坎》三"、"初四两爻互易"即"《大过》初之四"、"初上两爻变"即"《震》四之《巽》初、三之《巽》上"、"三四两爻变"即"《艮》初之《兑》四、上之《兑》三"、"三上两爻互易"即"《中孚》三之上"、"四上两爻变"即"《坤》初之《乾》四、三之《乾》上"、"初三四三爻变"即"《贲》上之《困》三、《困》初之四"、"初三上三爻变"即"《丰》四之《涣》初、《涣》三之上"、"初四上三爻变"即"《复》三之《姤》上、《姤》四之初"、"三四上三爻变"即"《谦》初之《履》四、《履》三之上"、"初四、三上四爻变"即"《讼》初之四、三之上"共十五种爻变，或来自《相错图》一之《大有》《比》、《相错图》三初四先行之《屯》《大畜》和三上先行之《蹇》《大壮》、《相错图》四接连失道之《既济》《泰》等四组相错。三对应位皆定之卦只有《既济》。《既济》作为旁通卦组爻变结果的可能性共有三十六种。其中，一爻变者六种，两爻变者十五种，三爻变者十二种，四爻变者三种。② 相应地，其由旁通卦组直接相错而得的可能性有一种，由旁通卦组完成一对爻变后相错而得的可能性有三种，由旁通卦组完成两对爻变后相错而得的可能性有三种，合计七种。综上，在《比例图》中，无应位得定之二十七卦仅有一组相错而无爻变；一对应位得定之二十七卦均有两组相错、三组爻变；两对应位得定之九卦皆有四组相错、十五组爻变；三对应位得定之《既济》卦有七组相错、三十六组爻变。③

---

① 某卦两组应位得定，即一组应位不得定。初四、二五、三上 3 选 1，共 3 种可能。此未定之应位又有三种可能，或同阴，或同阳，或爻性与爻位阴阳相反。根据乘法原理，其可能性共有 3×3=9 种。

② 《既济》一爻变有 6 种可能；两爻变有 $C_6^2=15$ 种可能；三爻变必为某卦应位两爻互易，其余四定爻中有一爻来自旁通卦间互易，前者为 3 选 1，后者为 4 选 1，根据乘法原理，共有 $C_3^1 \times C_4^1=12$ 种可能；四爻变必为某卦两对应位互易，即 3 选 2，有 $C_3^2=3$ 种可能。

③ 郭彧先生专门讨论了《比例图》各卦"相错"及"爻变"数量的计算问题。他指出："凡仅有一'错'得本卦者，则无爻变之'比例'；凡有二'错'得本卦者，则有三组'比例'；凡有四'错'得本卦者，则有十五组'比例'；凡有七'错'得本卦者，则有三十六组'比

必须说明的是，《比例图》每卦下列举的各种爻变虽可得出相同结果，却并非都能构成比例关系。例如，《恒》二之五与《否》上之三皆成《咸》，同见于《比例图》之《咸》卦。然而，二者并不是孤立别卦的两爻互易，而是作为旁通卦组的卦爻运行存在于焦循易学中的。换言之，《恒》二五等同于"《恒》《益》旁通，二五先行"，《否》上之三等同于"《泰》《否》旁通，三上先行"。前者得《咸》《益》，后者得《泰》《咸》，其结果并不相同，自然无法成比例。因此，唯有加上"爻变规则相同"的限定条件，才能保证爻变之间构成比例关系。如《咸》卦所列"《恒》二之五""《颐》五之《大过》二""《中孚》二之《小过》五"同为二五互易，则三者必定互为比例。不过，即便附有补充说明，《比例图》的展示作用仍是有限的。首先，由 $a:b=c:d$ 的数学定义式可知，构成比例至少需要四个比例项。相应地，比例说至少需要涉及两卦组即四别卦。同时，作为比值的爻变结果也必然由两别卦共同构成。可是，一旦旁通卦组的某对爻变采取一卦自行升降的方式，《比例图》就只标明此卦而不提及彼卦。并且，《比例图》仅能显示各组爻变皆可得出的那一卦，对与其共同构成爻变结果的另一卦则概不涉及。仍以《咸》卦为例。在"《恒》二之五""《否》上之三""《颐》五之《大过》二"等条目中，我们仅能辨识出"《恒》二之五"与"《颐》五之《大过》二"皆成《咸》，且同为二五互易，故应有比例关系。但这一说法不仅没有给出构成比例关系的四卦，而且也未能说明二者因得出何种相同结果而互为比例。除非再次计算，否则绝不会得出"《恒》《益》旁通，二五先行成《咸》《益》；《大过》《颐》旁通，二五先行亦成《咸》《益》，故《恒》二之五为《大过》二之《颐》五之比例"的完整结论。

更重要的是，《比例图》列举的相错仅限于四张《相错图》，爻变也绝不超出《当位失道图》的范围。也就是说，它仅仅展示了彼此孤立的三十二组旁通爻变、相错的结果，而与时行相互割裂。通观《易学三书》可见，比例说在注经运用中其实是相当灵活的。绝大多数情况下，比例都有旁通、时行、相错的共同参与。概言之，成比例只需满足"两组旁通""按同一规则

例'。"见郭彧：《易图讲座》，华夏出版社 2007 年版，第 265 页。郭先生仅给出了结论而未及详解，本段内容可以视作对郭说的具体阐述和补充。

运行""得出相同两卦或爻变结果互为相错"三个硬性条件即可，并不限制每组比例涉及的旁通、时行和相错等卦爻运行的次数。为了强化"比例之用，随在而神"①的原则，《易图略》提供了十二则示例。② 不过，因焦循本人并未留下推导过程，比例十二例实属待解之题目。对此，极少数学者虽已给出解答，但可商榷之处依旧颇多。有鉴于此，以下逐一作解。需要说明的是，比例十二例的解法并不唯一，本书多数情况下仅给出其中一种解法，个别卦例提供多种解法。

> 1.《泰》《否》为《乾》《坤》之比例，《既济》《未济》为《坎》《离》之比例，《益》《恒》为《巽》《震》之比例，《损》《咸》为《艮》《兑》之比例。

此例由《相错图》一而来。《泰》《否》旁通，相错得《乾》《坤》旁通，反之亦然，故《泰》《否》与《乾》《坤》互为比例。余下三者皆与此同，无须赘言。

> 2.《小畜》二之《豫》五成《家人》《萃》，为《夬》二之《剥》五成《观》《革》之比例；《姤》二之《复》五成《屯》《遁》，为《履》二之《谦》五成《无妄》《蹇》之比例。

查《当位图》及《时行图》一可见，《小畜》《豫》旁通，二五当位先行成《家人》《萃》。《夬》《剥》旁通，二五当位先行成《革》《观》。据《相错图》二，《家人》《萃》相错得《观》《革》，故《小畜》二之《豫》五成《家人》《萃》为《夬》二之《剥》五成《革》《观》之比例。《姤》《复》旁通，二五当位先行成《遁》《屯》。《履》《谦》旁通，二五当位先行成《无妄》《蹇》。《遁》《屯》相错得《无妄》《蹇》，故《姤》二之《复》五成《遁》《屯》为《履》二之《谦》

---

① （清）焦循：《易图略》卷五，载《雕菰楼易学五种》，凤凰出版社 2012 年版，第 950 页。
② （清）焦循：《易图略》卷五，载《雕菰楼易学五种》，凤凰出版社 2012 年版，第 950—951 页。

五成《无妄》《蹇》之比例。

3.《升》通《无妄》而二之五成《蹇》，为《睽》通《蹇》而二之五成《无妄》之比例；《大畜》通《萃》而二之五成《家人》，为《解》通《家人》而二之五成《萃》之比例。

查《当位图》可知，《升》《无妄》旁通，二五先行，当位成《蹇》《无妄》。《蹇》《睽》旁通，二五先行，当位亦成《蹇》《无妄》，故《升》（通《无妄》）二之五成《蹇》为《睽》（通《蹇》）二之五成《无妄》之比例。《大畜》《萃》旁通，二五先行，当位成《家人》《萃》。《家人》《解》旁通，二五先行，当位亦成《家人》《萃》，故《大畜》（通《萃》）二之五成《家人》为《解》（通《家人》）二之五成《萃》之比例。

4.《乾》四之《坤》初成《复》《小畜》，为《离》四之《坎》初成《节》《贲》之比例；《兑》三之《艮》上成《谦》《夬》，为《巽》上之《震》三成《丰》《井》之比例。

此例有当位、失道两解。解法一：查《失道图》可知，《乾》《坤》旁通，初四先行成《小畜》《复》。失道后立刻变通，其情形如《时行图》二所示，《小畜》通《豫》，《复》通《姤》。又据《当位图》及《时行图》一，两卦变通后二五先行，《小畜》《豫》当位成《家人》《萃》，《复》《姤》当位成《屯》《遁》。同理，《坎》《离》旁通，初四失道先行成《节》《贲》。此时变通，《节》通《旅》，《贲》通《困》。二五先行，《节》《旅》当位成《屯》《遁》，《贲》《困》当位亦成《家人》《萃》，故《乾》四之《坤》初（成《小畜》《复》）为《离》四之《坎》初（成《贲》《节》）之比例。《艮》《兑》旁通，三上先行成《谦》《夬》。失道后立刻变通，《谦》通《履》，《夬》通《剥》，随即二五先行，《谦》《履》当位成《蹇》《无妄》，《夬》《剥》当位成《革》《观》。同理，《震》《巽》旁通，三上失道先行成《丰》《井》。此时变通，《丰》通《涣》，《井》通《噬嗑》。二五先行，《丰》《涣》当位成《革》《观》，《井》《噬嗑》当位亦成《蹇》《无妄），故《兑》三之《艮》上（成《夬》《谦》）为《巽》上之《震》三（成《井》《丰》）之比例。

解法二：查《失道图》可知，《乾》《坤》旁通，初四先行，失道成《小畜》《复》。此时继以三上，则《乾》《坤》成《需》《明夷》。同理，《坎》《离》旁通，初四先行，失道成《节》《贲》。若三上从之，两卦亦成《需》《明夷》，故《乾》四之《坤》初（成《小畜》《复》）为《离》四之《坎》初（成《贲》《节》）之比例。《艮》《兑》旁通，三上先行，失道成《谦》《夬》。此时继以初四，则《艮》《兑》成《明夷》《需》。同理，《震》《巽》旁通，三上先行，失道成《丰》《井》，若初四从之，两卦亦成《明夷》《需》，故《兑》三之《艮》上（成《夬》《谦》）为《巽》上之《震》三（成《井》《丰》）之比例（参见图18）。

5.《乾》《坤》成《家人》《屯》，为成《蹇》《革》之比例；《乾》《坤》成《复》《小畜》，为成《谦》《夬》之比例。

查《当位图》及《时行图》四可知，《乾》《坤》大中下应成《家人》《屯》。此时，该组旁通已完成两对爻变，必须变通，《家人》通《解》，《屯》通《鼎》。两组新旁通二五先行，其结果如《当位图》所示，《家人》不变，《解》成《萃》；《屯》不变，《鼎》成《遯》。同理，《乾》《坤》大中上应成《革》《蹇》，《革》

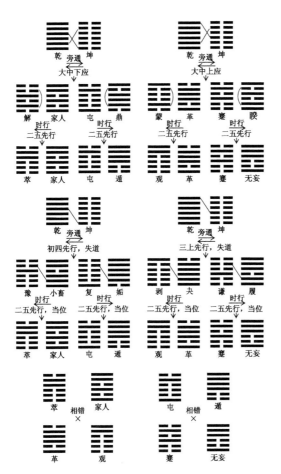

图 18

通《蒙》，《蹇》通《睽》，《革》《蒙》二五先行成《革》《观》，《蹇》《睽》二五先行成《蹇》《无妄》。据《相错图》一，《家人》《萃》相错得《观》《革》，《屯》《遁》相错得《蹇》《无妄》，故《乾》《坤》成《家人》《屯》为成《蹇》《革》之比例。查《失道图》可知，《乾》《坤》初四先行成《小畜》《复》。失道后立即变通，其情形如《时行图》二所示，《小畜》通《豫》，《复》通《姤》。两组新旁通二五先行，《小畜》《豫》成《家人》《萃》，《复》《姤》成《屯》《遁》。同理，《乾》《坤》三上先行成《夬》《谦》。失道后立即变通，其情形如《时行图》三所示，《夬》通《剥》，《谦》通《履》。《夬》《剥》二五先行成《革》《观》，《谦》《履》二五先行成《蹇》《无妄》。《家人》《萃》相错得《观》《革》，《屯》《遁》相错得《蹇》《无妄》，故《乾》《坤》成《复》《小畜》为成《谦》《夬》之比例。

6.《乾》四之《坤》初成《小畜》《复》，《小畜》通《豫》为《复》通《姤》之比例；《坎》三之《离》上成《丰》《井》，《丰》通《涣》为《井》通《噬嗑》之比例。

查《失道图》可见，《乾》《坤》旁通，初四先行成《小畜》《复》。失道后立即时行，其情形如《时行图》二所示，《小畜》通《豫》，《复》通《姤》。据《当位图》及《时行图》四，两组新旁通各自大中上应皆成《既济》《咸》，故（《乾》四之《坤》初成《小畜》《复》，）《小畜》通《豫》为《复》通《姤》之比例。《坎》《离》旁通，三上先行成《井》《丰》。失道后立即时行，其情形如《时行图》三所示，《井》通《噬嗑》，《丰》通《涣》。据《当位图》及《时行图》四，两组新旁通各自大中下应皆成《既济》《益》，故（《坎》三之《离》上成《丰》《井》，）《丰》通《涣》为《井》通《噬嗑》之比例。

7.《乾》二之《坤》五，《乾》成《同人》，《坤》成《比》，为《师》二之五之比例，亦为《大有》二之五之比例；《巽》二之《震》五，《巽》成《渐》，《震》成《随》，为《蛊》二之五之比例，亦为《归妹》二之五之比例。

此例直接对应《时行图》一。《乾》《坤》旁通，二五当位先行成《同人》《比》，元而利，《同人》通《师》，《比》通《大有》。两组新旁通亦二五先行，则《同人》《师》与《大有》《比》复为《同人》《比》，故《乾》二之《坤》五成《同人》《比》为《师》二之五之比例，亦为《大有》二之五之比例。《巽》《震》旁通，二五当位先行成《渐》《随》，元而利，《渐》通《归妹》，《随》通《蛊》。两组新旁通亦二五先行，则《渐》《归妹》与《蛊》《随》复为《渐》《随》，故《巽》二之《震》五成《渐》《随》为《蛊》二之五之比例，亦为《归妹》二之五之比例。

　　8.《履》四之《谦》初，成《中孚》《明夷》，《丰》四之《涣》初，亦成《中孚》《明夷》，皆为《小过》四之初之比例；《同人》上之《师》三成《升》《革》，《蛊》上之《随》三亦成《升》《革》，皆为《蒙》上之三之比例。

此例直接对应《失道图》与《比例图》。《履》《谦》、《涣》《丰》、《中孚》《小过》三组旁通初四失道先行皆成《中孚》《明夷》，故《履》四之《谦》初、《丰》四之《涣》初，皆为《小过》四之初之比例。《师》《同人》、《蛊》《随》、《蒙》《革》三组旁通三上失道先行皆成《升》《革》，故《同人》上之《师》三、《蛊》上之《随》三，皆为《蒙》上之三之比例。

　　9.《小畜》上之《豫》三成《小过》，《小过》通《中孚》，仍《小畜》通《豫》之比例；《姤》上之《复》三成《大过》，《大过》通《颐》，仍《复》通《姤》之比例。

此例有失道、当位、相错三种解法。解法一：按《失道图》，《小畜》《豫》与《中孚》《小过》两组旁通三上失道先行皆成《需》《小过》，故《小过》通《中孚》为《小畜》通《豫》之比例。《姤》《复》与《大过》《颐》两组旁通三上失道先行皆成《大过》《明夷》，故《大过》通《颐》为《复》通《姤》之比例。

　　解法二：按《时行图》三，《小畜》《豫》旁通，三上先行成《需》《小过》。

失道后立刻变通,《需》通《晋》,《小过》通《中孚》。尔后,《小过》《中孚》大中上应,其情形如《当位图》及《时行图》四所示,《小过》成《咸》,《中孚》成《既济》。若原旁通卦组《小畜》《豫》大中上应,亦可得《既济》《咸》,故《小过》通《中孚》仍《小畜》通《豫》之比例。《复》《姤》旁通,三上先行成《明夷》《大过》。失道后立刻变通,《明夷》通《讼》,《大过》通《颐》。尔后,《大过》《颐》大中上应,其情形如《当位图》及《时行图》四所示,《大过》成《咸》,《颐》成《既济》。若原旁通卦组《复》《姤》大中上应,亦可得《既济》《咸》,故《大过》通《颐》仍《复》通《姤》之比例。

解法三:按《时行图》三,《小畜》《豫》三上失道成《需》《小过》。《需》通《晋》,《小过》通《中孚》。《小过》《中孚》大中下应,其情形如《当位图》及《时行图》四所示,《小过》成《既济》,《中孚》成《益》。原旁通卦组《小畜》《豫》若大中下应则成《家人》《屯》。查《相错图》四可见,《既济》《益》与《屯》《家人》互为相错,故《小过》通《中孚》仍《小畜》通《豫》之比例。《复》《姤》三上失道成《明夷》《大过》。《明夷》通《讼》,《大过》通《颐》。《大过》《颐》大中下应,其情形如《当位图》及《时行图》四所示,《大过》成《既济》,《颐》成《益》。原旁通卦组《复》《姤》若大中下应则成《屯》《家人》。《既济》《益》与《屯》《家人》互为相错,故《大过》通《颐》仍《复》通《姤》之比例。

10.《丰》《涣》相错为《家人》《解》,《解》二之五同于《小畜》二之《豫》五,则《小畜》二之《豫》五为《涣》二之《丰》五之比例;《贲》《困》相错为《蒙》《革》,《蒙》二之五同于《夬》二之《剥》五,则《夬》二之《剥》五为《困》二之《贲》五之比例。

据《相错图》一,《丰》《涣》旁通相错得《解》《家人》旁通。查《当位图》可见,《家人》《解》与《小畜》《豫》两组旁通二五先行皆成《家人》《萃》。原旁通卦组《丰》《涣》二五先行则为《革》《观》。又据《相错图》二,《革》《观》相错得《家人》《萃》,故《小畜》二之《豫》五(成《家人》《萃》)为《涣》

二之《丰》五（成《观》《革》）之比例。《贲》《困》旁通相错得《蒙》《革》旁通。《蒙》《革》与《剥》《夬》两组旁通二五先行皆成《观》《革》，原旁通卦组《贲》《困》二五先行则为《家人》《萃》。《家人》《萃》相错得《观》《革》，故《夬》二之《剥》五（成《革》《观》）为《困》二之《贲》五（成《萃》《家人》）之比例（参见图19）。

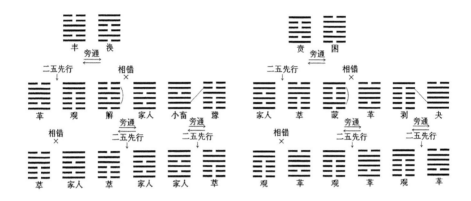

图 19

11.《归妹》三之《渐》上成《大壮》《蹇》，相错为《需》《小过》，则《需》通《晋》、《小过》通《中孚》，即《蹇》通《睽》、《大壮》通《观》之比例；《同人》四之《师》初成《家人》《临》，相错为《中孚》《明夷》，则《中孚》通《小过》、《明夷》通《讼》，为《家人》通《解》、《临》通《遁》之比例。

据《失道图》，《归妹》《渐》旁通，三上失道先行成《大壮》《蹇》。又据《相错图》三，《大壮》《蹇》相错得《需》《小过》。查《当位图》及《时行图》四可知，以上四卦各取旁通继而大中下应皆成《既济》《益》，故《需》通《晋》、《小过》通《中孚》为《蹇》通《睽》、《大壮》通《观》之比例。《同人》《师》初四先行，失道成《家人》《临》，两卦相错得《中孚》《明夷》。以上四卦各取旁通继而大中上应皆成《既济》《咸》，故《中孚》通《小过》、《明夷》通《讼》为《家人》通《解》、《临》通《遁》之比例。

12.《乾》二之《坤》五，既同于《师》二之五，亦同于《大有》二之五，则《师》成《临》、《大有》成《大畜》，为《坤》成《复》之比例；《巽》二之《震》五，既同于《归妹》二之五，亦同于《蛊》二之五，则《蛊》成《升》、《归妹》成《大壮》，为《震》成《丰》之比例。

此例亦有当位、失道两解。解法一：查《当位图》可见，《乾》《坤》、《同人》《师》、《大有》《比》三组旁通二五先行皆成《同人》《比》。若此三组旁通初四先行，情形则如《失道图》所示，《乾》《坤》成《小畜》《复》，《大有》《比》成《大畜》《屯》，《同人》《师》成《家人》《临》。此时变通，《临》通《遁》，《大畜》通《萃》，《复》通《姤》。查《当位图》及《时行图》四可知，以上三组新旁通大中下应皆成《家人》《屯》、大中上应皆成《既济》《咸》，故《师》成《临》、《大有》成《大畜》为《坤》成《复》之比例。《巽》《震》、《渐》《归妹》、《蛊》《随》三组旁通二五先行皆成《渐》《随》。此三组旁通若三上先行，则《巽》《震》成《井》《丰》，《渐》《归妹》成《大壮》《蹇》，《蛊》《随》成《升》《革》。此时变通，《丰》通《涣》，《大壮》通《观》，《升》通《无妄》。此三组新旁通大中下应皆成《既济》《益》、大中上应皆成《蹇》《革》，故《蛊》成《升》、《归妹》成《大壮》为《震》成《丰》之比例。

解法二：《乾》《坤》、《同人》《师》、《大有》《比》三组旁通初四失道后各成《小畜》《复》、《家人》《临》、《大畜》《屯》。此时若不变通时行，而继之以二五互易则皆成《家人》《屯》，故《师》成《临》、《大有》成《大畜》为《坤》成《复》之比例。《巽》《震》、《渐》《归妹》、《蛊》《随》三组旁通三上先行分别成《井》《丰》、《蹇》《大壮》、《升》《革》。此时若不时行，而继之以二五互易则皆成《蹇》《革》，故《蛊》成《升》、《归妹》成《大壮》为《震》成《丰》之比例。

尽管上述十二例对比例说进行了全面而深入的象数学展示，但其本质上仅是对《比例图》的一种必要补充。相较而言，焦循更为看重对比例源于"实测"的证明，因为这关乎比例说是否契合经传本义，进而能否顺理成章地作为解《易》方法的问题。对此，焦循采用了以同辞现象论证象数内容的一贯策略。原文甚长，此处截取较有代表性的片段略加说明：

如《睽》二之五为《无妄》，《井》二之《噬嗑》五亦为《无妄》，故《睽》之"噬肤"即《噬嗑》之"噬肤"。①

《蹇》《睽》、《井》《噬嗑》两组旁通大中皆成《蹇》《无妄》，即《睽》二之五为《井》二之《噬嗑》五之比例，故《睽》六五爻辞云"厥宗噬肤"，《噬嗑》六二爻辞云"噬肤灭鼻"。两卦同言"噬肤"，即意在明示此一比例关系。

如《蒙》称"困蒙"，知其为《革》所孚也。盖《革》《蹇》相错，不能成《困》，《革》《蒙》相错，乃成《困》也。惟《革》《蒙》为《困》《贲》，而《旅》得称"童仆"，"童"即"童蒙"之"童"，"仆"为仕于家之名，知《旅》四先之初成《贲》，变通于《困》，《困》二之《贲》五成《家人》为"仆"，即《蒙》二之五之比例，故云"童仆"。②

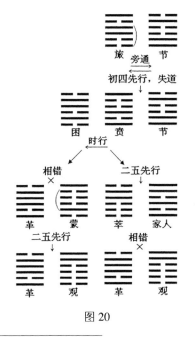

图 20

《旅》《节》旁通，初四先行成《贲》《节》。失道后立即变通，《贲》通《困》，《节》仍通《旅》。《贲》《困》相错成《革》《蒙》，故《蒙》六四爻辞曰"困蒙"，此"困"字为卦名。尔后，《贲》《困》大中而成《家人》《萃》，《蒙》《革》大中等同于《蒙》二之五、《革》不变而成《观》《革》。《家人》《萃》又与《观》《革》互为相错，即《困》二之《贲》五为《蒙》二之五之比例（参见图 20）。因上述诸卦相连，故《旅》六二、九三爻辞两称"童仆"。其中，

① （清）焦循：《易图略》卷五，载《雕菰楼易学五种》，凤凰出版社 2012 年版，第 948—949 页。
② （清）焦循：《易图略》卷四，载《雕菰楼易学五种》，凤凰出版社 2012 年版，第 926—927 页。

"童"即《蒙》卦卦辞"童蒙求我"及六五爻辞"童蒙"之"童"。又据《礼记·礼运》"仕于家曰仆"可知,"仆"字之义同于《家人》卦名。

> 《屯》通于《鼎》,《鼎》四之初成《大畜》,《大畜》不孚《屯》而孚《萃》,《萃》与《大畜》错为《夬》《剥》,《大畜》二之五为《夬》二之《剥》五之比例。《夬》成《革》、《剥》成《观》,与《蒙》二之五同,故《大畜》云"童牛之告"。"童"即"童观"之"童","告"即"初筮告"之告。①

《屯》《鼎》旁通,初四先行,《屯》不变,《鼎》成《大畜》。失道后立刻变通,《屯》仍通《鼎》,《大畜》通《萃》。《大畜》《萃》相错成《剥》《夬》。尔后,《大畜》《萃》大中得《家人》《萃》,《剥》《夬》大中得《观》《革》。《家人》《萃》与《观》《革》互为相错,即《大畜》二之五为《夬》二之《剥》五之比例。同时,《蒙》《革》旁通,二五先行亦成《观》《革》,故《夬》二之《剥》五又为《蒙》二之五之比例(参见图21)。焦循认为,《大畜》六四爻辞"童牛之牿"乃是为指示上述诸卦彼此连通而设。其中,"童"即《观》初六爻辞"童观"之"童","牿"则与《蒙》卦卦辞"初筮告,再三渎"之"告"互为假借。

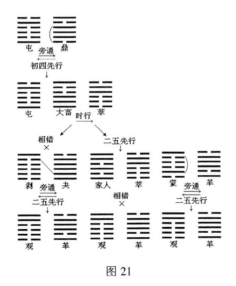

图 21

---

① (清)焦循:《易图略》卷四,载《雕菰楼易学五种》,凤凰出版社 2012 年版,第 927 页。

由以上卦例尤其是后两例可见，比例与三大体例的紧密结合进一步实现了《周易》六十四卦的大规模连接。至此不难发觉，焦循易学的象数规则与数学式的逻辑推演存在相当程度的相似性，不单比例说等象数体例来自对数学知识的直接移植，其整个易学体系亦曾受到数学思维的深度影响。

六、天算数学的影响

《周易》源于占筮活动，卜筮的目的在于预知吉凶。虽然龟卜的完整操作过程早已无法还原，但从传世的有限记载来看，卜法通过灼烧龟甲产生的裂纹即"兆"象来判定吉凶当无疑义。[1] 同样，《周易》依托卦象的筮占方式亦为象占。就此而言，易占对龟卜的重大突破并非取缔用象，而是创建了一套取象的系统方法。在大衍筮法的操作过程中，"象和数不可分离，表现在数依赖于象，行蓍就是数的推衍，也是一个法象的过程。从'分二'、'挂一'、'揲四'、'归奇'及'再扐后挂'行蓍的步骤，到行蓍而得出策数，皆以天地万物之象为依据……但若就行蓍方法而言，先有数的推演，后有卦象，卦象是由数决定的"[2]。"占"与"卜"的这种区别，曾被春秋时期晋人韩简概括为"龟，象也；筮，数也"[3]。正是因为卦象基于筮数，以数学会通《周易》者历代不乏其人。这一点，在象数易学中表现得尤为明显。从汉代《易纬·乾凿度》的九宫说和《稽览图》的卦轨计算，到宋代图书学的河洛之数及邵雍《皇极经世》的先天学思想，无一不是大量运用数学知识取得的成果。不过，由于中国古代数学主要是在丈量土地、测算容积等实际应用中发展起来的，故其在清代以前一直未能享有较高地位。尽管它与天文历算密不可分，在大多数学者的心目中，二者之间依然存在清晰的界限：天文历算致力于把握天道，具有"道"的高度；数学虽为其提供计算技术，但充其量只是与"道"相关的"术"，这就造成了长久以来数学从属于天算的局面。因而相较数学，象数易学家更为津津乐道的是构建《易》之卦爻与星象

---

① 参见刘玉建：《中国古代龟卜文化》，广西师范大学出版社1992年版。
② 林忠军：《象数易学发展史》第一卷，齐鲁书社1994年版，第39页。
③ 杨伯峻编著：《春秋左传注·僖公十五年》，中华书局2000年版，第365页。

历法之间的对应关系，而两汉时期盛极一时的卦气说以及京房、郑玄、虞翻等人以天象解《易》的做法就是这一思路的产物。与此同时，古代历法也时常汲取易学的思想资源，"从东汉刘洪的《乾象历》、魏《正光历》到唐代的《开元大衍历》，皆运用了孟氏的卦气理论中的六日七分说"①。当然，在中国古代学术史上，几位杰出的数学家曾试图以附会经学的方式来高扬数学的价值和主体地位，如刘徽将算学渊源上溯至伏羲画卦："昔在包牺氏始画八卦，以通神明之德，以类万物之情，作九九之数，以合六爻之变。暨于黄帝，神而化之，引而伸之，于是建历纪、协律吕，用稽道原，然后两仪四象精微之气可得而效焉。"②秦九韶把儒家六艺和《周易》象数的根本归结为数："周教六艺，数实成之。学士大夫，所从来尚矣……爰自河图、洛书闿发秘奥，八卦、九畴错综精微，极而至于大衍、皇极之用，而人事之变无不该，鬼神之情莫能隐矣。"③然而，这些解释始终止步于外在的形式比附，未能实现内在的双向汇通，自然也无法使数学真正摆脱尴尬的境地。直至明末方以智等人对质测的高度关注促成了明清之际实学思潮的萌动，数学才得以从天文历算的囿限中逐步挣脱。梁启超先生认为，中国古代数学独立的标志性人物是清初数学家梅文鼎。"从前算学是历学附庸，定九以后才'蔚为大国'，且'取而代之'。"④可我们仍需看到，"清初学者虽然明确地提出了将具体科学及实证方法引入经学研究，但当时仅仅是为了扬弃蹈空的性理之学，因而也始终未能真正展开实际工作来实践这个理想，很快便被淹没在回归儒家原典的文献考证的洪流之中。然而思想一旦产生，便有它自己的生命力，清初学者提出的经学与实测之学沟通的方法论思想，却在乾嘉学界发展为判定通儒的主要标准之一"⑤。数学家借经学抬升数学地位的尝试实属无奈之举，经学研究援引天文历算的学风则完全是乾嘉儒者的自主选择。在此问题上，阮元的

① 林忠军：《象数易学发展史》第一卷，齐鲁书社 1994 年版，第 64—65 页。
② （晋）刘徽、（唐）李淳风注：《刘徽九章算术注原序》，载《丛书集成初编》第 1263 册，商务印书馆 1936 年版，第 1 页。
③ （宋）秦九韶：《数书九章序》，载《丛书集成初编》第 1269 册，商务印书馆 1936 年版，第 1 页。
④ 梁启超：《中国近三百年学术史》，东方出版社 1996 年版，第 166 页。
⑤ 陈居渊：《焦循儒学思想与易学研究》，齐鲁书社 2000 年版，第 333 页。

如下论断足以代表当时学者的普遍识见："数为六艺之一。而广其用，则天地之纲纪，群伦之统系也……通天地人之道曰儒。孰谓儒者而可以不知数乎！"①在朴学家们看来，数之所以被尊奉为六艺之一，乃是因天道的自然运行唯有依赖天算数学等专门知识方能把握。既然五经中确有关乎天道的内容，则数学理应成为经学研究的有机组成部分。于是，乾嘉学人纷纷踏上了研治天算数学的道路，期望能够通过对自然科学知识的自如应用来丰富、完善对古代经籍的细节训释。就连数学素养并不甚高的戴震也将部分精力投入到《算经十书》的整理当中。扬州学派的数学研究更是成绩斐然，个中翘楚又非焦循莫属。这不单可以从其超越前辈时贤的数学著述水平中获得印证，更充分反映在其易学体系涵化融通数学资源的广度和深度上。约言之，数学天算对焦循易学的体例创设、经传注解和整体运思都产生了一定影响。

（一）体例创设

焦氏象数学的体例创设明显得益于数学知识的启发。《易图略》曰：

> 乾隆丁未，余始习九九之术，既明《九章》，又得秦道古、李仁卿之书，得闻"洞渊九容"奥义。读《测圆海镜》卷首《识别》一册，而其所谓正负寄左如积相消者，精微全在于此。极奇零隐曲之数，一比例之，无弗显豁可见。因悟圣人作《易》，所倚之数，正与此同。夫九数之要，不外齐同比例。以此之盈，补彼之朒。数之齐同如是，《易》之齐同亦如是……余既悟得旁通之旨，又悟得比例之法，用以求经，用以求传，而经传之微言奥义，乃可得而窥其万一。②

上述文字涉及的数学内容大体可以归为三类，其中每项数学知识均与焦循象数学存在一定程度的对应。其一，"天元术"与"旁通"。为了准确把握二者之间的关联，此处有必要先对焦循提及的数学知识略加介绍。秦道古即秦九

---

① （清）阮元：《揅经室三集》卷五《里堂学算记序》，载《揅经室集》，中华书局1993年版，第681页。
② （清）焦循：《易图略》卷五，载《雕菰楼易学五种》，凤凰出版社2012年版，第948页。

韶，南宋数学家，著有《数书九章》；李仁卿即李冶，金元之际数学家，代表作有《测圆海镜》《益古演段》。"《测圆海镜》是我国现存最早的一部以天元术为主要内容的著作。天元术是一种用数学符号列方程的方法，'立天元一为某某'与今'设 x 为某某'是一致的。""与李冶同时代的另一位大数学家——秦九韶，也深入研究了方程理论。李冶把重点放在建立方程，而秦九韶则把重点放在解方程。"①"洞渊九容"的原始记载虽已散佚，其确切含义亦无从考证，②但从李冶《测圆海镜》留存的资料来看，"洞渊九容"其实是"天元术"在几何问题上的具体应用。③由此可知，秦、李二人的数学思想以及《测圆海镜》中的"洞渊九容"之说，皆以天元术即方程理论为中心。正是从方程的运算步骤当中，焦循获得了易学研究的启示。"《测圆海镜》中的列方程程序分为三步：首先立天元一，这相当于设未知数 x；然后寻找两个等值的而且至少有一个含天元的多项式（或分式）；最后把两个多项式（或分式）联为方程，通过相消，化成标准形式。"④我们知道，不含天元的一般算式按照加减乘除的四则运算法则依序计算即可。例如算式 $3+5\times2$，只要不忽略乘法的优先性，就必定会得出 13 这一结果。与此不同，含有未知数天元的方程必须同时引入数值相等的两个算式，即"两数相等"，例如 $2x-3=x+5\times2$。解方程则是"以此之盈，补彼之朒"的"如积相消"过程，

---

① 孔国平：《李冶、朱世杰与金元数学》，河北科学技术出版社 2000 年版，第 81、117 页。

② "洞渊"二字当作何解，学界尚未形成统一意见。"'洞渊'一词，今已不可考知其义。"见赖贵三：《焦循〈雕菰楼易学〉研究》，台湾花木兰文化出版社 2008 年版，第 163 页。"'洞渊'一词，其为书名抑人名，今已不可考。"见何泽恒：《焦循研究》，台湾大安出版社 1990 年版，第 9 页。"九容"的具体内容同样无法证实，仅能确定的是，《测圆海镜》中"包括 10 种容圆直径的求法即容圆公式，所谓'洞渊九容'便是其中的九式"，但"这 10 个公式中的哪九个是'洞渊九容'？换句话说，应除去哪一容才得洞渊九容？自清代以来，研究《测圆海镜》的学者对这一问题诸说纷纭"。见孔国平：《李冶、朱世杰与金元数学》，河北科学技术出版社 2000 年版，第 101 页。

③ "李冶在《测圆海镜》序中说：'老大以来，得洞渊九容之说。'看来，洞渊之书成书不会太久，洞渊的生活年代大概略早于李冶。他的算书早已亡佚，但《测圆海镜》中保存了该书的若干题目和解题方法。从这些题目来看，洞渊已能用天元术解决比较复杂的问题了。"见孔国平：《李冶、朱世杰与金元数学》，河北科学技术出版社 2000 年版，第 83 页。

④ 孔国平：《李冶、朱世杰与金元数学》，河北科学技术出版社 2000 年版，第 92 页，标点有改动。

它是在保持等号两端相等的前提下使用四则运算法则，通过移项、合并同类项等步骤依次实现的。如 $2x-3=x+5\times2$ 等价于 $2x-x=3+5\times2$，故 $x=13$。在焦循看来，求解天元的数学运算完全可以移植于解《易》活动。一方面，天元术的前提是两等式联立为方程，《周易》象数的基础则是对待两卦构成旁通卦组；另一方面，移项、合并同类项等步骤始终在等号两端同时进行，这种"以此之盈，补彼之朒"的推演方式也正与旁通两卦未定六爻的彼此互易相类。基于此两点共通之处，焦循坚持把数学中的天元术视为其易学旁通说的直接渊源之一，如其所言："洞渊九容之数，如积相消，必得两数相等者，交互求之，而后可得其数，此即两卦相孚之义也。"①

其二，"齐同"与"相错"。数学中的"齐同"一词，出自刘徽《九章算术注》："凡母互乘子，谓之齐；群母相乘，谓之同。同者相与通同，共一母也；齐者子与母齐，势不可失本数也。"②"齐同"即是分数通分的方法。根据分数运算法则，分母相异的两个分数进行加减运算之前，必先以互乘分母的方式获得相同分母，即"同"。同时，为保持分数大小不变，此分数之分子须乘彼分数之分母，彼分数之分子须乘此分数之分母，即所谓"齐"。例如分数 $\frac{a}{b}$ 与 $\frac{c}{d}$ 通分，两分母互乘得 bd 为"同"，分子 a 乘分母 d 得 ad、分子 c 乘分母 b 得 bc 为"齐"。通分之后，两分数即化为相同分母且数值大小不变的 $\frac{ad}{bd}$ 与 $\frac{bc}{bd}$。不难发现，"子与母齐"的通分运算与焦循易学的相错体例十分相似。如果我们把两个分数看作旁通两卦或是旁通卦的某种爻变结果，则两分子分别对应两别卦之上体，两分母分别对应两别卦之下体。此分子与彼分母结合，恰如此上卦与彼下卦合为一新别卦；彼分子与此分母结合，亦如彼上卦与此下卦合为一新别卦。以《蹇》与《睽》为例，设 $\frac{a}{b}$ =《蹇》☵☶、=《睽》☲☱，可知 a= 坎、b= 艮、c= 离、d= 兑。两数相齐，则 a 与 d 合为《节》☵☱、c 与 b 合为《旅》☲☶。同理，设 $\frac{a}{b}$ =《节》、$\frac{c}{d}$ =《旅》，相齐可得《蹇》《睽》。《节》《旅》、《蹇》《睽》互为相错，正说明齐同与相错确有对应，故焦循曰"数之齐同如是，《易》之齐同亦如是"。

---

① （清）焦循：《易图略》卷五，载《雕菰楼易学五种》，凤凰出版社 2012 年版，第 949 页。

② （晋）刘徽、（唐）李淳风注：《九章算术》卷一《合分》，载《丛书集成初编》第 1263 册，商务印书馆 1936 年版，第 3 页。

其三，数学之"比例"与易学之"比例"。关于这一点，前文已有详论，此处不再重复。稍加补充的是，比例之所以受到焦循的格外重视并在其易学体系中占有极大分量，乃是因当时数学界正处于比例研究的热潮之中。"作为一个数学概念，（即便不是'比例'这个词），'比例'是在明末中西天算学大交流（特别是欧几里德几何学）的过程中引进的，在某种意义上是当时传入的最有活力的数学概念之一……在利玛窦、徐光启的《几何原本》译成之后，学人们对比例的兴趣极其高昂。"①

（二）注解经传

焦循还曾运用天算数学知识来注解《周易》经传中的部分词句，此项内容约有三端：

第一，天象日月寒暑。《易通释》卷十五曰：

> 六十四卦，惟《损》《益》两卦有浑天之象。天包于外，地处其中，地圆之象也。《损》之六四，春秋分也。上九、九二，平行也。初九、上九，盈缩之差也。《损》地近于上九，则为盈初、为冬至，《新术》所谓最卑也。《益》地近于初九，则为缩初、为夏至，《新术》所谓最高也。冬至一阳生，故为盛之始，谓由《损》而为《益》。夏至一阴生，故为衰之始，谓由《益》而变通于《恒》。所谓损益盈虚，与时偕行……夏至日行缩，而日数则益，故名《益》。冬至日行盈，而日数是损，故名《损》……又于《咸》九四畅发其义云："日往则月来，月往则日来，日月相推而明生焉。寒往则暑来，暑往则寒来，寒暑相推而岁成焉。往者屈也，来者信也。屈信相感而利生焉。""离为日""坎为月""乾为寒"，明见《说卦传》。《咸》《恒》皆互乾，《损》《益》皆互坤，虞仲翔谓"坤为暑"，是也。《恒》已成《咸》则寒往，通《损》则暑来。《损》已成《益》则暑往，通《恒》则寒来。《既济》上坎、《未济》

---

① 张岂之主编：《中国思想学说史·明清卷（下）》，广西师范大学出版社2008年版，第574页。

上离,《泰》上坤、《否》上乾,《泰》成《既济》则月来,《既济》通《未济》则日来。《未济》成《否》则一寒也,《否》通《泰》则一暑也。一寒一暑,由于日月运行,《咸》《损》《恒》《益》《否》《泰》《既济》《未济》八卦,变通不已,无非日月、寒暑之往来而已,特于《咸》发之。①

此段文意甚为明晰,无须另作解释。文中涉及诸卦之象数关联参见图 22。

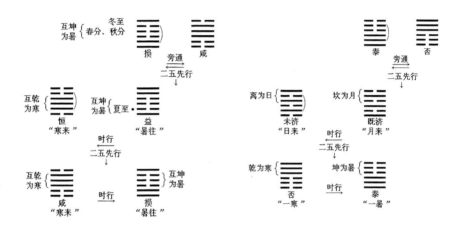

图 22

第二,"章蔀闰"与"治历明时"。是说见于《易通释》卷十六:

孔子赞《易》,以"治历明时"独归诸《革》……《革》下离为日,其上坎月合日之处,九四以一阳奇于其间,使日与月不齐,赢于离日之上,是日有所余,月有所不足。三岁终,四连于三,归余于终之象,下三爻,三岁也。日有余于岁而月不足,归日之余于终,积而成月,则闰也。于是积闰为章、积章为蔀,其义不见于《革》而见于

---

① (清)焦循:《易通释》卷十五《一阴一阳·一朝一夕·日月运行·一寒一暑·日往则月来月往则日来·寒往则暑来暑往则寒来》,载《雕菰楼易学五种》,凤凰出版社 2012 年版,第 666 页。

《丰》。《丰》六二、九四"丰其蔀",上六"蔀其家",六五"来章",《丰》五本不成章,来章则《丰》变为《革》,是《丰》之"章"即《革》之"章",《丰》之"蔀"即《革》之"蔀"。四重于三为闰,四之《蒙》初成《益》,则为"蔀"。何也?下三爻为三岁,四闰于三上,是三岁一闰也。《周髀算经》云:"十九岁为一章,四章为一蔀,二十蔀为一遂,三遂为一首,七首为一极。"……一蔀之数,足蔽七十六岁之日月行度,可谓盛矣。然则至于蔀,则差者不差,闰亦无闰。《革》四行,则六爻皆备成《既济》,众残齐合,日月从此定矣。《丰》五"来章",谓《涣》二之《丰》五即《蒙》二之五之比例。《丰》四之《涣》初成《益》,为"蔀其家",即《蒙》二之五而《革》四之《蒙》初之比例……《易》之历法与《周髀》合……经于《丰》称"章蔀",传于《革》称"治历明时",经取当时历法,以明卦之变通,传于《革》称"治历",所以赞《丰》之"章蔀",本明白无惑。自旁通之义不明,而别求"丰""蔀"之义,于是"章蔀"之为"章蔀"者不明,而"治历明时"之义亦莫能明矣。《坤》六三"含章可贞",传云"以时发也",《姤》九五"含章有陨自天",传云"中正也",中正指其为《姤》二之《复》五而《姤》上之《复》三,即为《鼎》二之五而上之《屯》三之比例。以两"含章"例之,知《坤》之"含章"谓成《屯》通《鼎》也。《屯》成《既济》,《鼎》成《咸》,相错为《革》。《复》成《既济》,《姤》成《咸》,相错亦为《革》,与《丰》成《革》同,故"含章"之"章"即"来章"之"章"。而"来章"谓《涣》二之《丰》五,即谓《蒙》二之五,"时发"即"发蒙","发蒙"即"含章"矣。"章"而系之以"含",所以明"终则有始"之义。月与日合朔,月终一周天,而日行固不已,终十二周天,而日之行仍未已,所以有闰余。积七闰为一章,十九年以齐之,而不尽,更积四章为一蔀,七十六年以齐之,而仍不尽。不尽者,所谓"含"也。天之行,以含为不已,圣人作《易》,亦以含为不已,是为"天地变化圣人则之"也。①

---

① (清)焦循:《易通释》卷十六《章·蔀·闰》,凤凰出版社2012年版,第670—672页。

此段论述包含极为繁复的象数运算，需要细致梳理。依焦循之见，"治历明时"四字之所以系于《革》卦之《大象传》，是因为《革》之六爻恰有日月不齐之象。值得注意的是，焦循此处暗用了虞翻易学的"半象"体例，但刻意回避了这一名称。《革》下体离，离为日；九五、上六坎象半现，坎为月；九四一阳居于二者之间，正符示日有余而月不足。众所周知，中国古代历法是一种阴阳合历。其中，设置闰月是为了弭平以月亮为参照系的十二朔望月之日数与以太阳为参照系的回归年日数之差。大体而言，唐代以前的历法采用三年一闰、五年两闰、十九年七闰的置闰方式，唐代以后则改为"无中置闰"。依此观之，《周易》经传问世时的置闰原则必为前者。《革》下体离三爻象征三年，九四一阳代表三年所积日数之余，即三年一闰。除"闰"之外，尚有作为历法概念的"章"和"蔀"，分别以十九年和七十六年为时间单位。根据焦氏象数规则，《革》《蒙》旁通，二五当位先行成《革》《观》，大中下应成《既济》《益》。《丰》《涣》旁通，二五当位先行亦成《革》《观》，大中下应亦成《既济》《益》，即《涣》二之《丰》五为《蒙》二之五之比例，《丰》《涣》二五先行、初四从之为《革》《蒙》二五先行、初四从之之比例。《丰》《革》两卦由比例关系连接，故《丰》六二、六四爻辞两言"丰其蔀"，六五爻辞云"来章"，上六爻辞云"蔀其家"。另外，《姤》《复》旁通，大中上应成《咸》《既济》，相错得《革》

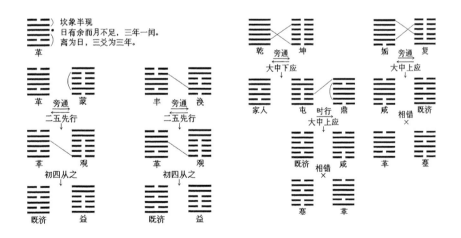

图23

《蹇》。《乾》《坤》旁通，大中下应成《家人》《屯》，此时已连续进行两对爻变，须立即时行，《屯》通于《鼎》，大中上应成《既济》《咸》，相错亦得《革》《蹇》。由此可知，《姤》九五与《坤》六三"含章"之"章"，同《丰》六五之"来章"一样本于《革》之"治历明时"（参见图23）。然而，由于古代历法未能解决日月两套参照系之间的基本矛盾，即使在一部七十六年的漫长时限内，闰月设置所能做到的也仅是对阴阳历法的日数差异进行一种约等式的调和，日月运行不已势必会导致二者日数终究无法齐平的结果。焦循相信，这种"不尽"，正是《姤》《坤》两卦"含章"之"含"的确切含义。

第三，详解《系辞》大衍章。自《易传》成书以来，历代学者对大衍筮法相关问题的争论从未止息，其中又以"天地之数五十有五""大衍之数五十"和"其用四十有九"三数关系最为扑朔迷离。对此，焦循进行了一番匠心独运的解释：

> 五十有五，为天地之合数。自天一、地二、天三、地四、天五、地六、天七、地八、天九、地十相加所得之数也……惟变化而行鬼神，乃有大衍之数。何为变化？在卦爻为旁通，在算数为互乘。"衍"字与"演"同，《周语》"水土通为演"，《汉书·扬雄传》"辞之衍者"注云："衍，旁广也。"《需》二旁通《晋》五，《传》云"衍在中也"。"大衍"之"衍"，即"衍在中"之"衍"。"衍"为流通旁达，"大衍"犹云大通，乃由少而蔓延，引申以至于广大。若减五十五为五十，何得谓之衍？大衍之数五十者，天一、地二、天三、地四互乘之数也……合为五十，所谓大衍也……大衍之数五十，与天地之数五十有五，各为一数，不能牵合者也。大衍之数，仅以一二三四互乘者，何也？《传》云"揲之以四以象四时"，四时春木、夏火、秋金、冬水，土寄于其中。著法既准此以施其揲，则必从四时之木、火、金、水而衍之可知。木、火、金、水，即一、二、三、四也。以数之生者衍之，而得成数之六、七、八、九，生数能变，成数已定，不能变也。是天地之数，衍一、二、三、四而得六、七、八、九，故相传以为五、十不用者，此也，非不用大衍之数

五十也。①

因《系辞》"天一、地二"一段与"天地之数五十有五"的关系颇为明显，历代学者对 55 的理解基本一致。不过，55 为天地十数之和虽可确定，细究起来，诸家之说又分为两途，一者由天一递加至地十直接得出 55，如虞翻；一者将天地之数先行对应洛书或河图，继而再将 55 视作洛书十数或河图十数相加而得，如刘牧、朱熹。毫无疑问，站在乾嘉朴学斥宋扬汉立场上的焦循必定赞同前者。至于对"大衍之数五十"的解释则众说纷纭，此处姑且抛开细节差异，将其总体划为两类：一种观点认为 50 是由 55 减 5 得来，如郑玄、刘牧；另一种观点则主张大衍之数与天地之数并无关联，如京房、马融、崔憬等人，其得出 50 的方法更是五花八门。② 尽管焦循明确肯定后一种意见，其给出的具体说明却与前人大相径庭。他从训诂字义出发，将"衍"解为"旁广"，即由小至大、积少成多之义。依此标准，唯易学之旁通及数学之乘法符合"大衍"之名，减 5 之说则非确论，因为减法运算与衍字之义背道而驰。"衍"，"在卦爻为旁通，在算数为互乘"。具言之，大衍之数 50 由天一、地二、天三、地四相邻三数互乘之积相加而得，即 $1\times2\times3+2\times3\times4+3\times4\times1+4\times1\times2=50$，其根据在于《系辞》大衍章的"揲之以四以象四时"。既然揲蓍法是对四时的模拟，大衍数本身亦应由四时之数互乘而来。春木为一、夏火为二、秋金为三、冬水为四，四者同属"生数"。生数加五得六、七、八、九之"成数"。"生数能变，成数已定"，故大衍只用生数。之所以不用五和十，乃是因土已寓于四时之中。不难看出，焦循此间大量借鉴了传统五行思想。一方面，所谓"土寄于其中"即"土王四季"说，"生数"与"成数"的区分也明显源于《易纬·乾坤凿度》和郑玄易学。另一方面，在数与五行的对应上，焦循不取《洪范》五行"水

---

① （清）焦循：《易通释》卷二十《天地之数五十有五·大衍之数五十其用四十有九》，凤凰出版社 2012 年版，第 810—811 页。

② 诸家异见纷呈，兹不胪列。相关内容参见林忠军：《象数易学发展史》第一卷，齐鲁书社 1994 年版；林忠军：《象数易学发展史》第二卷，齐鲁书社 1998 年版；朱伯崑：《易学哲学史》，昆仑出版社 2005 年版。

一、火二、木三、金四"的主流观点，而是以四时之序依次对应一、二、三、四。

为何揲蓍只用49策蓍草？此前学者并未形成统一意见。但大体而言，49由50减一而来乃是多数学者的共识，易学史上的种种解释仅是对"减一"原因所作的不同说明。在此问题上，焦循的看法可谓别具一格。他对历代易家见解一概不取，唯独推崇南宋数学家秦九韶之说。"惟秦九韶《数学九章》首述大衍数术蓍法表微，其术繁杂，不必皆是，而所说大衍五十，其用四十有九之义，于经为合，此必非秦氏之所创，盖有所受。经生不明算数，而其法传诸畴人，尚可考见焉。""其用四十有九，而必系以大衍之数五十。何也？其用即大衍之用也……五十何以不可用？其奇数不齐也。其不齐何也？一一数之奇一，二二数之、三三数之、四四数之，皆奇二，奇不齐，不可以用，则必有以齐之。齐之何如？先齐其一二三四之等，以为无等也。凡约其数奇一则无等，以一约二约三约四，皆奇一，以二约三，以三约四，亦奇一，惟以二约四，则奇二，仍有等。必改二为一，以一约四，乃无等。（此秦氏之'连环求等'。）于是以一一三四为定母，互乘之为十二、为十二、为四、为三，谓之衍数。以一约十二奇一，以一约十二奇一，以三约四奇一，以四约三不可约，乃用求一法求之得三。其一一一三，谓之乘率。用乘衍数，以初一乘十二，仍为十二。以次一乘十二，仍为十二。以次一乘四，仍为四。以次三乘三得九，共三十七，加衍母十二为四十九，是为用数，所谓'其用四十有九'。此秦九韶《蓍卦发微》大衍术也。"①此段涉及大量数学知识，无法一一详解，但并不妨碍我们把握焦循此说的核心思路。在"衍"为"旁广"的前提下，大衍筮法所用的蓍草策数49同样只能来自积少成多的乘法和加法运算，绝不能由减法得出，此即秦九韶之说的长处所在。通过引入"连环求等法"和"大衍求一术"等数学方法，49即可变作四时之数一、二、三、四经一系列相乘和相加运算后的最终结果。总之，49不是50减1，就像50并非得自55减5一样。需要指出的是，焦循此举并非出于一种将简单

---

① （清）焦循：《易通释》卷二十《天地之数五十有五·大衍之数五十其用四十有九》，凤凰出版社2012年版，第810、816页。

问题复杂化的癖好。其之所以坚持以"旁广"训"衍",乃是因这一解读可以使其易学的"象"与"数"统贯起来。概言之,"旁广"语义近乎"旁通",又可比附乘法运算。于是,"在算数为互乘"的易数计算原则便可依托卦象本于筮数的道理自然妥帖地过渡为"在卦爻为旁通"的易象观,从而为焦循象数体系中具有基石地位的旁通说张本。

此外,焦循还详细讨论了大衍筮法的操作过程,并对"三变"之"挂扐数"与"过揲数"以及"五岁再闰"等问题进行了解说。其具体观点与朱熹、蔡元定的《易学启蒙》基本一致。[1] 略值一提者,唯对二、三变仍需挂一的证明。焦循采用了反证法:若成一爻的后两变不需挂一,则实际参与筮法操作过程的只有除首变挂一外的 48 策蓍草,且每变之两扐余数非 8 即 4。其中,成 8 者仅左 4 右 4 一种可能,成 4 者共有左 1 右 3、左 2 右 2、左 3 右 1 三种可能。依此计算,最终过揲数为 36 而定一爻老阳者,三变两扐余数必定皆 4,和为 12,根据乘法原理,此类情形共有 $3 \times 3 \times 3 = 27$ 种;最终过揲数为 32 而定一爻少阴者,三变两扐余数必一 8 两 4,和为 16,此类情形共有 $C_3^1 \times 3 \times 3 = 27$ 种;最终过揲数为 28 而定一爻少阳者,三变两扐余数必一 4 两 8,和为 20,此类情形共有 $C_3^2 \times 3 = 9$ 种;最终过揲数为 24 而定一爻老阴者,三变两扐余数必定皆 8,和为 24,此类情形仅有 1 种,亦即"为三十六者二十七,为三十二者亦二十七,为二十八者九,为二十四者只有一,老阴之所得太少,非其义也"[2]。由此可证,大衍筮法操

---

[1] 原文甚长,兹不具引,详见(清)焦循:《易通释》卷二十《天地之数五十有五·大衍之数五十其用四十有九》,凤凰出版社 2012 年版,第 812—815 页;朱熹、蔡元定之说见(清)李光地编纂:《周易折中》,巴蜀书社 1999 年版,第 565—567、707—711 页。

[2] 焦循对三变皆挂一的情形也进行了类似讨论,见(清)焦循:《易通释》卷二十《天地之数五十有五·大衍之数五十其用四十有九》,凤凰出版社 2012 年版,第 813 页。其中,结论句"得三十六者十二,得二十八者二十八,得三十二者二十,得二十四者四"应作"得三十六者十二,得三十二者二十八,得二十八者二十,得二十四者四"。此处当为抄写或印刷之讹,并非计算有误。另,焦循此说并非新见,宋人程迥已用概率计算驳斥二、三变不挂一之说:"或第二、第三变不挂一,于文则非'再扐而后挂'之义,于数则老阳之变二十七、老阴一、少阳九、少阴二十七,于十有八变之间多不得老阴,盖不通也。"见(宋)程迥:《周易古占法·揲蓍详说》,载影印文渊阁《四库全书》第 12 册,台湾商务印书馆 1986 年版,第 605 页。显然,在此问题上,焦循完全采纳了程迥的论证方法。

作过程中的后两变皆须挂一。①

（三）运思方式

如果说体例创设和经传注解中的数学成分仅是一种具体而微的知识迁移，那么，"实测"则反映出自然科学对焦循易学运思的整体影响。《易图略》开篇即云：

> 夫《易》犹天也，天不可知，以实测而知。七政恒星，错综不齐，而不出乎三百六十度之经纬；山泽水火，错综不齐，而不出乎三百八十四爻之变化。本行度而实测之，天以渐而明；本经文而实测之，《易》亦以渐而明。非可以虚理尽，非可以外心衡也……十数年来，以测天之法测《易》，而此三者乃从全《易》中自然契合。②

严格说来，"实测"二字分别对应不同的要点。清初实学致力的方向是把宋学超越甚至脱离文本的哲学阐发重新拉回到立足五经原文的治学路数上来。

---

① 此外，焦循著作稿本还讨论了六十四卦与五乘方廉隅之数的对应问题。陈居渊先生认为，该图"虽然后来未被焦循列入正式出版的《易学三书》中，但不能说焦循没有作过这方面的尝试。既然有尝试，那么也应列入被讨论之列。至于焦循出自何种动机而最终摒弃不用，笔者认为原因是多方面的。考虑到清代乾嘉时期的易界，恢复汉《易》是其旗帜，而焦循此项数学法则，不免会引起人们对邵雍《伏羲六十四卦方位图》的回忆和比较……正是迫于学界批评宋易的压力，才使焦循毅然将此图舍去。但它也证明，在焦循研究易学的过程中，宋易曾如何地打动过他的心弦"。见陈居渊：《焦循儒学思想与易学研究》，齐鲁书社2000年版，第262页。针对这种观点，程钢先生明确表达了反对意见。他认为："把焦循未收入定本的易学思想与焦循定本中的易学思想不分时代地并列，不惟逻辑上混乱，时序上也混乱……从算学角度看，五乘方廉隅之数是个比较普通的结论，在清代数学史上没有地位，也不值得今天专门论述。"见程钢：《焦循天算学、易学学术思想研究》，西北大学1996年博士学位论文，第68页。程先生的观点不无道理。事实上，李光地《启蒙附论·加倍变法图》和江永《河洛精蕴》卷六《乘方法合画卦加倍法图》都曾详细论及《周易》六十四卦与数学乘方运算的对应，详见（清）李光地编纂：《周易折中》，巴蜀书社1999年版，第810—811页；（清）江永：《河洛精蕴》，巴蜀书社2008年版，第140—142页。本书对焦循著作稿本中五乘方与六十四卦的对应问题不予讨论。

② （清）焦循：《易图略·叙目》，载《雕菰楼易学五种》，凤凰出版社2012年版，第839—840页。

顺此发展至乾嘉时期，儒家经学已进一步细化为逐字逐句式的疏解考证。此种学风，即是焦循所谓的"实"；"测"，则是接续明代后期因西学传入兴起的质测之学而来。在这一点上，焦循受王锡阐的影响尤为明显。[①] 依此观之，"实测"所强调的正是乾嘉汉学把自然科学引入经学研究的普遍做法。具体到焦循易学，这一思路即表现为将天文测算方法移用至《周易》经传解读。焦循相信，如同七曜恒星等天体只有放置在周天三百六十度经纬中加以观察才能总结出运行轨迹和天文规律一样，通解全篇《易》辞也必须以把握六十四卦、三百八十四爻的运行规则为前提。最终，天体运动被抽象为一系列的数学公式，卦爻运行亦可概括为若干象数体例。

值得注意的是，焦循每每宣称"其学《易》所悟得者有三"而非"有五"。尽管《易学三书》并未对此作出解释，我们仍不妨加以推断。或许在焦循看来，"旁通""时行""相错"业已涵盖了所有卦爻运行方式，"当位失道"和"比例"则必须依附于以上三者。无论是对爻变次序的评判，还是对爻变结果相同或相错的描述，均不具备脱离卦爻运行独立存在的资格。换言之，《周易》卦爻的运行规则只有"旁通""时行""相错"三种，即"其例有三"。不过，这仅仅反映了焦循在概念界定上的偏好。客观地讲，"当位失道"和"比例"是否称为体例只是形式上的区别，并无实质意义。既然传统易学中着眼于爻位判定的得位、中位、应位说一向被视作义例，本书把"当位失道"和"比例"一并当作象数体例看待。

事实上，焦循易学相较其他象数注经派著作的特胜之处，并不在于体例的具体内容，而在于体例间的相互关系。尽管以往象数派学者也曾在解《易》

---

① 程钢先生指出："《畴人传》认为：'推步之要，测与算二者而已。'……天算学中重视算，这已成为常识，但对于测，直到王锡阐才有精细的考察。关于王锡阐对于'测'的观点，《畴人传》一再称引，'当顺天以求合，不当为合以验天法所以差。固必有致差之故，法所吻合，犹恐有偶合之缘。测愈久，则数愈密，思愈精则理愈出'……焦循则明确表示他对王锡阐的钦佩。据载：'府君（指焦循）在泰州一月，手录《王晓庵遗书》三册，计十四卷，府县尝谓晓庵（王锡阐）算学过于梅氏。梅书刻行，故知者多，晓书未刻，有写本藏于湖州施氏。府君惜而录之。'焦循明说王锡阐要超过梅文鼎……王锡阐把天文学的特质归结为'测'。焦循对王锡阐的钦佩表明他的天算学立场正由'算'转向了'测'。"见程钢：《焦循天算学、易学学术思想研究》，西北大学1996年博士学位论文，第56—57页，标点有改动。

过程中频繁地兼用两种或两种以上的体例，但这些体例在本质上是被平列放置的。由于众多象数体例相互独立，并未构成前后通贯的有机系统，自然也没有逻辑层次可言。在这一点上，焦循易学颇为不同。由《易图略》诸图不难得见，五种体例乃是环环相扣、彼此依存的统一整体。其中，旁通无疑是焦氏象数学的第一原理。旁通两卦或相错，或爻变；爻变无论当位、失道，或继而时行，或继而相错；时行所得之新旁通又或相错，或爻变……凡此卦组与彼卦组按同一规则运行所得两卦相同或相错，即互为比例。总之，"其五图皆发端于《旁通》"，"其《当位失道》《相错》《时行》《比例》四图不过是《旁通图》爻变的中间过程而已"。① 其间，六十四卦、三百八十四爻得以相互连接，从而建立纵横交错的动态联系。这种层层递推的卦爻运行规则，显然与数学根据公理定理依序演算的逻辑进路极为相类。诚如朱伯崑先生所言，焦循"所制造的六十四卦刚柔爻象变化的图式"，"逻辑结构严谨，系统性较强，如同数学的演算公式，在易学史上是少见的。这同其具有较高的数学思维水平是分不开的"。② 此足以说明，当焦循转向易学研究时，其早年积累的数学知识发挥了重要作用。他对天文历算之学评价极高："天下之学，患乎不深。深矣，患乎不博。深且博矣，患乎无规矩绳墨以定其是非。既深且博，又有规矩绳墨以定是非者，唯天文历算耳。其义深奥难明，而其条理度数又出于自然而不容臆造。"③ 正因乎此，焦循才坚持把天算学作为易学研究的理想范式。最终，其象数体系的建构原则，亦在相当程度上参照仿效了数学的逻辑方式。"算法学习有年，大约皆苦究其难者奥者。近来于至浅至近处求之，颇觉向之至难至奥，与至浅至近者原属一贯……盖古人算法，往往就一通以求简便，不知法愈简便，则愈隐秘而理愈不明。"④ 对应于易学，看似佶屈聱牙的经传文辞和繁杂无序的卦爻变动，即所谓"至难至

---

① 郭彧：《易图讲座》，华夏出版社 2007 年版，第 263—264 页，标点有改动。

② 朱伯崑：《易学哲学史》第四册，昆仑出版社 2005 年版，第 384—385 页。

③ （清）焦循：《里堂家训》卷下，载《丛书集成续编》第 60 册，台湾新文丰出版公司 1989 年版，第 669 页。

④ （清）焦循：《雕菰集》卷十四《答汪晋蕃书》，载《丛书集成初编》第 2194 册，商务印书馆 1936 年版，第 228—229 页。

奥"者；将其化归为五种相对简单的象数体例，则是"至浅至近"。

当然，将天算数学引入易学绝不是焦循的一家独创。纵观易学史，历代象数学家总是主动吸纳当下自然科学的积极成果，就像义理派源源不断地将时代文化的精神因子熔铸在对《周易》经传的阐释中一样。这是易学自身的特质决定的。究其根本，象数派侧重的"象"和"数"与天文、历法、星象、数学等知识有着天然的可嫁接关系，故融通自然科学历来就是象数易学的发展路向之一。在这一点上，焦循易学与以往象数学并无本质区别。只不过时代不同，吸纳涵化的具体内容有所差异而已。就此而言，焦循易学体现的数学水平超越前人，应当归因于明清之际至乾嘉时期自然科学的蓬勃发展。

然而，经学毕竟不是数学。任凭学者如何援引数学知识来丰富其内容，也终究不会改变易学的基本性质。冷静地看，数学和易学自其由来处就存在着巨大的差异，故无论二者结合的程度有多深入，构思有多精妙，仍不过是一种灵巧的比附。我们并不否认科学与易学双向汇通的学理价值，那是另外一个问题。此处只是强调，对任何易学家来说，对数学等自然科学知识的运用最终还是要落实到易学研究这一根本目的上来。所以，焦循一面多番声称其易学体系受天文历算影响甚深，一面又大肆批判两汉经师融摄历法而成的卦气说："以《易》说历与以历说《易》，同一牵附。"① 这一表面矛盾实则耐人寻味的说法，恰恰透露出焦循易学与数学关系的个中消息。首先，焦循在包罗万象的数学中偏偏选择"天元术""齐同""比例"三项内容用于体例创设绝非偶然。由于其易学体系完全是在两卦旁通的基础上建立起来的，故与之相关的数学知识也无一例外地着眼于两数或两数学式的相互关系——列方程是以等号连接两个多项式或分式，通分是令两分数分子、分母交互相乘，比例即两比值相等。唯有如此，数学方能与象数体例形成对应。这充分证明，焦循并不是以数学为根基开出易学体系，而是以易学为标准对数学加以取舍。其次，在经传注解中注入哪些天文历算的具体内容，也应视其与易

---

① （清）焦循：《易图略》卷八《论卦气六日七分上第八》，载《雕菰楼易学五种》，凤凰出版社 2012 年版，第 997 页。

学的互通程度而定。除非自然科学知识能和某卦象辞结合得较为妥帖，否则便无援引之必要。在焦循看来，汉易的"六日七分"值日采取以六十卦或六十四卦整体比附自然历法的象数建构模式实在太过牵强，所以，他才对卦气说大加否定。最后，虽然焦循屡次以"实测"标榜其易学体系毫无个人臆造而具有天算学一般的客观性质，但二者委实不可等量齐观。原因在于，天算学的"测"属于严格意义上的科学归纳，主要是通过对日月星辰的长期观察总结出天体运行的一般规律。焦循的"实测"则纯属易学问题，即根据经传原文的相同词句来逐一确定象辞的对应关系。尽管我们并不怀疑焦循易学中的归纳成分，可毋庸讳言，象数先行的主观演绎其实占有更大比重。同历代诸家一样，焦循易学的发现与发明也必定是一时并在的。即使他总是把经传文本与象数体例说成是《周易》研究的前提与结论，我们仍然相信，将二者界定为目的与手段更加符合实情。综上，一方面，焦循易学的许多具体环节确实与天算数学的启发刺激有关，二者结合的广度和深度亦较古今易家犹有过之。另一方面，从整体上看，这种影响又不是决定性的。"数学法则仅仅是作了《易》卦符号系统，即焦循易学的形式赖以构成的参照……即便在焦循易学的形式构成中，数学法则所起的作用也是有限的。"[1]

　　无论如何，五大义例标志着焦循易学的象数体系业已建成。既然其终极目标在于解决《易》辞重出现象引发的象辞关系问题，那么，下一步的工作便是将象数体例逐一落实在经传注解之中。为了形象地说明其解《易》思路，焦循再次借用数学知识加以比附：

　　　　譬之说句股割圆者，绘方圆弧角之形，此伏羲所设之卦也。为天元为幂，则卦之爻也。使不标以正负之目，明以甲乙丙丁之名，则其比例和较之用不可得而知……故读文王、周公之辞，如读洞渊九容之细草。细草所以明天元之法，象辞、爻辞所以明卦之变通，可相观而

---

① 徐辉：《试论焦循的〈易〉学与数学的关系》，《扬州师院自然科学学报》1986 年第 2 期，标点有改动。

喻也夫。①

"细草"，即数学题目的演算过程。由于洞渊九容是用天元术求解容圆问题，故其细草必定画有相应图示。我们知道，几何图示中的单个字符均是对点的标记，两字符连用则代表线段或弧。例如，A、B、M 表示三个不同的点，弧 AB 表示通过 A、B 两点的弧，线段 BM 表示 B、M 两点连接而成的线段。在初等几何中，孤立的点没有意义，只有两个或两个以上的点构成的图形才被认作研究对象。焦循认为，这与易学恰有相通之处。从《易》象的角度审视，单一别卦如同孤立的点，旁通两卦结成卦组则像两点构成图形，前者必须在后者中获得定位。② 照此理解，几何学的基本原理正与焦循易学的象数原则暗合。就《易》辞而言，几何图示中的单个字符又如同《周易》经传中的重出词句。两字符连用是为了指称两点构成的几何图形，两卦同辞则意在指示《易》卦之间存在联系。系有同辞之卦究竟存在何种关联？"实测"而得的象数体例即是答案。换言之，凡系有同辞之卦，必可由旁通、时行、相错、比例相连一体。这就意味着，《易》辞只是表象，象数才是实质。就像几何图示中标记点的字符不具有任何实义一样，《周易》经传的文字本身也绝非独立于象数之外的表义单元。准确地说，它们不过是指示卦爻运行的符号而已。如此一来，解《易》的全部任务即在于逐一阐明《易》辞背后的象数内容。"其脉络之钩贯，或用一言，或用一字，转相牵系，似极繁赜，而按之井然，不啻方圆弦股，以甲乙丙丁之字指之，虽千变万化，缘其所标

---

① （清）焦循：《易图略》卷六《原辞上》，载《雕菰楼易学五种》，凤凰出版社 2012 年版，第 963 页。

② 程钢先生指出："洞渊九容术中的文字与日常语言不同。譬如我说'乾'，这单个字在日常语言中就有意义，但在洞渊九容术中则不然。在洞渊九容术中，它只表示'孤点'（关于点，焦循并无解说），孤点在洞渊九容术中仍没有意义，因为对洞渊九容术的计算来说，只有'线段'才能有意义，一条线段必须有两个'孤点'指示，因而必须同时给出两个字才能给出有意义的文字表述。因单个字在洞渊九容术中没有完整的意义，它的另一半意义有待于另一字给出……因而，单个卦只能相当于无意义的'孤点'，卦爻象的变动的先决条件之一是使自己加入到一个卦组之中，这个卦组中的两个卦互为旁通。"见程钢：《焦循天算学、易学学术思想研究》，西北大学 1996 年博士学位论文，第 60 页，标点有改动。

以为之识，无不瞭然可见。是故'不雨西郊'见于《小畜》，亦见于《小过》。'用拯马壮'见于《涣》，亦见于《明夷》……事有万端，道原一贯，义在变通，而辞为比例。以此求《易》，庶乎近焉。"① 这就是焦循解《易》的基本理路。

---

① （清）焦循：《易图略》卷五，载《雕菰楼易学五种》，凤凰出版社 2012 年版，第 949—950 页。

第三章 "参伍求通"的解经理路

　　理论上，我们常把历代学者源源不断的经学重释归因于五经文本的开放性及其丰富面向。但事实上，所谓文本的开放性，正是通过思想家的反复解读展现出来的；五经的众多面向，也更多缘于后世经学家各不相同的细节关注点或宏观问题意识。一般说来，问题本身足以反映经学家对经典的基本看法。或者说，问题提出的角度即已预设了某种答案，至少是规定了经学解释的整体方向。注经活动的展开过程，不过是对预期见解的逐步落实和详细论证。这一点，焦循易学表现得尤其明显。当他把注意力聚焦在《易》辞重出现象上时，便已抱定了"同辞诸卦必有象数关联"的信念。为了探索象数关联的具体内容，焦循对《易》辞进行了逐字逐句的"实测"，并最终形成了如下结论：《周易》经传的绝大多数文辞，要么意在说明旁通、时行、相错等卦爻运行规则，要么旨在判定爻变次序之当位、失道。《易》辞中的重复词句，提示出系有同辞的若干《易》卦要么因卦爻运行相连一体，要么按照同一规则运行所得结果相同或相错而结成比例。总之，《周易》象辞之间存在着绝对严整的对应关系。辞是象的形式符号，象是辞的实质内容。对此，焦循曾用数学、古琴和象棋等一系列比喻来加以说明："譬如绘句股割圆者，以甲乙丙丁等字指识其比例之状，按而求之，一一不爽。义存乎甲乙丙丁等字之中，而甲乙丙丁等字则无义理可说。于此言'密云不雨，自我西郊'，于彼亦言'密云不雨，自我西郊'，即犹甲乙丙丁等字之指识其比例也。义存于'密云不雨，自我西郊'之中，而'密云不雨，自我西郊'则无义理可说也……又如作琴谱者以勹乚卄朤等攒簇成字，一望似不可解，乃一一按而求之，其音之抑扬高下随谱而传。读《易》者，当如学算者之求其法于甲乙丙丁，学琴者之写其音于勹乚卄朤。夫甲乙丙丁指识其法也，勹乚卄朤指识其音也,《易》之辞指识其卦爻之所之,以分别当位、失道也。"①"如棋有车马炮卒士相帅将,按图排之,必求之于谱乃知行动之法,其精微奇妙存乎其中。若舍去谱而徒排所谓车马炮卒士相帅将者,不敢动移一步,又何用乎其为棋也?六十四卦,车马炮卒士相帅将也,文王、周公、孔子之辞,谱也。不于辞中求其行动之用,是知有棋而不知有谱者也。"②在焦循看来,与几何学用文字表示图形、琴谱以符号标记琴音、棋谱记载棋子的行动步法相类,《周易》经传之辞乃是为指示卦爻象变动的规则与次序而设。这一思想,显然是对宋儒朱震"圣人设卦,本以观象……忧患后世,惧观之者其智有不足以知此,于是系之卦辞又系之爻辞以明告之,非得已也,为观象而未知者设也"③一语的深化。但焦循并未止步于此,他进一步强调,尽管《易》辞看似各成文理,实则不过是一个个象数标记符的连缀而已。因此,倘若脱离《易》象空谈《易》辞,就像妄图从几何和琴谱符号本身的含义中求得算数与琴音一样。"吉凶利害,视乎爻之所之。泥乎辞以求之,不啻泥甲乙丙丁子丑之义,以索算数也。"④既然象是辞的内在深意,解《易》的核心任务即是从象辞相应的基本前提出发,逐一指明经传文辞符示的象数内容。当若干《易》卦系有相同词句时,更要详细疏解其彼此关联。必须指出,焦循搜寻同辞的范围是《周易》经传的所有文字。从其为五大体例提供的多组例证来看,他不仅忽略了《易传》诸篇的不同,对经传之文也未加分别。这种打通经传的方式,无疑有利于扩大同辞的规模。然而,因乎朱子易学数百年来的持续影响,三圣分观、经传分离的易学倾向及至乾嘉时期余温尚在,这势必对焦氏《易》解的文本出发点构成挑战。为了正面回应朱学信徒的质疑之声,焦循首先对三圣作《易》与经传关系等问题给予了全新解说。

---

① (清)焦循:《易话》上《学〈易〉丛言》,载《雕菰楼易学五种》,凤凰出版社2012年版,第1013页。

② (清)焦循:《易话》上《学〈易〉丛言》,载《雕菰楼易学五种》,凤凰出版社2012年版,第1013—1014页。

③ (宋)朱震:《周易集传》卷七《系辞上传》,载《朱震集》,岳麓书社2007年版,第404页,标点有改动。

④ (清)焦循:《雕菰集》卷十三《与朱椒堂兵部书》,载《丛书集成初编》第2194册,商务印书馆1936年版,第201页。

一、经传关系

　　站在历史主义立场上，我们必须承认，《周易》一书为何人所作早已无从确证，古人的种种说法无一经得起现今史学的客观检验。但是，若从思想史和哲学史的角度审视，这些观点无疑是千余年来知识精英代代相传的信念。其中，《汉书·艺文志》所云"人更三圣，世历三古"[①] 即伏羲画八卦、文王重之而得六十四卦并作卦爻辞（一说文王作卦辞、周公作爻辞）、孔子作《易传》的说法影响最大。汉人普遍相信，经传象辞虽由三位先圣分别完成，其主旨却皆在阐扬天人之道。大道亘古不变，三圣之旨必彻然贯通。于是，经传合观、相互诠显便成为汉儒说《易》的基本方向。费氏易在东汉的日益流行，更使以传明经的理解方式进一步影响到《周易》文本的编排。在郑玄、王弼确立分传附经的格局到唐初以《五经正义》为标志的经学重整之间的数百年中，三圣作《易》和经传合一的主导地位愈发不可动摇。即使肇端于唐宋之际的疑经惑传思潮催生出《易童子问》这样独树一帜的作品，但从宋明儒者的著述来看，欧阳修"《系辞》等篇非孔子所作"[②] 的论断不仅未能获得广泛认同，反而招致了朱熹等人的猛烈回击。一方面，在《周易》作者的问题上，朱子仍从《正义》之说。另一方面，其《周易本义》又拒绝采用东汉以来分传附经的文本编排，而以吕祖谦恢复的经传相分的《古周易》作为底本。依他之见，三圣所言在终极意义上确属同一太极之理，但这并不构成漠视经与传、象与辞之显著差异的理由。在"一部《易》，只是作卜筮之书"[③] 的判定下，朱熹认为，伏羲画卦原本只是教民借卦爻象预知吉凶，未曾想讲明道理；文王、周公则立足卜筮，根据当时物事系以卦爻辞，继而

---

① （汉）班固：《汉书》卷三十《艺文志》，中华书局 1962 年版，第 1704 页。
② （宋）欧阳修：《易童子问》卷三："童子问曰：'《系辞》非圣人之作乎？'曰：'何独《系辞》焉？《文言》《说卦》而下皆非圣人之作，而众说淆乱，亦非一人之言也。'"见（宋）欧阳修：《文忠集》卷七十八，载影印文渊阁《四库全书》第 1102 册，台湾商务印书馆 1986 年版，第 611 页。
③ （宋）黎靖德编：《朱子语类》卷六十六，中华书局 1986 年版，第 1629 页。

使象占转为辞占,其卦爻辞已夹带某些德性意蕴;至孔子作传,方才就卜筮阐发出许多义理。既然伏羲之象、文王之辞与孔子之传本旨不尽相同,则经传合一的编排方式乃是全无依据的恣意妄为。于是,朱子主张:"今人读《易》,当分为三等:伏羲自是伏羲之《易》,文王自是文王之《易》,孔子自是孔子之《易》。"① 概言之,理学家与经学家的双重身份,造就了朱子易学的双重品格。它既通体贯穿着理学精于思辨的形上创造,又处处透显出经学平正质朴的求真精神。朱子身后,三圣分观等具体见解虽广受非议,经传分离说的命运也几经反复,但元明官方的极力表彰最终还是令朱学优势占尽。直到明末清初,其独尊局面才被苦心经营儒学重建的学者们打破。比如,王夫之曾指斥朱子"于《易》显背孔子之至教","舍周、孔以从术士"之"苟简之术也"。其"彖爻一致,四圣一揆"的论点,也明显是针对朱子的三圣分观而发。②

在《周易》作者的问题上,焦循完全赞同汉唐以来居于主流的伏羲画卦、文王作卦辞、周公作爻辞、孔子作"十翼"的四圣作《易》说③。并且,他与王弼、邵雍、朱熹等人一样主张重卦始自伏羲:"伏羲画八卦,重为六十四卦。"④ 不过,焦循对圣人作《易》的解释乃是紧扣象辞相应这一理论前提展开的,这又与此前易学史上的种种说法全然有别:"伏羲设卦,辞自文王始系之……'辞也者,各指其所之。'所之者何?即刚柔之相推者也。刚柔者,爻也……所之者,初之四、二之五、上之三也……伏羲设卦观象,全在旁通变化,所谓'天地变化,圣人效之',当时旁通行动之法,必口授指示,而所以通德类情者,乃人人易知。历千百年而口授指示者不传,但存卦之序。当日所推而有所之者不可见,文王虑学者仅见其以反对为序,而不知其以旁通者为所之之变化也,而指之以辞,告之以辞,故既云'各指其所

---

① (宋)黎靖德编:《朱子语类》卷六十六,中华书局 1986 年版,第 1629 页。

② 参见(明)王夫之:《周易内传发例》二四、二五,载《船山全书》第一册,岳麓书社 2010 年版,第 682、683 页。

③ 见(魏)王弼、(晋)韩康伯注,(唐)孔颖达正义:《周易正义·卷首》第四《论卦辞爻辞谁作》、第六《论夫子〈十翼〉》,载(清)阮元校刻:《十三经注疏(清嘉庆刊本)》一,中华书局 2009 年版,第 18、19 页。

④ (清)焦循:《易章句》卷十一《序卦传》,载《雕菰楼易学五种》,凤凰出版社 2012 年版,第 223 页。

之'，又云'系辞焉所以告也'。夫文王之所指，即伏羲之所指，文王之所告，即伏羲之所告。伏羲以手指之，文王以辞指之。伏羲以口告之，文王以辞告之。"①焦循认为，伏羲的全部思想皆承载于旁通、时行、相错等卦爻运行规则之中。此时尚无文字，六十四卦如何行动唯有亲口传授、当面指点，以致千余年后，伏羲之意几近失传。所幸文王独得其意，于是观象系辞以明卦爻动变。然而，他并不直接给出爻变规则，而是将相同字词系于具有象数关联的若干卦中，令学者顺循同辞标记自行参悟。及至孔子，才有"韦编三绝"之事："孔子读《易》，韦编三绝，非不能解也，正是解得其参伍错综之故。读至此卦此爻，知其与彼卦彼爻相比例引申，遂检彼以审之，由此及彼，又由彼及彼，千脉万络，一气贯通，前后互推，端委迭见，所以韦编至于三绝。即此韦编三绝一语，可悟《易》辞之参伍错综。孔子读《易》如此，后人学《易》无不当如此。非如此，不足以知《易》也。"②在焦循看来，孔子学《易》韦编三绝，只能从文王系辞的特殊角度寻求理解，绝不可污蔑圣人智性不足。当孔子彻悟二圣之旨后，唯恐学者仅凭文王之辞不易明了伏羲之象，遂又作《易传》十篇。其篇名虽各有不同，内容却无一不是以文字指示六十四卦的行动之法。也就是说，无论思想实质还是表达形式，孔子之传均无异于文王之经。既然二者均旨在揭示伏羲发明的卦象变化，那么，三圣之《易》即应视为互诠互显、相即不离的统一整体：

> 说者谓孔子之易非文王之易，文王之易非伏羲之易。近世儒者多知其说之非，而欲于孔子十翼为象辞、爻辞之义而不俟他求。然文王之象辞，即伏羲六十四卦之注，而非如学究之所为注也。周公之爻辞，即文王象辞之笺。孔子之十翼，即象辞、爻辞之义疏，而非如经生之所为义疏也。何也？学究之注，经生之义疏，就一章一句、枝枝节节以为之解，而周公、孔子之笺疏，则参伍错综、触类引申。以学究经生之笺疏

---

① （清）焦循：《易图略》卷六《原辞上第五》，载《雕菰楼易学五种》，凤凰出版社 2012 年版，第 962 页。

② （清）焦循：《雕菰集》卷九《读易韦编三绝解》，载《丛书集成初编》第 2193 册，商务印书馆 1936 年版，第 139 页。

视之，孔子之十翼仍不可得而明，文王、周公之辞，仍不可得而通……
盖经以辞之同者为识，传亦以辞之同者赞之。彖、象之辞，含而未明，
则补其所未言，以申其所已言。譬如已有左翼，而增以右翼。或章此翼
以见彼翼，或反彼翼以见此翼。赞之以《彖传》《象传》，犹恐其未明，
又赞之以《系辞传》《说卦传》《文言》《序卦》《杂卦》诸传……譬如彖
举一隅，象则增以一隅，传则又增以一隅。举一以反三，或犹以为难。
有三率以知一率，则庶乎易悉。此孔子赞《易》之功，所以广大而通神
也。惟其参伍错综、触类引申，不似学究经生，枝枝节节以为之解，而
学者以学究经生之笺疏例之，所以为赞为翼者不可见，而彖象之本意亦
不明，遂觉孔子之传，无当于文王、周公之辞。夫孔子之传，所谓翼
也、赞也，文在于此而意通乎彼。如人身之络与经联贯，互相纠结，针
一穴而府藏皆灵，执一章一句以求其合，宜乎三隅虽举，仍不能以一隅
反也。明乎其所为翼，所为赞，则以《彖》《象》《序》《杂》诸传，分
割各系经句下者，非也。（李鼎祚割《序卦传》附于每卦，钱士升《周
易揆》又割《杂卦传》分系。）疑《说卦》《杂卦》两传非孔子作者，非
也。观传可以知经，亦观经乃可知传。不知经与传互相参补，舍经文而
但释传者，亦非也。[1]

伏羲画卦的全部深意皆寓于卦爻运行之中，文王、周公系辞的目的即是以相
同字词提示伏羲创设的象数规则，孔子作传的宗旨则是在文王、周公所作经
文的基础上增添更多的同辞标记。它既是对伏羲卦象的再次说明，又是对文
王之辞的进一步补充，因此被称为"十翼"。显然，焦循对三圣作《易》的
全部讨论都是围绕象辞相应这一中心展开的，实质还是为了强化"《易》辞
指示卦爻行动"这一论点。在他看来，前人对《周易》经传的种种误解，都
是未能领会象辞关系的真正要义造成的。此间，焦循逐一批判了三种较为主
流的观点，同时申明自己的经传观。首先，他明确反对朱子主张的三圣分

---

[1] （清）焦循：《易图略》卷六《原翼第七》，载《雕菰楼易学五种》，凤凰出版社 2012 年版，
第 966—970 页。

观。依焦循之见，三圣之《易》的层层递进构成了一种近乎经、注、疏式的解释关系——伏羲之卦爻为经，文王、周公之经文为注，孔子之传文为疏。三者皆以卦爻运行为归，绝不可孤立视之。其次，他又不能接受王弼、程颐和《周易大全》分传附经的文本编排。由于《易》辞指示卦爻行动是通过在不同卦中设置同辞来实现的，故经文与传文的联系只存在于《周易》通篇的重复字词中，而非逐卦逐爻一一对应。例如，《乾》卦辞"元亨利贞"并不与《大象》"天行健，君子以自强不息"直接关联。《乾》之"元"字，当与《坤》《屯》《讼》等卦的"元"字合观，"君子"亦须与《易》辞全篇的"君子"二字互参。因此，将大传拆分附于古经之后，不单破坏了经传的各自完整，对理会象辞关系亦毫无益助。此即焦循《易章句》沿用朱子《周易本义》之经传相分编排的原因。最后，他也不赞同费直、湛若水①等人舍经释传的做法。因为这无异于把圣人在古经全篇及经传之间精心设置的相同词句一概舍弃，以致大大减小同辞的规模，最终造成某些《易》辞无法解释的严重后果。比如，一旦割裂《杂卦》"《噬嗑》，食也"与《井》初六、九三爻辞"井泥不食""井渫不食"的联系，则"食"字之义殊不可解。究其根本，焦循在经传问题上的态度之所以与众不同，乃是因其对象辞关系有着异于前人的理解。他坚信，《周易》经传的所有文字无不出于圣人的有意安排。这种用重复词句提示象数运行的注解方式，被焦循称为"参伍错综，触类引申"。然而，历代《易》家并未参透圣人之意，始终把目光聚焦在每一卦爻的狭小范围内，从而将本该全部打通的经传文辞切分为彼此孤立的"一章一句，枝枝节节"："余谓历来说《易》者，亦多据一爻一卦，而不理会全书也。"②究其根本，这种理解方式的失误在于将《周易》六十四卦、三百八十四爻的卦爻辞与传文视作相对稳定的表意单元，而与三圣作《易》的思路背道而驰。焦循强调，解《易》应该是对本义的如实还原。既然圣人"观象系辞"采取了"参伍错综"的方式，注释经传就必须遵循"参伍求通"

---

① 湛若水对《周易》经传的看法可以概括为三圣一揆、经传相分、解传明经。参见林忠军、张沛、张韶宇等《明代易学史》，齐鲁书社 2016 年版，第 91—94 页。

② （清）焦循：《易话》上《学〈易〉丛言》，载《雕菰楼易学五种》，凤凰出版社 2012 年版，第 1012 页。

的原则：

> 夫学《易》者，亦求通其辞而已矣。横求之而通，纵求之而通，参伍错综之而无不通，则圣人系辞之本意得矣。如《比》初六"有孚比之，无咎；有孚盈缶，终来有他，吉"十五字，何以一气贯注？须字字承接讲明，此纵之能通也。上顾彖辞，下合诸爻之辞，皆一贯，此横之能通也。"有孚"便与全经诸"有孚"一气相贯，"盈"字便与全经"盈"字一气相贯，"缶"字便与全经"缶"字一气相贯，"终"字、"来"字、"有他"字便与全经"终"字、"来"字、"有他"字一气相贯，此参伍错综之无不通也……余求之十余年，既参伍错综以求其通，而撰《通释》，又纵之横之以求其通，而撰《章句》。①

按照焦循的说法，《易》辞不过是象数符号的逐字拼接，故解读经传当以圣人设置的同辞标记为枢纽，无须理会其表层文意。其解《易》约有如下步骤：首先，彻底打通全篇经传，将其拆分成字词单元；其次，检索重复《易》辞，观察其分布于哪些卦中；复次，根据旁通、当位失道、时行、相错、比例分析同辞诸卦之关联，由此推断相关字词的象数含义；最终，在象辞对应一一落实后，再把分解的《易》辞按经传的原先次序重新拼接，并逐爻逐卦地加以疏解。其中，前三步称为"参伍求通"，它是《易通释》的核心任务；后一步称为"横通""纵通"，由《易章句》最终完成。因而，《易通释》在逻辑上应先于《易章句》。但就焦循易学体系而言，两书又皆以《易图略》阐明的象数体例为基础。《易图略》的前半部分是以文王易和孔子易实测伏羲易，即由辞知象；《易通释》和《易章句》则是从伏羲易逆推文王易和孔子易，即因象解辞。如此一来，《易学三书》便完整涵盖了三圣之《易》的全部内容。质言之，焦循与虞翻、惠栋等人一样，虽然对《周易》经传作了极为细致的注解，心思却始终局限在象辞对应的窠臼之中。相较其他象数注经派著

---

① （清）焦循：《易图略》卷六《原辞下第六》，载《雕菰楼易学五种》，凤凰出版社2012年版，第963—965页。

作，焦循易学之特胜处即在于其"参伍求通"的解《易》理路。这种拆分经传、归并字词的方式，不排除戴震所云"一字之义，当贯群经"①的影响，但最终还是由其父同辞之间所确立的问题意识决定的。

二、训诂假借

当焦循把解经入路收摄在重出《易》辞上时，也势必会顾此失彼地衍生出新的问题。依他之见，《周易》经传的大多数字词不过是指示卦爻运行的符号。圣人通过精心设置重出《易》辞，一则提示系有同辞的若干别卦可由卦爻运行相连一体，再则令后学顺此求得每一字词单元的象数内涵。可是，焦循必须面对这一事实：相当一部分字词在《周易》通篇中仅有一见。若依上述观点，则它们不仅与诸卦关联全然无涉，甚至其象数含义都无从显现。既然如此，圣人又为何将其系于经传之中？

这一疑问对焦循苦心经营的象辞关系说所造成的冲击是不言自明的。解决办法无非两途：要么使其理论基础有所松动，即把经传字词区分为重出与非重出两类，再为后者提供另一种解释；要么在固守同辞说的前提下修改其理论边缘，通过某种方法将那些未曾反复出现的《易》辞令人信服地转化为同辞。焦循选择了后者。他意识到，只要在非重出《易》辞与重出字词之间建立连接，就能立刻化解其象辞关系说的危机。接下来的问题是：不同字词得以关联的根据何在？这对深谙文字训诂的焦循来说，并不难回答。他从汉字的三要素音、形、义出发，对《周易》经传的同辞现象重新加以界定。所谓同辞，不单指语汇的重复使用即字形完全相同，还包括同义互训和同声假借。也就是说，那些在《周易》全书中只出现过一次的字词与其通假字或近义词之间结成的同辞关系应与重出《易》辞等量齐观。只不过后者因字形相同可以一目了然，前者唯有借助义训和声训方法方能察觉。

相较同义互训，焦循更为重视同声假借。其《〈周易〉用假借论》一文对此进行过详细讨论：

---

① （清）戴震：《戴震文集》卷九《与是仲明论学书》，中华书局1980年版，第140页。

> 六书有假借，本无此字，假借同声之字以充之，则不复更造此字……惟本有之字，彼此互借。如"麓""录"二字本皆有者也，何必借"麓"为"录"？……疑之最久，叩诸通人说之，皆不能了。近者学《易》十许年，悟得比例引申之妙，乃知彼此相借，全为《易》辞而设。假此以就彼处之辞，亦假彼以就此处之辞，如豹、襦为同声，与虎连类而言，则借襦为豹；与祭连类而言，则借豹为襦。沛、绂为同声，以其刚掩于《困》下，则借沛为绂；以其成兑于《丰》上，则借绂为沛。各随其文以相贯，而声近则以借而通。盖本无此字而假借者，作六书之法也，本有此字而假借者，用六书之法也……以曲文其直，以隐蕴其显，其用本至精而至神，施诸《易》辞之比例引申，尤为切要矣。①

作为六书之一的"假借"，其实是对造字法的补充，即在某字有音无形的情况下用同音字填充该字，不另造设一新字形。假借关系一旦确定，便会长久延续；"通假"则是书写过程中的偶然权宜。当古人仓促间记不起某字写法时，通常会用同音字或近音字暂时替代本字。尽管二者对同音字的使用颇为类似，但假借的前提是没有本字，通假的理由则是忘记了本字。在此问题上，焦循给出了完全不同的解释。他相信，有本字之通假与无本字之假借皆是圣人有意为之，其中必定蕴含某种深意。简言之，凡通假之字散见于诸卦经传，即表示此若干卦间存在象数关联。这样一来，多字互借便与同辞重出无甚分别。可是，通假之字既能相互替换，为何不择取其一贯穿全篇？对此，焦循用《易》辞实例予以说明。《革》上六曰"君子豹变"，《既济》九五曰"东邻杀牛，不如西邻之襦祭"。"豹""襦"同音，实乃假借，但《革》九五曰"大人虎变"，故其上六言"豹"不言"襦"；《既济》九五既论杀牛祭祀之事，则只能用"襦"而不能用"豹"。由此可见，全篇《易》辞无不出于圣人的精心安排。为了成就《周易》一书的辞句文意，圣人每每结合上下文从众多同音字中挑选出最恰当者系于经传某处。分而观之，单个字词皆

---

① （清）焦循：《易话》下《〈周易〉用假借论》，载《雕菰楼易学五种》，凤凰出版社 2012 年版，第 1059—1060 页，原书作"礿"，"礿"同"襦"。

处在由音、形、义结成的同辞关系中；合而观之，每一辞句又错落有致、各成文理。然而，对焦循来说，《易》辞的本质终究还是卦爻象数的指示符，那些看似完备的文意也绝非圣人所要表达的主旨。"说四声者，不曰'平上去入'，而曰'天子圣哲'，其妙颇似《易》辞。盖'天子圣哲'四字自成文理，实平上去入之假借。《易》辞各自成文理，而其实各指其所之。"① 这种关于象辞关系的独特识见，决定了焦循易学中的训诂假借必定与卦爻象数难解难分。如《易通释》卷七《系·牵·引·茹》条曰：

> 《易》称"繫"者三(《姤》《否》《无妄》)，称"係"者三(《坎》《遯》《随》)。係即繫，亦即世系之系。《尔雅》："续，係，继也。"凡称係，即继善续终，故旁通不穷乃谓之"係"，莫详于《随》六二"係小子，失丈夫"，六三"係丈夫，失小子"，"係小子"谓《渐》与《归妹》係，则不与《随》係，故"失丈夫"。"係丈夫"谓《蛊》与《随》係，则不与《归妹》係，故"失小子"。"小子"即《渐》初六"小子厉"之小子也。与《渐》相係，则为《归妹》。与《随》相係，则为《蛊》。《蛊》成《渐》则不与《随》係。《归妹》成《随》则不与《渐》係，盖两卦旁通则相係，变则所係亦变，经于《随》自示其例也。《随》与《蛊》係，然必《蛊》二之五，乃为继续，故上六"拘係之"，谓《蛊》二之五成《渐》，下艮为拘……《姤》初六"繫于金柅"，谓四之初成《小畜》，与《豫》相繫也。柅犹泥，《小畜》成《需》，坎水在上，则为泥。未成《需》，方成《小畜》，巽木在上，则为柅。泥从水，柅从木也。与《豫》通则贞吉，传以"柔道牵"赞之。"牵"即《小畜》"牵复"之牵……以牵赞繫，繫即牵矣。《小畜》九二"牵复，吉"，传云"牵复在中，亦不自失也"。《坤》成《复》，《乾》成《小畜》，失矣。《复》牵于《姤》，《姤》二之《复》五为复，《小畜》牵于《豫》，《小畜》二之《豫》五亦为复，故"牵复吉"……牵亦同于引。(见《广雅》。)《夬》《剥》相牵为"引兑"，《萃》《大畜》

---

① （清）焦循：《易话》上《学〈易〉丛言》，载《雕菰楼易学五种》，凤凰出版社 2012 年版，第 1016—1017 页。

相牵为"引吉",《大畜》《萃》相错为《夬》《剥》,故用两"引"字相贯,明《兑》成《夬》,"孚于《剥》",为"引兑"也。《泰》初九、《否》初六皆云"拔茅茹以其汇"。茹之训,郑康成以为牵引,虞仲翔以为茅根。茹为茅根,别无可证。《公羊传》:"获莒挐。"《释文》:"挐,本作茹。"挐之训为牵引,见《说文》,郑以茹为挐之假借。《否》成《益》,《泰》成《既济》,不可相係,《益》当牵引于《恒》,所谓"茹以其汇"。茹以其汇,犹云系以其类也。①

此节中,焦循征引了《尔雅》《广雅》《说文》《释文》《公羊传》及郑玄《易》注等多部典籍来证明"係""繋""牵""引""茹"五字同义互训,皆指"变通"。其一,《蛊》《随》旁通,二五先行成《渐》《随》;《渐》《归妹》旁通,二五先行亦成《渐》《随》,即《蛊》二之五为《归妹》二之五之比例。元而利,情形如《时行图》一所示,《渐》通《归妹》,《随》通《蛊》。据《易章句》,五爻定者为"丈夫",五爻未定为"小子"。《随》九五定,《归妹》六五未定,故《随》六二"係小子,失丈夫"指《渐》通《归妹》而不通《随》,六三"係丈夫,失小子"指《蛊》通《随》而不通《归妹》。②此外,由《说卦》"艮为狗"、"狗,当作拘"③可知,《随》上六爻辞"拘係之"的"拘"字本于《渐》下体艮。《渐》初六"小子厉"与《随》六二、六三同称"小子",意在指示诸卦关联。其二,《复》《姤》旁通,初四先行成《小畜》《复》。《小畜》失道后时行通《豫》,即《小畜》初六之"繋于金柅"。"柅"从木,《说卦》"巽为木",故其必由《小畜》上体巽而来。倘未能时行而继以三上,则《小畜》《复》又成《需》《明夷》。《需》上体坎,故《需》九三称"需于泥","柅""泥"二字互为假借。其三,《乾》《坤》旁通,初四先行成《小畜》《复》。此时立

---

① (清)焦循:《易通释》卷七《系·牵·引·茹》,载《雕菰楼易学五种》,凤凰出版社2012年版,第404—406页。

② (清)焦循:《易章句》卷一《随》:"丈夫,五已定者也。谓《随》也。小子,五未定者也,谓《归妹》也。"载《雕菰楼易学五种》,凤凰出版社2012年版,第29页。

③ (清)焦循:《易章句》卷十《说卦传》,载《雕菰楼易学五种》,凤凰出版社2012年版,第216页。

即变通，《小畜》通《豫》，《复》通《姤》，失道之凶便可转为当位之吉，故《小畜》九二曰"牵复，吉"，《小象》曰"牵复在中，亦不自失也"。其四，《艮》《兑》旁通，三上先行成《谦》《夬》。按《时行图》三，《谦》通于《履》，《夬》通于《剥》。尔后，《夬》《剥》相错得《萃》《大畜》，故《萃》六二曰"引吉"，《兑》之九五、上六分别称"孚于剥""引兑"。其五，《泰》《否》旁通，大中下应成《既济》《益》。此时，旁通卦组已连续进行两对爻变，为免成两《既济》而终止道穷，须立刻时行，《既济》通于《未济》，《益》通于《恒》，此即《泰》《否》初爻同言"茹以其汇"之意（参见图24）。

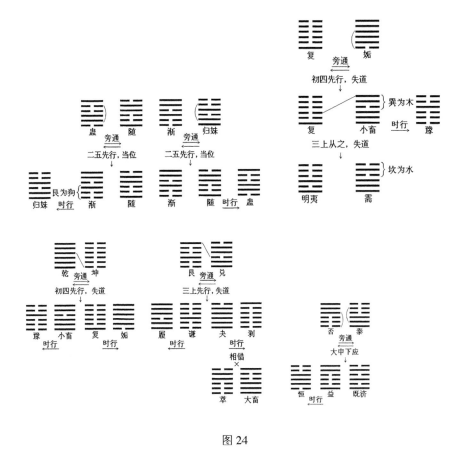

图 24

又如同卷之《祥·详·羊·翔》条：

《履》上九"视履考祥"，古"祥"字通作"羊"，"考祥"即"考羊"也。《履》二之《谦》五成《无妄》，能视能履，故云"视履"。上之三成《革》，《革》上兑，羊也，故云"考祥"。《大壮》"羝羊触藩"，则四之《观》初成《泰》，故不能退不能遂，传云"不详也"，不详即不祥，亦即不羊。盖用壮则成《革》，上有兑羊为祥，二不用壮于五，而四触藩且羸其角，不成《革》，故"不详也"。《困》六三传云"入于其宫，不见其妻，凶，不祥也"。已成《大过》，上原有兑羊，入于其宫，而四又之初成《需》，上无羊，故不祥。《困》《贲》相错为《革》，失道成《需》，与《大壮》成《泰》同矣。《大壮》二之五与《涣》二之《丰》五同，《大壮》不成《革》为不祥，《丰》成《革》则祥，故上六传云"丰其屋，天际翔也"。际，接也。《革》五互乾为天，上接兑羊，乾天与兑羊相接，故云"天际翔"。孟喜、郑康成、王肃皆详、翔作祥。不可云"考羊"，故借作祥。不可云"天际羊"，故借作翔。《易》经传以声音假借为钩贯，其例如此。祥有吉义，兑在五当位吉，则变羊而称祥。《大壮》成《泰》，四虽亦互兑，乃失道不吉，第为羝羊而不可为祥，此假借中取义之妙也。[1]

此为假借之例。"祥""详""翔"三字音同于"羊"，《说卦》"兑为羊"，知四者皆在指示兑卦之象。《履》《谦》旁通，大中上应，当位成《革》《蹇》。《革》上兑，故《履》上九爻辞云"考祥"。《大壮》《观》旁通，初四先行成《泰》《益》。《泰》二至四互兑，但因其失道，上六爻辞"羝羊触藩"用"羊"而不用"祥"。《小象》曰"不详也"，即指失道而言。若二五当位先行成《革》《观》，则可言"祥"。《困》《贲》旁通，三上先行成《大过》《明夷》。失道后非但未能变通，反以初四从之成《需》《明夷》。于是，《大过》上体兑羊消失，故《困》卦六三《小象》曰"不祥也"。《丰》《涣》旁通，二五当位先行成《革》《观》。《革》上有兑羊，三至五互体乾天，故《丰》上六《小象》云"天际翔也"。际，训为接，即乾、兑两象共享九四、九五两爻（参见图25）。显见，上述四字互为假借，

---

① （清）焦循：《易通释》卷十《祥·详·羊·翔》，载《雕菰楼易学五种》，凤凰出版社 2012年版，第497—498页。

并不等于它们在《周易》经传中的位置可以任意调换。即便象数内涵毫无差异，唯有当其分别组成"羝羊""考祥""不详""天际翔"等词句时，每一《易》辞才能呈现相对完整的文意。

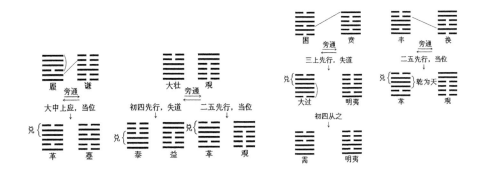

图 25

再举一例。《易通释》卷十三：

> "箕子之明夷"，《释文》云："蜀才本作其。"《说文》："其，丌也，籀文箕。"然则"其"为"箕"之籀文，其子即箕子，箕子即其子也。《中孚》九二"鸣鹤在阴，其子和之"，《易》以刚在五称"我"，柔在五称"其"。刚与柔孚，柔以交而为刚，称"子"。《小过》五柔，《中孚》二之《小过》五，变柔为刚，故云"其子和之"。乃《中孚》二不之《小过》五，而《小过》四之初成《明夷》，故云"其子之明夷"，谓《小过》所成之《明夷》也。《小过》所成之《明夷》仍与《中孚》系，《中孚》《明夷》相错为《家人》，"家人，内也"，故传云"内难"。内难则志不正，其子之明既伤夷，则不能和"鸣鹤"而"有好爵"。惟是既成《明夷》，改而变通于《讼》，五之《讼》二，为利贞，利贞则能"正其志"。能正其志，则仍为其子，故云"内难而能正其志，其子以之"。以《小过》之"其子"证《明夷》之"箕子"，其脉络贯通如此。经又于《鼎》初六互明之云"得妾以其子"，兑为妾，《鼎》二先之五成《遯》，而后以上之《屯》三，《屯》成《既济》、《鼎》成《咸》，与《中孚》成《既济》、《小过》成《咸》同。是《鼎》

之"其子"即中孚所称之"其子"也。①

焦循此间引《释文》《说文》证"箕""其"为同音假借。《中孚》《小过》旁通,《小过》柔居五称"其"、六五之《中孚》二称"子",故《中孚》九二曰"其子和之"。若初四先行则成《中孚》《明夷》,《明夷》六五"箕子之明夷"与《中孚》之"其子"互为假借,既已标明此《明夷》实由《小过》而来。《中孚》《明夷》相错又得《家人》《临》。《杂卦》:"《家人》,内也。"因其失道,故《象·明夷》称"内难"。倘未经相错及时变通,令《明夷》通《讼》,且以《明夷》五之《讼》二,则为《象·明夷》之"正其志,其子以之"。同时,《屯》《鼎》旁通,大中上应成《既济》《咸》,《中孚》《小过》大中上应亦成《既济》《咸》,即《鼎》二之五、上之《屯》三为《中孚》二之《小过》五、上之三之比例。加之《鼎》三至五互兑,《说卦》"兑为妾",故《鼎》初六爻辞曰"得妾以其子"(参见图26)。

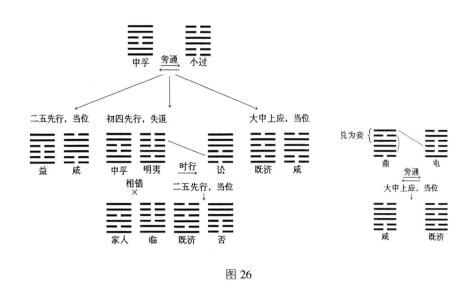

图 26

在《易通释》中,类似卦例俯拾皆是。事实上,详细疏解训诂假借与卦爻象数的对应关系占用了该书的大半篇幅。以此为据,焦循不仅得出了"《周

---

① (清)焦循:《易通释》卷十三《箕子之明夷·其子和之·得妾以其子》,载《雕菰楼易学五种》,凤凰出版社 2012 年版,第 608 页。

易》之辞多以同声为假借，为后儒训诂之祖"①的结论，更断言此一方法早已被《论语·述而》"子所雅言"四字明确点出："'雅'即《尔雅》之'雅'。文王、周公系《易》多用假借、转注以为引申，孔子以声音训诂赞之，故为'雅言'。"②然孔子之后，经传本义终在历史推移中逐日淡去，所幸后儒的只言片语仍残存着一丝消息。比如，焦循《易话》就曾将假借说《易》的先河上溯至《韩诗外传》论《困》卦六三"困于石，据于蒺藜，入于其宫，不见其妻"之解"蒺"为"疾"："余于其以疾解蒺，悟得经文以假借为引申。如借祗为底，借豚为遯，借豹为约……皆韩氏有以益我也。"③于是，清人皮锡瑞便顺理成章地认为："焦循以假借说《易》本于《韩诗》，发前人所未发。"④赖贵三先生又沿袭皮氏之说："焦循以假借说《易》，虽独辟畦町，实源于韩婴《韩诗外传》之《易》说，故能发前人之所未发。"⑤不可否认，此一观点的确符合焦循本人的说法，可我们仍不妨以谨慎的态度冷静视之。显然，仅凭《韩诗外传》的一则孤证绝不足以复原所谓的《易》辞本义。在焦循的著作中，同类例证远不止此。如《易通释》认为，荀爽、王弼皆从蜀人赵宾之说，以"箕子"为"荄兹"。⑥其细节内容虽与焦循易学有所区别，同属假借说《易》则确定无疑。其实，训诂明义本是经学的一贯传统，尤为两汉经师所重。在清代学术转型的过程中，此一方法再次获得了普遍关注，及至乾嘉更是登峰造极：吴派惠栋的代表作《周易述》在恢复象数旧学的同时，对汉人训诂成说亦有采纳，如将《明夷》六五爻辞"箕子"正作"其子"，并以"荄兹"解之。⑦皖派戴震主张"夫六经字多假借，

---

① （清）焦循：《易通释》卷十《宫·躬》，载《雕菰楼易学五种》，凤凰出版社 2012 年版，第 513 页。

② （清）焦循：《论语补疏》，载《皇清经解》第六册，上海书店 1988 年版。

③ （清）焦循：《易话》下《韩氏易》，载《雕菰楼易学五种》，凤凰出版社 2012 年版，第 1051 页。

④ （清）皮锡瑞：《经学通论》，中华书局 1954 年版，第 37 页。

⑤ 赖贵三：《焦循〈雕菰楼易学〉研究》，台湾花木兰文化出版社 2008 年版，第 186 页。

⑥ 详见（清）焦循：《易通释》卷十三《箕子之明夷·其子和之·得妾以其子》，载《雕菰楼易学五种》，凤凰出版社 2012 年版，第 613 页。

⑦ （清）惠栋：《周易述》卷五《周易下经·明夷》："其子者，万物方荄兹也。"中华书局 2007 年版，第 102 页。

音声失而假借之意何以得? 故训、音声相为表里,故训明,六经乃可明"①。扬州学派的王念孙、王引之父子亦持相似见解:"诂训之指,存乎声音,字之声同声近者,经传往往假借。学者以声求义,破其假借之字,而读以本字,则涣然冰释。如其假借之字而强为之解,则诘屈为病矣。""夫诂训之要,在声音不在文字;声之相同、相近者,义每不甚相远。"② 关于王氏父子的深刻影响,焦循曾直言不讳:"循近年得力于《广雅疏证》,用以解《易》,乃得涣然冰释。因叹声音训故之妙,用以通他经,固为切要;而用以解《易》,尤为必不可离。"③ 因而,把焦循假借说《易》的学术渊源归诸清儒特别是高邮王氏,远比不加分辨地盲从其获益于《韩诗外传》要允当得多。然而,我们又必须看到,无论《韩诗外传》的作者,还是荀爽、王弼,抑或清代学人,从未将声训和义训视为《周易》经传的表达方式。倘若他们对《易》辞本义的理解同于焦循,则其《易》注当中运用的训诂假借也势必会按"参伍求通"的原则贯穿全篇,不应只是孤立分布的细目片段。这充分证明,焦循对象辞关系的全部识见,归根结底还是在其父同辞之间的引导下个人悟得的。所谓经传字词以同声假借、同义互训指示象数行动,也不过是《易》辞重出说的推论而已。至于焦循眼中那些散见于历代《易》注的训诂假借之例,有些固然带来了某种启发,但更多是己意圆熟后逆向检索的结果。他之所以舍去诸家单提《韩诗外传》,明显是对乾嘉朴学复汉倾向的刻意迎合。

平心而论,就焦氏易学体系自身而言,假借说《易》并无逻辑缺陷,确能言之成理。当然,从经学史的角度审视,这种异乎寻常的象辞理论引发的巨大争议同样不足为奇,虽有皮锡瑞"其假借、转注本于六书,而说假借之法尤精,可谓四通六辟,学者能推隅反之义例,为触类之引申,凡难通者无不可通……学者试平心静气以审之,当信其必非傅会矣"④ 的极力称许,但

① (清)戴震:《戴震文集》卷十《六书音均表序》,中华书局1980年版,第153页。
② (清)王引之:《经义述闻》序、卷二十三《春秋名字解诂》,载《万有文库》第二集第11种,商务印书馆1935年版,第5、944页。
③ (清)焦循:《焦里堂先生轶文·寄王伯申书》,载《丛书集成续编》第193册,台湾新文丰出版公司1989年版,第125页。
④ (清)皮锡瑞:《经学通论》,中华书局1954年版,第39—40页。

非之者尤众。首先是来自小学领域的批评。孙剑秋先生"在考证焦循认为是假借字的上古音时，发现它们的关系除了声调略有出入外，不是同音，就是同部"，但他同时指出，清人破假借字有三点失误："其一便是思之太深、求之太过。其二便是缺乏例证，只凭声音就自由心证地认定为通假。其三便是假借与通假的定义混淆不清……陆德明《经典释文序》引郑玄云：'其始书之也，仓卒无其字，或以音类比方假借为之，趣于近之而已。'这才是通假的原义，与'有意'去制造出来的有本字假借，自然不同。""我们敢对焦循的学说下一断语：与其称为假借说《易》，不如称为附会说《易》，还比较符合实情。"① 杨效雷先生也表示："焦循在其易学论著中所论之假借虽然基本上都符合古音通假的条件，但缺乏比较充分的文献旁证。"②

以小学立场观之，上述批评可谓道破实情、切中肯綮。但不难料想，焦循本人绝不会接受这些意见，因为其立论前提和问题域全然有别于一般意义上的音韵训诂。通常情况下，唯有当某字在整个句子中的文意无法理顺时，才会考虑其为通假。其间，声音的作用仅是为破除通假划定选字范围，而从众多声音相同或相近的汉字中确定本字最终仍是通过文意检验实现的，即以本字替换通假字后，该句文意便可通达。由此可见，文意解释乃是破通假的起点和归宿，声音只是其技术标准。焦循易学则恰恰相反。虽然他承认经传词句各具文意，但又对此毫不关心，而是将全部注意力集中在声音本身。因为在他看来，声音反映了《周易》经传字词之间的本质联系，音同音近之辞必定对应相同的象数内容。由于同音《易》辞与小学中的通假一样符合声音相同或相近的条件，故焦循借用"假借"这个语词对其加以指称。不过，二者的共性仅限于此。后人之所以批评假借说《易》太过随意，乃是因其"完全以声音相同或相近这一点出发，假借和被假借之间可以有毫无意义上的联系，即假借字成为一个纯粹表音的符号使用"③。关键在于，焦氏易学认定的通假字是不能替换的，否则就会伤及文意。在严格遵守小学规则的学者看来，这种说法简直不可理喻，反倒应作为排除通假的理由。然而，换一角度

① 孙剑秋：《易理新研》，台湾学生书局1997年版，第87、74、89页，标点有改动。
② 杨效雷：《清代学者焦循独特的易学构架》，《周易研究》2002年第2期。
③ 陈居渊：《焦循儒学思想与易学研究》，齐鲁书社2000年版，第338页，标点有改动。

视之，凡此种种其实在不断提示我们不能依照惯常理解，而须重新界定其"假借"的内涵。准确地说，焦循所谓的"假借"指的是符示相同象数内容的同声《易》辞之间的关联，其概念使用必须严格限定在解《易》范围内。也就是说，假借说《易》的落脚点不是"假借"，而是"易"。通过引入训诂假借进一步说明象辞相应，从而确保其易学体系建立在稳固的基础之上，才是焦循的真正目的。至于通假、假借、转注的详细区分，旁证是否充分，都不是易学本身关注的问题，无妨从略。但必须指出，一旦突破易学论域，焦循在小学上的严谨态度和精深造诣立刻展现得一览无余。这一点，即使从其假借说《易》对古音知识的娴熟运用中亦可得知一二。

　　这样看来，易学立场的评判应比小学层面的褒贬更为公允，实则不然。朱伯崑先生认为："焦氏此说，对了解《周易》中的字义，有其合理的因素……但他倡此说的目的，在于追求《周易》的体系，即其所炮制的基于二五变通和比例的体系，其结果同样流于比附……辞有歧义，古代汉语，尤为突出。但将其夸大，未免流于牵强。焦氏训诂之弊，亦在于此。况且由于其假借说，服务于其所炮制的易学体系，有时又置假借于不顾。如《随》卦上六爻辞'王用亨于西山'，《升》卦六四爻辞'王用亨于岐山'。"焦循将"亨"字一概解作旁通卦组之上下应，而"朱熹依其训诂学的知识，认为'亨''享'互为假借"，"朱说胜于焦说，于义为长"。[1] 廖名春先生更是直斥焦循"滥言通假、转注，把它们变成制造联系、勉强求通的工具"[2]。上述观点实可归结为一，即假借说《易》纯粹是为了谋求卦爻之间的象数连接，完全不理会《周易》经传的本来文意。这种批评隐含着如下前提：经传字词并未有意使用训诂假借，象数也绝不是《易》辞背后的真正含义。所以，解《易》还是应当采取基于逐一疏解文本语句进而阐发思想主旨的研究路数——这显然是义理派的立场。不过，因乎《周易》古经的卦爻符号与经传文字两套表意系统之间存在着大体对应，我们始终无法对象辞二者孰主孰从作出绝对判断。这就意味着，象数与义理两派解《易》理路的根本分歧，即是否认同象

---

[1] 朱伯崑：《易学哲学史》第四册，昆仑出版社 2005 年版，第 392—393 页，标点有改动。

[2] 廖名春、康学伟、梁韦弦：《周易研究史》，湖南出版社 1991 年版，第 391 页。

辞之间存在严整对应，终究只是两种不同的信念。时至今日，义理派的观点虽已近乎常识，可依然无法在理论层面获得证实；焦循的象辞观看似荒谬绝伦，却同样不能证伪。在现实层面，我们可以任凭个体偏好进行非此即彼的选择；但若以之评判古人，则有逼其就范之嫌。如同焦循易学在义理派看来那般荒诞不经，焦循眼中的义理易学想必也同样乖张错谬。

既然我们难以越出焦循易学的自身范围对假借说《易》予以客观、中立的评价，则不如先行把握其思想主旨："焦循易学中，假借具有特别的、超乎训诂工具地位的重要意义……由训诂学的假借技术出发，揭示卦爻象之间的'所之'关系；或是由卦爻象之间的'所之'，论证训诂学假借关系的正确性，这可以起到'通其辞'的作用。这就是'假借'在焦循易学中的作用。"[1]

三、十二类《易》辞

训诂假借的引入，标志着焦循易学象辞理论的完整建立。接下来的任务，便是遵循"参伍求通"的原则对《周易》全篇展开实测，从而确定每个字词单元的象数含义。其最终成果，即是按辞典编排方式汇整而成的《易通释》。[2] 焦循把《易》辞与《易》象的对应关系称作"引申"，并在《易图略》中将其详细区分为十二类。[3] 此项内容实乃焦氏《易》解之主干，以下逐类论之：[4]

---

[1] 程钢：《解释学与修辞学——以焦循易学的假借引申论为例》，载祁龙威、林庆彰：《清代扬州学术研究》下册，台湾学生书局 2001 年版，第 529—530 页。

[2] 王新春先生指出，吴澄在《易纂言外翼·象例》中已采用"首先具列《周易》经文中提及某类所取之象的所有卦爻辞，然后再对与之相应的取象义例做出总体诠解"的易象研究方法。见王新春、吕颖、周玉凤：《〈易纂言〉导读》，齐鲁书社 2006 年版，第 37—38 页。在这一点上，《易通释》的"参伍求通"之法与吴澄《象例》有相近之处。

[3] （清）焦循：《易图略》卷五，载《雕菰楼易学五种》，凤凰出版社 2012 年版，第 951—952 页。

[4] 迄今为止，学界对《易通释》象数内容的系统探讨仍然罕见。限于篇幅，本书只能择取部分典型章节予以疏解，无法详论每一《易》辞的实测过程。具体内容详见（清）焦循：《易通释》，载《雕菰楼易学五种》，凤凰出版社 2012 年版。因本节所涉条目杂多，不再逐一注明出处。

> 其一,《易》之为书,本明道德事功,则直称其为道、为德、为事、为功是也。

此类极为特殊。尽管焦循多次强调经传字词只是卦爻运行的指示符,但这一论断并非适用于全部《易》辞。事实上,他承认个别辞句并不对应象数内容,而是对义理的直接表达。所谓"直称",即指这部分《易》辞的字面意思与实质含义完全等同,不能按照象辞引申的惯例来寻求理解。如《系辞上》"天尊地卑,乾坤定矣",《易章句》释之曰:"明《易》首乾坤,而乾又先于坤,有地必有天,故有母必有父,有民必有君。夫妇定而后父子亲,君臣定而后上下辨。伏羲本天地以定夫妇、父子、君臣,因定乾坤二卦,三纲自是始立,为万古不易之道也。"[①] 又如"圣人设卦,观象系辞焉而明吉凶",《易章句》释之曰:"兼指伏羲、文王、周公。设卦,伏羲也。设六十四卦,即示人以变通之象。系辞,文王、周公也。伏羲设卦,必指画口授其象,俾民知吉凶。久而其象不明,故文王、周公系辞以明之。"[②] 当然,由于此类词句在《周易》经传中比重极小且属义理易学的研究范围,故非象数学专著《易学三书》的主要关注点。

> 其二,立十二字为全书之纲。元、亨、利、贞、吉、凶、悔、吝、厉、孚、无咎是也。

第二类包括十一个字词单元。其中,前六项上文已有论及:"元"指旁通两卦二五先行即大中;"亨"指初四从之或三上从之即上下应;"利"指引入新旁通即变通时行;"贞"指卦爻运行成《既济》;二五先行为当位之"吉";二五不先行为失道之"凶",若旁通卦组三对爻变连续进行以致成两《既济》,则无论其当位、失道,一概为"凶"。兹略陈其余五者之义如下:"悔"即旁

① (清)焦循:《易章句》卷七《系辞上传》,载《雕菰楼易学五种》,凤凰出版社2012年版,第157页。
② (清)焦循:《易章句》卷七《系辞上传》,载《雕菰楼易学五种》,凤凰出版社2012年版,第159页。

通卦组完成两对爻变之后立刻时行，不再进行第三对爻变，以免"终止道穷"。"初四从二五，则悔在三上。三上从二五，则悔在初四"，此为当位之"悔"；"若初四、三上先二五而行，致成《需》《明夷》，则悔在二五，悔则不成两《既济》"，① 此为失道之"悔"。失道之"悔"又称"吝"。未悔吝时为"厉"，悔吝之后则"无咎"。"孚"即旁通。

在焦循看来，这些朱子所谓的"占辞"相连一体，共同指示出卦爻运行的基本规则，从而为全篇其他《易》辞立定了根本。所以，他化用郑玄的说法，将此十一个字词单元并称为"十二言之教"："昔人谓'伏羲作十言之教曰：乾、坎、艮、震、巽、离、坤、兑、消息'②，余谓文王作十二言之教曰：元、亨、利、贞、吉、凶、悔、吝、厉、孚、无咎。元亨利贞，则当位而吉；不元亨利贞，则失道而凶。失道而消不久固厉，当位而盈不可久亦厉。因其厉而悔则孚，孚则无咎。同一改悔，而独厉艰难困苦而后得有孚则为吝，虽吝亦归于无咎。明乎此十二言，而《易》可知矣。"③

> 其三，由纲而为之目。如遇、交、求、与、艰、匪、笑、誉等是也。

此类《易》辞可以视作上一类衍生出的细目。其中，一部分字词的象数含义与"十二言之教"完全相同，另一部分则是对其更为具体的拆解细化。约言之，有以下数端：第一，与旁通相关。如"通""几""辨""方""类"等字，义同于"孚"，均指旁通。反之，"灾""疑""或"等字皆指不旁通。第二，与二五相关。如"交""郊""至""食""进""誉""密""乐"等字，义皆同于二五先行之"元"。反之，"恶"为二五不先行，"害"为二五不互易。第三，与初四相关。如"行"字指初四互易，"疾"字指初四不

---

① （清）焦循：《易通释》卷二《悔》，载《雕菰楼易学五种》，凤凰出版社 2012 年版，第 262 页。

② 郑玄曰："虑羲作十言之教曰：乾坤震巽坎离艮兑消息，无文字谓之易。"据清人皮锡瑞和今人林忠军考证，此语出自《六艺论》，见于《左传·定公四年》疏及南宋朱震《汉上易传》卷八。见（清）皮锡瑞：《经学通论》，中华书局 1954 年版，第 3 页；林忠军：《周易郑氏学阐微》，上海古籍出版社 2005 年版，第 394 页。

③ （清）焦循：《易图略》卷二，载《雕菰楼易学五种》，凤凰出版社 2012 年版，第 888 页。

互易，"惧"指初四从二五，"再"指二五从初四。第四，与三上相关。如"施""设""尸""射"均指三上互易，"维""庆""功"皆指三上从二五。第五，与当位失道相关。如"处""寡""孤"为失道之义，"匪"指初四、三上接连失道，"艰""难"指接连失道成《需》《明夷》。

其四，于卦位、爻位标以辨之。如大小、内外、远近、新旧、君子、小人是也。

《周易》经传中不乏成对出现的反义词。焦循认为，二者对举要么意在描述相关两卦或两爻的状态，要么分别指示两种相连或相反的卦爻运行。例如，阳居五称"得""存""刚""贵""君子"，阴居五称"丧""亡""柔""贱""小人"。对某一别卦来说，下体称"内"，上体称"外"；对旁通卦组来说，五爻定称"内"，五爻未定称"外"。就爻位而言，"上"指五，"下"指二。就爻变而言，"上"指上应，"下"指下应。"来"指二五先行，"往"指初四、三上从二五。"近"指二五当位先行，"远"指失道后经由变通转为当位。变通之前称"旧"，变通之后称"新"。"进"指二五未定者先行互易，"退"指二五已定者变通时行。

其五，即卦名为引申。如夬、履、困、蒙、观、颐、咸、临是也。

依焦循之见，《周易》经传中同于卦名的文字一律指示该卦卦象，此为明示若干《易》卦之象数关联而设。例如，《同人》九五"大师克相遇"之"师"即《师》卦，《蒙》六四"困蒙"之"困"即《困》卦。又如，《损》上九"得臣无家"之"家"字指《家人》卦："《损》成《益》，《咸》成《既济》……《既济》《益》相错为《家人》。'得臣'，谓《恒》二之五，《益》通《恒》，而得臣成《咸》，而后《益》上之三，《咸》《既济》相错不成《家人》，故'无家'也。"[1]《损》《咸》旁通，大中下应成《益》《既济》，《益》《既济》相错得《家人》

① （清）焦循：《易章句》卷二《损》，载《雕菰楼易学五种》，凤凰出版社 2012 年版，第 62 页。

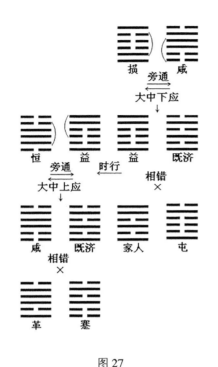

图 27

《屯》。若未经相错先行变通，令《益》通于《恒》，继而大中上应得《既济》《咸》，再使之相错则成《蹇》《革》而不为《家人》。《益》九五之"君"通《恒》六五之"臣"，《恒》二之五为"得臣"，不成《家人》即"无家"，故《损》上九爻辞曰"得臣无家"（参见图 27）。

其六，以卦象为引申。如冰即乾、龙即震，《说卦传》所云是也。

此类《易》辞符示特定卦象，可细分为五种：

第一，《说卦》之象。如"乾为金""巽为木""兑为羊""震为东方"，凡经传言"金""木""羊""东"，必指经卦乾、巽、兑、震。

第二，逸象。对汉易来说，"《说卦》所列八卦之象远远不能满足易学家在实际运用时的需要。为了摆脱这个困扰，易学家们除了变换取象的方法外，又在八卦取象上大作文章。经过他们精心地博引、推衍、考证，使八卦所代表的象大幅度增加，这些新增加的八卦之象被视为《说卦》中的逸象"[1]。汉儒取逸象的方法主要是通过字诂、比拟等手段在经传待解字词与《说卦》给定的卦象之间建立"引申触类"的意义关联，如由乾"为父""为老马"推出逸象"乾为老"。这一方法在焦氏易学中仍有沿用。此外，焦循有时还会根据经传某一文句的整体象数解释反身规定其中字词单元所指示的逸象，这是汉易不曾涉及的。譬如他对"坤为虎"的论证：

① 林忠军：《象数易学发展史》第一卷，齐鲁书社 1994 年版，第 235 页。

虎之象，不见《说卦传》……凡取象之义，《说卦传》备之，其有《说卦传》所不言，或可比例得，或已见《彖》《象》《文言》等传，是一隅之反，圣人固不必尽其言，学者参考之，跃如也。《说卦传》不言虎而言"震为龙"，不言云而言"巽为风"，乃于《屯》称"云雷，屯"，于《需》称"云上于天"，坎之为云，不必更详于《说卦传》矣。《文言传》云："同声相应，同气相求。水流湿，火就燥。云从龙，风从虎。"同声相应，谓《乾》成《家人》、《坤》成《屯》。同气相求，谓《乾》成《革》、《坤》成《蹇》……水，坎也。湿，下也。泥涂沮洳之地，"震为大涂"，是也……火，离也。燥为秋金之气，兑是也……若不当位，有湿而无水，则《乾》四之《坤》初成《复》，有燥而无火，则《坤》三之《乾》上成《夬》，《复》变通于《姤》，《姤》二之《复》五成《屯》，《复》下震先有龙，成屯则上有坎云以从之，故"云从龙"。《夬》变通于《剥》，《夬》二之《剥》五成《观》，《剥》下先有坤为虎，成《观》则上为巽风以从之，故风从虎。以传文通之，坤之为虎，是也。《淮南·天文训》"虎啸而谷风至"，高诱注云"虎，土物也"，坤，土也。①

在《文言·乾》"水""湿""火""燥""云""龙""风""虎"八个字中，"坎为水""离为火""震为龙""巽为风"四者为《说卦》之象。水升天成云，《屯》卦《大象》"云雷，屯"、《需》卦《大象》"云上于天"亦可证"坎为云"。《说卦》"震为大涂"，泥泞之地必潮湿，故"湿"为震象。"兑，正秋也"，秋气干燥，故"燥"为兑象。此三则逸象本于《说卦》，同于汉易。唯"虎"字尚无着落，须依整句推断。《乾》《坤》旁通，大中下应得《家人》《屯》，《屯》下震上坎，即"水流湿"。大中上应得《革》《蹇》，《革》下离上兑，即"火就燥"。初四失道先行成《小畜》《复》，《复》变通于《姤》，二五互易得《屯》《遁》，《屯》下震上坎，即"云从龙"。三上失道先行成《夬》《谦》，《夬》变通于《剥》，二五互易得《革》《观》，《观》下坤上巽，由"风从虎""巽为风"可知"坤

---

① （清）焦循：《易通释》卷十一《虎变·虎视·虎尾》，载《雕菰楼易学五种》，凤凰出版社2012年版，第532—533页。

为虎"（参见图28）。

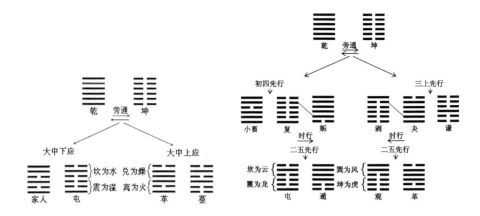

图 28

第三，上下体经卦。如"日中"为离居上体，"缶"为艮居下体，"大川"为坎居上体。据此，焦循解"涉大川"曰："水之流通者为川，坎之象也。坎在五，故云'大川'。涉大川必以舟，传于《中孚》赞云'利涉大川，乘木舟虚也'，于《涣》赞云'利涉大川，乘木有功也'，于《益》赞云'利涉大川，木道乃行'。《中孚》《涣》《益》，上卦皆巽为木，上涉于三，巽化为坎，木行而水见，故象舟之涉大川。"①

第四，互体经卦。如坎互在二称"穴"、互在三称"血"：

《说卦传》"坎为血卦"，《坤》上六"龙战于野，其血玄黄"，《文言传》云："为其嫌于无阳也，故称龙焉；犹未离其类也，故称血焉。"明赞出"谦"字、"离"字。《乾》二先之《坤》五成《同人》，乃有离。《乾》二未之坤五而上之《坤》三，《坤》成《谦》，（嫌即谦字。）《谦》三互坎兼互震。传既以"坎为血卦"赞之，又以"震为玄黄"赞。若《乾》二先之《坤》五而后《乾》上之《坤》三，则有坎无震。经言血兼言玄

① （清）焦循：《易通释》卷十五《利涉大川·用涉大川·不利涉大川·不可涉大川》，载《雕菰楼易学五种》，凤凰出版社2012年版，第650页。

黄，而传云"未离"，然则坎之为血，指互在三者言之。于是《屯》上六"乘马班如，泣血涟如"，传云"泣血涟如，何可长也"，《诗·雨无正》"鼠思泣血"，《毛公传》云"无声曰泣血"，（《说文》："无声出涕曰泣。"）泣之义为凝，凝之义为定，谓《鼎》上之《屯》三成《既济》，《屯》下震本有声，三泣则震声亡而坎水见，是无声而泪也，故"泣血"。泣以其成既济，血以坎在三。①

《乾》《坤》旁通，三上先行成《夬》《谦》，《谦》二至四互坎、三至五互震，《说卦》曰"坎为血卦""震为玄黄"，故《坤》上六曰"其血玄黄"。《屯》《鼎》旁通，三上先行得《既济》《恒》。《屯》下体震雷有声，成《既济》后震声消失，《说文》解"泣"为"无声出涕"，"泣""凝""定"三字互训，"定"即成《既济》，《既济》二至四互坎，故《屯》上六爻辞称"泣血"。

焦循解《易》同汉儒一样善用互体，但《易学三书》从未使用郑氏易的四画连互、虞氏易的五画连互及半象连互等易例，而是将互体严格限定在经卦范围内。依此推断，焦循对汉易过于烦琐而又极其随意的互体学说是相当排斥的。

第五，别卦。汉易已然涉及别卦逸象，如虞翻有"《大过》为死""《咸》为婚嫁"之说。② 这一思想在焦循易学中获得了进一步发展。例如，"终"字皆指《既济》，"与"字必与《咸》卦相关：

> 经传中诸言"与"者，多谓《咸》也。《中孚》九二旁通《小过》六五，则《小过》成《咸》，故《中孚》九二云"吾与尔靡之"，与尔谓《咸》也。《大过》九二旁通《颐》五，则《大过》成《咸》，九二传云"过以相与也"，"相与"即《咸》之相与也。《艮·象传》云"上下敌应，不相与也"。《艮》五之《兑》二成《渐》，《随》上应之成《蹇》《革》，《蹇》《革》

---

① （清）焦循：《易通释》卷十四《血去惕出·涣其血去惕出》，载《雕菰楼易学五种》，凤凰出版社 2012 年版，第 637—638 页。

② 刘玉建先生曾对虞翻《易》注中的二十余则别卦逸象进行了详细研究，参见刘玉建：《两汉象数易学研究》下册，广西教育出版社 1996 年版，第 925—952 页。

相错为《咸》，则"相与"，若下又应之，使《革》四之《蹇》初成两《既济》，则为敌应，不能相错为《咸》，故"不相与"……《剥》六二"剥床以辨"，传云"未有与也"，《夬》二之《剥》五而《剥》上应之成《蹇》《革》，相错为《咸》，可"有与"矣。乃剥床成《明夷》则无与。①

《中孚》《小过》与《大过》《颐》两组旁通二五先行皆成《益》《咸》，故《中孚》九二"吾与尔靡之"、《大过》九二《小象》"过以相与也"同用"与"字。《艮》《兑》大中上应成《蹇》《革》，相错得《既济》《咸》。《蹇》《革》若续变初四成两《既济》则与《咸》无涉，即《艮·象》所谓"不相与"。《剥》《夬》大中上应亦成《蹇》《革》，相错亦得《既济》《咸》，但该组旁通未能当位运行，而是接连失道成《明夷》《需》，故《剥》六二《小象》曰"未有与也"（参见图29）。

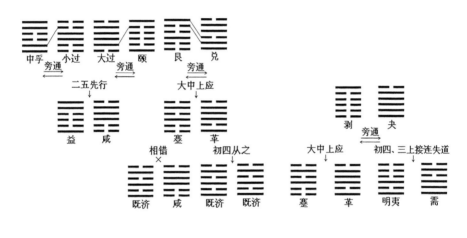

图 29

其七，以一辞兼明两义。如坤为母，母从手为拇，则兼取艮；巽为鸡，既别其名为"翰音"，则兼引申"飞鸟遗之音"之音是也。

---

① （清）焦循：《易通释》卷六《与》，载《雕菰楼易学五种》，凤凰出版社2012年版，第379—381页。

此类《易》辞应据字形或字义拆分为二，两者各指一象，故该字同时对应两经卦。例如，郑玄云"木在首曰枕"，"乾为首，首加于巽木之上，是枕也"，①即"枕"字兼指乾、巽。虞翻亦曾运用拆字取象之法，称"拇"字兼指艮、坤：

> 以艮为指、坤为母，相兼取义，此虞氏说《易》之精也。今因其说，以推经之义，而经之义明矣。《解》九四"解而拇"，传云"未当位也"，未当者，二不之五而四之初成《临》也。本当以二之五，为《解》乃四之初成《临》，使上有坤母，故云"解而拇"。用一"而"字作转，文义了然。然则云"解而母"可矣。不言"母"，假借于"拇"者，为与"咸其拇"为比例也。《咸》初六"咸其拇"谓与《损》旁通也。《损》者，《未济》四之初也。《未济》四之初成《损》，犹《解》四之初成《临》，《临》上为坤母、《损》上为艮指，在《损》可称咸其指，而不有通于《临》上之坤，在《临》可称解而母，而不能通于《损》上之艮，故兼其义为"拇"，其训则指，可通于《损》。其声则母，可通于《临》。②

《既济》《未济》旁通，初四先行成《既济》《损》。《解》《家人》旁通，初四先行成《临》《家人》。两组旁通失道后随即时行，《损》通《咸》，《临》通《遁》，大中上应皆得《既济》《咸》，即《未济》四之初成《损》为《解》四之初成《临》之比例。《损》上体艮，《临》上体坤，《说卦》曰"艮为指""坤为母"，兼其义为"拇"。《解》九四"解而拇"与《咸》初六"咸其拇"皆用"拇"字，实为指示《损》《临》两卦之比例关系（参见图30）。

又如"弧"字兼指坎艮：

> "狐"即"弧"也。虞仲翔以坎为弧、以艮为狐……"狐""弧"一

---

① （清）焦循：《易通释》卷十七《枕》，载《雕菰楼易学五种》，凤凰出版社2012年版，第716页。

② （清）焦循：《易通释》卷十二《解而拇·咸其拇》，载《雕菰楼易学五种》，凤凰出版社2012年版，第562—563页。

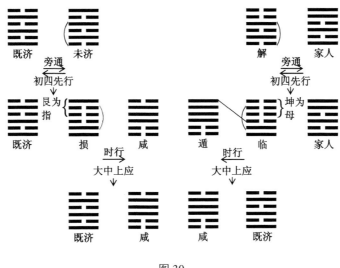

图 30

声相通，（短狐一作"短弧"。）兼坎艮而有之者也。《说卦传》"坎为弓轮"，
弧即弓也。艮为"黔喙之属"，狐即黔喙者也。弧狐皆从瓜声，瓜为蓏，
"果蓏"亦艮象……《解》二之五而《家人》上从之，《解》成《咸》，下艮，
《家人》成《既济》，上坎，故云"田获三狐"。[①]

《解》《家人》旁通，大中上应成《既济》《咸》。《既济》上体坎，《咸》下体艮，
《说卦》曰"坎为弓轮""艮为果蓏"。"蓏"即"瓜"，与弓轮之"弓"合为"弧"。
"弧""狐"同音假借，故《解》九二云"田获三狐"。

其八，以同辞为引申。如"用拯马壮"，《明夷》与《涣》互明是也。

凡两卦系有相同词句，其间必有某种象数关联。例如，《损》六五与《益》
六二皆言"或益之十朋之龟"，焦循解之曰："《说卦传》'离为龟'，《损》《益》
皆无离而互坤。坤为地，地为数十，故云'十'。《损》二之五则得其友，友

---

① （清）焦循:《易通释》卷十二《田获三品·田获三狐》，载《雕菰楼易学五种》，凤凰出版
社 2012 年版，第 574 页。

即'朋'也。十而朋,则《损》成《益》。《咸》四之初下成离,故为'十朋之龟'。《易》每以一字为一义,此其常也。《损》成《益》,《咸》成《既济》,《益》不与《既济》孚,故云'或益'。"①《损》《咸》旁通,大中下应成《益》《既济》,故《损》《益》有同辞。据《易通释》,"或"为不旁通之义,指《益》与《既济》本非旁通卦组;"益"即《益》卦;《损》三至五、《益》二至四皆互坤,《说卦》曰"坤为地",《系辞上》曰"天九地十",故"十"为坤象;此《益》卦由《损》之二五互易而来,二之五为"友","友""朋"同义;《既济》下体离,《说卦》曰"离为龟"。将以上字词连缀成句,即是"或益之十朋之龟"。

其九,以同辞而稍异者为引申。如《蛊·彖》"先甲三日,后甲三日"、《巽》九五称"先庚三日,后庚三日"是也。

两条略有出入的文句所在之两卦亦有关联,其不同字词反映二者的某些细节差异。以《蛊》卦辞"先甲三日,后甲三日"与《巽》九五爻辞"先庚三日,后庚三日"为例:

《月令》注云:"庚之言更也,万物皆肃然改更。"甲取义于始,庚取义于更。更即更代之义,所谓代有终也……《蛊》二之五为先甲,上之《随》三,《随》成《革》。《革》下三爻成离,离为日,是为"先甲三日"。《蛊》成《蹇》而变通于《睽》,《睽》二之五为后甲。《睽》四之《蹇》初,《蹇》成《既济》,《既济》下三爻亦成离,离为日,是为"后甲三日"。《蹇》成《既济》则终,变通于《睽》则有始,故传云"终则有始,天行也"。《巽》二之《震》五,犹《蛊》二之五也……《巽》二之《震》五而后上之《震》三,《震》成《革》……《巽》成《蹇》变通于《睽》,犹《蛊》成《蹇》变通于《睽》也……其所以称庚不称甲者,经文自以"无初有终"四字明之。甲之言始也,始之言初也。《蛊》成《蹇》有初,故称甲。《巽》

---

① (清)焦循:《易通释》卷十三《或益之十朋之龟弗克违元吉·或益之十朋之龟弗克违永贞吉》,载《雕菰楼易学五种》,凤凰出版社 2012 年版,第 601 页。

成《蹇》无初,故称庚。《巽》成《蹇》何以无初?以其庚也,庚之言更也。《蛊》二之五,五以柔进为刚,是始在《蛊》,故《蛊》成《蹇》有初。《巽》二之《震》五,《巽》五本刚不动,是始在《震》不在《巽》,故《巽》成《蹇》无初。《蛊》二之五,不更之他卦而始即在《蛊》,故不庚而甲。《巽》二不能自交于五,必更而之《震》,而始以更而亦在《震》,故不言甲而言庚……"无初有终",指《巽》成《蹇》、《蹇》成《既济》。①

《蛊》《随》与《巽》《震》两组旁通大中上应皆成《蹇》《革》。《革》下三爻离,《说卦》曰"离为日",此即"先三日"。尔后时行,《蹇》通于《睽》则"有始",大中下应成《既济》《益》,当位称"天行"。《既济》为"终",下三爻亦离,即所谓"后三日",故《彖·蛊》曰:"终则有始,天行也。"且《蛊》《随》二五先行、三上从之为《巽》《震》二五先行、三上从之之比例,则《蛊》之卦辞与《巽》之九五同言"先三日""后三日"。但二者有所不同。《蛊》《随》大中实为《蛊》自行升降而《随》不变,其二五始于《蛊》卦自身,"甲"有"始"义,于是称"先甲""后甲"。《巽》卦二五应位仅有一爻未定,其大中须与旁通卦《震》相互交易,取旁通称"代","代""更"同义,"更""庚"同音,故《巽》九五曰:"无初有终。先

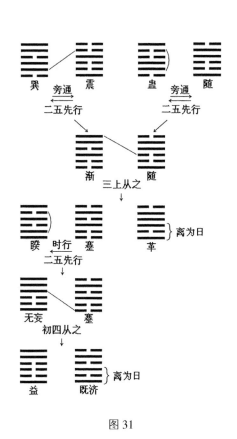

图31

---

① (清)焦循:《易通释》卷十三《先甲三日后甲三日·先庚三日后庚三日》,载《雕菰楼易学五种》,凤凰出版社 2012 年版,第 594—595 页。

庚三日，后庚三日。""无初"即《巽》五定无须更动，"有终"指卦爻运行成《既济》（参见图31）。

其十，以一字之同为引申。如"频复""频巽"、"甘节""甘临"是也。

若干卦中重复出现的字词，是诸卦相连一体的标识。以"牝马""牝牛"为例：

《坤》"利牝马之贞"，《离》"畜牝牛，吉"，用两"牝"字为脉络。牝，阴也，柔也。《坤》成《屯》，通于《鼎》，《鼎》五柔，牝也。成《遯》上乾，马也。牝马，犹云牝而马。《离》成《家人》，通于《解》，《解》五柔，牝也。成《萃》下坤，牛也。牝牛，犹云牝而牛。一明《屯》之通《鼎》，《坤》成《屯》如是，《坎》成《屯》亦如是。一明《家人》之通《解》，《离》成《家人》如是，《乾》成《家人》亦如是。①

《乾》《坤》、《坎》《离》两组旁通大中下应皆成《家人》《屯》，即《乾》二之《坤》五、四之《坤》初为《坎》二之《离》五、初之《离》四之比例。其时行之法均为《家人》通《解》、《屯》通《鼎》。《解》《鼎》两卦阴居五，"阴""牝"义近，故《坤》《离》象辞同用"牝"字。再由《说卦》"乾为马""坤为牛"推知，《坤》之"牝马"指《屯》《鼎》二五先行所成《遯》之上体乾，《离》之"牝牛"指《家人》《解》二五先行所成《萃》之下体坤（参见图32）。

其十一，以一字之训诂为引申。迷之训为冥为晦，久之训为永为长，成之训为定为宁是也。

同义互训无异于两字相同。此类《易》辞上文已有详论，兹再举一例：

---

① （清）焦循：《易通释》卷十一《牝马·牝牛》，载《雕菰楼易学五种》，凤凰出版社2012年版，第531页。

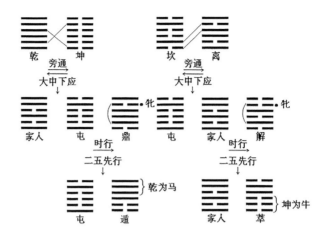

图 32

"冥"之义同于"幽",（见《说文》。）亦同于"迷"。虞仲翔云："坤冥，故迷。"《坤》"先迷"失道，谓三四先于二五也。《乾》二不之《坤》五而四之《坤》初，《乾》成《小畜》，《坤》成《复》，《小畜》上又之《复》三成《明夷》，则"迷复"，故《小畜》必通于《豫》，《复》必通于《姤》。若《小畜》二不之《豫》五而《豫》四之初，则仍是《复》。《小畜》上又之《豫》三，仍是《小畜》上之《复》三成《明夷》，故为"冥豫"。"冥豫"犹"迷复"也，《复》《姤》相错为《升》《无妄》，故于《升》上六称"冥升"，与"冥豫"互明……《升》二不之五而《无妄》四之《升》初，即为《姤》二不之《复》五而《姤》四之初之比例。《升》之"冥"，犹《姤》之"冥"也。①

《乾》《坤》旁通，初四先行成《小畜》《复》。虽知时行，但《小畜》通《豫》后又因初四、三上接连失道成《需》《明夷》，其结果同于《小畜》《复》续变三上，即《乾》四之《坤》初、上之《坤》三为《豫》四之初、三之《小畜》上之比例。《小畜》通《豫》时，《复》亦变通于《姤》。《复》《姤》相错为《升》

---

① （清）焦循：《易通释》卷十一《冥豫·冥升》，载《雕菰楼易学五种》，凤凰出版社 2012 年版，第 539 页。

《无妄》，初四互易成《泰》《益》。《泰》《益》相错得《复》《小畜》，与《复》《姤》初四先行结果等同，即《升》初之《无妄》四为《姤》四之初之比例，故《坤》卦辞曰"先迷后得主"，《复》《豫》《升》三卦上六各称"迷复""冥豫""冥升"。"迷""冥"互训，实为同辞，皆言失道（参见图33）。

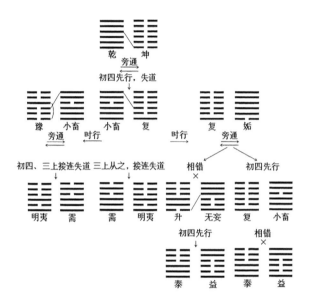

图 33

　　其十二，以同声之假借为引申。如豹为约之假借，羊为祥之假借，祀为巳之假借，牀为戕之假借是也。

互为假借之字亦属同辞。如《易通释》论"弟""娣""稊""涕"曰："《师》六五'弟子舆尸'之'弟'，即'归妹以娣'之"娣"也……以三上从二五成《蹇》《革》，《蹇》下艮，《革》上兑，艮兑于坎离为弟，在艮为弟，在兑则为娣。《归妹》成《革》，《渐》成《蹇》，娣也，亦弟也。《同人》成《革》，《师》成《蹇》，弟也，亦娣也。惟《归妹》四之《渐》初成《临》，《临》下兑而上坤，不可为娣。《临》通《遁》，《临》二之五而《遁》上之《临》三从之，为'归妹以娣'。《归妹》三之《渐》上成《蹇》，而《归妹》成《大壮》，《蹇》有艮而《大壮》无兑，不可为娣。《大壮》通《观》，《大壮》二之五而《观》

上之三从之，为'反归以娣'。明先不娣，以变通而娣也。《同人》上先之《师》三成《升》，然后《升》二之五成《蹇》，虽亦为弟，而不为顺承之弟，实为陵越踰僭之弟，故'舆尸'也。《大过》'枯杨生稊'，虞仲翔云'稊，穉也'，在男为'弟'，在女为'娣'，在草木则为'稊'。《大过》二之《颐》五而《颐》上之三从之，《颐》成《既济》，《大过》成《咸》，《咸》《既济》相错即《蹇》《革》，故枯杨之生稊，犹归妹之以娣也。由是以声音求之，《离》之'出涕'、《萃》之'涕洟'，两'涕'字即弟之借也。《坎》二不出中而三之《离》上成《丰》《井》，先后之序失，无所为弟矣。《丰》通《涣》，《涣》二之《丰》五而上从之仍成《蹇》《革》，故'出涕'。《丰》《涣》为《家人》《解》之相错，传于《家人》称'弟弟'，上'弟'字指《大畜》二之五而上之《萃》三，下'弟'字指《解》二之五而《家人》上之《解》三，即《涣》二之《丰》五而《涣》上之三也。"①

"弟""稊""涕""娣"互为假借，四者皆为指示卦爻运行得《蹇》《革》而设。《蹇》下体艮，《革》上体兑。据《说卦》父母六子象，艮为少男，兑为少女。对震巽、坎离而言，艮为弟，兑为妹，兼其义为"娣"。此字应视作第七类《易》辞，即一字两象。《渐》《归妹》旁通，本可大中上应得《蹇》《革》，却初四先行成《家人》《临》。失道后随即时行，《临》通《遁》，二五先行、三上从之成《既济》《咸》，继而相错为《蹇》《革》。同时，《颐》《大过》、《家人》《解》、《大畜》《萃》三组旁通二五先行、三上从之亦成《既济》《咸》，相错亦为《蹇》《革》，即《临》《遁》大中上应为《颐》《大过》大中上应之比例，亦为《家人》《解》大中上应之比例，又为《大畜》《萃》大中上应之比例。故相关诸卦系有同辞，《归妹》初九曰"归妹以娣"，《大过》九二曰"枯杨生稊"，《象·家人》曰"兄兄，弟弟"，《萃》上六曰"涕洟"。

若《渐》《归妹》三上先行，则成《蹇》《大壮》。《大壮》时行通《观》，大中上应得《革》《蹇》。《坎》《离》旁通，三上先行成《井》《丰》。《丰》时行通《涣》，大中上应亦得《革》《蹇》，即《离》上之《坎》三成《丰》、《丰》

---

① （清）焦循：《易通释》卷十《弟·娣·稊·涕》，载《雕菰楼易学五种》，凤凰出版社 2012年版，第504—505页。

通《涣》为《归妹》三之《渐》上成《大壮》、《大壮》通《观》之比例，故《归妹》六三曰"反归以娣"，《离》六五曰"出涕沱若"。此外，《同人》《师》旁通，《同人》上先之《师》三成《革》《升》，二五从之虽为《蹇》《革》，但因其失道，《师》六五特以"弟子舆尸"明之，"尸"即三上（参见图34）。

既然音义近同之字均属同辞范围，则声训与义训方法亦可同时使用。由此，焦循建立了更大规模的《易》辞连接，进而得以将多个字词归入同一条目。如《易通释》卷九《汔·斯·隍·索·沙·干》：

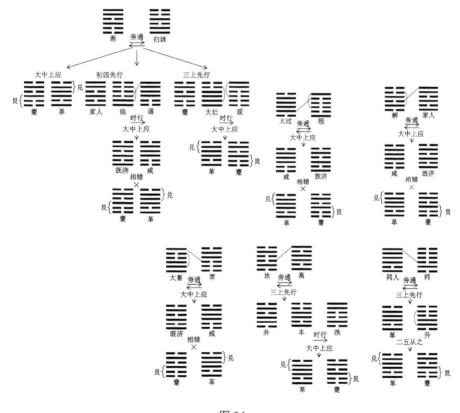

图 34

《说文》："汔，水涸也。"《广雅》"索""涸""渐""汔"并训尽。水涸，即水尽也。《未济》"小狐汔济"，传云"未出中也"，未出中谓二未之五而四上之初三为《泰》，上坎不见，无水故涸。《井·象》云"汔至",犹云"汔济"。《离》上之《坎》三成《丰》《井》,《丰》四又之《井》初成《需》《明夷》,犹《未济》四之初成《损》,《损》上又之三成《泰》也。在《井》称"汔",在《泰》称"隍","隍"犹"汔"也。《说文》:"有水曰池,无水曰隍。"《泰》上本隍,通于《否》而以二之五,则"城复于隍"……池无水称隍,地不毛称荒。《泰》上坤以其未盛坎水,则隍也。以其空有坤土,则荒也。九二所"包"之"荒",即上六所复之隍。(郑康成云:"荒,读为康,虚也。")地不毛为荒,缣无色为素……素与索通,(《尔雅·释草》"素华轨鬷",《释文》:"素,又作索。"《左传·昭十二年》"八索九邱",《释文》:"本又作素。")《震》上六"震索索,视矍矍",传云"中未得也",明《巽》二未之《震》五而上遽之《震》三成《丰》……"索"与"渐"一音之转,"渐"与"斯"同。(《庄子·齐物论》注:"謞然确斯也。"《释文》:"斯,本又作渐。"《仪礼·乡饮酒》"斯禁"疏云:"斯,渐也。渐,尽之名。")……《旅》初六"旅索索,斯其所,取灾","斯其所",犹云空其所。《节》二不之《旅》五而《旅》四之初,犹《未济》二不之五而四之初……《周礼·内饔》"鸟皫色,而沙鸣狸"注云"沙,渐也"。定公七年秋,齐侯、卫侯盟于沙,《左传》作"乃盟于琐"。成十二,琐泽,《公羊传》作"沙泽",然则"琐""渐""沙"三字,音相转而义通。《旅》"斯其所"则先成《贲》,琐而又琐,则上又之《节》三,与《困》四先之初而《贲》上又之《困》三同。在《旅》为"旅琐琐,斯其所",在《困》则为"有言不信",故《需》九二"需于沙,小有言"。沙即琐,亦即斯。"小有言"即"有言不信"。"琐"之义本为"小",故以"小"字加"有言"之上,明此《需》为《节》所成,亦为《困》所成也。《渐》初六"鸿渐于干",《归妹》四之《渐》初……犹《丰》四之《涣》初也。《礼记·大传》注:"干,犹空也。"水畔空虚,故有干之名,干亦名涧,涧从间,间亦空也。①

---

① (清)焦循:《易通释》卷九《汔·斯·隍·索·沙·干》,载《雕菰楼易学五种》,凤凰出版社 2012 年版,第 489—491 页。

此间，焦循凭借丰富的文献旁证在不同《易》辞间实现了音义过渡，从而将"汔""隍""荒""索""斯""琐""沙""干"等字全部转化为同辞。首先，"汔"为"水涸"，"隍"为"无水"，"干"为"水畔空虚"之地，三字义同。再者，"隍"指无水，与无草之"荒"、无色之"素"义近。其次，"素""索""渐""斯""琐""沙"六字音近，义可相通。最后，以上诸字均与"无水"之义有关，无水即无坎，故其象数含义皆指不见坎象：《既济》《未济》初四先行成《既济》《损》，三上从之为《既济》《泰》。《未济》下体本有坎水，三至五亦互坎，成《泰》之后坎水消失，故《未济》卦辞曰"小狐汔济"，《泰》之九二曰"包荒"，上六曰"城复于隍"。《坎》《离》旁通，《坎》三之《离》上成《井》《丰》，《井》初之《丰》四成《需》《明夷》，二者相错为《既济》《泰》。其结果同于《既济》《未济》三上、初四接连失道，即《坎》《离》先成《井》《丰》、后成《需》《明夷》为《未济》先成《恒》、后成《泰》之比例，故《彖·井》"汔至"与《未济》卦辞同用"汔"字。《震》《巽》三上先行亦成《丰》《井》，即《巽》上之《震》三为《离》上之《坎》三之比例，故《震》上六曰"震索索"。其时行之法为《井》通《噬嗑》，《丰》通《涣》，《丰》《涣》初四先行成《明夷》《中孚》。《归妹》《渐》初四先行成《临》《家人》。《明夷》《中孚》与《临》《家人》互为相错，故《渐》初六曰"鸿渐于干"。《未济》初四先行成《损》后若不继以三上，而与《既济》相错则成《贲》《节》。此时变通，《节》通《旅》，《贲》通《困》。《节》《旅》初四先行复成《节》《贲》，即《旅》初之四为《未济》初之四之比例，故《旅》初六曰"旅琐琐，斯其所"。若三上从之，则《节》《贲》又成《需》《明夷》，其结果同于《贲》《困》初四先行、三上从之，即《旅》初之四、上之《节》三为《困》初之四、三之《贲》上之比例。《困》卦辞曰"有言不信"，《旅》"琐琐"之义与"小"相近，二者合为《需》九二爻辞之"需于沙，小有言"（参见图35）。

有必要指出，焦循所言"《离》上之《坎》三成《丰》《井》，《丰》四又之《井》初成《需》《明夷》，犹《未济》四之初成《损》，《损》上又之三成《泰》"不能成立，因为旁通卦组互为比例，除了运行结果相同或相错，还须满足运行规则相同的条件。在上例中，《坎》《离》先三上、后初四的爻变次序显然有别于《既济》《未济》的先初四、后三上，故不妨改为"《离》上之《坎》

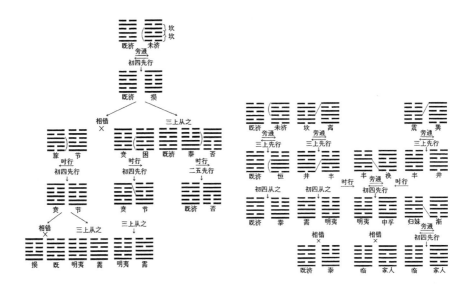

图 35

三成《丰》《井》，《丰》四又之《井》初成《需》《明夷》，犹《未济》上之三成《恒》，《恒》四又之初成《泰》"。或许，如此牵连缠绕的象数推导总是舛误难免。但从另一个角度看，这种极尽繁复本身正是焦循易学的弊病所在。

无论如何，《易通释》的成书标志着《周易》经传实测工作的全部完成。在此过程中，除了少数文句被划为义理直训即第一类，其余《易》辞均被赋予了明确的象数含义。必须强调的是，后十一类引申在逻辑上并不平行，而是分属两个不同层次：一是字词单元指涉的象数内容，包括第二类至第七类。其中又分两种，第二至第四类《易》辞大多对应爻变的规则、次序与结果；第五至第七类则符示卦象，意在标出卦爻运行的起点、终点或其间得出某卦。二是对重出《易》辞的详细解释，包括第八类至第十二类。概言之，《周易》经传中多次出现的语句和字词以及同义互训、同声假借的单字背后，都隐藏着若干《易》卦的象数关联。① 当然，

---

① 关于"十二类引申"的归类，程钢先生已有初步结论："引申共有 12 项。这 12 项又可分作两大类。第一类，包括第一项，焦循以'直称'述之，其实就是直训。所谓直训，乃是从易汉学立场看，这一部分《易》辞不必赋予象数的解释，它们直接代表了圣贤所要表达的义理。这一部分《易》辞虽然也列入引申，但与引申其他 11 条有很大的区别，它

二者并不相互独立。一方面，圣人作《易》以字词单元为在先者，同辞的设置则是根据其象数含义和字义，一则指示三十二组旁通的卦爻行动，一则串联成《周易》全篇的经传文句。另一方面，绝对意义上的字词单元又是不存在的，所有《易》辞都曾不止一次地出现。这恰是易学研究的起点——唯有对反复出现的经传字词加以实测，才能获知其指涉的象数内容。

从经学史的角度审视，象辞相应本是象数注经派的一贯传统。在这一点上，焦循与此前诸家的不同只关乎细节而无涉于本质。其独到之处，在于对《周易》经传重出词句的系统研究。我们再次强调，焦循易学的运思起点和终极目标在于解决焦葱留下的问题："'密云不雨，自我西郊'，《小畜》言之矣，何以《小过》又言之？"至此，焦循终于可以给出答案：

> 《小畜》与《豫》旁通，《小畜》二之《豫》五而后上之《豫》三，《小畜》成《既济》，《豫》成《咸》，是为"密云不雨，自我西郊"。"不雨自我西郊"六字，指《豫》成《咸》。"密云"二字，指《小畜》成《既济》。《屯》传云"云雷，屯"，又云"雷雨之动满盈"，雨指上坎，云亦指上坎。荀慈明谓上坎为云、下坎为雨，非也。《小畜》二之《复》五成《屯》，则有云有雨，惟变通于《豫》，《豫》四不之初，而《小畜》二之《豫》五成《萃》，故"不雨"。然后以《小畜》上之《豫》三，《豫》成《咸》为"西郊"，所以不雨而西郊者，由于《小畜》二先之《豫》五，故云"自我西郊"。《小畜》上亦无雨无云也，上之《豫》三，上有坎乃有云。既先以二之《豫》五成《家人》，为"密"，而后上之《豫》三成《既济》，上坎为云，故云"密云"……《小畜》二不之《豫》五而上之《豫》三，

不是焦循易学研究的重点。第二类，包括第 2 至第 12 项。这一类词的释义都涉及其象数意义。但由于与象数意义的相关程度不同，故而又应分作两小类。第 1 小类包括第 2 至第 7 项，这些词语一般都直接对应一个明确的象数意义……第 2 小类包括第 8 至第 12 项，它先在相同或不同的辞之间建立某种相等（同）关系，然后再进行释义，其释义的合理性要受到这一相等（同）关系的制约。"见程钢：《焦循易学的引申论研究》，《传统文化与现代化》1997 年第 3 期，标点及个别字词有改动。

则不成《咸》而成《小过》，无所为"密云不雨，自我西郊"矣。乃变通于《中孚》，则《中孚》二之《小过》五，犹《小畜》二之《豫》五也。然后《中孚》上之三，犹《小畜》上之《豫》三也。《中孚》亦成《既济》、《小过》亦成《咸》，与《小畜》成《既济》、《豫》成《咸》同，故亦云"密云不雨，自我西郊"。①

《乾》《坤》旁通，初四先行成《小畜》《复》，继以二五则成《家人》《屯》，《屯》上体坎，坎为云，亦为雨。但因其失道，《小畜》及时变通于《豫》。此后有两种情形：一是《小畜》《豫》大中得《家人》《萃》。查《易通释》及《易章句·小畜》可知，"密""由""交"皆言二五先行，"郊""交"同音假借，"由""自"同义互训，五爻定者为"我"，《萃》无坎象称"不雨"。尔后，三上从之又成《既济》《咸》。《既济》上坎为"云"，《咸》上体兑，《说卦》方位"兑为正西"。于是，《小畜》卦辞"密云不雨，自我西郊"每字皆有着落。二是《小畜》《豫》未能当位而动，反以三上先行成《需》《小过》。失道后再次变通，《小过》通《中孚》，继而大中上应得《咸》《既济》，其结果与《小畜》《豫》大中上应相同，即《小畜》《豫》二五先行、三上从之为《中孚》《小过》二五先行、三上从之之比例。圣人特将《小畜》卦辞系于《小过》六五，即为明示此比例

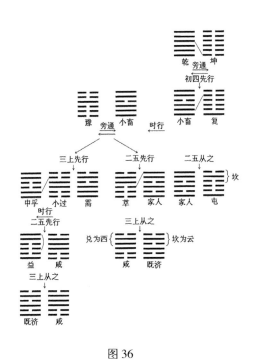

图 36

---

① （清）焦循：《易通释》卷十三《密云不雨自我西郊·密云不雨自我西郊》，载《雕菰楼易学五种》，凤凰出版社 2012 年版，第 592—593 页。

关系（参见图36）。

其实，焦循此间对"不雨"二字的解释颇可指摘。《既济》上体坎既为"云"，又如何不得称"雨"？《萃》卦虽不见坎象，《家人》二至四却可互出坎雨。这些问题，《易学三书》均未给出回答。不过，从其对卦象的娴熟运用揣测，焦循对此未必全无觉察。只是这条由"云"和"不雨"组合成的《易》辞，着实把他逼入了两难的境地。要对二者作出合理说明，除非设置某种卦爻位限定从而剥离"云""雨"之坎象，但这势必又会牵连别处对相关《易》辞的既定解释。这充分反映出，焦循创设的象数体例仍然无法圆通经传词句的全部细节。

四、《易章句·需》详解

在《易通释》以"参伍求通"的原则确定了每个字词单元的象数含义之后，焦循又按经传相分的次序对《周易》原文进行了逐字逐句的注解。这部旨在完成"横通""纵通"任务的《易》注最终被定名为《易章句》，且被置于《雕菰楼易学三书》之首。此节仅以《需》卦为例①，对其加以简要疏通。

> 《需》。有孚，孚，即旁通也，谓变而通于《晋》。光亨，光，广也。有孚于《晋》则广大，广大则上下皆应而亨。贞吉。《需》成《既济》故贞，亨则《晋》成《益》故吉。利涉大川。《晋》成《益》，亨矣。《益》通于《恒》则利，《益》上之三为涉大川。大川，坎也。

《需》《晋》旁通，旁通称"孚"。《易通释》卷八："光之义为广，（见《毛诗·敬之》传）。"②"光""广"两字亦指旁通。《需》二之《晋》五后《晋》四之初

---

① （清）焦循：《易章句》卷一《需》，载《雕菰楼易学五种》，凤凰出版社2012年版，第12—13页。

② （清）焦循：《易通释》卷八《光》，载《雕菰楼易学五种》，凤凰出版社2012年版，第435页。

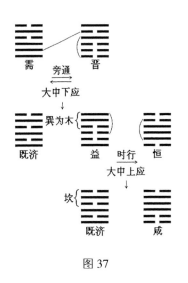

图 37

得《既济》《益》，初四从二五即大中下应为"亨"，成《既济》为"贞"。二五先行，当位而"吉"。此时，该旁通卦组已连续进行两对爻变，须立即时行，《既济》通《未济》，《益》通《恒》，"利"即变通。《益》《恒》大中上应成《既济》《咸》。《益》上体巽木，《既济》上体坎水。水流成"川"，《既济》阳居五称"大"，坎在外称"大川"。巽木变坎水则"木行而水见，故象舟之涉大川"①，合为"利涉大川"（参见图 37）。

初九，需于郊，郊，即"自我西郊"之郊，谓《需》由《小畜》上之《豫》三而成，未能自我西郊，故需于郊。利用恒，孚于《晋》故利，《恒》二之五成《咸》，为用恒。与《晋》成《咸》同。无咎。不利用恒则咎矣。《晋》四不之初，乃成《咸》，故自初发之。

《小畜》《豫》旁通，三上先行成《需》《小过》。失道后《需》通于《晋》，继而大中上应成《既济》《咸》。变通称"利"，二之五为"交"，"郊"为"交"之假借。用"郊"而不用"交"，乃因《需》与《小畜》相连，故将《小畜》卦辞"自我西郊"之"郊"字系于《需》卦初九。此时引入另一旁通卦组。《益》《恒》旁通，大中上应亦成《既济》《咸》，即《需》二之《晋》五、《晋》上之三为《恒》二之五、《益》上之三之比例。"用恒"之"恒"即《恒》之卦名。"无咎"有二：一是本来无咎，变通而不使其有咎；二是原本有咎，变通以令其无咎。《小畜》失道成《需》，随即时行通《晋》属于后者。《需》《晋》成《既济》《咸》，不再续变初四属于前者（参见图 38）。

_____

① （清）焦循：《易通释》卷十五《利涉大川·用涉大川·不利涉大川·不可涉大川》，载《雕菰楼易学五种》，凤凰出版社 2012 年版，第 650 页。

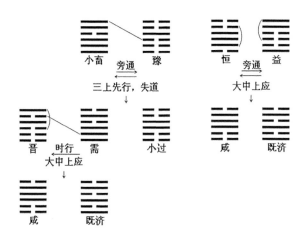

图 38

　　九二，需于沙，沙，犹斯也，《旅》"斯其所"成《明夷》，则《节》
成《需》。小有言，终吉。小有言，谓《贲》小而以上往《节》三成《需》也，
即《困》之"有言不信"，既变而孚于《晋》，故终吉。终，谓成《既济》。

《节》《旅》旁通，初四先行成《节》《贲》，三上从之为《需》《明夷》。《旅》
初六曰"旅琐琐，斯其所"，"琐"有"小"义，指阴居《贲》五。"沙""斯"
互为假借，源于"无水"之义，故"需于沙""小有言"之"沙""小"与《旅》
之"斯""琐"实为同辞，意在指示《需》《旅》两卦之关联。《旅》所成之《贲》
变通于《困》，又初四、三上接连失道，亦成《明夷》《需》，即《困》初之
四、三之《贲》上为《旅》初之四、上之《节》三之比例。《困》卦辞曰"有
言不信"。"信"为旁通义，[①] 成《需》《明夷》后不知时行为"不信"。《说卦》：
"兑为口舌。"言从口出，故《困》上体兑为"言"。《需》二至四亦互兑，故
称"有言"。《节》《旅》与《困》《贲》两组旁通皆成《明夷》《需》后，《需》
变通于《晋》，尔后大中上应得《既济》《咸》。当位而"吉"，成《既济》而
"终"，即为"终吉"（参见图 39）。

---

① （清）焦循：《易通释》卷五《仁・义・礼・信・知》，载《雕菰楼易学五种》，凤凰出版社
　　2012 年版，第 356 页。

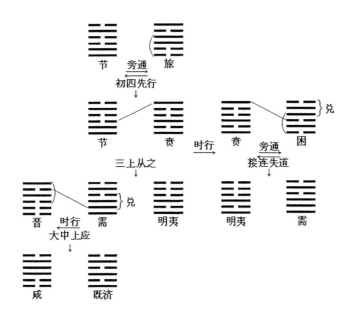

图 39

九三，需于泥，《丰》四之《井》初，为"井泥"，谓不孚于《晋》，而犯难于《明夷》也。致寇至。《丰》成《明夷》、《井》成《需》，《需》二之《明夷》五成坎，为寇盗。

《震》《巽》旁通，《巽》上之《震》三成《井》《丰》，《井》初之《丰》四得《需》《明夷》。《井》初六："井泥不食。"《易通释》卷十六解之曰："泥为黏近之义。"①"黏近"指《需》下体三阳爻比邻。《井》《需》相连，故《井》之"泥"字亦见于《需》卦九三。《震》《巽》初四、三上既已接连失道，若再续变二五，必成两《既济》而终止道穷。《既济》上坎，《说卦》"坎为盗"，"盗""寇"义近；"至"言二五，②合为"致寇至"（参见图40）。

---

① （清）焦循：《易通释》卷十六《泥·涂》，载《雕菰楼易学五种》，凤凰出版社2012年版，第679页。

② （清）焦循：《易通释》卷三《至》，载《雕菰楼易学五种》，凤凰出版社2012年版，第311页。

六四，需于血，出自穴。坎为血，《小畜》上之《豫》三，血不出矣，故需于血。《需》通《晋》，二之《晋》五，仍"血去惕出"。穴，亦坎也。坎互于三为血，在二为穴。九五，需于酒食，谓二之《晋》五。贞吉。《晋》成《否》，《需》成《既济》。

图 40

《小畜》《豫》旁通，二五先行成《家人》《萃》，《家人》二至四互坎"血"。若三上先行则成《需》《小过》，失道后《需》通于《晋》，《晋》五之《需》二成《既济》《否》。《既济》二至四互坎，在三称"血"，在二称"穴"，与《小畜》六四"血去惕出"之"出"合为"需于血，出自穴"。"酒与血皆近水"[1]，亦为坎象。旁通二五互易为"食"[2]，当位成《既济》则"贞吉"，此即《需》九五爻辞所云"需于酒食，贞吉"（参见图 41）。

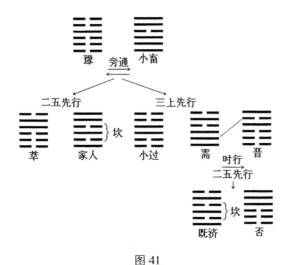

图 41

① （清）焦循：《易通释》卷十四《血去惕出·涣其血去惕出》，载《雕菰楼易学五种》，凤凰出版社 2012 年版，第 639 页。
② （清）焦循：《易通释》卷六《食》，载《雕菰楼易学五种》，凤凰出版社 2012 年版，第 375 页。

上六，入于穴，《需》二先之《晋》五，互坎为穴，而后《晋》四之初成《益》，上巽为入。有不速之客三人来，客对主而言，谓二也。二之《晋》五则为主人，据在《需》二，故言客也。速谓《咸》，成《咸》则速矣。不速者，二之《晋》五，不成《咸》而成《益》也。凡二之五称来，客在《需》二，三阳为三人，既来为《晋》之主人，亦三阳为三人。敬之，《旅》成《明夷》，《节》成《需》，不能敬之无咎矣。《需》通《晋》，《晋》成《益》，仍与《节》二之《旅》五而《旅》四之初同。终吉。《需》成《既济》而吉。

《需》《晋》旁通，《需》二之《晋》五成《既济》《否》。在《晋》为"主"，在《需》为"客"，二之五称"来"，①《需》下体乾三阳由是升至《否》上，为"三人来"。若三上从之则成《既济》《咸》，此间却初四从之而为《既济》《益》。《杂卦》："《咸》，速也。""速"字皆指《咸》卦。②成《益》不成《咸》，则"不速"。"入于穴"之"穴"，谓《既济》二至四互坎。"入"为《益》上体巽之

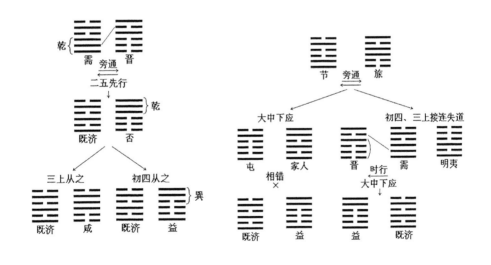

图 42

---

① （清）焦循：《易通释》卷三《来》，载《雕菰楼易学五种》，凤凰出版社 2012 年版，第 308 页。

② （清）焦循：《易通释》卷八《速·疾·遄》，载《雕菰楼易学五种》，凤凰出版社 2012 年版，第 451 页。

卦德。《节》《旅》旁通，初四、三上接连失道成《需》《明夷》。失道不可"敬
之"，须及时变通。《需》通《晋》，大中下应成《既济》《益》。倘若《节》《旅》
未曾失道，而是先二五、后初四则成《屯》《家人》，《屯》《家人》相错得《既
济》《益》，即《需》二之《晋》五、《晋》四之初为《节》二之《旅》五、《旅》
四之初之比例。二五先行当位曰"吉"，爻变成《既济》曰"终"，故言"终
吉"（参见图 42）。

　　以上即是焦循对《需》卦经文的完整注解。尽管《易章句》采用了经传
相分的编排次序，但在焦循看来，指示卦爻运行乃是古经与大传的共同目
的，故二者之诠解思路亦无甚分别。兹以《需》卦《象传》①为例：

　　　　需，须也。赞"归妹以须""贲其须"，皆指《需》。

《归妹》《渐》旁通，《归妹》三之《渐》上成《大壮》《蹇》，继而相错为《小
过》《需》。《贲》《困》旁通，初四、三上接连失道成《明夷》《需》，故《归妹》
六三曰"归妹以须"，《贲》六二曰"贲其须"。"须"为"需"之假借，皆指
《需》卦（参见图 43）。

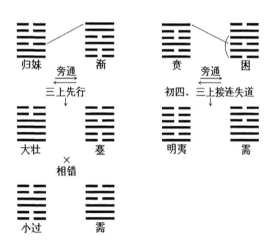

图 43

① （清）焦循：《易章句》卷三《象上传》，载《雕菰楼易学五种》，凤凰出版社 2012 年版，
第 98 页。

险在前也，《需》《小过》相错为《蹇》《大壮》，故传与《蹇》同。

此句亦见于《彖·蹇》。《易章句》卷四解之曰："《升》二之五，则坎险方来。前，即'前禽'之前，谓《比》上旧有坎险，而《大有》上之《比》三。"[1]《升》《无妄》旁通，二五先行成《蹇》《无妄》；《比》《大有》旁通，三上先行成《蹇》《大壮》。《蹇》上体坎，《说卦》"坎为陷"，"险""陷"音近义通，与《比》九五"失前禽"之"前"合为"险在前也"。《蹇》《大壮》相错得《需》《小过》，即《蹇》《大壮》为《需》《小过》之比例，故《蹇》《需》之《彖传》系有同辞（参见图44）。

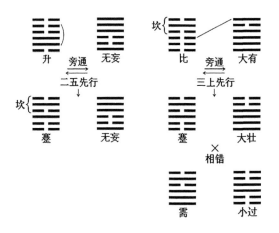

图 44

刚健而不陷，陷，即窞也。《坎》成《需》则陷，《需》通《晋》则不陷。

"陷"同于"窞"。《坎》《离》旁通，初四、三上接连失道成《需》《明夷》。《需》五定为"刚健"，二、三不见坎称"窞"。[2] 时行通《晋》，《晋》三至五互坎

① （清）焦循：《易章句》卷四《彖下传》，载《雕菰楼易学五种》，凤凰出版社2012年版，第110页。

② （清）焦循：《易通释》卷十六《穴·窞》，载《雕菰楼易学五种》，凤凰出版社2012年版，第682页。

则"不陷"（参见图 45）。

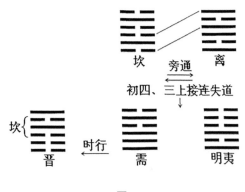

图 45

　　其义，句。不困穷矣。义，犹利也。变而通则利矣。《困》尚口
成《需》，《贲》成《明夷》，故穷。既变通于《晋》而不陷，则不困
不穷。

《困》《贲》旁通，初四、三上连续失道成《需》《明夷》，《困》卦消失为"不
困"。该组旁通已经完成两对爻变，唯有时行。"义"即"利"也，[①]《需》通
《晋》则变通"不穷"。

　　需，"有孚，光亨贞吉"，位乎天位，以正中也。二之《晋》五成
《否》，上乾为天，故为天位。《需》成《既济》则正，《晋》成《否》则
中。"利涉大川"，往有功也。三从二五而往，则有功。

《需》《晋》旁通，《需》二之《晋》五成《既济》《否》。《否》外乾"天"，
二五得定居"中"，《既济》六爻皆"正"。继以三上，则为《既济》《咸》（参
见图 46）。"往""来"之义对显而明，"来"既谓二五先于初四、三上，"往"

---

① （清）焦循：《易通释》卷五《仁·义·礼·信·知》，载《雕菰楼易学五种》，凤凰出版社
2012 年版，第 356 页。

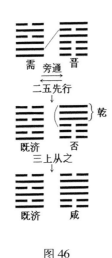

图 46

即指初四、三上跟从二五。"从二五而往，则往有功。"①

《需》卦一例虽不能展现《易章句》的完整面貌，但足以反映该书的整体风格。就内容而言，《易章句》和《易通释》互为表里，其共同任务在于凭借《易图略》建立的旁通、当位失道、时行、相错、比例等体例逐一揭示《易》辞背后的象数含义。两书的不同之处，仅在于前者遵从了《周易》经传的原本次序，后者则以拆分归并而成的同辞条目为诠释单元。焦循深信，经过这种"参伍求通"和"纵通""横通"的多向度疏解，圣人作《易》以辞明象的本义即可全然朗现，再无余韵。

五、论易学基本问题

焦循认为，既然卦爻运行是绝大多数《易》辞的实质内容，则它理应成为切入《周易》一书的基本视角。由此，易学史上那些悬而未决的问题均可获得定论。

（一）"易"之义

《周易》书名的"易"字当作何解？《易纬·乾凿度》及郑玄《易赞》提出"易一名而含三义"，易（简）、变易、不易。②《乾坤凿度》又据字形增补了"日月为易"说："易名有四义，本日月相衔。"③《经典释文》："虞翻注《参同契》云：'字从日下月。'"④自汉人此一经典解释问世，后世所论便大体不出以上

---

① （清）焦循：《易通释》卷三《往》，载《雕菰楼易学五种》，凤凰出版社2012年版，第307页。

② 见（魏）王弼、（晋）韩康伯注，（唐）孔颖达正义：《周易正义·卷首》第一《论〈易〉之三名》，载（清）阮元校刻：《十三经注疏（清嘉庆刊本）》一，中华书局2009年版，第15—16页。

③ 《易纬·乾坤凿度》，见（清）赵在翰辑：《七纬·附论语谶》，中华书局2012年版，第12页。

④ （唐）陆德明：《经典释文》卷二《周易音义》，中华书局1983年版，第19页。

四义，如《周易正义》曰："夫易者，变化之总名，改换之殊称。"① 程颐曰："易，变易也，随时变易以从道也。"② 及至南宋，朱子又在高度涵化前人易学的基础上发展出全新的"交易""变易"说："其卦本伏羲所画，有交易、变易之义。"③ 焦循认为：

> 《易》以"易"名书。《系辞传》云："生生之谓易。"生生不已，所以元亨利贞。故《易》之一书，"元亨利贞"四字尽之。而"元亨利贞"四字，一"易"字尽之。易为变更反复之义，即一阴一阳之谓也……既交之后，两五皆刚，上下应之，则不能一阴一阳，两两相孚，必易而后成一阴一阳之道。④

训"易"为"变更反复"固然是对"变易"说的沿袭承续，但焦循的立论角度迥然有异。依他之见，"易"非但不是具有形上意义的范畴，甚至也无涉于儒学义理。它同大部分《易》辞一样，仅仅是对卦爻运行的一种指称：旁通两卦五位之爻原本一刚一柔，其二五先行、初四或三上从之所得结果必定两五皆刚。唯有变通时行，方能复还一阴一阳之道。两组新旁通大中上应或下应之后又两五皆刚，继而再次变通时行。元亨利贞如此循环往复、生生不已，即为"易"之广义；狭义的"易"专指时行变通，即与"利"同义。因乎时行乃《周易》三十二组旁通彼此衔接之关节，故该书径直以"易"字名之。

（二）卦名

尽管历代《易》注不乏对别卦名称的随文解说，却大多未能专门言及六十四卦的定名规则。即便如此，我们依然相信《周易》古经的卦名并非随

---

① （魏）王弼、（晋）韩康伯注，（唐）孔颖达正义：《周易正义·卷首》第一《论〈易〉之三名》，载（清）阮元校刻：《十三经注疏（清嘉庆刊本）》一，中华书局 2009 年版，第 15 页。

② （宋）程颢、程颐：《二程集》，中华书局 1981 年版，第 689 页。

③ （宋）朱熹：《周易本义·周易上经》，中华书局 2009 年版，第 29 页，标点有改动。

④ （清）焦循：《易通释》卷三《易》，载《雕菰楼易学五种》，凤凰出版社 2012 年版，第 286 页。

意赋予，必有其根据和原则。对此，李尚信先生曾有一段精妙之论："卦名是由卦象所决定的。在众多的卦象中，选定一个具有典型意义的象，这就确定了一卦的取象。再给予其一个称谓，这就是卦名。不同的易学体系，取象是不一样。如王家台'易占'与今本《周易》古经的某些卦的取象就有差别，如前者的《陵》卦，今本《周易》作《谦》卦；前者的《散》卦，今本《周易》作《家人》卦。""卦名、卦象共同决定的卦义，就是论域或中心主题，卦爻辞就围绕这样的论域或中心主题而展开。"① 其实，卦名基于卦象是多数易学家尤其是象数派学者普遍认同的结论，焦循亦有类似看法。但他特别强调，卦名所依据的卦象并非静态的上下二体或六画之象，而是《周易》卦爻的动态运行，这又决定了其揭示的定名原则势必非同寻常。《易图略·原名》曰：

> 六十四卦之名，非据见在之画而名之也……传云："不易乎世，不成乎名。"然则名之成，成于易也。易乎世则有始，是为开。开而当名，名当则荣，名不当则辱……《恒》四之初，浚而不当者也。与《否》通则开而当名为《泰》，《泰》以通《否》而得名，不通《否》不可名《泰》也。《贲》变通于《困》，《贲》五之《困》二则开而不名为《困》矣。惟《困》二不之《贲》五，而《贲》上之《困》三成《大过》，《大过》又不变通于《颐》而四之初，此《困》之所以名《困》，而名辱矣……当则吉，不当则凶，而皆本于相杂。杂而当，则名《大有》《同人》《丰》《豫》《颐》《泰》《中孚》诸名而为荣；杂而不当，则名《大过》《小过》《明夷》《困》《否》诸名而为辱……"其称名也小，其取类也大。"称名小，谓不能开而当名者。小犹辱也。取类，谓旁通也。《明夷》《小过》，以不当而小其名。《明夷》取类于《讼》，则得"大首"。《小过》取类于《中孚》，则宜下"大吉"。其名虽辱，一能变通，则小化为大，凶变为吉，名亦且转辱而为荣矣。孰见在之画以核其名，则刚不行，何以为乾健？而纯柔者，乌知其为坤顺哉？②

---

① 李尚信：《卦序与解卦理路》，巴蜀书社 2008 年版，第 163 页，标点有改动。

② （清）焦循：《易图略》卷六《原名第二》，载《雕菰楼易学五种》，凤凰出版社 2012 年版，第 955—956 页。

焦循认为，卦名未定之时，六十四卦即已由象数运行彼此相连。《周易》古经命名诸卦的角度，是将其一概视为卦爻运行的结果。若某卦由当位运行而得，或虽由失道而来但知及时变通，则用"大有""丰""泰"等褒义字词称之，此即"名当则荣"。如䷟（《恒》）、䷩（《益》）旁通，初四失道先行成䷊（《泰》），因其立即变通于䷋（《否》），故䷊得一荣名"泰"。反之，若某卦由失道运行而得，或其原本当位却不知时行，则用"明夷""否""困"等贬义字词称之，是谓"名不当则辱"。如䷜（《困》）与䷲（《贲》）旁通，三上、初四接连失道成䷄（《需》）、䷣（《明夷》），故䷜卦称"困"。假使该旁通卦组二五先行，当位成䷬（《萃》）与䷤（《家人》），则䷜卦必不名"困"。不过，尽管卦名荣辱已定，诸卦吉凶仍会随运行之当位、失道不停流转，故名荣之卦不乏凶辞，名辱之卦亦有吉言。

《易通释》后三卷逐一解说了六十四卦的名称，其中有四点内容值得注意：其一，在遵循当位、失道之总原则的基础上，焦循还不时引入训诂假借以申明字义。如释《小畜》曰："《学记》云：'禁于未发之谓豫。'《广雅》：'豫，早也。'《乾》四之《坤》初成《小畜》《复》，若不早辨，则《小畜》上之《复》三成《需》《明夷》，故《小畜》变通于《豫》，以其能早辨也，故名以《豫》。"[1] 其二，当某些不具有褒贬色彩的名词作为卦名时，焦循便会寻求该卦与其他别卦的象数联系，继而从卦象角度予以说明。例如，《坎》"水"与《噬嗑》"食"合为《井》卦之"井"："《坎》二不出中，而《离》上入于《坎》三，此水之伏藏于渊者也。一旦变通于《噬嗑》，用汲以'食'，而井养不穷，泉伏于下，以人力修而出之，《井》之名本于坎水如此。"[2] 其三，若卦名字词兼具多重含义，则其褒贬分属当位、失道两种情形。如《涣》卦："'涣者离也。'以散赞涣，即以散赞离。凡卦多兼两义。'离'之义为'丽'，《象传》明之。'离'之义为'散'，则于《涣》传补明之。离丽，当位之《离》也，六二'黄离'是也……离散，失道之《离》

---

① （清）焦循：《易通释》卷十八《豫·君子以思患而豫防之》，载《雕菰楼易学五种》，凤凰出版社2012年版，第747页。

② （清）焦循：《易通释》卷十九《井》，载《雕菰楼易学五种》，凤凰出版社2012年版，第778页。

也，九三'日昃之离'是也。"① 又如《大过》《小过》："'过'之义亦有二：其一为'过失'之过……《大过》二五两刚，过在二，故名《大过》。《小过》二五两柔，过在五，故名《小过》……其一为'过度'之过，（《说文》："过，度也。"）义同于至……《大过》通《颐》而二至于《颐》五，则为大者过。《小过》通《中孚》而五至于《中孚》二，则为小者过而亨。"② 其四，焦循用其易例分别阐明了八卦卦德的象数内涵，进而使全部经卦之义彻然贯通："大抵八卦之名，各名一义而义则相通。乾行健，谓初筮、再筮不已也。坤顺承，谓当位失道皆变通也。离丽，谓初四、三上附于二五而当位也。坎陷，谓二五为初四、三上所陷没而失道也。震柔中，宜动者也。巽刚中，宜逊以从人也。艮止，有所待也。兑说，舍乎此以通于彼也。全《易》之义，八字尽之。"③

（三）卦序

"《周易》六十四卦卦序是如何排列出来的？两千余年来，这一直是易学领域的一个大问题。""几乎所有的易学家对今本六十四卦卦序问题都有所阐述，基本上可分为三派：一派是从义理的角度来理解，认为《周易》卦序只有按《序卦传》所说同样理解，除此别无方法……另一派是从象数角度进行理解，认为今本六十四卦卦序同其他卦序一样，也是按照一定的象数原则排列出来的……还有一派认为，古人分排卦序只是为了便于记忆或背诵等，其间并无什么象数或义理的深意。"④ 在此问题上，焦循与孔颖达、邵雍、吴澄等人一样坚持象数立场，但具体观点又截然不同。众所周知，孔颖达疏解《序卦》时指出了"二二相耦，非覆即变"⑤ 的卦序规则，即《周易》相邻两

① （清）焦循：《易通释》卷十八《离·畴离祉·飞鸟离之凶·非离群也·犹未离其类也·离群丑也·涣者离也》，载《雕菰楼易学五种》，凤凰出版社 2012 年版，第 760 页。
② （清）焦循：《易通释》卷十九《大过·小过·过句·有过则改·赦过宥罪·天地以顺动故日月不过》，载《雕菰楼易学五种》，凤凰出版社 2012 年版，第 797 页。
③ （清）焦循：《易通释》卷十九《巽·上巽也·顺以巽也·顺以巽也·顺以巽也》，载《雕菰楼易学五种》，凤凰出版社 2012 年版，第 789—790 页。
④ 李尚信：《卦序与解卦理路》，巴蜀书社 2008 年版，第 3—4 页。
⑤ （魏）王弼、（晋）韩康伯注，（唐）孔颖达正义：《周易正义》卷九，载（清）阮元校刻：

卦要么互为反对，或称"覆卦"，如《屯》䷂、《蒙》䷃；要么彼此旁通，或称"变卦"，如《乾》䷀、《坤》䷁。焦循并不否认这一《易》卦排列规律，但他认为孔氏所论犹有未尽，因为《正义》并未揭示出"非覆即变"意在表达的深层意蕴，而这正是理解《周易》古经的关键所在。对此，《易学三书》进行了若干补充。

首先，"《易》重旁通，乃卦之序不以旁通而以反对。用反对者，正所以用旁通也。无反对即用旁通为序，见反对有穷而旁通不穷也"①。"旁通不穷"，是指任一别卦必有其变卦，六十四卦恰为三十二组旁通。但这一结论并不适用于反对，因为在六十四卦中，《乾》䷀、《坤》䷁、《颐》䷚、《大过》䷛、《坎》䷜、《离》䷝、《中孚》䷼、《小过》䷽之覆卦仍为自身，并不与其他别卦构成反对关系，虞翻称其为"反复不衰"②之卦。也就是说，有覆卦者仅为五十六卦。宋代以降，这一思想又被发展为"三十六卦体"说。邵雍曰："重卦之象，不易者八，反易者二十八，以三十六变而成六十四也。"③所谓"非覆即变"，即有覆卦之五十六卦必与其反对卦比邻，"反复不衰"的八卦则依变卦方式排列。这足以证明，《周易》古经卦序排列的基本原则实为反对而非旁通。但焦循易学恰恰相反，其象数体系以旁通为基石，而对反对不甚重视。在他看来，"非覆即变"的排列原则，乃是意在以反对之"有穷"衬托旁通之"无穷"。这样一来，《周易》古经以反对为主的卦序安排与焦循易学以旁通为主的象数体系便可并行不悖。

再者，"反对于旁通，亦比例互明者也"④。由反对和旁通的定义不难推知，反对两卦各取旁通后仍互为反对，如《升》䷭与《萃》䷬反对，《升》旁通于《无妄》䷘、《萃》旁通于《大畜》䷙，《无妄》《大畜》互为反对。同理，旁通两卦各取反对后亦彼此旁通。《同人》䷌、《师》䷆旁通，《同人》反为《大有》

《十三经注疏（清嘉庆刊本）》一，中华书局 2009 年版，第 199 页。

① （清）焦循：《易图略》卷六《原序第三》，载《雕菰楼易学五种》，凤凰出版社 2012 年版，第 957 页。

② （清）李道平：《周易集解纂疏》卷四，中华书局 1994 年版，第 282 页。

③ （宋）邵雍：《观物外篇》，载《邵雍集》，中华书局 2010 年版，第 52 页。

④ （清）焦循：《易图略》卷六《原序第三》，载《雕菰楼易学五种》，凤凰出版社 2012 年版，第 957 页。

☷，《师》反为《比》☶，《大有》《比》旁通。焦循进一步指出，互为旁通、反对的四卦间必定存在比例关系。例如："《屯》旁通《鼎》，《革》旁通《蒙》，《屯》犹《革》也，《鼎》犹《蒙》也，故《屯》《蒙》与《鼎》《革》互为比例。"①《屯》《鼎》旁通，《鼎》二之五成《遁》，《遁》初之四成《家人》。《革》《蒙》旁通，《蒙》二之五成《观》，《观》初之《革》四成《益》《既济》。《既济》《益》相错得《屯》《家人》，故《屯》《鼎》大中下应为《革》《蒙》大中下应之比例。其中，《屯》《蒙》互为反对、《鼎》《革》互为反对。这种比例关系，可以进一步拓展至即旁通即反对的八个别卦之间。例如："《离》四之《坎》初成《节》《贲》，犹《离》上之《坎》三成《丰》《井》。《贲》旁通《困》，《丰》旁通《涣》。经于《困》初六称'三岁不觌'，明《贲》上之《困》三。于《丰》上六称'三岁不觌'，明《涣》初之《丰》四。《丰》可例《贲》，则例《节》可知矣。《困》可例《涣》，则例《噬嗑》可知矣。"②《坎》《离》旁通，初四先行成《节》《贲》，三上先行成《井》《丰》。失道后随即时行，《节》通《旅》，《贲》通《困》，《井》通《噬嗑》，《丰》通《涣》。此四组新旁通初四、三上接连失道皆成《明夷》《需》，即互为比例，故《困》初六与《丰》上六系有同辞。同时，此八卦实为四组反对——《丰》《旅》、《涣》《节》、《困》《井》、《噬嗑》《贲》。此外，《坎》初之《离》四亦为《坎》三之《离》上之比例。综上可见，反对卦组及其旁通卦必因比例而交错相连。于是，焦循得出了另一条结论："以反对为序者，示人以比例之端也。"③

其次，上下经首末之卦均为卦爻运行之枢纽。按焦氏象数规则，三十二组旁通元亨之结果无非《家人》《屯》、《蹇》《革》、《既济》《咸》、《既济》《益》四种。其中，《益》通于《恒》，《既济》通于《未济》，是为"终则有始"。因乎《屯》《咸》《恒》《既济》《未济》五卦在卦爻运行中的地位相对重要，故《周易》上经以《屯》卦紧随《乾》《坤》，下经则始于《咸》《恒》、终于

① （清）焦循：《易图略》卷六《原序第三》，载《雕菰楼易学五种》，凤凰出版社2012年版，第957页。
② （清）焦循：《易图略》卷六《原序第三》，载《雕菰楼易学五种》，凤凰出版社2012年版，第958页。
③ （清）焦循：《易图略》卷六《原序第三》，载《雕菰楼易学五种》，凤凰出版社2012年版，第958页。

《既济》《未济》。①

　　最后，"《序卦》一传，全明乎变通往来之义"②，不仅上下经首末卦出于圣人的有意安排，任意相邻两卦也必定存在某种象数联系。《易章句·序卦传》详细论证了这一观点，兹以上经前六卦《乾》《坤》《屯》《蒙》《需》《讼》为例略加说明：《乾》《坤》旁通，《乾》二之《坤》五、四之《坤》初成《屯》。《屯》变通于《鼎》，《蒙》旁通于《革》。《屯》《鼎》先二五、后初四成《屯》《家人》，《革》《蒙》先二五、后初四成《既济》《益》。《家人》《屯》与《既济》《益》互为相错，故《屯》《鼎》大中下应为《革》《蒙》大中下应之比例。《需》《晋》旁通，《晋》五之《需》二、四之初得《益》《既济》。《讼》《明夷》旁通，《讼》二之《明夷》五、四之初亦得《益》《既济》，即《需》《晋》二五先行、初四从之为《蒙》《革》二五先行、初四从之之比例，亦为《讼》《明

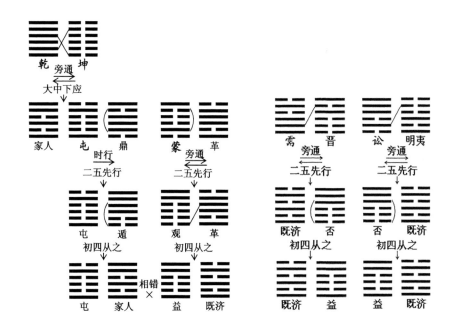

图 47

---

① 详见（清）焦循：《易章句》卷十一《序卦传》、《易通释》卷十九《咸·咸临·品物咸章·品物咸亨·万国咸宁》，载《雕菰楼易学五种》，凤凰出版社 2012 年版，第 223、761 页。
② （清）焦循：《易图略》卷六《原序第三》，载《雕菰楼易学五种》，凤凰出版社 2012 年版，第 957 页。

夷》二五先行、初四从之之比例（参见图47）。①

此处有必要提及焦循对《杂卦传》的态度。在《告先圣先师文》中，他曾回忆自己四十五岁时的一段经历：

> 三月八日，病寒，十八日昏绝，至二十四日复苏。妻子啼泣，戚友唁问，一无所知。惟《杂卦传》一篇，朗朗于心；既苏，默思此传，实为赞《易》至精至要之处。二千年说《易》之人，置之不论，或且疑之。②

毋庸讳言，在古今多数学者的心目中，《杂卦》的地位远不及《易传》其他篇目。该篇传文不仅文字简短，学理价值亦略显不足。既然如此，焦循为何将其视为"赞《易》至精至要之处"？这就必须从卦序的角度寻求理解。

《杂卦》之"杂"，无非在于打乱了《周易》古经原本的六十四卦排序。这一特点，曾被韩康伯概括为"杂糅众卦，错综其义"③。一方面，它总体上遵循了"二二相耦，非覆即变"的原则。另一方面，若将其视为《杂卦》通篇的卦序规则却又与实情不符，因为其末尾八卦《大过》《姤》《渐》《颐》《既济》《归妹》《未济》《夬》的排列似无章可循。所以，"自东汉以来，多数易学家认为《杂卦传》末尾八个卦存在错简。其主要依据有两点：一是这八个卦不依'二二相耦，非覆即变'方式排列；二是这八个卦的《杂卦传》传文也不叶（协）韵"④。从传世文献来看，"错简说"最早可上溯至郑玄。他说："自此以下，卦音不协似错乱失正，弗敢改耳。"⑤朱熹也颇感疑惑："自《大过》以下，卦不反对，或疑其错简，今以韵协之，又似非误，未详何义。"⑥

---

① 详见（清）焦循：《易章句》卷十一《序卦传》，载《雕菰楼易学五种》，凤凰出版社2012年版，第218—219页。

② （清）焦循：《雕菰集》卷二十四《告先圣先师文》，载《丛书集成初编》第2196册，商务印书馆1936年版，第391页。

③ （魏）王弼、（晋）韩康伯注，（唐）孔颖达正义：《周易正义》卷九，载（清）阮元校刻：《十三经注疏（清嘉庆刊本）》一，中华书局2009年版，第201页。

④ 李尚信：《〈杂卦传〉真的存在错简吗》，《周易研究》2009年第5期。

⑤ 林忠军：《周易郑氏学阐微》，上海古籍出版社2005年版，第436页。

⑥ （宋）朱熹：《周易本义·杂卦传》，中华书局2009年版，第273页。

与此相反，亦有部分易家认为《杂卦》末尾并无错简，而是基于某种象数或义理深意的精心安排。如虞翻曰："《大过》死象，两体《姤》《夬》，故次以《姤》而终于《夬》。"①《大过》初至五或初至四连互成《姤》，二至上或三至上连互成《夬》，于是《杂卦》令《姤》卦紧随《大过》，又以《夬》卦居于最末。干宝则曰："《杂卦》之末，又改其例，不以两卦反覆相酬者，以示来圣后王，明道非常道，事非常事也。"②在此问题上，焦循的运思方向虽与虞翻、干宝大体一致，其结论又颇有不同："《杂卦传》前用反对，自《大过》以下顿破之，而明之以君子道长、小人道消，所以示反对之序，必散而旁通以合消长之道也。"③《杂卦》末尾看似颠倒淆乱的八卦排列并非由错简造成，而是圣人有意提示后学必须打破古经原本的反对之序，进而从旁通的角度重新组合六十四卦。其之所以"至精至要"，是因为这一所谓的深意正是焦循象数学的基点。事实上，《杂卦传》末八卦固然未能遵守反对原则，可同样没有透露丝毫旁通的信息。即使焦循的确从《杂卦》中获得过某种启发，那也只能是突破原本卦序的囿限，而非直接导出以三十二组旁通为骨架的象数体系。究其根本，这种"至精至要"乃是焦循易学圆熟后的逆向赋予，不可轻信《杂卦传》对其治《易》产生过重要影响。

（四）"彖"与"象"

焦循对《易传》篇名"彖""象"二字的解释也极具个性。《周易正义》引褚氏、庄氏云："彖，断也，断定一卦之义。"④卦辞亦名彖辞。一般认为，《彖传》通篇只解卦辞，故名"彖"；《象传》解经立足卦爻之象，故名"象"。焦循对此不以为然。依他之见，"孔子《十翼》，于卦辞称《彖传》，于爻辞称《象传》，然则文王之卦辞谓之'彖'，周公之爻辞谓之'象'"⑤，亦即

① （清）李道平：《周易集解纂疏》卷十《杂卦第十二》，中华书局1994年版，第736页。
② （清）李道平：《周易集解纂疏》卷十《杂卦第十二》，中华书局1994年版，第736页。
③ （清）焦循：《易图略》卷六《原序第三》，载《雕菰楼易学五种》，凤凰出版社2012年版，第957页。
④ （魏）王弼、（晋）韩康伯注，（唐）孔颖达正义：《周易正义》卷一，载（清）阮元校刻：《十三经注疏（清嘉庆刊本）》一，中华书局2009年版，第23页。
⑤ （清）焦循：《易图略》卷六《原象象第四》，载《雕菰楼易学五种》，凤凰出版社2012年版，

"彖""象"各为卦辞、爻辞之别名。这一说法，与南宋冯椅所持见解相同。① 事实上，《象传》不仅包括逐条解释三百八十四则爻辞及两则用辞的《小象》，还包括注解六十四卦象辞的《大象》。因此，"于爻辞称《象传》"的判断并不周延。不过，焦循的关注点并不在此，其真正用意仅在于说明彖、象二字当作何解：

> 其名"彖"者，何义也？彖之言挩也，读如遁。（《广雅疏证》云："彖，挩也。"《说文》："彖，豕。"走，挩也。挩与脱通，脱、彖声相近。彖，犹遁也。）……文王为知进而不知退者戒也，示其义曰彖，"遁则退也"……然而文王之意为不知退者言也。退于此必进于彼，非徒退而已也。周公述文王之意，分系其辞于爻，而名之曰"象"。孔子赞之，一则云"象也者，像此者也"，再则云《易》者，象也。象也者，像也"。像之言似也，似者，继续也。阳退而孚于阴，遁也，彖之谓也。阴进而化为阳，续也，象之谓也。②

"彖""挩""脱""遁"四字声音相近，《杂卦》曰"遁则退也"，即"彖"为"退"义；"象""像"同音，"像""似"互训，"似"有"继续"之义，故"象"之义为"进"。"退"与"进"，均指旁通卦组爻变之后及时变通，区别在于述说角度不同：旧卦九五已定，新卦六五未定，在旧卦为"退"，在新卦为"进"。以《乾》《坤》旁通为例，《乾》二之《坤》五、四之《坤》初成《家人》《屯》，为避免终止道穷，须立即时行，《家人》通《解》，《屯》通《鼎》，于《家人》《屯》称"退"，即"彖"；于《解》《鼎》称"进"，即"象"，故《象·鼎》曰："鼎，象也。"由《杂卦》"屯见而不失其居"以"见"言《屯》可知，《系辞

第 959 页。

① 冯椅认为："系卦之辞为'彖'，孔子题《彖》以推明之……系爻之辞为'象'，孔子题《象》以推明之。"见（宋）冯椅：《厚斋易学·自序》，载影印文渊阁《四库全书》第 16 册，台湾商务印书馆 1986 年版，第 3 页。

② （清）焦循：《易图略》卷六《原彖象第四》，载《雕菰楼易学五种》，凤凰出版社 2012 年版，第 960 页。

上》"见乃谓之象"本指《屯》变通于《鼎》,尔后二五先行,《鼎》又成《遯》。因乎《遯》卦由《屯》"彖"《鼎》"象"而来,且"象""遯"二字音近义通,故定名为"遯"。既然文王之"彖"与周公之"象"均为指示元亨利贞而设,则卦辞与爻辞亦无须分判。"合六爻而为卦,分一卦而为爻。文王虽总一卦以系辞,而其辞不外乎爻。周公虽分六爻以系辞,而其辞实本乎卦。"①

(五)乘、承、应

《易传》诸篇问世以来,乘、承、应等爻象体例一直被历代《易》家广泛使用。通常情况下,别卦比邻两爻阴上阳下,即为阴"乘"阳;反之,阴爻居下而阳爻在上,则为阴"承"阳。然而,焦循"实测"全篇经传后指出,此说与圣人本义不符。他认为,若初四或三上先于二五,则此未定之六五"乘"已定之初九或九三,即"柔乘刚":

> 《屯》六二"乘刚",谓初三先刚,而五以柔乘之。若《屯》三先之《鼎》上成《恒》,亦为乘刚。《恒》《既济》相错为《丰》《井》,即《巽》上之《震》三,亦《离》上之《坎》三也。《离》上之《坎》三"灭鼻",传于《噬嗑》六二赞云"乘刚也",谓《离》上之《坎》三灭鼻也,即《屯》三之《鼎》上也。《巽》上之《震》三为乘刚,《震》四之《巽》初亦为乘刚。《震》六二传云"震来厉,乘刚也",谓《震》成《复》、《巽》成《小畜》也。《巽》上之《震》三为"乘刚",既为《屯》三之《鼎》上之比例,则《震》四之《巽》初之乘刚,亦可例《鼎》四之初,则《鼎》成《大畜》之为乘刚,可互见矣……然则"乘"非上爻乘下爻之谓,凡初四、三上先行,初三先有刚,而五以柔在上为乘,即为柔乘刚。②

《屯》《鼎》旁通,三上先行成《既济》《恒》,初四、三上接连失道为《既济》

---

① (清)焦循:《易图略》卷六《原象象第四》,载《雕菰楼易学五种》,凤凰出版社2012年版,第960页。

② (清)焦循:《易通释》卷三《乘·承》,载《雕菰楼易学五种》,凤凰出版社2012年版,第298—299页。

《泰》。《恒》六五未定、九三先定，《泰》六五未定、初九与九三先定，故《屯》六二《小象》曰"乘刚也"。《坎》《离》旁通，三上先行成《丰》《井》。《震》《巽》旁通，三上先行亦成《丰》《井》，初四、三上接连失道则成《明夷》《需》。《丰》六五未定、九三先定，《明夷》六五未定、初九与九三先定。《明夷》《需》与《既济》《泰》互为相错，即《震》四之《巽》初、三之《巽》上为《鼎》四之初、上之《屯》三之比例。《既济》《恒》相错得《井》《丰》，则《屯》三之《鼎》上又为《震》三之《巽》上之比例，亦为《坎》三之《离》上之比例。《井》失道变通于《噬嗑》。故《震》《屯》《噬嗑》六二《小象》同言"乘刚也"（参见图48）。

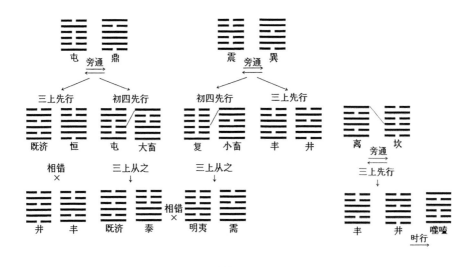

图 48

"承"有当位与失道两种情形。旁通两卦初四从二五后及时变通，则此新旁通卦组之大中上应"承"原旁通卦组之大中下应；旁通两卦三上从二五后及时变通，此新旁通卦组之大中下应"承"原旁通卦组之大中上应，此为当位之承。旁通两卦初四先行后立即变通，则此新旁通卦组之大中上应"承"原旁通卦组之初四互易；旁通两卦三上先行后立即变通，此新旁通卦组之大中下应"承"原旁通卦组之三上互易，此为失道之承。兹举一例：

《师》上六"开国承家"，"开国"谓《师》二之五，"承家"谓《同人》四之《师》初。《同人》成《家人》，是时《师》成《屯》，《屯》三承之而行，是为承家，必《鼎》二之五，而《屯》三乃可承之……《师》九二传云"在师中吉，承天宠也"，宠即龙，谓《屯》下震，以承《同人》之成《家人》，为承家，以承《师》之成《屯》，为"承天宠"。《文言传》云："坤道其顺乎，承天而时行。"承天即承天宠，而以"时行"二字明之。时行谓变通也……然则"承"非下爻承上爻之谓，在初四先从二五，则三上为承。在三上先从二五，则初四为承，此以德承德。或三上先二五，则初四从二五承之，初四先二五，则三上从二五承之。以变通而为补救，则是吉相承。①

　　《同人》《师》旁通，《师》二之五、初之《同人》四为《家人》《屯》。尔后，《屯》时行通《鼎》，《鼎》二之五、上之《屯》三成《既济》《咸》，即此《屯》《鼎》之大中上应"承"《同人》《师》之大中下应。《师》二五先行称"开国"，"家"即《家人》，故《师》上六曰"开国承家"。《屯》下体震，《说卦》曰"震为龙"，"龙""宠"同音假借，时行通《鼎》，由《文言·坤》"承天而时行"知"时行"且"承"为"承天"，二者合为《师》九二《小象》之"承天宠也"。

　　在易学史上，"应"一般用于描述某一别卦上下体同位之爻的相互关系。若其一阴一阳，即为"相应"；其同阴同阳，则称"敌应"。如《睽》卦初四敌应、二五相应、三上相应，《谦》卦初四敌应、二五敌应、三上相应。但在焦循易学中，"应"并无上述含义。"二五先交，而后初之四、三之上以从之，谓之应。"② 在他看来，"应""亨"二字同义，皆指初四或三上跟从二五，即"下应"或"上应"。

　　经过焦循的解释，《易传》原本用于描述特定两位之爻静态关系的"承""乘""应"，全部化作了卦爻运行的标识。在此过程中，三者先前具备的体例意味被消去，变成了一般意义上的《易》辞单元。

---

① （清）焦循：《易通释》卷三《乘·承》，载《雕菰楼易学五种》，凤凰出版社 2012 年版，第 299—301 页。
② （清）焦循：《易通释》卷三《应》，载《雕菰楼易学五种》，凤凰出版社 2012 年版，第 295 页。

（六）易学命题解义

《系辞传》中的许多文句成为后世易学史上的重要命题。学者们普遍相信，把握"道器""一阴一阳""形而上下""太极""两仪"等核心范畴是理解易学的关键，故其基本易学观往往由《系辞》注疏集中表达。可在焦循看来，这些曾经引起广泛争论的传文不外乎象数规则的指示语，与其他《易》辞无甚分别。如《易章句》释"一阴一阳之谓道"曰："一阴一阳者，阴即进为阳，阳即退为阴也。道，行也。往来不穷，故阴阳互更。"[①] 释"形而上者谓之道，形而下者谓之器"曰："形，谓成《既济》定也。形而上，未成《既济》，一阴一阳，往来于二五，故为道。形而下，则已定而成《既济》，故为器。"[②] 又如，《易通释》解《系辞上》"易有太极，是生两仪，两仪生四象，四象生八卦，八卦定吉凶，吉凶生大业"曰：

> 易者，交易也……大或读泰，其义则同。极，中也。大极犹云"大中"……其先失时极，变而通之，则有大极，是谓易有大极……大中而上下应之即两仪也……《屯》《家人》《蹇》《革》，是为四象……《屯》通于《鼎》为一象、《家人》通于《解》为一象，《蹇》通于《睽》为一象、《革》通于《蒙》为一象。象有四，而《屯》《鼎》《家人》《解》《蹇》《睽》《革》《蒙》，则为卦者八，故四象生八卦也……其吉也，《鼎》《解》成《咸》，《睽》《蒙》成《益》，《屯》《家人》《蹇》《革》成《既济》，固生大业。其凶也，《鼎》成《恒》《大畜》，《解》成《恒》《临》，《睽》成《损》《大壮》，《蒙》成《损》《升》，甚至《鼎》《解》《睽》《蒙》成《泰》，变而通之，有大极、生两仪、生四象、仍生大业，故吉凶生大业……"业"即"事"也，"通变之谓事"。[③]

---

① （清）焦循：《易章句》卷七《系辞上传》，载《雕菰楼易学五种》，凤凰出版社 2012 年版，第 163 页。

② （清）焦循：《易章句》卷七《系辞上传》，载《雕菰楼易学五种》，凤凰出版社 2012 年版，第 177—178 页。

③ （清）焦循：《易通释》卷二十《易有太极·与时偕极·失时极·不知极·六爻之动三极之道也》，载《雕菰楼易学五种》，凤凰出版社 2012 年版，第 802—805、807 页。

旁通两卦无论当位、失道皆须变通，变通称"易"。时行后二五先行，"大中"即"太极"，上应、下应为"两仪"。三十二组旁通之元亨无非《家人》《屯》、《蹇》《革》、《既济》《咸》、《既济》《益》四种结果。其中，《家人》《屯》《蹇》《革》合称"四象"。四象各自变通，又得《家人》《解》、《屯》《鼎》、《蹇》《睽》、《革》《蒙》共计"八卦"。此四组旁通继续运行，当位则"吉"，失道则"凶"，之后再次变通，又为易、太极、两仪、四象、八卦……但凡不成两《既济》而终止道穷，元亨利贞便可往复无穷、生生不已。"要而言之，大极，元也；两仪，亨也；四象，利也；大业，贞也。"①

综上，焦循对诸多易学问题的解答，均采取了与经传注疏相同的策略。其根本思路，无非是通过对《周易》原文的详细实测，将概念命题一律转化为卦爻行动。显然，其中不乏削足适履、随意独断之处，这在其卦名论上表现得尤为突出。按《易图略》，六十四卦运行皆有当位、失道两种可能。既然《泰》之"荣"名缘于失道后时行通《否》，则《困》卦何以不能变通于《贲》而得一荣名？此类例证，无烦枚举。即便如此，我们仍须承认其象数体例的高度解释力。对焦循来说，旁通、当位失道、时行、相错、比例五者的确足以疏通《周易》经传乃至一切易学疑难问题，这也使得《易学三书》处处留有鲜明的个人印记。不过，从焦循易学对形而上学的刻意消解中，我们还是可以体味到乾嘉学术的整体特征。兹以"太极"为例。我们知道，朱子论"太极"以理本论和先天学为根基："易者，阴阳之变。大极者，其理也。两仪者，始为一画以分阴阳。"②清初胡渭则摆脱了宋学的诠释路数，将"太极"界定为行蓍之初尚未两分的蓍草："窃意所谓太极者，一而已矣。命筮之初，奇偶未形，即是太极。"③这种紧扣大衍筮法操作过程的解释固然平实，却伴有浓重的信仰色彩。及至高扬汉学的乾嘉惠栋处，"太极"又被再次拉回到汉代宇宙论的框架之内："大极，大一也。分为天地，故生两仪。仪，匹也。

---

① （清）焦循：《易通释》卷二十《易有太极·与时偕极·失时极·不知极·六爻之动三极之道也》，载《雕菰楼易学五种》，凤凰出版社2012年版，第808页。

② （宋）朱熹：《周易本义·系辞上传》，中华书局2009年版，第240页。

③ （清）胡渭：《易图明辨》卷一《河图洛书》，中华书局2008年版，第14页。

阴阳气交，人生其中，三才具焉。"①依焦循之见，上述种种理解皆与圣人本义相去甚远。《系辞》所云"太极"，不过是《彖·大有》"大中"二字的同辞反复。它和《周易》古经频繁使用的"元"字一样，仅为指示二五先行这一象数规则。从学术史的角度审视，这一崭新的太极说，正是沿着清学破除形而上学的文化动向发展而来。同时，焦循等人对汉代宇宙论和宋明理本论、先天学的一概摒弃，亦反映出此时儒学的理论建构终于完全挣脱了以形而上学为根基的旧有形态。

六、易学史批评

尽管《易学三书》中异于前人的新说频现，但它终究不是闭门造车式的一己致思所能成就的。焦循曾几经辗转于历代易学，四十岁时才决意向经传本文求索。"余之学《易》也，自汉魏以来至今两千余年中，凡说《易》之书必首尾阅之，其说有独得者，则笔之于策，可以广闻见、益神智。"②正是基于深厚的易学史学养，焦循最终选择了象数注经派的解《易》路数，并借融通裁汰汉易成说锻造出自家义例。待其易学成熟后，他又以独得之经传"本义"逐一评判前人之是非曲直。此类内容散见于四部著作：《易话》下卷和《易图略》后半部分对先秦两汉各家《易》说均有涉及；《周易补疏》专论王弼《易》注及孔颖达疏；《易广记》所载则多为宋元明清之说。其中，又以《易图略》评汉易体例和《周易补疏》论王弼易学最为详尽。

（一）论汉代《易》例

1. 六日七分

据刘大钧先生考证，"'卦气'在孟喜之前早已有传，其源出于先儒古说"③。但自西汉孟喜始，这一思想才逐步占据汉易的显学地位。"卦气说，简言之，乃是一种视构成《易》符号系统的卦为节气物候之变化、阴阳二

---

① （清）惠栋：《周易述》卷十六《系辞上传》，中华书局 2007 年版，第 287 页。
② （清）焦循：《易广记》卷一，载《雕菰楼易学五种》，凤凰出版社 2012 年版，第 1065 页。
③ 刘大钧：《"卦气"溯源》，《中国社会科学》2000 年第 5 期，引文有删减。

气之消息的涵摄符示者的学说。"①汉易的六十四卦卦气说大意如下：四正卦《坎》《震》《离》《兑》分居四方，每爻各主一节。《坎》居正北，自初至上分别代表冬至、小寒、大寒、立春、雨水、惊蛰。类似地，《震》居正东，初爻起于春分，上爻终于芒种。《离》居正南，初爻起于夏至，上爻终于白露。《兑》居正西，初爻起于秋分，上爻终于大雪。四正卦之外的六十别卦分为公、辟、侯、大夫、卿五类，每类十二卦均布一年十二月，即一月五卦。例如，侯卦《未济》、大夫卦《蹇》、卿卦《颐》、公卦《中孚》、辟卦《复》合主十一月。每卦各值六又八十分之七日，六十卦共计三百六十五又四分之一日，约与一年日数相当。焦循认为，孟氏卦气绝非孔子易学之正传。"《艺文志》：'《章句》，施、孟、梁丘氏各二篇。'此乃得之田王孙者……班固以孟与施、梁丘并称，明此《章句》乃得之田生者也。《艺文志》又有《孟氏京房》十一篇，《灾异孟氏京房》六十六篇，此与京房并称，则所传卦气七分之学……此言六日七分，必非《章句》中之说。"②就理论本身而言，"取《坎》《离》《震》《兑》为四正，本诸《说卦传》东西南北之位。其取十二辟卦，第以阴爻阳爻自下而上者以为之度，其余不足以配。于是《乾》《坤》《复》《姤》等，既用以配十二月，又用以当一月中之六日七分"③。如果说"四正卦"和"十二消息"尚有某种极易辨认的易学渊源的话，将其他杂卦与历算日数相配则是全无凭据的穿凿之说。总之，西汉孟喜等人发明的"六日七分"理论纯粹是一种无关《周易》本旨的占验体系。若像东汉诸家一样以之解经，必定会错谬百出。例如，十一月辟卦《复》既主六日七分，同时又可符示整个子月。

不过，此处有必要就焦循所论略加补充。第一，"辟卦值六日七分，又统全月三十日"似乎是东汉注经派引申出的结论，未必符合孟喜本意。梁韦弦先生认为："孟氏《易》说里所说的十二消息卦，应该就是存在于以四正

---

① 王新春：《易学与中国哲学》，人民出版社 2012 年版，第 83 页。

② （清）焦循：《易图略》卷八《论卦气六日七分上第八》，载《雕菰楼易学五种》，凤凰出版社 2012 年版，第 998 页。

③ （清）焦循：《易图略》卷八《论卦气六日七分下第九》，载《雕菰楼易学五种》，凤凰出版社 2012 年版，第 1000 页。

卦为骨架建立起来的六十卦配十二月、二十四气的体系之中的十二辟卦，而不是另有独立于这个体系之外的以十二卦来统十二月三百六十五天的十二消息卦。"①退一步讲，即便以辟卦代表所值月份，也不能简单地认为卦气理论自相矛盾。因为在古人的历法观念中，"中气"是每月最显著的标志。十二辟卦恰值十二中气之次候，故以之统领该月不足为奇。第二，焦循虽对汉易"六日七分"颇有不满，但他并不一概排斥援历入《易》的解经方式。这一点，可以从《易学三书》容纳的大量天文历算知识中获得证明。

2. 纳甲

纳甲，即按某种次序将十天干配入《易》卦。此法早在汉代之前即已有之，②但产生较大影响则应归因于西汉京氏易学的广泛流播。京房纳甲之原则，可以概括为"阳卦配阳干，阴卦配阴干，乾坤括始终，六子少开端"，即《乾》内三爻纳甲、外三爻纳壬，《坤》内三爻纳乙、外三爻纳癸，《艮》六爻皆纳丙，《兑》六爻皆纳丁，《坎》戊《离》己，《震》庚《巽》辛。至于这一配法之根据何在，京房并未明言。此后，东汉魏伯阳作《周易参同契》又在京氏成说的基础上，将一月之内的月相盈虚及其在天空中的运行轨迹与"东方甲乙木，南方丙丁火，西方庚辛金，北方壬癸水，中央戊己土"的天干方位相结合，继而比附八卦之象，于是发展出"月体纳甲"说：初三月出西天，庚位在西，月相为生明，生明似震，故震纳庚；初八月出南天，丁位在南，月相为上弦，似兑象，故兑纳丁；十五日满月似乾，在东方甲位，故乾纳甲；十六日晨，似巽之生魄月退于西方辛位，故巽纳辛；二十三日，似艮之下弦月消于南方丙位，故艮纳丙；三十日，月灭于东方乙位，晦似坤，故坤纳乙。"月体运行循环往复，八卦消长变化，因为乾坤为易之门户、阴阳之根本，它贯穿始终，故乾坤又纳壬癸。又离为日，日生于东；坎为月，月生于西，至十五日夕，则日西月东，坎离易位，其离☲中一阴为月魄，坎☵中一阳为日光，东西正对，交注于中，故坎离纳戊己。"③及

---

① 梁韦弦：《汉易卦气学研究》，齐鲁书社2007年版，第11—12页，标点有改动。

② 迄今为止，纳甲的最早记载是被鉴定为战国中晚期的清华简《筮法》。参见王新春：《清华简〈筮法〉的学术史意义》，《周易研究》2014年第6期。

③ 林忠军：《象数易学发展史》第一卷，齐鲁书社1994年版，第215页，标点有改动。

至三国时期，这一原本旨在阐明炼丹之理的月体纳甲说终经虞翻之手转作象数注经的重要义例。

显然，魏伯阳月体纳甲说的思路与孟喜易学的十二辟卦颇为相类，其实质是一种经卦消息说，即震、兑、乾三卦阳息，象征每月初三至十五月相光明面渐增；巽、艮、坤三卦阳消，符示每月十六至三十月相光明面递减。焦循指出，这一理论有悖于《说卦》"父母六子"之义。兑谓少女属阴，则不可以阳息视之；艮谓少男属阳，亦不应归入阳消之卦。况且，京氏以坎中男纳阳干戊、离中女纳阴干己本可言之成理，《参同契》却偏引日月取象论之，即月纳阳干、日纳阴干，此殊不可解。更重要的是，八经卦所配天干五方本就与《说卦》后天方位不符，以月体解之则更显理据不足甚至自相矛盾。月满、月灭皆在东天，而甲、乙共居东。何以望乾纳甲不纳乙，晦坤反之？上弦、下弦皆在南天，而丙、丁共居南。何以兑卦纳丁不纳丙，艮卦反之？兑、乾同为息卦，艮、坤同为消卦，为何其所纳天干却一阴一阳？诸如此类，魏、虞二人均未明言。又，虞翻注《系辞》"八卦成列"云"坎离在中"，注"四象生八卦"云"坎离生冬"。冬主水而位乎北，即坎离居北亦居中。甲乙东方，壬癸北方，乾坤分纳甲壬、乙癸，则其值东又值北。[1] 这些同位不同卦、同卦不同位的说法之间必有抵牾、难以调和。应当承认，焦循的上述批评实已将汉易纳甲的牵强难通处一网打尽，但此间仍不妨替古人稍做辩护。《系辞下》曰："阳卦多阴，阴卦多阳。"在汉代易学中，"消息"二字仅仅着眼于多阴多阳象征的阳气之渐次消退与息长，无须像焦循理解的那样各自对应阴卦与阳卦。至于虞氏易以月体纳甲言八卦方位虽有重合交叉，却未必全无依据。对此，王新春先生曾予以疏通证明："每月三十日左右，坎月、离日之象又相会于壬、癸所值的北方"，故坎离既可在中，亦可在北。是时，"新月不久即将出现，为示阳（月相之光明面）生由微而著之意，乾又纳壬；月相始则灭于乙方、继则藏于癸方，坤因之又纳癸"。[2]

---

① 焦循原文兹不具引，详见（清）焦循：《易图略》卷八《论纳甲第六》，载《雕菰楼易学五种》，凤凰出版社 2012 年版，第 989—991 页。

② 王新春：《周易虞氏学》，台湾顶渊文化事业有限公司 1999 年版，第 85、84 页，个别字词有删减，标点有改动。

3. 爻辰与爻体

爻辰，是指依据某种特定原则令三百八十四爻与十二地支相配。这一思想起源于京氏易学的纳支说。首先，京房确立了八纯卦"阳卦纳阳支，阴卦纳阴支，阳起子顺行，阴起未逆行"的原则：《乾》自初至上各纳子、寅、辰、午、申、戌六阳支。长男随父，即《震》与《乾》同。中男次一阳，即《坎》自初至上各纳寅、辰、午、申、戌、子。少男再次一阳，即《艮》六爻各纳辰、午、申、戌、子、寅。《坤》自初至上各纳未、巳、卯、丑、亥、酉。少女《兑》初起于巳，六爻各纳巳、卯、丑、亥、酉、未。同理，中女《离》初起于卯，长女《巽》初起于丑。尔后，再将其余五十六卦视作八纯卦上下二体组合而成，如《同人》下三爻纳支同于《离》内卦，上三爻纳支同于《乾》外卦，则其自初至上各纳卯、丑、亥、午、申、戌。

受京氏启发，《易纬·乾凿度》遵循今本《周易》卦序将六十四卦相邻两卦合为一组，共计三十二组，并规定每组两卦先阳后阴，其十二爻恰配十二支，代表一年的十二个月。例如，《乾》《坤》自初至上分别纳入子、寅、辰、午、申、戌与未、巳、卯、丑、亥、酉；《屯》《蒙》自初至上分别纳入丑、卯、巳、未、酉、亥与寅、子、戌、申、午、辰；《泰》《否》各纳寅、卯、辰、巳、午、未与申、酉、戌、亥、子、丑；《中孚》《小过》同于《乾》《坤》。然而，后世流传的《乾凿度》仅见此寥寥几组的爻辰配法而未有对六十四卦的完整说明，故学者多据郑注解之。郑玄认为，首卦《乾》贞于子，《屯》《蒙》次之贞于丑、寅，则六十四卦皆可由是推知。《需》《讼》次于《屯》《蒙》，必贞于卯、辰。《需》在前属阳，《讼》在后属阴，阳卦顺行，阴卦逆行，故《需》自初至上应纳卯、巳、未、酉、亥、丑，《讼》自初至上应纳辰、寅、子、戌、申、午。《师》《比》又次《需》《讼》，则《师》必贞于巳而顺纳巳、未、酉、亥、丑、卯，《比》必贞于午而逆纳午、辰、寅、子、戌、申。因乎《坤》起于未，故次于《师》《比》之《小畜》《履》以申、酉从之，而后《泰》《否》应贞于戌、亥。但《乾凿度》之《泰》《否》爻辰实属变例，非但不贞于戌、亥而起于寅、申，更未遵守阳顺阴逆、间辰纳支的原则。另外，由《乾》《坤》与《中孚》《小过》皆贞于不相邻之子、未可知，此两组爻辰亦为变例。

　　焦循亦将上述六卦认作变例，但他对常例的理解有别于郑玄，而与黄宗羲、张惠言相近。①依他之见，《易纬》爻辰与孟氏卦气密不可分。《乾》《坤》、《泰》《否》、《中孚》《小过》之外的五十八个别卦在六日七分体系中的所值之月，即是该卦初爻所纳地支。当某组两卦同值阳月或阴月时，在后之阴卦须退避一辰，以使全年十二月齐备。也就是说，《屯》之所以贞于丑，乃是因其本为十二月丑之侯卦；《蒙》之所以贞于寅，则是因其本为正月寅之大夫卦；《师》《比》皆值四月巳，故在前之阳卦《师》应间辰顺纳巳、未、酉、亥、丑、卯，在后之阴卦《比》应退一支而间辰逆纳午、辰、寅、子、戌、申。焦循相信，这才是《乾凿度》"阳卦以其辰为贞，其爻左行，间辰而治六辰。阴卦与阳卦同位者，退一辰以为贞，其爻右行，间辰而治六辰"②一段之本义。因而，诸卦初爻是否依次纳入十二支，完全不能作为判分常例与变例的标准。依此推断，将三组别卦划为变例只能基于如下理由：巳月辟卦《乾》与亥月辟卦《坤》本应贞于巳、子，却各起于子、未；十一月辟卦《中孚》虽贞于子，正月侯卦《小过》贞未不贞卯却不合常则；《泰》《否》与卦气相合，但此两卦皆顺行且非间辰而治，故为变例无疑。

　　及至东汉，爻辰又被郑玄用于注经，进而发展为一种解《易》体例。诚如焦循所云："郑康成以爻辰说《易》，本于《乾凿度》而实不同。"③其原则可以概括为"《乾》贞于子，《坤》贞于未，阳爻阳支，阴爻阴支"，即《乾》自初至上顺纳子、寅、辰、午、申、戌六阳支，《坤》自初至上顺纳未、酉、亥、丑、卯、巳六阴支。余下六十二卦之三百七十二爻所纳地支，皆由《乾》《坤》十二爻而定。例如，《坎》九二纳寅、九五纳申，本于《乾》之二、五；初六纳未、六三纳亥、六四纳丑、上六纳巳，本于《坤》之初、三、四、上。据此，郑氏注《坎》上六爻辞"系用徽纆"曰："爻辰在巳，巳为蛇，蛇之

----

① 参见（清）黄宗羲：《易学象数论·外两种》，中华书局 2010 年版，第 161—162 页；（清）张惠言《易纬略义》卷一，载《续修四库全书》第 40 册，上海古籍出版社 1995 年版，第 546 页。

② 《易纬·乾凿度》原文作"丑与左行"，据张惠言《易纬略义》卷一改为"其爻左行"，见（清）赵在翰辑：《七纬·附论语谶》，中华书局 2012 年版，第 47、60 页。

③ （清）焦循：《易图略》卷八《论爻辰第十》，载《雕菰楼易学五种》，凤凰出版社 2012 年版，第 1002 页。

蟠屈似徽缫也。"①

此外，郑玄还以自家独创的爻体说解《易》。所谓爻体，是指将某位之爻作一经卦看待。凡阳居初、四为震爻，居二、五为坎爻，居三、上为艮爻；阴在初、四称巽爻，在二、五称离爻，在三、上称兑爻。如其注《离》卦九三"不击缶而歌"之"缶"曰："艮爻也。位近丑，丑上值弁星，弁星似缶。"②《离》九三艮爻，艮位东北，地支丑亦在东北，故"位近丑"。

自郑玄易学问世以来，爻辰体例便广受责难，甚至集萃汉易诸说的《周易集解》亦独黜郑氏爻辰。焦循则更进一步，主张爻体与爻辰一样"谬悠非经义"③。不过，他仅是给出了这一结论，并未对批评的具体原因予以说明。

4. 卦变

汉代易学的"卦变"，是指某一别卦阴阳两爻互易而成另一别卦。主此说者多将其理论源头溯至《彖传》。在他们看来，《彖·贲》所云"柔来而文刚""分刚上而文柔"即指《贲》卦☲☶由《泰》☷☰之九二、上六互易而来；《彖·咸》"柔上而刚下"则指《否》☰☷之上九、六三互易而成《咸》☱☶。在易学史上，系统的卦变说始自东汉荀爽，完备于三国虞翻。简言之，虞氏卦变大体遵循《乾》《坤》消息生辟卦、辟卦爻变生杂卦的原则，但其中多有变例。例如，二阳四阴者共计十五卦，则辟卦《临》☷☱、《观》☴☷所生当为十三卦。然而，虞氏《易》注以《明夷》《震》《升》《解》《坎》《蹇》《艮》《萃》《晋》等九卦为常例，其余四卦均生于杂卦特变，即《屯》☵☳为《坎》☵☵二之初，《颐》☶☳为《晋》☲☷初之四，《蒙》☶☵为《艮》☶☶三之二，《小过》☳☶为《晋》☲☷上之三。二阴四阳之卦亦十五，《讼》《巽》《家人》《离》《革》《鼎》《大过》《睽》《兑》《需》等十卦为常例，皆由辟卦《遁》☰☶、《大壮》☳☰两爻互易而来。其变例有三，《中孚》☴☱为杂卦《讼》☰☵初之四，《无妄》☰☳注之"《遁》☰☶上之初"及《大畜》☶☰注之"《大壮》☳☰初之上"则为六爻递变，并未遵守两爻升降的规则，

---

① 《公羊传·宣公元年》疏，见林忠军：《周易郑氏学阐微》，上海古籍出版社 2005 年版，第 296 页。

② 《诗·宛丘》疏，见林忠军：《周易郑氏学阐微》，上海古籍出版社 2005 年版，第 299 页。

③ （清）焦循：《易图略》卷八《论爻辰第十》，载《雕菰楼易学五种》，凤凰出版社 2012 年版，第 1007 页。

亦即《遁》上之初、五之上、四之五、三之四、二之三、初之二成《无妄》,《大壮》初之上、上之五、五之四、四之三、三之二、二之初成《大畜》。三阴三阳之卦凡二十,来自辟卦《泰》☷、《否》☷之常例有《归妹》《节》《既济》《贲》《恒》《井》《蛊》《随》《噬嗑》《困》《涣》《未济》《咸》《渐》十四卦。生于杂卦之变例有二:《噬嗑》☳三上互易成《丰》☳,《贲》☷初四互易成《旅》☶。六爻递变之特例有二:《损》☶注"《泰》初之上"与《益》☴注"《否》上之初"。一阴五阳与一阳五阴者共计十二卦。依虞氏卦变规则推之,辟卦《复》☷、《剥》☶、《夬》☱、《姤》☴所生者应有八卦,但此类别卦实自行其例,并无一定之规,如《比》☵为《师》☵二之五,《豫》☳为《复》☷初之四。①

后世学者对待卦变说的态度截然不同。尊之者有蜀才、侯果、李之才、朱震、朱熹、惠栋、张惠言等人,非之者亦不在少数。如北宋程颐认为,《彖传》之"往来""上下"非谓辟卦两爻互易生出杂卦,而是指居于上下二体的六子经卦皆为乾父坤母爻变所生。他曾用此"乾坤卦变说"注解《贲》☶卦《彖传》:"下体本乾,柔来文其中而为离;上体本坤,刚往文其上而为艮。"②即乾中爻变阴居下、坤上爻变阳居上而成《贲》。除程颐外,苏轼、何楷亦主此说。明人来知德则继承发展了朱震、俞琰的相关思想③,以"综卦"即"反对"取代卦变。"如《讼》卦'刚来而得中',乃以为自《遁》卦来,不知乃综卦也。《需》《讼》相综,乃坎之阳爻来于内而得中也。"④在他看来,《需》☵反为《讼》☶,则上体坎之阳爻移居下体中位,故《象·讼》称"刚来而得中"。凡以"《遁》三之二"解之者,皆未得其意。明清之际的顾炎武虽有明显的朱学倾向,其具体见解却与《本义》之说不尽相同。在卦变的问题上,顾氏非朱而是程:"六子之变皆出于乾坤,无所

---

① 虞氏《易》注见(清)李道平:《周易集解纂疏》,中华书局 1994 年版。相关研究参见林忠军:《象数易学发展史》第一卷,齐鲁书社 1994 年版;王新春:《周易虞氏学》,台湾顶渊文化事业有限公司 1999 年版;刘玉建:《两汉象数易学研究》,广西教育出版社 1996 年版。

② (宋)程颢、程颐:《二程集》,中华书局 1981 年版,第 807 页。

③ 参见郭彧:《俞琰卦变说辨析》,载刘大钧主编:《象数易学研究》第三辑,巴蜀书社 2003 年版。

④ (明)来知德:《周易集注·序》,上海古籍出版社 1990 年版,第 4 页。

谓自《复》《姤》《临》《遁》而来者，当从程传。"① 甚至极尊朱子的李光地亦对卦变说颇有微词："《象传》中有言'刚柔往来上下'者，皆虚象也。"②

在《易图略》中，焦循态度坚决地否定了卦变说："余于此求之最深最久，知其非《易》义所有，决其必无此说。"③ 他将虞氏卦变之根本偏弊归结为五④：

> 夫乾坤索为六子，八卦错为六十四，相摩相荡，而设卦之义已毕……今谓卦之来，由于爻之变，其谬一也。

卦变体系的意义并不仅限于注经，它首先是作为《易》卦的生成次序出现在虞翻易学当中的。也就是说，六十四卦并非成于一时，而是历经《乾》《坤》生十辟、辟卦又生杂卦的逐层推演方才齐备。但焦循相信，六十四卦必由八经卦相重而一时生成。况且，诸卦未成之时何尝有爻变？卦变说以爻变在先、成卦在后，无疑是本末倒置。

> 诸卦生于六子，而六子又生于诸卦，其谬二也。

此间所谓"六子"，是指六画卦而非三画卦。在虞氏易学中，一方面，《震》《巽》《坎》《离》《艮》《兑》皆为辟卦所生，此为常例；另一方面，杂卦《屯》《蒙》又由《坎》《艮》特变而来。焦循认为，六纯卦既能生卦又为辟卦所生，乃是卦变说自相矛盾的表现。

> 一阳之卦不生于《剥》《复》，一阴之卦不生于《姤》《夬》，与《泰》

---

① （清）顾炎武著，（清）黄汝成集释：《日知录集释》卷一《卦变》，上海古籍出版社1985年版，第95页。

② （清）李光地编纂：《周易折中》卷九《象上传》，巴蜀书社1999年版，第338页。

③ （清）焦循：《易图略》卷七《论卦变上第二》，载《雕菰楼易学五种》，凤凰出版社2012年版，第981页。

④ 详见（清）焦循：《易图略》卷七《论卦变上第二》，载《雕菰楼易学五种》，凤凰出版社2012年版，第981页。

《否》《临》《观》等例参差不一，其谬三也。

既然四阳二阴、四阴二阳、三阴三阳之杂卦由辟卦所生，则一阳五阴与一阴五阳之卦自行其例，于理不通。

《革》《鼎》《屯》《蒙》《坎》《离》《颐》《大过》之于《遁》《大壮》《临》《观》等，于彼于此，无所归附，其谬四也。

即便遵循常例，上述八别卦之生成方法亦不唯一。例如，不仅《遁》☷上之初成《革》☲，《大壮》☳二之五亦能成《革》；《坎》卦既可视作《临》☷初之五，又可视作《观》☴上之二。

至于《晋》《讼》可生《中孚》《小过》，《噬嗑》可生《丰》，《贲》可生《旅》，蔓衍无宗，不能自持其例，其谬五也。

此条针对的是频繁出现的违例现象。除去消息卦，二阳、三阳、四阳者凡四十四卦，特变者竟多达十一卦，由此足见虞氏卦变之颠倒淆乱、鲜能画一。

　　客观地讲，焦循给出的前两点理由未免有强加己意之嫌，但后三点着实切中了虞翻易学卦变体例的症结。就此而言，他对卦变说的批判乃是基于对其理论体系内在缺陷的深入洞察，这一点大大超越了前人。究其根本，虞氏卦变的种种不足，皆是屈从于注经需要导致的。林忠军先生有一段透辟之论："《周易》卦爻辞取象的广泛性和复杂性，决定了用一个自成体系的卦变来阐明含义往往会露出破绽，令人难以置信。在这种情况下，虞氏只能忍痛割爱，不惜打乱其卦变体系，去绝对服从经文。这就是虞氏卦变体系中出现特变、一爻动生出两卦之例及一阴一阳之卦各自为例的真正原因。"[1]尤为难得的是，焦循对此已有觉察："说《易》者必沾沾于'卦变''反对'者何也？

---

① 林忠军:《象数易学发展史》第一卷，齐鲁书社 1994 年版，第 203 页。

以《象传》有'往来''上下''进退'之文也。荀、虞以来，大抵皆据以为说，传文不可以强通，故不能画一耳。"① 这也侧面反映出他对汉学《易》例的领悟确有独到之处。

5. 升降与旁通

尽管作为焦氏象数学基石的旁通说明显是在整合荀氏升降与虞氏旁通的基础上建立起来的，但焦循相信，唯有自己"实测而知"的五大义例方能贯通经传全篇，荀、虞二人皆与圣人本义失之交臂：

> 升降之说，见于荀爽……旁通之说，见于虞翻……但荀氏明升降于《乾》《坤》二卦，而诸卦不详。虞氏以旁通解《易》，而不详升降之义。②

焦循的旁通体例共有三层要义：一是两卦同位之爻阴阳爻性截然相反，即互为"旁通"；二是十二爻中的六个未定爻两两互易而得定，即由"升降"而"之正"；三是爻变须按二之五、初之四、三之上的方式进行，即遵守"应位"原则。依此三项标准评判荀爽易学，则《乾》《坤》升降在旁通两卦间进行，其余诸卦之升降大多不以旁通为起点，更无应位之限定。虞氏旁通则仅仅着眼于对待两卦的静态关系，尽管其之正说亦不时运用阴阳升降，但始终未与旁通有机结合。就此而言，荀爽是只知升降、不知旁通，虞翻则是只知旁通、不知升降。

6. 半象及两象易

"半象"及"两象易"之名均为虞翻所创。所谓"半象"，是指将别卦中的比邻两爻视作某一经卦的部分显现。如虞注《需》九二"小有言"曰："《大壮》震为'言'，兑为口，四之五，震象半现，故'小有言'。"③ 按卦变说，四阳二阴之《需》䷄由《大壮》䷡四之五而来，《大壮》上体震，《震》卦辞及初九爻辞：'笑言哑哑。'上六又称：'婚媾有言。'震为雷，雷有声。

---

① （清）焦循：《易图略》卷七《论卦变下第三》，载《雕菰楼易学五种》，凤凰出版社 2012 年版，第 982 页。

② （清）焦循：《易图略》卷一，载《雕菰楼易学五种》，凤凰出版社 2012 年版，第 849 页。

③ （清）李道平：《周易集解纂疏》卷二，中华书局 1994 年版，第 115 页。

言必有声，故震为言"①。成《需》后上震消失，但五上两爻仍可看作经卦震的下半部分，故爻辞称"小有言"。焦循指出，两爻比邻的四种情形所得半象均不唯一：两阳爻可视作乾、巽、兑之半象；两阴爻可视作艮、震、坤之半象；两爻上阳下阴可视作巽、离、坎、艮之半象；两爻上阴下阳可视作离、兑、震、坎之半象。由此可见，虞翻断言《需》卦五、上两爻为"震象半现"而非"坎象半现"或"兑象半现"，并无是此非彼的充足理由，不过是根据解经需要随时指认而已。"朱汉上讥其牵合，非过论也。"②

"两象易"又称"上下象易"，是指某一别卦上下二体互换而成另一别卦。此例在虞翻《易》注中仅有三见，且同属《系辞下》"观象制器"章注。一是"宫室取诸《大壮》"，《大壮》䷡为《无妄》䷘两象易；二是"棺椁取诸《大过》"，《大过》䷛为《中孚》䷼两象易；三是"书契取诸《夬》"，《夬》䷪为《履》䷉之两象易。③ 对此，焦循反诘道：《系辞》"观象制器"之例凡十三则，为何用"两象易"者仅此三卦？④

上述批评不无道理，但需要指出，《易通释》曾暗用半象而讳言其名。"《革》下离为日，其上坎月合日之处，九四以一阳奇于其间，使日与月不齐，赢于离日之上，是日有所余，月有所不足。"⑤《革》下体离，离为日，五上两爻坎象半现，坎为月，故曰"日有余而月不足"。至于"相错"体例，或许亦得益于"两象易"之启发。其区别仅在于，前者是两别卦交易内外卦，后者则是同一别卦互换上下体。

（二）论王弼《易》注

在《周易补疏》中，焦循详细讨论了王弼《易》注的部分段落。其序言开宗明义，寥寥数语便将全书观点和盘托出：

① 刘玉建：《两汉象数易学研究》下册，广西教育出版社1996年版，第822页。

② （清）焦循：《易图略》卷七《论半象第四》，载《雕菰楼易学五种》，凤凰出版社2012年版，第988页。

③ 参见（清）李道平：《周易集解纂疏》卷九，中华书局1994年版，第630—633页。

④ 详见（清）焦循：《易图略》卷七《论两象易第五》，载《雕菰楼易学五种》，凤凰出版社2012年版，第988页。

⑤ （清）焦循：《易通释》卷十六《章·蔀·闰》，凤凰出版社2012年版，第670页。

《易》之有王弼，说者以为罪浮桀纣。近之说汉易者，屏之不论不议者也……弼之《易》虽参以己见，而以六书通借解经之法，尚未远于马、郑诸儒，特貌为高简，故疏者概视为空论耳。弼天资察慧，通俊卓出，盖有见于说《易》者支离傅会，思去伪以得其真，而力不能逮。故知卦变之非而用反对，知五气之妄而用十二辟……解"文柔""文刚"以乾二坤上言，仍用卦变之自《泰》来，改换其皮毛，而本无真识也……似明比例之相同。"观我生"之爻，颇见升降之有合。机之所触，原有悟心，倘天假之年，或有由一隙贯通，未可知也。惜乎秀而不实，称道者徒饫其糠秕，讥刺者探其精液，然则弼之《易》，未可屏之不论不议也。①

尽管作为唐初五经重整标志性成果的《周易正义》曾对后世易学影响深远，但在焦循看来，孔颖达多未契中王弼《易》注之要义。所谓"补疏"，即是补孔氏疏文之未尽处。究其大体，《周易补疏》的内容有如下三端：其一，王弼精于假借说《易》，训解字义不失汉儒之风；其二，力辟汉易象数，却又阴用其说；其三，虽未贯通经传全篇，但对《易》辞重出已有觉察。

1.善用训诂假借

一方面，《补疏》列举的部分训诂之例，确实符合王弼注本义。如王注《泰》初九"拔茅茹以其汇，征吉"曰："茹，相牵引之貌也。"循按："《说文》：'挈，牵引也。'《公羊·僖公元年传》：'获莒挐。'《释文》：'一本作茹。'以茹为挈之假借，故为牵引。"②《丰》初九"虽旬无咎"王注："旬，均也。虽均无咎，往有尚也。初四俱阳爻，故曰均也。"循按："《释文》：'荀作均。'《周礼·地官·均人》注：'旬，均也。'《易》'坤为均'，今书亦有作均者。"③另一方面，焦循所言亦有不确之处。如王弼注《明夷》六五"箕子之明夷"曰：

① （清）焦循：《周易补疏·叙》，载《续修四库全书》第27册，上海古籍出版社1995年版，第537页。

② （清）焦循：《周易补疏》卷上，载《续修四库全书》第27册，上海古籍出版社1995年版，第539页。

③ （清）焦循：《周易补疏》卷下，载《续修四库全书》第27册，上海古籍出版社1995年版，第551—552页。

"最近于晦，与难为比，险莫如兹。而在斯中，犹暗不能没，明不可息，正不忧危，故利贞也。"焦氏《补疏》曰：

> 《释文》云："蜀才'箕'作'其'。"刘向云："今《易》'箕子'作'荄滋'。"邹湛云"训箕为荄，诂子为滋，漫衍无经，不可致诘"，以讥荀爽。《汉书·儒林传》："蜀人赵宾，好小数书，后为《易》，饰《易》文。以为'箕子明夷'，阴阳气亡箕子。箕子者，万物方荄兹也。"古字"箕"即"其"，"子"通"滋"，（《释名》："子，滋也。"）"滋"通"兹"。王氏读"箕子"为"其滋"，故云"险莫如兹，而在斯中"……推王注之意，绝不以为近殷纣之箕子……《正义》失王氏义。①

王弼《易》注只字未提箕子其人其事，《正义》以商纣叔父解之②已有不妥，《补疏》所云"箕子"通"其滋"更与王说不合。通观王注，《明夷》䷣上六为卦主，象征至暗至险。六五与之相比，故所处情境极为凶险，然则因其居中，仍可守正不移，此即"险莫如兹，而在斯中"。"如兹"即"如此"，并非焦循所说"滋生"之义。

2. 阴用汉易体例

尽管王弼《易》注以清新简约的风格一洗汉易旧学之牵强缠绕，但其中仍有对汉代象数学的部分保留，这一点早已被焦循看破。例如，《彖·贲》"柔来而文刚，故亨。分刚上而文柔，故小利有攸往"王注曰："坤之上六来居二位，柔来文刚之义也。柔来文刚，居位得中，是以亨。乾之九二分居上位，分刚上而文柔之义也。刚上文柔，不得中位，不若柔来文刚，故'小利有攸往'。"循按："李鼎祚《集解》引荀爽云：'此本《泰》卦。'谓阴从上来居乾之中，文饰刚道，交与中和，故亨也。分乾之二居坤之上，上饰柔道，

---

① （清）焦循：《周易补疏》卷下，载《续修四库全书》第27册，上海古籍出版社1995年版，第547—548页。
② 孔颖达曰："六五最比暗君，似箕子之近殷纣，故曰'箕子之明夷'也。"见（魏）王弼、（晋）韩康伯注，（唐）孔颖达正义：《周易正义》卷四，载（清）阮元校刻：《十三经注疏（清嘉庆刊本）》一，中华书局2009年版，第102页。

兼据二阴，故小利有攸往矣。王氏用荀例，而讳言《泰》卦。"① 由"坤之上六来居二位""乾之九二分居上位"可知，王弼此处是以卦变注《易》。②《贲》 为三阴三阳之卦，成于辟卦《泰》之九二、上六互易。《泰》内乾外坤，乾刚坤柔。上六降二，即"柔来文刚"；九二升上，为"刚上文柔"。再如，王弼注《彖·涣》"刚来而不穷，柔得位乎外而上同"曰："二以刚来居内，而不穷于险；四以柔得位乎外，而与上同。"循按："王氏此注亦用卦变《否》四之二之例，而讳言自《否》卦来。"③ 焦说是。据荀、虞卦变，《涣》 属于三阴三阳之常例，由辟卦《否》二四互易而来。《否》九四降二，即"二以刚来居内"；六二升四，阴爻居阴位，即"柔得位乎外"。

王弼易学问世之后，汉易象数愈发日薄西山，义理易学一跃居于主流，故古今学者多以"扫象"或"尽废象数"论之。如东晋孙盛曾云："六爻变化，群象所效，日时岁月，五气相推，弼皆摈落，多所不关。"④ 就此而言，《周易补疏》宛若空谷足音，具有重要的纠偏意义。但顺此思路渐行渐远，势必又会走向矫枉过正。兹举四例：

> 王弼注《坤》上六"龙战于野"曰："固阳之地，阳所不堪，故战于野。"循按：……荀爽云："消息之位，《坤》在于亥，下有伏乾。"盖《坤》为十月之卦，其辟在亥。以卦位言之，乾处西北，是亥为乾之地而《坤》辟之。此乾所以不堪而战也。郑氏以爻辰说《易》，《坤》初贞未……上贞巳，《乾》辟于巳，则《坤》上爻实为《乾》之地，而坤爻据之，又《乾》所以不堪而战也。王氏用荀、郑之说而浑其辞为固阳之地，不然《坤》

---

① （清）焦循：《周易补疏》卷下，载《续修四库全书》第 27 册，上海古籍出版社 1995 年版，第 542—543 页。

② 朱伯崑先生认为："此是本于荀爽乾升坤降说解释《彖》文刚柔往来说。"见朱伯崑：《易学哲学史》第一卷，昆仑出版社 2005 年版，第 294 页。田永胜亦以升降视之，见《论王弼易学对两汉象数易学的继承》，《周易研究》1998 年第 3 期。此例实为卦变。

③ （清）焦循：《周易补疏》卷上，载《续修四库全书》第 27 册，上海古籍出版社 1995 年版，第 553 页。

④ （晋）陈寿：《三国志》卷二十八《魏书·钟会传》裴松之注所引何劭《王弼传》，中华书局 1982 年版，第 796 页。

之上六何以为阳之地乎？①

荀爽曾用十二消息、地支方位与后天卦位解《坤》卦上六，《坤》值亥月，亥居西北，西北为乾卦之象。又按郑氏爻辰，《坤》上纳巳，巳月辟卦《乾》，《乾》阳《坤》阴同位，必交战于此。于是焦循以为，王弼视《坤》上为阳之地，正是暗用了荀、郑两家之说。其实，王注并无一语言及卦气、方位、爻辰。《坤》上为阳得以成立的前提首先在于其"初上不论位"的爻位规定，即初、上两位的阴阳属性不再遵从《易传》确立的阳奇阴偶之例。再结合上文"阴之为道，卑顺不盈"②来看，上爻亢极之地属阳，乃是由"乾健坤顺""阳尊阴卑"之观念自然推出，绝非像焦循理解的那样基于汉易象数。

> 王弼注《临》彖辞"至于八月有凶"曰："八月阳衰而阴长，小人道长，君子道消也，故曰'有凶'。"循按：王氏以八月指《否》所辟之月。夏之七月，殷之八月也。文王用殷正，故以《否》所辟为八月。③

《周易正义》曰："'小人道长，君子道消'，宜据《否》卦之时，故以《临》卦建丑，而至《否》卦建申为八月也。"④此是以"十二消息"解王注。焦循亦然。据汉易卦气说，《临》☷☱值丑月，《否》☰☷值申月。夏历建子，殷历建丑，故丑为夏之十二月、殷之正月，《否》为夏之七月即殷之八月。不过，单凭王弼此处的简短注释，我们无从确证其是否运用了严格意义上的卦气说。至于"八月阳衰而阴长"，也完全可以在非卦气意义的一般语境下理解为昼短夜长、气温渐寒始于八月秋分。更重要的是，凡主王氏采纳卦气者，

---

① （清）焦循：《周易补疏》卷上，载《续修四库全书》第27册，上海古籍出版社1995年版，第538页。
② （魏）王弼：《周易注·上经》，载楼宇烈校释：《王弼集校释》，中华书局1980年版，第228页。
③ （清）焦循：《周易补疏》卷上，载《续修四库全书》第27册，上海古籍出版社1995年版，第542页。
④ （魏）王弼、（晋）韩康伯注，（唐）孔颖达正义：《周易正义》卷三，载（清）阮元校刻：《十三经注疏（清嘉庆刊本）》一，中华书局2009年版，第72页。

均未能觉察或刻意回避了一条重要注文。王弼注《复》卦《大象》曾云："冬至，阴之复也；夏至，阳之复也。"① 由此间阴阳消长与冬夏两至的对应可以断定，王弼易学与汉易卦气必无关涉。原因在于，汉学诸家均以《复》卦符示十一月中气冬至，以《姤》卦符示五月中气夏至，即"冬至阳复，夏至阴复"。王弼则云"冬至阴复，夏至阳复"，与汉易卦气正相反对，故绝无可能援引该说注解《临》卦。

> 王弼注《观》六二"窥观"曰："犹有应焉，不为全蒙，所见者狭，故曰'窥观'。"循按：《观》本《蒙》二升五之卦。《蒙》已成《观》，故"不为全《蒙》"。此荀爽二五升降之义，王氏阴用之。②

焦循认为，此注暗含荀氏升降之法。《蒙》☳九二升五、六五降二为《观》，因"《蒙》已成《观》"，故"不为全《蒙》"。③ 然而，倘若我们超越孤立的字词，进入王弼原文的语境内，即可发觉上述观点全无根据。王弼《卦略》曾云："《观》之为义，以所见为美者也。故以近尊为尚，远之为吝。"④ 一方面，《观》之六二居于内卦，远离九五、上九两个象征尊上的阳爻，自然"所见者狭"，即有蒙昧之象；另一方面，六二居中得位，且以柔顺与九五相应，又非完全蒙昧，故"不为全蒙"。焦循将其解作阴阳升降并不妥当。

> 王弼注《震》九四"震遂泥"曰："处四阴之中，居恐惧之时，为众阴之主，宜勇其身以安于众。若其震也，遂困难矣。"循案：……此

---

① （魏）王弼：《周易注·上经》，载楼宇烈校释：《王弼集校释》，中华书局1980年版，第337页。

② （清）焦循：《周易补疏》卷下，载《续修四库全书》第27册，上海古籍出版社1995年版，第542页。

③ 有必要指出，荀爽并未以《蒙》之二五升降注《观》卦，故焦循所谓"王氏阴用之"，是指王弼采用了荀氏的升降体例，而非因袭其《观》卦注文。

④ （魏）王弼：《周易略例·卦略》，载楼宇烈校释：《王弼集校释》，中华书局1980年版，第618页。

云困难，即指四之互坎。①

王弼此间显然是以卦主和爻象解《易》。《震》九四为卦主，此一象征君子的阳爻务须相时而动，从而令上下四阴代表的群民身心得安。值此之时，若仍取威骇肃整之法，必将陷入危难境地。焦循却以互体及逸象论之，《震》三至五互坎，《彖·坎》"习坎，重险也"，即坎为险；险、难义近，故"难"为坎之逸象。这种解说无疑是郢书燕说。

3. 稍悟贯通之旨

不可否认，王弼确曾点出个别《易》辞的前后反复。如《夬》卦九四《小象》"聪不明也"注下仅有一语："同于《噬嗑》'灭耳'之凶。"②此句旨在提示《夬》卦九四与《噬嗑》上九之《小象》相同，无须另作解释，参看《噬嗑》注文即可。但在焦循眼中，该则注文便成了王弼对《易》辞重出有所觉察的证据。"孔子翼赞之例，王氏似稍悟之，惜未能好学深思也。"③不仅如此，焦循甚至认为王弼注的个别条目已然触及了某些字词单元的象数"本义"：

> 《观》九五"观我生，君子无咎"注曰："上之化下，犹风之靡草。故观民之俗，以察己之百姓，有罪在于一人。君子风著，己乃无咎。"循按：王氏此注全用二五升降为说。"己"指五，"己之"谓《蒙》二之五。《蒙》二之五，上乃成巽，为风。"著"，《杂卦传》云"《蒙》杂而著"，著字用此，在《蒙》上无巽风，《蒙》二之五巽风乃著。风著于上，五乃成君子，无咎。故云"己乃无咎"。④

① （清）焦循：《周易补疏》卷下，载《续修四库全书》第27册，上海古籍出版社1995年版，第551页。
② （魏）王弼：《周易注·下经》，载楼宇烈校释：《王弼集校释》，中华书局1980年版，第436页，标点有改动。
③ （清）焦循：《周易补疏》卷下，载《续修四库全书》第27册，上海古籍出版社1995年版，第549页。
④ （清）焦循：《周易补疏》卷下，载《续修四库全书》第27册，上海古籍出版社1995年版，第542页。

值得注意的是，焦循虽将此例归为荀氏升降，但上述按语的诠释路数乃是延续《易学三书》而来，实与汉易不同。换言之，他并未理会王弼《易》注的原本文意，而是将其拆分为字词单元，并依"十二类《易》辞"解之："之"即"爻之"，此处指二五互易；《观》五爻定称"君子""我"，"我"即"己"；上体巽，"巽为风"；"著"字则与《杂卦》"《蒙》杂而著"构成同辞，从而指示《蒙》䷃二之五成《观》䷓的卦爻运行。此即王注"己之百姓""君子风著"的象数根据。显然，这种理解隐含着如下前提：凡对四圣本义有所契会者，其表述方式必定遵循象辞相应之原则。因而，"参伍求通"的对象不能仅限于《周易》经传，还应包括后世诸家《易》说在内。换言之，先秦至清代各类典籍中的辞句篇章只要能与《易学三书》之说相合，则一律可以视作对圣人《易》旨的接续与彰显。例如，《易话》下《〈春秋〉传说〈易〉》云："《闵二年》传：季友将生，筮之，遇《大有》之《乾》，曰：'同复于父，敬如君所。'按：《大有》䷍二之五成《同人》䷌，故曰'同'。凡五柔变而为刚，谓之'复'。《大有》五柔，二之五上成乾，乾为君、为父，故'复于父而敬如君所'。此于《易》义明白了然。"[1] 再如，《春秋繁露·精华》云："其在《易》曰：'鼎折足，覆公餗。'夫鼎折足者，任其非人也。覆公餗者，国家倾也。"循按："非其人，犹云'匪人'。《鼎》䷱四之初成《大畜》䷙，与《大有》䷍四之《比》䷇初同，所谓无交害匪咎，匪即非其人。"[2] 又如，《易广记》曰："宋杨简《易传》……有确不可易之言，如云：'六十四卦皆可以言元亨利贞，圣人既于《乾》言之，又于《坤》言之，又于《屯》言之。圣人于此，谓学者可以意通之矣。'……真冰雪聪明，举一隅而三隅反矣。"[3]

在《易话》和《易广记》中，同类卦例触目皆是。事实上，焦循的易学史批评大多是以《易学三书》为标尺裁断以往诸家《易》说。需要指出，我

---

① （清）焦循：《易话》下《〈春秋传〉说〈易〉》，载《雕菰楼易学五种》，凤凰出版社 2012 年版，第 1039 页。

② （清）焦循：《易话》下《贾、董说〈易〉》，载《雕菰楼易学五种》，凤凰出版社 2012 年版，第 1050 页。

③ （清）焦循：《易广记》卷二，载《雕菰楼易学五种》，凤凰出版社 2012 年版，第 1081—1082 页。

们不应仅把这一内容看作他对学术史的重新审视，更应从中体味到其积极回应当下文化课题的愿望。对焦循来说，评价易学史实为一举两得——它既可以通过对历代文献的再度解释来印证自己实测而得的"本义"，又能以此证明经传原旨散存于各朝著述而非为汉儒所独享，从而落实扬州学派"变据守为圆通"的目标。而且，"本义"与"求通"亦无间隔，而是构成了一种互促交进的关系：唯有走出一准汉说的乾嘉学风，方能洞悉《周易》经传的本然意蕴；对诸家《易》说的裁断分辨，又必须建基于豁然通达圣人之本义。归根结底，所谓的"本义"不过是一种"己见"。尽管在焦循的心目中，这正是"自得性灵"的充分展现，但客观地讲，从对个人识见的极度信任出发评判此前易学的做法，只能是强人从己。它非但不能点出各家注文的切要之处，甚至其本然意旨亦被消解殆尽。相较而言，唯有后半部《易图略》评汉易体例和《周易补疏》论王弼易学的部分内容稍显平正。即便如此，其中仍留有朴学时代的鲜明印记。我们再次强调，焦循、阮元等扬州学人首先是作为吴、皖汉学后继者的身份登上学术舞台的。他们的目标不是摧毁乾嘉学术的既定形态，而是以汉学内部的更新改良来纠正其业已暴露的重重弊端。正是这种继承与革新的相互交织，使得焦循一面对汉易与本义加以区分并对前者多有批评，一面又吸纳旁通、升降、之正、两象易等汉学旧例来建构自己的易学体系。同时期的王念孙、王引之父子亦曾对汉易是非予以裁断，他们虽对纳甲、爻辰甚感不满，却对卦气、互体颇为认肯。[1] 由此可证，在扬州学者眼中，汉儒经说不乏真知灼见，绝非一无是处。"其商瞿所受，杜田生所传，散见于孟喜、京房、郑康成、荀爽、虞翻之说，不绝如缕。惜乎汉魏诸儒，不能推其所闻，以详发圣人之蕴，各持其见，苗莠杂糅。"[2] 究其根本，他们对汉儒的大肆指责只是企图扭转当时学者拘泥汉说不复穷索的学风。不过，一旦要在汉学与宋学间加以取舍，其深埋于心的斥宋尊汉倾向便会立时显现。这一点，在焦循对河图、洛书的态度上表现得尤其明显。《易学三书》并无一语考辨图、书真伪，便全盘接受了清初诸家的结论："《河图》《雒

---

① 参见林忠军：《论王念孙、王引之父子的易学解释》，《周易研究》2013 年第 1 期。

② （清）焦循：《易通释·叙目》，载《雕菰楼易学五种》，凤凰出版社 2012 年版，第 230 页。

书》，经前儒驳正，无复遗说。详见毛大可《河图雒书原舛》、胡朏明《易图明辨》。"① 甚至《易章句》在《系辞》"河出图，洛出书，圣人则之"一句下只留"未详"二字。② 依此推测，尽管历代易学对圣人之意皆有所得，但汉朝经师的整体识见远超后世诸家则不容置疑。焦循津津乐道于王弼《易》注与汉易体例的比附，无非意在反显汉学之影响深远。其实，这种"案文责卦"③的解经路数恰是王弼本人极力破斥的，《补疏》指出的多数汉易卦例明显脱离了注文原意。纵然该书确有可取之处，皮锡瑞"焦氏易学深于王弼，故能考其得失"④、柯劭忞"皆援据精确，足以补《正义》所不及"⑤的评语也不宜盲从。

---

① （清）焦循：《易图略》卷七《论连山归藏第一》，载《雕菰楼易学五种》，凤凰出版社2012年版，第975页。
② （清）焦循：《易章句》卷七《系辞上传》，载《雕菰楼易学五种》，凤凰出版社2012年版，第176页。
③ （魏）王弼：《周易略例·明象》，载楼宇烈校释：《王弼集校释》，中华书局1980年版，第609页。
④ （清）皮锡瑞：《经学通论》，中华书局1954年版，第37页。
⑤ 王云五主持：《续修四库全书提要》第一册，台湾商务印书馆1972年版，第88页。

第四章 《论》《孟》注疏的义理诠释

《易学三书》的定稿，标志着焦循象数学的圆满建成。概言之，他把《周易》经传拆分为一系列字词单元，再由"实测"逐一揭示其象数含义，从而回答了父亲焦葱当年的《易》辞重出之问。"《小畜》旁通于《豫》而有'密云不雨，自我西郊'之辞，《小过》旁通《中孚》而有'密云不雨，自我西郊'之辞。《小畜》二之《豫》五而后上之《豫》三，为《中孚》二之《小过》五而后《中孚》上之三之比例。如此贯之，《易》义明白了然。"[①] 依他之见，《周易》一书的表述方式即是以经传字词指示卦爻运行。这一以象辞相应为基点的易学观尽管能够自圆其说，却仍然面临着重大挑战：倘若伏羲画卦、文王周公系辞、孔子作传的全部宗旨仅限于彰明卦爻行动，则《周易》一书不仅与圣人之道毫无关涉，甚至可以用无聊来形容。唯有象数中隐含着深层的义理意蕴，四圣才会如此大费周章。那么，象数背后有哪些义理？对焦循来说，这一问题不仅关系到其苦心经营的易学体系是否完整，更关乎其立论前提能否成立。于是，在《易学三书》的象数建构完成之后，焦循又借《论语》《孟子》注疏转向了义理探求。

一、设卦定人道

只要我们能摆脱自身学术立场导致的偏见，就不难体察到象数易学中蕴含的义理思想。事实上，象数派与义理派的区别并不在于是否讨论义理，而

---

① （清）焦循：《易话》上《学〈易〉丛言》，载《雕菰楼易学五种》，凤凰出版社 2012 年版，第 1012—1013 页。

在于表达义理的方式有所不同。一般而言，王弼、程颐等"义理优位"者多以经传注解直接阐发圣人之道；主张"象数优位"的虞翻、刘牧、邵雍等人则鲜有对易道宏旨的集中论述，而是将其通体涵化在纷繁复杂的解经义例和各种易象图示之中。在此问题上，焦循亦取道后者。更重要的是，其独特的象辞观无法容纳义理派的解《易》方法："义存于'密云不雨，自我西郊'之中，而'密云不雨，自我西郊'则无义理可说也……说《易》者久无传人，而又不苦心虚衷，但望文生意，揣摹于形似之间，遂自以为得其义，诚何易易哉！"①在焦循看来，义理派学者由经传文意寻求本旨的做法根本未入易学之门，因为他们完全没有领会圣人作《易》的表述方式。《易》辞只是卦爻运行的指示符，故《周易》义理与那些未切实质的辞意无甚关联，唯有透过象数规则方能了悟。

那么，圣人如何用象数来彰显义理？卦爻运行与易道本旨有何联系？焦循认为，要回答这些问题，"必先知伏羲未作八卦之前是何世界，伏羲作八卦重为六十四何以能治天下，神农、尧、舜、文王、周公、孔子何奉此卦画为万古修己治人之道"②。自邵雍拈出"须信画前原有易"③一语以来，宋明学者多喜谈画前之旨。朱熹曾云："看《易》，须是看他卦爻未画以前，是怎模样……当其未有卦画，则浑然一太极，在人则是喜怒哀乐未发之中。"④明人胡宗正授《易》于罗汝芳时亦曾问曰："若知伏羲当日平空白地着一画耶？"⑤焦循提出的问题虽与之相类，但他并不像宋明学者那样将"画前之易"归诸河图洛书、先天之学或太极之理。尤应注意的是，他所追问的并不是"画前易"的内容，而是"未作八卦之前是何世界"，即伏羲时代先民生活的历史情境。正是从古代典籍的相关记载出发，焦循对其"设卦定人道"的观点展

① （清）焦循：《易话》上《学〈易〉丛言》，载《雕菰楼易学五种》，凤凰出版社 2012 年版，第 1013 页。
② （清）焦循：《易话》上《学〈易〉丛言》，载《雕菰楼易学五种》，凤凰出版社 2012 年版，第 1014 页。
③ （宋）程颢、程颐：《二程集》，中华书局 1981 年版，第 45 页，标点有改动。
④ （宋）黎靖德编：《朱子语类》卷六十七，中华书局 1986 年版，第 1660 页。
⑤ （明）曹胤儒：《罗近溪师行实（节录）》，载（明）罗汝芳：《罗汝芳集》，凤凰出版社 2007 年版，第 835 页。

开了全面论述："陆贾《新语》云：'先圣乃仰观天文，俯察地理，图画乾坤，以定人道，民始开悟，知有父子之亲、君臣之义、夫妇之道，长幼之序。于是百官立，王道乃生。'《白虎通》云：'古之时，未有三纲六纪，民人但知其母，不知其父，于是伏羲仰观象于天，俯察法于地，因夫妇，正五行，始定人道，画八卦，以治下。'……（《吕氏春秋·恃君篇》云：'昔太古尝无君矣，其民聚生群处，知母不知父。'）谯周《古史考》云：'伏羲制嫁取，以俪皮为礼。（见《史记索隐》。）伏羲之前，有男女而无定偶，则人道不定。伏羲定人道而夫妇正，男女别。'"①除上述文献外，《易纬·乾凿度》亦有相近描述。②焦循此间旁征博引，无非旨在从文明发展的角度凸显伏羲画卦的历史意义。上古之时，先民只知其母而不识其父，更不必论父子、长幼、君臣等人伦礼序。伏羲氏出，始画乾阳坤阴象征男女，并教民以嫁娶之礼，人道方得正定：

　　　然则伏羲之卦可知矣，为知母不知有父者示也。故乾坤定位，而后一索、再索、三索，以生六子。有父子，而长少乃可序……故传云"天尊地卑，乾坤定矣"，明伏羲之卦首定乾坤也。乾坤生六子，六子共一父母，不可为夫妇，则必相错焉，此六十四卦所以重也。犹是《巽》之配《震》也，《坎》之配《离》也，《兑》之配《艮》也。在三画，则同一父母之所生。在六画，则已为阴阳之相错。相错者，以此之长女，配彼之长男。以彼之中男、少男，配此之中女、少女，一相错而婚姻之礼行，嫁娶之制备。八卦成列，因而重之，吾于此知伏羲必重卦为六十四。或谓伏羲但作八卦，不重卦，则所以制夫妇之礼，即用一父母

---

① （清）焦循：《易图略》卷六《原卦》，载《雕菰楼易学五种》，凤凰出版社2012年版，第953页。

② 《易纬·乾凿度》："方上古之时，人民无别，群物无殊，未有衣食器用之利，于是伏羲乃仰观象于天，俯观法于地，中观万物之宜，始作八卦，以通神明之德，以类万物之情。故易者所以经天地，理人伦而明王道。是故八卦以建，五气以立，五常以行。象法乾坤，顺阴阳，以正君臣父子夫妇之义。度时制宜，作罔罟以畋以渔，以赡人用。于是人民乃治，君亲以尊，臣子以顺，群生和洽，各安其性，八卦之用。"见（清）赵在翰辑：《七纬·附论语谶》，中华书局2012年版，第31页。

所生之男女矣，伏羲必不尔也。故传云"有男女然后有夫妇"，不赞于《乾》《坤》，而赞于《咸》《恒》，明伏羲之定人道、制嫁娶，在相错为六十四也。孔子于《序卦》明男女之有夫妇，而于伏羲作八卦统其辞云"通神明之德，类万物之情。六爻发挥，旁通情也"。"旁通情"，即所以"类万物之情"。可知卦之旁通，自伏羲已然。非旁通无以示人道之有定而夫妇之有别也……制嫁娶，使民各有其偶也。教渔佃，使民自食其力也……人伦正而王道行，所以参天地而赞化育者，固无他高妙也。神农、黄帝、尧、舜踵此而充扩之，文王、周公、孔子述此而阐明之。[①]

据《说卦》"父母六子说"，经卦乾父坤母自初至上三对同位之爻相继互易而生长男震、长女巽、中男坎、中女离、少男艮、少女兑，如一家父母子女齐备，且不失长幼尊卑之分。然而，六子同一父母所生，不可婚配，则经卦依序生成仅能对夫妇二人及其子女所组成的单个家庭予以呈示，却不能进一步展现族群的繁衍不息。因此，伏羲又将三画经卦重为六画别卦，即八经卦各自相重而得八纯卦。此八卦两两旁通，共计四组。其中，《震》《巽》旁通，相错为《恒》《益》，象征此家长男与彼家长女结为夫妇；《坎》《离》旁通，相错为《既济》《未济》，象征此家中男与彼家中女结为夫妇；《艮》《兑》旁通，相错为《损》《咸》，象征此家少男与彼家少女结为夫妇。必须指出，只有此三组旁通代表两家子女，其内外相错有如二人完婚，余下二十九组旁通此处概不涉及。程石泉先生误以三十二组旁通之三对爻变解之："若以伏羲重六十四卦盖所以定婚姻、别男女，则卦之自身旁通，其男女之相偶实为一家人，未免有乖焦氏之立说。"[②]程氏以为，凡未定之爻于卦间互易皆如男女婚配，而自行升降之别卦上下两体出于同一父母，属于特例。这是对焦循原文的曲解。

伏羲画卦的意义并不仅限于成就夫妇之道，还在于使民顺是开悟一切人伦观念。推而广之，由一家之父慈子孝，知一族之长幼有序，及至一国君臣上下各有定分，即《序卦》所云："有男女然后有夫妇，有夫妇然后有父子，

---

① （清）焦循：《易图略》卷六《原卦》，载《雕菰楼易学五种》，凤凰出版社 2012 年版，第954—955 页。

② 程石泉：《易学新探·雕菰楼易义》，上海古籍出版社 2003 年版，第 326 页。

有父子然后有君臣，有君臣然后有上下，有上下然后礼义有所错。"追本溯源，普天之下人道伦序的终极正定又莫不始于男女婚配，故《系辞传》开篇即云："天尊地卑，乾坤定矣。"

伏羲设卦为文明之肇端。此后，大道又经列位先圣之手代代相传。一方面，神农、黄帝、尧、舜、文王、周公将伏羲彰明的人伦化为治国之经法，令天下万民身家性命各得安顿正定；另一方面，三圣唯恐《易》卦本旨日久遗落，故相继增以经文、传文，望后世学者顺循其精心布置的同辞标记求得象数规则，从而确保设卦所定之人道千载常存。不仅如此，孔子赞《易》之余犹感未尽，又融伏羲之教于讲学以授其门人。"其教人之义，文王、周公已施诸政治，孔子已质言之于《论语》《大学》《中庸》，传之七十子。此《易》辞全在明伏羲设卦观象，指其所之，故不言义理，但用字句之同以为乡导，令学者按之而知三百八十四爻之行动……指明其所之，则义理自见。文王述伏羲、孔子赞文王如此，志在使伏羲当日通德类情之故从卦爻中显出，宜按辞以知卦。泥辞以求义理，非也。"①《周易》经传采取以辞明象的方式间接表达义理，《论语》一书则将大道宏旨畅然点出，但究其根本，二者无不本诸伏羲画卦。就此而言，《论语》义理实与《周易》象数相互显发，故研《易》绝不可只观经传，更须参详圣人语录。《论语》看似浅易，实则精深。其之所以如此，乃是因孔子讲学仍在沿用《周易》经传"参伍错综，引申触类"的表达方式。例如，"言'巧言令色，左丘明耻之，丘亦耻之'，未言何以可耻也，则又言'巧言令色，鲜矣仁'，则知所以可耻者，以其鲜仁也。推之，'仁者，其言也讱'，以其不巧言也。'色取仁而行违'，以其令色也。'刚毅木讷近仁'，木则不令色，讷则不巧言也。更有言则同而义则异者，其自相发明尤为神妙……既云'君子有九思'，又云'以思无益，不如学也'，又云'学而不思则罔，思而不学则殆'……凡立一言，必反复引申，不执于一，令学者参悟自得"②。这就意味着，解读《论语》也必须遵循"纵横求

---

① （清）焦循：《焦里堂先生轶文·寄王伯申书》，载《丛书集成续编》第 193 册，台湾新文丰出版公司 1989 年版，第 125 页。

② （清）焦循：《雕菰集》卷十六《〈论语何氏集解补疏〉自序》，载《丛书集成初编》第 2194 册，商务印书馆 1936 年版，第 275—276 页。

通"的原则:"读《论语》而未得其指,则孔子之道不著。孔子之道所以不著者,未尝以孔子之言参孔子之言也……数十年来,每以孔子之言参孔子之言。且私淑孔子而得其指者,莫如孟子,复以孟子之言参之。既佐以《易》《诗》《春秋》《礼记》之书,或旁及荀卿、董仲舒、扬雄、班固之说。"① 焦循的《论语通释》和《论语补疏》②,即是运用此种研究方法取得的成果。前者在贯通《论语》全篇相近或相关内容的基础上,逐一讨论了"一贯忠恕""异端""仁""圣"等十五组概念范畴之"本义";后者则选取若干语录予以细致疏解,并依此裁断何晏注文之得失。

圣人之道未随夫子离去而断绝。从春秋到战国,孔子教诲在门人弟子间薪火相传,又在孟子处大发其皇:"七十子殁,道在孟子。孟子道性善,称仁义,恶杨墨之执一,斥仪衍之妾妇,皆所以阐明孔子之学,而吻合乎伏羲、文王、周公之旨。故孟子不明言《易》,而实深于《易》。"③ 既然古经与大传的象辞相应足以指明卦爻运行,再作解说实属无谓重复,故孟子讲学论道未有一语言及《周易》经传。况且,值此礼崩乐坏、战乱频仍之际,透过明晰的言语文字使潜藏在卦爻象数中的大道至理再度彰显于世,从而扭转人伦秩序的日趋黯淡,委实更为迫切。于是,他紧承孔门《论语》《大学》《中庸》之端,上接伏羲、文王、周公三圣之教,倡之不遗余力而为《孟子》七篇。就此而言,尽管孟子未尝论及《周易》,其彰明易道之功却不容置疑。基于这一识见,焦循晚年才萃心于《孟子》及赵岐注,并在长逝之前草成《孟子正义》三十卷。

综上,焦循从"设卦定人道"这一基点出发,层层推进,通过对上古传说及早期儒学发展史的重新解读完成了象数与义理的衔接。一方面,贞定人道乃是伏羲设卦的初衷,即象数以义理为本旨;另一方面,人道的具体内容

---

① (清)焦循:《论语通释》,《木犀轩丛书》本。
② 《论语通释》和《论语补疏》的版本考辨问题,详见胡适:《焦循的〈论语通释〉——与马幼渔先生书》,载《胡适文存三集》卷七,安徽教育出版社 2003 年版;钱穆:《中国近三百年学术史》第十章《焦里堂阮芸台凌次仲·里堂著述大要》,商务印书馆 1997 年版;何泽恒:《焦循研究》第二章《焦循论语学析论》,台湾大安出版社 1990 年版;陈居渊:《焦循阮元评传》,南京大学出版社 2006 年版,第 98—104 页。
③ (清)焦循:《易通释·叙目》,载《雕菰楼易学五种》,凤凰出版社 2012 年版,第 230 页。

又并非以言语文辞直接表达，而是借设卦予以开示，故义理不离象数。因乎此一体两面不可偏废，历代先圣才将其分别点出：《周易》经传指示卦爻行动，专明设卦之象数；《论语》《孟子》张扬纲纪伦常，详言人道之义理。因此，圣晓喻其旨看似各有侧重，其实正是希望以二者互补告诫后世学者当不落两边，唯有象数、义理合观，方可透悟易道大全：

> 盖《易》隐言之，《论语》显言之。其文简奥，惟《孟子》阐发最详最罄……以《孟子》释《论语》，即以《论语》释《周易》，无不了然明白，无容别置一辞。①

就象数而言，《周易》经传意在明示卦爻运行，故经文、传文一体不分；就义理而言，儒家四书旨在弘扬人伦之道，故《论语》《孟子》亦互诠互显；就象数与义理的关系而言，伏羲设卦定人道是二者的共同渊源，故《易》《论》《孟》理应通而为一。这就意味着，焦循的《论语》《孟子》注疏绝不是孤立的儒学讨论，而是与《易学三书》紧密连接的有机整体。如果说后者仅是对《周易》经传象数本义的还原，《论语通释》《论语补疏》《孟子正义》等义理著作则是其易学体系最终完成的标志。

事实上，这一结论并不局限于《周易》与四书，更可进一步延拓至一切经学典籍。有必要指出，打通诸经的做法并非焦循首创。从传世文献来看，五经互证在东汉郑玄处已颇具规模。不过，郑氏虽多有以《礼》注《易》、以《礼》解《诗》、以《易》笺《诗》之举，却似乎未曾道破此一解经之法的学理根据何在。相较而言，宋明儒者基于"道统"传绪会通诸经的做法更显顺理成章。例如，阳明后学罗汝芳力主五经、四书通而为一："《书》之政事、《诗》之性情、《礼》之大本、《春秋》之大义，言言皆自伏羲画中衍出，非《易》自为《易》，各经自为各经。"②"一切经书皆必归会孔孟，孔孟之言

---

① （清）焦循：《雕菰集》卷十六《〈论语何氏集解补疏〉自序》，载《丛书集成初编》第 2194 册，商务印书馆 1936 年版，第 275 页。
② （明）罗汝芳：《盱江罗近溪先生全集·语录》，《罗汝芳集》，凤凰出版社 2007 年版，第 287 页。

皆必归会孝弟。"①在此问题上，焦循将神农、黄帝、文王、周公、孔子、孟子之所言所行一概归结为对伏羲之道的承继展开，且以之作为贯通《易》《论》《孟》的理据，与宋学"道统"说的思路并无本质不同。除了圣人谱系略有差异，他不过是把"十六字心传"的"道心""人心"换成了"设卦定人道"的象数与义理。至于"孟子不明言《易》，而实深于《易》"的观点，更是直接采纳了两宋诸家。邵雍曾云："知《易》者，不必引用讲解，始为知《易》……人能用《易》，是为知《易》，如孟子可谓善用《易》者也。"②程颐曰："知《易》者，莫若孟子。"③王应麟曰："孟子辟邪距诐，羽翼孔道，七篇垂训，法严义精。知性知天，《易》之奥也。"④依此观之，焦循对宋学资源多有吸纳。可是，一旦转入义理细节，他对理学的排斥便又暴露无遗。"戴东原临终之言曰：'生平读书，绝不复记。到此方知，义理之学，可以养心。'因引以为排斥古学之证。江都焦循曰：非也。凡人嗜好所在，精气注之。游魂虽变，而灵必属此。况临殁之际哉？……东原生平所著书，惟《孟子字义疏证》三卷、《原善》三卷最为精善。知其讲求于是者，必深有所得，故临殁时往来于心。则其所谓义理之学可以养心者，即东原自得之义理，非讲学家《西铭》《太极》之义理也。"⑤可见，焦循内心始终与宋明理学刻意保持着距离。质言之，其义理乃是延续乾嘉学者尤其是皖派戴震以汉学方法讨论宋学话题的路数而来。不仅《孟子正义》频繁征引清人成说，甚至《论语通释》的著述体裁亦全盘仿效了《孟子字义疏证》，同时，训诂考据等汉学内容依然占据其《论》《孟》注疏的较大篇幅。凡此种种，皆透露出焦循义理学中深沉浸润的时代文化精神。即便他对《周易》《论语》《孟子》三书会通的论证与宋学的"道统"思想渊源极深，将其视为对"求通"学风的具体落实或许更为允当。确切地说，"通儒"的赞誉，不单着眼于焦循对乾嘉学界墨守

---

① （明）罗汝芳：《近溪子集》卷乐（二），载《罗汝芳集》，凤凰出版社 2007 年版，第 53 页。

② （宋）邵雍：《观物外篇》，载《邵雍集》，中华书局 2010 年版，第 159 页。

③ （宋）程颢、程颐：《二程集》，中华书局 1981 年版，第 327 页。

④ （宋）王应麟：《玉海》卷四十二《举孝廉试经第一除郎中》，江苏古籍出版社、上海书店 1987 年版，第 793 页。

⑤ （清）焦循：《雕菰集》卷七《申戴》，载《丛书集成初编》第 2192 册，商务印书馆 1936 年版，第 95 页。

汉说、不辨是非和拘执故训、不论义理之风的极力扭转，更是对其着力建构的治学之方的一种点示。对他而言，天算数学、声音训诂、名物考据、易学象数、儒学义理等学术门类之间本无罅隙，皆应相互敞开。相应地，"参伍求通"的诠释原则也不只适用于《周易》经传，而须贯穿在一切学问之中。为了落实这一思想，焦循从"设卦定人道"的前提出发，极力在《论语》《孟子》的义理条目与《周易》的象数规则之间建立连接。这一点，在他对仁、义、礼、智、道、命、教诸义的诠释中表现得尤为显明。

二、"旁通"与"仁"

"仁"是儒学的根本要义。在《论语》一书中，该字出现多达百次以上。后世儒学几经变迁，亦从未动摇其核心地位。然而，尽管历代皆不乏对"仁"字本旨的详细解说，其确切含义却始终未得定论。在此问题上，焦循可谓独辟蹊径，他并不急于揭示仁的义理内涵，而是由卦爻象数切入，层层展开其全部讨论：

> 传以仁赞元……仁配阳，谓由阴交而生阳也……仁义指二五。①

《文言·乾》曰"元者，善之长也"，又曰"君子体仁足以长人"，此即"仁""元"同义之明证；又据《易通释》，"元"即"大中"，意谓旁通两卦二五先行。在焦循看来，《易传》以仁赞元，实已指明"仁"由"旁通"生发而出。因此，只要领会旁通规则的人伦内蕴，"仁"之本义自可朗现：首先，伏羲设卦定人道以旁通为卦爻运行之起点，故孔子创立儒学必以仁为第一要著，即"圣人之道，惟在仁恕"②。再者，单一别卦代表孤立的个人，两卦旁通则象征人与人结成的关系。如同六十四卦以旁通为存在方式，道德伦常必以人之相互对待为基本前提。如阮元所云："孔门所谓仁也者，以此一人与彼一人相人

---

① （清）焦循：《易通释》卷五《仁·义·礼·信·知》，载《雕菰楼易学五种》，凤凰出版社2012年版，第355—356页。
② （清）焦循：《论语通释》，《木犀轩丛书》本。

偶而尽其敬礼忠恕等事之谓也。相人偶者，谓人之偶之也。凡仁，必于身所行者验之而始见，亦必有二人而仁乃见。"①其次，旁通卦组大中而行，其六二、九五同时得定。依此反求一己之待人接物，便可思得《中庸》"成己"与"成物"、《论语》"己欲立而立人，己欲达而达人"之义。最后，二五先行所成两卦皆合中道又各自有别，即人我之殊终不可泯，故只可求"和"而不能求"同"。既然不愿意屈己从人，那就不应当强人从己，此即"己所不欲，勿施于人"。

以上数端实可归结为一，即"推己及人"。就此而言，焦循以旁通解仁字的做法虽属戛戛独造，但其释义本身与原始儒家确有较为贴合的一面。不过，在先秦儒学中，仁的推及尚未超出道德论域的个体修为和政治施行。焦循的阐发则在知识与伦理的双重向度上同时展开，这又与四书大相径庭。他从"推己及人"中引申出两点主张：一是对不同学术识见给予充分尊重，二是谋求自我与他人情欲的契合双彰。"不得执己之性情，例诸天下人之性情。即不得执己之所习所学，例诸天下人之所习所学也。"②

文化终究是时代的产物，这决定了不同历史阶段的学术思想总是因注入其中的时代精神有所区别而面貌各异。即使只在个体意义上审视，知识构成也绝不是纯任智性的归纳分析与选择吸取，还会受思维角度、价值取向、性格气质、人生境遇等多重因素的综合影响。因此，不同学者长期积淀而形成的相对稳固的学术识见往往千差万别。面对新知识的出现，人们总是依赖已有知识作为寻求理解的工具和判定是非的标尺，这固然不可避免。可问题在于，很多学者一旦站稳立场便抱定不放，再难容纳其他见解，甚至明知其价值所在，却刻意漠视或大肆挞伐。尤其是对那些在学界占有一席之地的大儒来说，对各种异见的辩难攻错有时无关乎是非真妄，完全是出于对自身名望和尊严的保护。于是，学术史上的各种争端屡见不鲜："人惟自据其所学，不复知有人之善，故不独迻言之不察，虽明知其善而必相持而不相下，荀子所谓'持之有故''言之成理'。凡后世九流二氏之说，汉魏南北经师门户

---

① （清）阮元：《揅经室一集》卷八《论语论仁论》，载《揅经室集》，中华书局1993年版，第176页。

② （清）焦循：《论语通释·一贯忠恕》，《木犀轩丛书》本。

之争，宋元明朱陆阳明之学，近时考据家汉学宋学之辨，其始皆源于不恕，不能克己舍己、善与人同，终遂自小其道，而近于异端。"① 对此，焦循紧扣"推己及人"之意进行了严厉批评：

> 人执其所学而强己以从之，己不欲，则己执其所学而强人以从之，人岂欲哉？知己有所欲，人亦各有所欲，己有所能，人亦各有所能。②

既然无法容忍他人排斥己见，就不应该盲目地是己非人。况且，若能以平和同情的心态对待他人观点，其实不难发觉内中精善之处。由是，"己所不欲，勿施于人"的伦理原则便顺理成章地引申至知识层面。尽管这种解读与孔子之意若即若离，但焦循深信，倘与《论语》"博约""一多"之说相参伍，即可知其为"仁"之本义："孔子之学在读书好古，而读书好古必曰'多闻'、曰'博学'。惟不知'博学''多闻'，守一先生之言，于是执一而废百，为小道，为异端……儒者不明一贯之指，求一于多之外，其弊至于尊德性而不道问学，讲良知良能而不复读书稽古。或谓一以一之即贯其多，亦非也。"③此间，焦循将"一""约"解为"一己之见"、"多""博"解为"诸家之说"，并由此导出两条截然相反的治学路向。若"先约后博""以一废多"，即拘执一见、入主出奴，全然不顾异己之说有无可取之处，则终将落入自我封闭而视野浅近、器识促狭。如陆王教人仅"约"之以尊德性而不"博"之以"道问学"，任凭本心良知之"一"湮没名物度数之"多"即属此类。反之，若"先博后约""多中求一"，即在泛观博览的基础上精审裁成自家之见，则能胸襟开阔、思路通达。孔子告诫门人"多闻""博学"，原因即在于此。

上述观点有着极其明确的现实指向。一方面，自清初学术变革以来，儒学的核心问题已由价值追求转向知性穷索。依此观之，焦循论仁有意增添的知识向度，显然是对清学整体风格的积极迎合。另一方面，他所给出的具体含义，又是有感于乾嘉学界的唯汉是从而发。把"推己及人"解释为包容兼

---

① （清）焦循：《论语通释·一贯忠恕》，《木犀轩丛书》本。
② （清）焦循：《论语通释·一贯忠恕》，《木犀轩丛书》本。
③ （清）焦循：《论语通释·多》，《木犀轩丛书》本。

采不同学术见解，则扬州经学的"求通"宗旨便可一跃成为儒家仁学的题中之义。至此，我们方能理解"紫阳之学，所以教天下之君子；阳明之学，所以教天下之小人"① 一语的真实意图。对内心怀具着坚定汉学倾向的焦循来说，给予理学、心学适度的褒扬，既是对力辟执汉之风的率先垂范，又是对仁之知识义的自我证明。

如果说知识层面的解读是焦循本人的创造，以伦理说仁则延续了历代儒学的一贯传统。尽管如此，其论述仍有甚为鲜明的时代烙印。自泰州后学起，理欲之防便在对良知现成的日益伸张中愈发松动。至明代遗老处，对自然情欲的认肯已被提升到学理高度加以明确。这一观点，又被乾嘉学者纷纷继承，焦循亦不例外。在他看来，人情、人欲的实现与满足，非但不与人道伦常相悖，反而恰是仁之基点："'己所不欲，勿施于人'，'己欲立而立人，己欲达而达人'，正以所欲所不欲为仁恕之本。"② 由此出发，他对宋明以来颇具争议的"格物"二字进行了再度解释：

> 格物者何？絜矩也。格之言来也。物者对乎己之称也……己所不欲，勿施于人，则足以格人之所恶。己欲立而立人，己欲达而达人，则足以格人之所好。③

"格"训"来"，本于郑玄。④ 仅就字诂而言，此说与朱子之训"格"为"至"⑤ 亦无分别。但其"物"字释义，确较以往诸家有所不同。焦循认为，"物"

---

① （清）焦循：《雕菰集》卷八《良知论》，载《丛书集成初编》第 2192 册，商务印书馆 1936 年版，第 123 页。

② （清）焦循：《孟子正义》卷二十二，中华书局 1987 年版，第 738—739 页。

③ （清）焦循：《雕菰集》卷九《格物解一》，载《丛书集成初编》第 2193 册，商务印书馆 1936 年版，第 131 页。

④ 郑玄曰："格，来也；物犹事也。"见（汉）郑玄注，（唐）孔颖达等正义：《礼记正义》卷六十《大学》，载（清）阮元校刻：《十三经注疏（清嘉庆刊本）》三，中华书局 2009 年版，第 3631 页。

⑤ 朱子曰："格，至也。物，犹事也。穷至事物之理，欲其极处无不到也。"见（宋）朱熹：《大学章句》，载《四书章句集注》，中华书局 1983 年版，第 4 页。

当解作与"己"相对的"他人"。如是，则"格物"为"仁"之同义语，皆指一己与他人往来相通，即"推己及人"。在此基础上，他进一步强调，"格物"当以人之"好恶"为内容，好恶属"情"，故曰"格物者，旁通情也"①，所好所恶即"欲"与"不欲"，由《论语》"七十而从心所欲不逾矩"可知，"矩"为心之所欲，故"絜矩""格物"义同。综上，《周易》所谓"旁通情也"、《论语》所谓"仁"与"忠恕"、《大学》所谓"格物""絜矩"，实为圣人立言之"参伍错综"，其共同主旨在于晓示后人，在追求自我生命欲望的同时，亦需顾及并尽力促成他人情欲的实现，即"己欲立而立人，己欲达而达人"；既然曾饱尝情感欲望未得满足的痛苦，便不应以牺牲他人为代价成就一己之私，即"己所不欲，勿施于人"。焦循相信，这种情与欲的推及旁通，非但不会导致人性之恶的恣意泛滥以至摧残人伦纲纪，反而会因"欲由欲寡"而令社会长治久安：

> 格物不外乎欲己与人同此性，即同此欲。舍欲则不可以感通乎人。惟本乎欲以为感通之具，而欲乃可窒。人有玉而吾爱之，欲也。若推夫人之爱玉亦如己之爱玉，则攘夺之心息矣。能推则欲由欲寡，不能推斯欲由欲多。不知格物之学，不能相推，而徒曰过其欲，且以教人曰过其欲，天下之欲可过乎哉？②

依焦循的理解，生而有欲是不容置疑的自然常则。好恶之情、饮食男女之欲作为生命的基本需求，不过是一种既定事实，不是理论层面可以探讨的问题。既然情欲是现实人生的基础，人道秩序的确立首先要顺从此一前提，让生命欲望得以安顿，继而再以某种普适性的伦理原则化解人人各求其欲过程中产生的矛盾冲突。于是，孔子本于伏羲旁通之旨，将"仁"一语点出。由此，人伦纲纪皆可正定：以己之"好色""好货"，推知人之"好色""好货"；

---

① （清）焦循：《雕菰集》卷九《使无讼解》，载《丛书集成初编》第2193册，商务印书馆1936年版，第138页。

② （清）焦循：《雕菰集》卷九《格物解三》，载《丛书集成初编》第2193册，商务印书馆1936年版，第132页。

视人如己，则必不忍将他人所好之色、所欲之货掠为己有。人人各得其欲而又彼此相契，纷争抢夺自可平息。

　　焦循的这一思想显然是对戴震所云"以情絜情"的进一步引申。《孟子字义疏证》："凡有所施于人，反躬而静思之：'人以此施于我，能受之乎？'凡有所责于人，反躬而静思之：'人以此责于我，能尽之乎？'以我絜之人，则理明……以我之情絜人之情，而无不得其平是也。""圣人以通天下之情，遂天下之欲。"① 除戴学影响，其家学渊源同样不可忽视："先君子尝曰：'人生不过饮食男女，非饮食无以生，非男女无以生生。惟我欲生，人亦欲生。我欲生生，人亦欲生生。孟子好货、好色之说尽之矣。不必屏去我之所生、我之所生生，但不可忘人之所生、人之所生生。'循学《易》三十年，乃知先人此言圣人不易。"② 由此可知，通情达欲是乾嘉时期许多学者的共同主张。在他们看来，情欲是个体生命的基本需求，故推己及人唯有以情欲为内容才有普适性。相反，宋明理学极力倡导的"存理去欲"在根本上背离了生而有欲的自然常则，若以遏制情欲作为伦理原则甚至治国方略，势必会因缺乏现实基础而适得其反：

　　　　因己之情，而知人之情，因而通天下之情，不忍人之心由是而达，不忍人之政有是而立，所谓仁也。知克、伐、怨、欲之私，制之而不行，无论其不可强制，即强制之，亦苦心洁身之士。有其一，不可有其二。以己之制而不行例诸人，其措之天下，必不近人情，必不可以平治天下。故孔子曰："可以为难矣。"难之云者，言不可通诸天下也……仁以及物，言孤介自处不能及物，非孔子所贵矣。③

　　焦循指出，抑制欲望只能是少数学者自我修养追求的极致目标，绝不能

① （清）戴震：《孟子字义疏证》卷上《理》、卷下《权》，中华书局 2008 年版，第 1—2、54 页。下引该书改动标点处不逐一说明。

② （清）焦循：《易余籥录》卷十二，载《丛书集成续编》第 29 册，台湾新文丰出版公司 1989 年版，第 351 页。

③ （清）焦循：《论语通释·仁》，《木犀轩丛书》本。

作为道德人伦的一般标准施诸天下。这一批评确实深有所见。事实上，"存天理，去人欲"虽然在社会政治层面不乏积极意义，但其主要面向终究是个体超越境界的达成。在理学家看来，唯有祛除情欲对心性本体的消极遮蔽，才能使天理良知这一人的内在价值资源全然朗显进而主宰人生。随着儒学话语由价值关切转向知性探求，伦理问题的讨论角度也发生了深刻转变。对清儒来说，情欲作为个体生命的本然基础是必须接受的事实，并不以任何理论为转移。"通情达欲"亦与超越指向毫无关联，而是更多体现出对社会人生的现实观照。不过，我们也不宜将二者的差异过分放大。必须指出，"去人欲"的核心精神，是让感性欲望谨守理性边界，不能任其肆意蔓延导致道德人格的沦丧。至于清学伸张的情欲，则特指与自然人性密切相关的生命需求。前者强调节制，但并非一概消除；后者提倡满足，却非漫无限度的放纵。就此而言，将饮食男女控制在合理限度内，是宋学与清学的共同主张。"通情达欲"的"欲"也并不与"人欲"等同，实与"天理"较为接近。质言之，无论理论形态如何变迁，儒学对人道伦常的持守和对现实生命的肯认始终不曾变更。

至此，焦循分别完成了对"仁"之知识义与伦理义的双重诠释。在此过程中，"仁""忠恕""格物""絜矩"等种种说法皆被认作互为同义的"参伍错综"，无不本自伏羲设卦的"旁通"规则。基于此，他又对《论语》的"一贯"之义加以阐发。自汉以降，"吾道一以贯之"当作何解众说纷纭，及至乾嘉诸老仍旧莫衷一是。惠栋以为："忠即一也。恕而行之，即一以贯之也。"[1]王念孙曰："一以贯之即一以行之。"阮元则解之曰："此言孔子之道皆于行事见之，非徒以文学为教也。"[2] 在此问题上，焦循再次运用了"参伍求通"之法："孔子以'一贯'授曾子。曾子云：'忠恕而已矣。'然则'一贯'者，忠恕也。忠恕者何？成己以及物也。"[3]"'格物'者，'行恕'之功；'尽性'者，'一贯'之效，《大学》谓之'絜矩'，孟子谓之'集义'，其功在'克己复礼'，其道在'善与人同'。由一己之性情，推极万物之性情，而各极其用，此一

---

①　（清）惠栋：《周易述》卷二十二《易微言上·一贯》，中华书局 2007 年版，第 446 页。

②　见程树德：《论语集释》，中华书局 2014 年版，第 334 页。

③　（清）焦循：《论语通释·一贯忠恕》，《木犀轩丛书》本。

贯之道。"① 可见，成己成物、推己及人即是"一贯"；反之，强人从己、是己非人则是"执一"。何晏不明孔子一贯之旨，而以庄子执一之说解之。看似毫厘之间，实有不容不辨者：

> 《系辞传》云："天下何思何虑？天下同归而殊途，一致而百虑。"何晏解"一贯"，引此文而倒之，以为"殊途而同归，百虑而一致，知其元则众善举矣"。韩康伯注《易》云："少则得，多则惑。涂虽殊，其归则同；虑虽百，其致不二。苟识其要，不在博求；以一贯之，不虑而尽矣。"与何晏说同。《庄子》引《记》曰："通于一而万事毕。"此弼、晏所出也。夫通于一而万事毕，是执一之谓也，非一以贯之也。②

此前，王夫之已批评过把"同归而殊途，一致而百虑"颠倒为"殊途而同归，百虑而一致"的做法。③ 焦循顺承其说，并有所发展。依他之见，《系辞》此句的重点在于"殊途"和"百虑"，而非"同归"和"一致"。从象、理相应的角度理解，两卦旁通二五先行后六二、九五皆定，在知识层面上象征突破一己识见吸纳众家之长，在伦理层面上象征自我与他人情欲的契合通达。但是，旁通卦组大中而行所得两卦仍然不同，因而，对异己之见的兼采融通并不是为了消解差异达至同一，而是以求同存异为目标。同理，"所谓达情遂欲，只是意谓于不同的'同欲'之中使各达其所欲、各通其情欲；所谓'同'者，即是达各人之情、遂各人之欲而已"④。要之，诸家学术千差万别，但均予以包容尊重；人之好恶不尽相同，却可各得满足，这才是"仁"即"一贯"

---

① （清）焦循：《论语通释·一贯忠恕》，《木犀轩丛书》本。
② （清）焦循：《论语通释·一贯忠恕》，《木犀轩丛书》本。原文误作"韩伯康"，兹正之。
③ 何泽恒先生指出："辨倒述《易》语之失，王船山已先之。惟船山所辨之倒述《易》语者为朱叶门人陈埴潜室，而指其说同于释氏之'万法归一'；斯则异于里堂者。船山说见《读四书大全说》卷四《论语·里仁篇》第十八节。陈埴说见《宋元学案》卷六十五《木钟学案》引《木钟集》。"见何泽恒：《焦循研究》，台湾大安出版社 1990 年版，第 117 页，标点有改动。
④ 牟宗三：《周易的自然哲学与道德函义》，台湾文津出版社 1988 年版，第 347 页，标点有改动。

的真正含义。何晏、韩康伯的"殊途而同归，百虑而一致"却妄图将世间万端归会于一，泯除差别而全然趋同。此正与圣人"一贯"之旨截然相悖，实乃"异端""执一"之说："孟子以杨子'为我'、墨子'兼爱'、子莫'执中'，为执一而贼道。执一即为异端，贼道即斯害之谓。杨、墨执一，故为异端。孟子犹恐其不明也，而举一执中之子莫。然则凡执一者，皆能贼道，不必杨墨也。圣人一贯，故其道大。异端执一，故其道小……执一由于不忠恕。杨子惟知为我，而不知兼爱；墨子惟知兼爱，而不知为我；子莫但知执中，而不知有当为我、当兼爱之事……圣人之道，贯乎为我、兼爱、执中者也。善与人同，同则不异。"① 在此基础上，他对《论语·为政》"攻乎异端，斯害也已"② 一句给出了异于前人的新解：

> 盖异端者，各为一端。彼此互异，惟执持不能通则悖，悖则害也……攻之训治，见《考工记》"攻木之工"注。《小雅》"可以攻玉"传云："攻，错也。"《系辞传》"爱恶相攻"，虞翻云："攻，摩也。"彼此切磋摩错，使紊乱而害于道者悉归于义。③

以"治"训"攻"，同于何晏、皇侃、朱熹等人。其释"异端"二字，则近于戴震而反其意用之。戴震曰："端，头也。凡事有两头谓之异端。言业精于专，兼攻两头，则为害耳。"④治学贵乎精纯，故当专于一境，不可三心二

---

① （清）焦循：《论语通释·异端》，《木犀轩丛书》本。

② "《论语》'攻乎异端'一章，众说纷纭，莫衷一是。何晏训异端为殊途而不同归者；皇疏则指诸子百家杂书，邢疏仍之；朱注乃指为杨墨佛老。何晏之说，里堂已指其似是而非，至以异于所谓六籍正典或圣人之道者为异端，则孔子之时，未有佛老，杨墨且未生，是知其决不然，此前人已多辨正。"陆象山云：'孔子时佛教未入中国，虽有老子，其说未著，却指那个为异端？'（《陆九渊集》卷三十四《语录上》）孔广森云：'杨墨之属行于战国，春秋时未有攻之者。'（《皇清经解》卷七一四《经学卮言》）今以佛老并言，盖从梁任公以下近人之考证，以为老子战国晚出之书。旧说老子先于孔子，即如其说，亦未闻孔子有排老之说。"见何泽恒：《焦循研究》，台湾大安出版社 1990 年版，第 118、119 页，标点有改动。

③ （清）焦循：《论语补疏》，《皇清经解》第六册，上海书店 1988 年版。

④ 见程树德：《论语集释》，中华书局 2014 年版，第 35 页。

意、见异思迁。与此不同，焦循以为"异端""一贯"正相反对。概言之，只知孤立别卦而不知两卦旁通，以致落入两端之任意一边者为"执一"，凡"执一"皆属"异端"。反之，若能"攻乎异端"，即知两卦旁通之义而推己及人，便能合于圣人"一贯"之道。由是，一切学术争辩和现实纷乱悉数可免，即"斯害也已"。

三、"时行"与"义"

按照焦循的说法，伏羲创设的卦爻运行规则当中已然蕴含了孔孟儒学的全部核心观念。"仁"源自"旁通"，"义"则源于"时行"："义赞利……谓由阳易而通阴也。"① 由《文言传》"利者义之和也""利物足以和义"可知"义"与"利"同；又据《易通释》，"利"即"变通"，亦即"时行"。于是，"时行"与"义"便具有了对应关系。对此，焦循从三方面展开论述：

第一，时行的象数内涵是旁通卦组运行结果再取旁通，即仍以"旁通"为本质。这就意味着，"义"与"仁"必有某种共通之处。细究起来，作为卦爻运行起点的旁通两卦一时并在，故仁更多着眼于"成己"与"成物"的双向达成；时行则是运行所得之卦取其旁通的动态过程，故义相对侧重"成物"的一面。《论语补疏》曰：

> 古所谓"利"，皆以及物言。至春秋时，人第知利己。其能及物，遂别为之"义"。故孔子赞《易》以义释利，谓古所谓"利"，今所谓"义"也。孔子言义，不多言利，故云"子罕言利"。若言利，则必与命并言之，与仁并言之……则利即是义。②

焦循指出，"利"字的原本含义是"及物"。"及物"即"格物""成物"，其义同于"立人""达人"，即促成他人生命情欲的实现。春秋时期，人心不古，

---

① （清）焦循：《易通释》卷五《仁·义·礼·信·知》，载《雕菰楼易学五种》，凤凰出版社2012年版，第355—356页。

② （清）焦循：《论语补疏》，载《皇清经解》第六册，上海书店1988年版。

多以任由一己之私为"利",孔子为有所区别,遂用"义"字指称"及物"。《论语》言"义"甚多而罕见"利"字,乃是有意点出旁通情欲之旨。但若追本溯源,"义"与《周易》古经"元亨利贞"之"利"实为同义,故《易传》又以二者并言。由此出发,焦循对"君子喻于义,小人喻于利"作了如下解释:

> 无恒产而有恒心者,惟士为能,君子喻于义也。若民则无恒产,因无恒心,小人喻于利也。惟小人喻于利,则治小人者,必因民之所利而利之,故《易》于君子孚于小人为利。君子能孚于小人,而后小人乃化于君子。此教必本于富。驱而之善,必先使仰足事父母、俯足畜妻子。儒者知义利之辨而舍利不言,可以守己而不可以治天下。天下不能皆为君子,则舍利不可以治天下之小人。小人利而后可义,君子以利天下为义。是故利在己,虽义亦利也。利在天下,即利即义也。孔子言此,正欲君子之治小人者,知小人喻于利。①

在焦氏象数学中,"君子""小人"分别对应别卦五爻之定与未定。若旁通卦组当位而行,所成两卦势必九五皆定,即为"君子"。利而时行,则通于六五未定之小人,亦即"君子孚于小人"。君子二五得正,自能固守中道,即使"无恒产"仍可"有恒心";小人中爻失正,唯令其旁通,继之以二五先行,方可化为君子。焦循认为,伏羲此意在于晓示后世,治天下小人必先令其饮食男女之欲各得满足,然后再教之以旁通情欲。要之,于君子,以利天下小人为义;于小人,则先利而后可义。应当理解,焦循刻意弭平"义""利"分界,实质是为了突出人伦规范与现实生活一体无隔。一方面,促成他人合理情欲的实现乃是人道之应然,即义;另一方面,道德的要义也不过是使其他感性生命的基本需求得以满足,即利。正是这种现实指向,决定了他对"义利之辨"的态度必定与叶适、颜元、李塨等注重实际事功的思

---

① (清)焦循:《雕菰集》卷九《"君子喻于利,小人喻于利"解》,载《丛书集成初编》第2193册,商务印书馆1936年版,第137页。

想家较为接近，而与孔孟以来居于儒学主流的道德优先主义有所不同。

第二，任一旁通卦组运行皆有当位、失道两种情形。二五先行、初四或三上从之，当位而吉。此时若继续进行第三对爻变，则必成两《既济》而终止道穷，故当位之后应立即时行。初四、三上先行为失道之凶，其由凶转吉亦有赖于时行。总之，若要保证六十四卦运行不已且避凶趋吉，就必须时刻对当下情状有一准确把握，并在此基础上及时变通。依焦循之见，伏羲创此象数规则，正为晓谕后人"通权达变"之理，而"权变"又以"明时""察时"为前提，即"义之变通，时与位而已矣"①。

《易传》问世以来，"时"便成为《周易》哲学的核心观念之一。易学中的"时"并不仅指"时间"，而是有着更为深刻的内涵。"此所云'时'，与其说是一个指涉实然世界的范畴，毋宁说是一个在实然世界基础上，着重指涉价值世界的范畴；简言之，它指涉着人所值的特定时空下，大宇宙和社会人生中各相关因素互动消长的总体格局与情状，及在此总体格局与情状下的事事物物。"②在易学家看来，六十四卦阴阳六爻的不同布列，分别象征着时空人物错综交织而又相连一体所形成的六十四种格局，即六十四种"时"。爻则如同格局当中的人或物，它既与其余五爻共同参与了"时"的构成，又身处其中受到"时"的限制与影响。因而，唯有审时度势、相时而动，才能知进知退、从容中道。此即《易传》与《中庸》旨在倡明的"时中"之义。纵观易学史，不仅"《革》之时大矣哉""《睽》之时用大矣哉"等相近表述屡屡见诸《彖传》，历代易家更是格外重视对"时"义的阐发开掘。王弼曰："夫卦者，时也；爻者，适时之变者也。"③程颐曰："看《易》，且要知时。凡六爻，人人有用。"④惠栋曰："《易》道深矣，一言以蔽之曰：时中。"⑤在主张相时而动这一点上，焦循与此前学者并无不同。其独到之处，在于凭借时

---

① （清）焦循：《孟子正义》卷二十二，中华书局 1987 年版，第 747 页。

② 王新春：《易学与中国哲学》，人民出版社 2012 年版，第 65 页。

③ （魏）王弼：《周易略例·明卦适变通爻》，载楼宇烈校释：《王弼集校释》，中华书局 1980 年版，第 604 页。

④ （宋）程颢、程颐：《二程集》，中华书局 1981 年版，第 249 页。

⑤ （清）惠栋：《易汉学》卷七《易尚时中说》，载《周易述》，中华书局 2007 年版，第 624 页。

行的象数体例将"时"与"义"融通为一：

> 进退无常，量时为宜，即集义矣。义之所在，即仕即久，是进也。义之所不在，即止即速，是退也。《礼记·学记》云："当其可之谓时。"仕止久速，皆视其可，是为量时。①

在焦循易学中，"时"并不对应阴阳六爻组成的单个别卦，而是通过三十二组旁通的卦爻运行得以呈现。例如，《乾》《坤》二五先行成《同人》《比》为一时。若能量时，便知其既可变通，亦可续变初四。《同人》四之《比》初成《家人》《屯》，又为一时。因乎该组旁通已连续进行两对爻变，必须立即变通，故《家人》利而通《解》，《屯》利而通《鼎》。由此可见，运行结果是否变通应视其所值之时而定，如《彖·艮》所云"时止则止，时行则行"。正是在此意义上，利与变通才被命名为"时行"。时行的目的又在于使卦爻运行皆得其宜。"何为义？义者，宜也"②，"量时为宜"，故"义""利""变通"皆为"时行"之同义语。

依此观之，儒学所讲的"义"，除了"及物"还有另一层内涵，即"变通趋时"。也就是说，人的行为理应在对其当下所处的整体格局有一清醒觉察的基础上灵活选择。焦循认为，此即《中庸》篇名的深意所在："《说文》：'庸，用也。从用从庚。庚，更事也。'更犹变也。子思子作《中庸》，直以庸字名书，一则云'君子之中庸，君子而时中'，以时字解庸字，非变通不可以趋时也；一则云'执其两端，用其中于民'，以用字解庸字，非变通不可以利用也。"③更重要的是，某些特定的时局下，道德常则亦不可一概执守，唯有暂且变通方能合乎人道。在儒学传统中，这一思想被称为"权"。"孟子曰：'男女授受不亲，礼也。嫂溺，援之以手，权也。'又曰：'嫂溺不援，

---

① （清）焦循：《孟子正义》卷六，中华书局1987年版，第216页。

② （清）焦循：《易话》上《道德理义释》，载《雕菰楼易学五种》，凤凰出版社2012年版，第1032页。

③ （清）焦循：《雕菰集》卷十《说权四》，载《丛书集成初编》第2193册，商务印书馆1936年版，第145页。

是豺狼也。'夫男女授受，虽非礼尚不至于豺狼，自拘于礼而任嫂之死于溺，则为豺狼，是礼轻而援重，溺时援之，不溺时仍守不授受之礼，故谓之权。娶妻如何必告父母，礼也，常道也；告则不得娶以对父母，且至于无后，无后为不孝之大，不告虽非礼而不至不孝，是告轻而娶重，故曰：'舜不告而娶，为无后也。'"① 显然，焦循对权的理解源自戴震，即依据道德准则对特定时局下不同行为后果的轻重加以权衡。② 嫂溺之时，若因泥于礼节任由嫂之溺亡，犹如旁通卦组元亨之后不知变通，继以第三对爻变而成两《既济》，必将堕入穷凶极恶。伸出援手虽有违平素男女之礼，此时却恰合人道之正，如同元亨后当即时行，才能复为元亨。质言之，判定道德行为的终极标准只能是人道本身，而非对人伦规范的一味恪守。不过，《公羊传》所云"反于经，然后有善者"的情形毕竟是少数。在大多数时局下，伦常礼序与人道本身往往是一致的。所以，"权"与"义"又不尽相同，它仅是对常道的必要补充："反乎经而不枉乎道，经可反也，道不可枉也。"③"义与权相近，而实不同也……父攘羊则必隐，嫂溺则有时可不援。设嫂溺而有援之者，不烦吾之手矣。父攘羊，虽有隐之者，而子隐之，不变也。义者，宜也，故其所在无定。义主断，故其所在实有定。义者，常道。权者，反常而合道。事所必当为者，义也。不必为而不得为者，权也。非义不足以尽道之常，非权不足以尽道之变。"④

在此基础上，焦循严厉批评了虞翻易学的"权变"之例：

> 虞翻说《易·渐卦》云"三动失位"，"三已得位，又变受上，权也。孔子曰：'可与适道，未可与权'，宜无怪焉"。欲正人之不正，先自居

---

① （清）焦循：《论语通释·权》，《木犀轩丛书》本。
② 戴震曰："权，所以别轻重也。凡此重彼轻，千古不易者，常也，常则显然共见其千古不易之重轻；而重者于是乎轻，轻者于是乎重，变也，变则非智之尽，能辨察事情而准，不足以知之。"见（清）戴震：《孟子字义疏证》卷下《权》，中华书局 2008 年版，第 52 页。
③ （清）焦循：《雕菰集》卷十《说权六》，载《丛书集成初编》第 2193 册，商务印书馆 1936 年版，第 147 页。
④ （清）焦循：《论语通释·义》，《木犀轩丛书》本。

于不正，而后受上之易焉，此正陈代"枉尺直寻"之说，何得为权？①

在虞氏易中，"权"是指"当某卦上体为巽、下体第三爻为阳爻时，则令九三变之，然后与上九易位"②，故后世学者多称其为"三动受上"说。例如，《渐》外卦巽，九三变阴升上、上九降三成《蹇》。对此，焦循不能认同。在他看来，三、上两爻分别符示己与人，九三变正为不正，代表自我道德价值先已迷失，成就他人更是无从谈起。孔子曰："不能正其身，如正人何？"③孟子曰："枉己者，未有能直人者也。"④相反，对人道的坚定信念和执着追求既是权变的出发点，也是其最终归宿。按照这种理解，虞翻以"三动受上"符示"通权达变"有失允恰。这也正是焦氏象数学设立并严格遵守"已定者不动"之规则的原因。事实上，虞翻本人并未对三、上两爻的象征意义作出具体说明，焦循的批驳完全是基于一己之见。以嫂溺为例，三爻变不正代表不执着于男女授受不亲之常则，上爻正定象征他人生命得以保全，似也无可非议。因而，尽管我们完全赞同焦循"枉己不能正人"的义理结论，却不能认可他在象数层面上任凭己意苛责前人的做法。

第三，旁通卦组之时行多达九种情形。失道须变通，当位亦须变通；连续进行两对爻变之后必须时行，一对爻变完成后亦可立即时行。焦循认为，伏羲创设的此一象数规则蕴含着万世不易的执政之法。正如卦爻时行变幻多端，治理天下亦须"通变神化"：

> 羲、农之前，人苦于不知，既人人知有三纲六纪，其识日开，其智日深，浸而至于黄帝、尧、舜之世，则民不患其不知，转患其太知……积之既久，灵智日开，凡仁义道德忠孝友悌，人非不能知，而巧伪由以生，奸诈由以起……故圣人治天下之道，至尧舜而一变。《系辞传》云："黄帝、尧、舜氏作，通其变，使民不倦；神而化之，使民宜之。"又云：

---

① （清）焦循：《论语通释·权》，《木犀轩丛书》本。
② 刘玉建：《两汉象数易学研究》，广西教育出版社1996年版，第735页。
③ 《论语·子路》。
④ 《孟子·滕文公下》。

"易穷则变，变则通，通则久。"黄帝、尧、舜垂衣裳而天下治。盖尧、舜以变通神化治天下，不执一而执两端，用中于民，实为万世治天下之法，故孔子删《书》首唐虞，而赞《易》特以通变神化，详著于尧、舜。孟子称尧、舜，正称其通变神化也。①

上古之时，人但知其母而不知其父，更无长幼上下之序，实与禽兽无别。伏羲设卦教之以男女之道，夫妇、父子、君臣等人伦皆得正定。然而，随着民智渐开，抢夺纷争亦由是而起。既知人道伦常不可公然违背，则以伪善矫饰成全其一己私利。值此世风日下之际，黄帝、尧、舜诸圣改弦更张，以"通变神化"治理天下。于是，一切礼法制度既能根植于人道，又皆因时变化而不墨守成规，以致百姓无从窥测上之好恶，避免逢迎投合以博取名利之私。久之，变诈智巧之心自可止息。"惟上知民之变而民乃不知上之通其变，上通之化之而民不知，故觉上之无为而治。欲窥之而无从窥，故名之而无可名。无消诈之迹而诈自消，无息争之形而争自息。"②

"通变神化"的核心在于因时立政。就此而言，这一观点无非是将"义"之"变通趋时"义引申至政治领域所得的结论。值得注意的是，焦循的具体论证与朱熹对三圣作《易》的解释有近似之处。朱子认为，文王与周公系卦爻辞、孔子赞"十翼"由卜筮愈发趋向义理，乃是意欲涤去世风的日渐浇薄。"如伊川说：'若不因时，则一个圣人出来，许多事便都做了。'"③而在焦循看来，黄帝、尧、舜把"通变神化"确立为治理之法，针对的是"巧伪由以生，奸诈由以起"的时局。既然百姓智识已开，人心之恶从未革除，那么，后世礼法治道亦须察时而变，绝不可因循守旧。在这一点上，焦循的看法其实与《论语·为政》《吕氏春秋·察今》《韩非子·五蠹》等并无不同。④ 至

---

① （清）焦循：《孟子正义》卷十，中华书局 1987 年版，第 318 页。
② （清）焦循：《易话》上《通变神化论》，载《雕菰楼易学五种》，凤凰出版社 2012 年版，第 1028 页。
③ （宋）黎靖德编：《朱子语类》卷六十五，中华书局 1986 年版，第 1613 页。
④ 《论语·为政》："殷因于夏礼，所损益，可知也。周因于殷礼，所损益，可知也。其或继周者，虽百世，可知也。"《吕氏春秋·察今》："上胡不法先王之法，非不贤也，为其不可得而法。先王之法，经乎上世而来者也，人或益之，人或损之，胡可得而法？虽人弗

于"上通之化之而民不知，故觉上之无为而治"等论述，似乎也与《老子》一书不无渊源。① 当然，我们不妨将其"通变神化"论视为对"一贯"之义的躬行示范，但平心而论，焦循此见在很大程度上不过是对各家旧说的再度申述而已。

四、"当位"与"礼"

"礼"亦源于伏羲设卦。"上古之世，人道未定……伏羲氏治之，先思有以聚之……由一家聚而为一族，由一族聚而为百族，互相为婚姻……智愚、贤不肖实不可以无等，于是区而别之，为尊卑，为贵贱，为长幼，为上下。爻有等，为物以等而分，则分而仍不失其群。尊卑分矣，父子兄弟仍相亲也。贵贱分矣，君臣上下仍相系也。"② 伏羲画乾阳坤阴，男女嫁娶自此而明，又令乾坤生六子，一家父子、长幼由是而立，复重之为《震》《巽》六纯卦，并借旁通、相错示以通婚之宜，于是家家互结姻亲。扩而广之，为家族，为族群，最终以人伦纽带缔结成整个社会。人道至此虽定，其和谐通泰却有待于秩序的确立。如同一家父母兄弟不容不辨，社会之尊卑上下亦须各有定分。因此，圣人以智性高下即"智愚"、道德水平即"贤不肖"作为"类聚群分"的标准，并在此基础上设置相应的行为规范，继而使之内化为人的价值准则，这就是"礼"。因人道每每以设卦的方式彰显，故"礼"必然对应某种卦爻运行规则。《易通释》曰：

捐益，犹若不可得而法……凡先王之法，有要于时也。时不与法俱至，法虽今而至，犹若不可法。故择先王之成法，而法其所以为法。《韩非子·五蠹》："今有构木钻燧于夏后氏之世者，必为鲧、禹笑矣；有决渎于殷周之世者，必为汤、武笑矣。然则今有美尧、舜、汤、武、禹之道于当今之世者，必为新圣笑矣。是以圣人不期修古，不法常可，论世之事，因为之备……今欲以先王之政治当世之民，皆守株之类也……世异则事异……事异则备变。"

① 《老子》第三章："不尚贤，使民不争；不贵难得之货，使民不为盗。不见可欲，使民心不乱。"第六十五章："古之善为道者，非以明民，将以愚之。民之难治，以其智多。故以智治国，国之贼；不以智治国，国之福。"
② （清）焦循：《易话》上《类聚群分说》，载《雕菰楼易学五种》，凤凰出版社2012年版，第1024页。

礼赞亨……礼属初四、三上，以其应二五为亨。①

《系辞传》云："圣人有以见天下之动，而观其会通，以行其典礼。系辞焉以断其吉凶，是故谓之爻。""典礼"，京房作"等礼"……《坤》传云："坤厚载物，德合无疆，含弘光大，品物咸亨。"品即等也。物之有品，即礼之有等。嘉会合礼，即观其会通以行其典礼。礼所以辨上下、定尊卑。《乾》二之《坤》五为元，《乾》四、《乾》上，视元之所在而次弟会之。二、五尊贵，四、上卑贱。卑从尊而不踰，贱从贵而不僭，是以合礼。②

《易传》发明"中位说"以来，历代学者多取别卦五位象征尊贵，如京氏易之"爵位"说就曾明确规定五位为天子。这一传统，在焦循易学中仍有延续。既然二、五两中爻居尊，初、三、四、上四爻较之为卑，则旁通卦组三对爻变的次序便涵具着礼的意蕴：二五先行，初四、三上从之，犹如卑贱者听命于尊贵者，合乎礼，当位而吉；初四、三上先于二五而动，则是对礼的僭越，失道而凶。《文言·乾》曰"亨者，嘉之会也"，又曰"嘉会足以合礼"，此为"礼""亨"呼应之明证。又据《易通释》，"亨"即"上下应"，指初四、三上从二五。由是可知，"礼"即"当位"。不仅如此，由于上下应以大中为前提，大中即仁，故可推知"仁""礼"二者必有关联："以礼自约，则始而克己以复礼，既而善与人同，大而化之，礼以约己，仁以及人。约己，斯不执己，不执己，斯有以及人。仁、恕、礼三者，相为表里，而一贯之道视此。"③ 作为人的行为准则，礼的终极意义是促发仁的推及。同理，元亨之后须立即时行，时行为义，故"礼""义"亦不彼此孤立："《礼记》，万世之书也……《记》之言曰：'礼以时为大。'此一言也，以蔽千万世制礼之法可矣。"④ 在现实政治

---

① （清）焦循：《易通释》卷五《仁·义·礼·信·知》，载《雕菰楼易学五种》，凤凰出版社2012年版，第355—356页。

② （清）焦循：《易通释》卷一《亨》，载《雕菰楼易学五种》，凤凰出版社2012年版，第240—241页。

③ （清）焦循：《论语通释·礼》，《木犀轩丛书》本。

④ （清）焦循：《雕菰集》卷十六《〈礼记郑氏注〉补疏自序》，载《丛书集成初编》第2194册，商务印书馆1936年版，第274页。

层面上，礼法制度的设计安排唯有以"变通趋时"为原则，才能令天下长治久安。

　　有必要指出，早期文献中常有以"理"释"礼"之举。《管子·心术》："礼者，谓有理也。理也者，明分以喻义之意也。故礼出乎义，义出乎理。"《礼记·乐记》："礼也者，理之不可易者也。"北宋以降，当天理被确立为贯通天人的终极宇宙根基，"礼"随即被定位成"理"在人道层面的展开落实。这种解释虽然认可二者的一致性，却否认了礼的优先地位。对持有强烈的宋学批判倾向的清儒来说，消解"理"的形上意味即成为儒学重构的任务之一。乾嘉学者对"理"字的训释，可谓远承韩非，近接颜、李。《韩非子·解老》："理者，成物之文也。""短长、大小、方圆、坚脆、轻重、白黑之谓理。"颜元曰："理者，木中纹理也。其中原有条理，故谚云顺条顺理。"① 李塨曰："理字则圣经甚少，《中庸》'文理'与《孟子》'条理'同，言道秩然有序，犹玉有脉理。""夫事有条理曰理，即在事中。今曰理在事上，是理别为一物矣。理，虚字也，可为物乎？"② 清代汉学家论理最为详尽者，非戴震莫属。首先，他从字诂角度将其界定为事物的内在条理及客观律则："理者，察之而几微必区以别之名也，是故谓之分理；在物之质，曰肌理，曰腠理，曰文理……得其分则有条而不紊，谓之条理……郑康成注云：'理，分也。'许叔重《说文解字序》曰：'知分理之可相别异也。'"③ 进而又引申至伦理层面，以之指称情欲的契合通达："理也者，情之不爽失也；未有情不得而理得者也……天理云者，言乎自然之分理也；自然之分理，以我之情絜人之情，而无不得其平是也。""今以情之不爽失为理，是理者存乎欲者也。"④ 在此问题上，焦循亦有相近看法："何谓理？理者，分也。何谓义？义者，宜也……道之达于四方者各有分焉，即各有宜焉。归燕者行乎南，趋齐者行乎西，行焉而弗宜矣。弗宜则为失道，失道非德也。归燕者虽行乎北而或达诸

---

① （清）颜元：《四书正误》卷六《尽心》，载《颜元集》，中华书局1987年版，第246页。

② （清）李塨：《论语传注问》上《学而一》、下《子张十九》，载徐世昌辑：《颜李丛书》第三函第22册，四存学会1923年版，第3、26页。

③ （清）戴震：《孟子字义疏证》卷上《理》，中华书局2008年版，第1页。

④ （清）戴震：《孟子字义疏证》卷上《理》，中华书局2008年版，第1—2、8页。

赵，趋齐者虽行乎东而或止于鲁，行焉而犹弗宜矣。弗宜则为失道，失道非德也。故道必察乎其理，而德必辨乎其义。"① 焦循由"理""义"关联切入讨论的做法虽有别于上述诸家，但"理者，分也"的核心观点仍是对戴震给出的第一层含义即"分理说"的直接继承；"道必察乎其理"的结论，亦与戴氏"察分理"的主张并无二致。由此可知，清代汉学界在"理"字的释义上基本已达成共识。

正是在此背景之下，"礼""理"之间的矛盾愈发激化。戴震"以理杀人"说② 的炽热未息，"礼理之辨"即已大肆兴起。其时，"以礼代理"的主张一经提出，便获得了学者们的高度认可。礼学大家凌廷堪曰："圣人之道，一礼而已矣。""圣学礼也，不云理也。"③ 阮元曰："理必附乎礼以行，空言理，则可彼可此之邪说起矣。""古今所以治天下者，礼也。"④ 焦循曰：

> 天下知有礼而耻于无礼，故射有礼，军有礼，讼狱有礼，所以消人心之忿，而化万物之戾。渐之既久，摩之既深，君子以礼自安，小人以礼自胜，欲不治，得乎？后世不言礼而言理。九流之原，名家出于礼官，法家出于理官。齐之以刑，则民无耻，齐之以礼，则民且格。礼与刑相去远矣。惟先王恐刑罚之不中，务于罪辟之中，求其轻重，析其豪芒，无有差谬，故谓之理，其官即谓之理官，而所以治天下，则以礼不以理也。礼论辞让，理辨是非。知有礼者，虽仇隙之地，不难以揖让处之，若曰："虽伸于理，不可屈于礼也。"知有理者，虽父兄之前不难以口舌争之，若曰："虽失于礼，而有以伸于理也。"今之讼者，彼告之，

---

① （清）焦循：《易话》上《道德理义释》，载《雕菰楼易学五种》，凤凰出版社 2012 年版，第 1032 页。

② 戴震曰："尊者以理责卑，长者以理责幼，贵者以理责贱，虽失，谓之顺；卑者、幼者、贱者以理争之，虽得，谓之逆。于是下之人不能以天下之同情、天下所同欲达之于上；上以理责其下，而在下之罪，人人不胜指数。人死于法，犹有怜之者；死于理，其谁怜之！"见（清）戴震：《孟子字义疏证》卷上《理》，中华书局 2008 年版，第 10 页。

③ （清）凌廷堪：《校礼堂文集》卷四《复礼上》《复礼下》，中华书局 1998 年版，第 27、32 页。

④ （清）阮元：《揅经室续三集》卷三《书东莞陈氏学蔀通辨后》，载《揅经室集》，中华书局 1993 年版，第 1062 页，标点有改动。

> 此诉之，各持一理，諓諓不已，为之解者，若直论其是非，彼此必皆不
> 服，说以名分，劝以孙让，置酒相揖，往往和解，可知理足以启争，而
> 礼足以止争也。是故克己为仁，克己则不争，不争则礼复矣。①

依他之见，礼治的意义是通过为社会各阶层设置相应的行为守则，从而潜移
默化地引导人们各安其分、旁通情欲，最终达成天下大治。可是，毕竟不是
所有人都能自觉遵从人伦礼序，故刑罚制度依然不可或缺。"刑者圣人所不
废也。杀人者不死，伤人者不刑，罪至重而刑至轻，庸人不知恶也，乱莫大
焉。（《荀子·正论》篇。）圣人不能去刑而不忍于用刑，惟以通变神化之道，
转移以寡天下之过，故小惩而大戒也。"②因乎人之恶行各不相同，刑罚必
须视其轻重予以区别对待，于是便有了"理官"。换言之，与"礼"相关的
"理"，最初是指对行为事实的细致分辨，继而采取适当的刑罚措施。此足以
证明，礼是治世之常道，它强调价值秩序；理则是必要的权，它着眼于辨别
是非。这种根本性的差异，决定了二者的实际效果有如天冠地履。《论语·为
政》有云："道之以政，齐之以刑，民免而无耻；道之以德，齐之以礼，有耻
且格。"

更重要的是，"礼"不仅是内在于人的伦理原则，还是客观外在的行为
规范；"理"却只能作为抽象的终极根据，人们无法言说其具体内涵。这就
意味着，宋明儒者对"理一"的极力推崇反而会因各人的理解不同引发种种
争执。在现实政治中，自持其理甚至每每湮没君臣之礼，进而成为掩饰犯上
作乱的借口："明儒吕坤有《语录》一书，论'理'云：'天地间惟理与势最
尊，理又尊之尊也。庙堂之上言理，则天子不得以势相夺，即相夺，而理则
常伸于天下万世。'此真邪说也！孔子自言事君尽礼，未闻持理以与君抗者，
吕氏此言，乱臣贼子之萌也。"③及至晚明，这一隐患终究转作了现实：

---

① （清）焦循：《论语通释·礼》，《木犀轩丛书》本。
② （清）焦循：《易话》上《小惩大诫论》，载《雕菰楼易学五种》，凤凰出版社 2012 年版，
　　第 1028 页。
③ （清）焦循：《论语通释·礼》，《木犀轩丛书》本。

　　自理道之说起，人各挟其是非以逞其血气，激浊扬清，本非谬戾，而言不本于性情，则听者厌倦。至于倾轧之不已，而忿毒之相寻，以同为党，即以比为争。甚而假宫闱庙祀储贰之名，动辄千百人哭于朝门，自鸣忠孝，以激其君之怒。害及其身，祸于其国，全戾乎所以事君父之道。①

以上文字的确是对明末政局的如实描述。不过，尽管焦循同部分明遗学者一样认定前朝覆灭与党争不无关联，但明代遗老的批评是从反思亡国的现实后果出发的，焦循则更多是在学理层面上将其作为反显礼之绝对性的论据。在他看来，东林党人所谓铮铮铁骨、血洗乾坤的行为非但不值得颂扬，反而正是天理邪说酿成的恶果。真正的儒者，无论身处何时，皆能遵礼而行，绝不会出离纲常规限。否则，即使宣称牺牲一己成全江山社稷，其所作所为也无异于乱臣贼子。此即《春秋》彰明的君臣大义："邪说者曰：'君无道，可弑也。'《春秋》则无论君有道无道，弑之罪皆在臣。邪说者曰：'君无道，可逐也。'《春秋》则无论君有道无道，逐之罪皆在臣。"②基于此，他又对"杀身成仁"之误解予以纠正：

　　"殷有三仁焉。"何谓也？三仁者，非指去、奴、死而言也……比干不死而仁自存，仁不在死也。后世以死为仁，于是侮君父而甘就斧锧，曰："吾杀身成仁也。"夫臣之于君，犹子弟之于己，子弟大声疾呼，扬己之过于前，己能安之乎？己不能安于子弟，而欲君安于己，是己所不欲而施之君父也，可谓恕乎？不恕则不仁，而且曰"吾杀身以成仁也"，不亦妄乎？③

既然不堪忍受晚辈当面宣扬己过，则应推知不可直斥君上之失。依此观之，

---

① （清）焦循：《雕菰集》卷十六《〈毛诗郑氏笺〉补疏自序》，载《丛书集成初编》第2194册，商务印书馆1936年版，第272页。

② （清）焦循：《孟子正义》卷十三，中华书局1987年版，第460页。

③ （清）焦循：《论语通释·仁》，《木犀轩丛书》本。

以自家性命威逼君主就范，恰是不能忠恕即不仁所致，又何谈"成仁"？今天看来，这一观点似乎是对历代志士仁人高风峻节的一概否定，个中消极意义不言自明。但历史主义地看，我们不能要求焦循挣脱其时代局限。在一定意义上，乾嘉学界的"礼理之辨"正是清廷高压统治渗入学术文化的深刻反映。

五、"性善"与"智"

人性论是儒学的核心论题之一。从先秦至明清，历代学者曾对人性问题提出过种种见解，大体上可以归为两端：一是"天命之谓性"，如孟子的"四心"说，理学诸子的"诚""湛一之性""天命之性""本心""良知"等，其共性在于主张人皆先天禀赋了内在充足的价值资源，故性本至善。现实中的恶，是本体的障蔽造成的。因而，唯有以工夫修养祛除后天遮蔽，才能使本然善性彻然朗显。二是"生之谓性"，以告子"食色"、荀子"性恶"、扬雄"性善恶混"、董仲舒和韩愈的"性三品"以及宋明儒者的"气质之性"为代表。此说强调人性的自然意味，以与生俱来的材质或气禀区分人性的不同等级。在此问题上，清代汉学家基本持后一种观点。所不同者，在于他们明确将"欲"认作"生之谓性"的具体内容。如阮元曾云："欲生于情，在性之内，不能言性内无欲。欲不是善恶之恶。天既生人以血气心知，则不能无欲，唯佛教始言绝欲。"[1]凌廷堪亦曰："夫人有性必有情，有情必有欲。"[2]事实上，乾嘉学者的近似说法大多出自戴震的"血气心知"说："性者，分于阴阳五行以为血气心知，品物区以别焉，举凡既生以后所有之事、所具之能、所全之德，咸以是为其本。""有血气，则所资以养其血气者，声色臭味是也。有心知，则知有父子、有昆弟、有夫妇，而不止于一家之亲也，于是又知有君臣、有朋友；五者之伦，相亲相治，则随感而应为喜怒哀乐。合声色臭味之欲、喜怒哀乐之情而人道备。欲根于血气，故曰性也，而有所限而不可踰，

---

① （清）阮元：《揅经室一集》卷十《性命古训（附威仪说）》，载《揅经室集》，中华书局1993年版，第228页。

② （清）凌廷堪：《校礼堂文集》卷十《荀卿颂》，中华书局1998年版，第76页。

则命之谓也。仁义礼智之懿不能尽人如一者，限于生初，所谓命也，而皆可以扩而充之，则人之性也。"① 依戴震之见，人性由"血气""心知"共同构成。前者是人的自然属性，躯体之给养必待食色之欲的满足；后者则高扬认知能力，它不但是人能明察一切事物之理的原因所在，也是人能理解并遵从人伦道德继而成全其善的终极根源。

在《孟子正义》中，焦循对性善论进行了极为详尽的疏解。不过，他并未像孟子一样直接以"四端"规定人性，反而是把告子的"食色，性也"作为其立论基础："性善之说，儒者每以精深言之，非也。性无他，食色而已。饮食男女，人与物同之……以饮食男女言性，而人性善不待烦言自解也。"② 如果说源于"血气"的"食色"是人物的共通之处，"心知"则是判分性之善恶的根本标准：

> 人之有男女，犹禽兽之有牝牡也。其先男女无别，有圣人出，示之以嫁娶之礼，而民知有人伦矣。示之以耕耨之法，而民知自食其力矣。以此教禽兽，禽兽不知也。禽兽不知，则禽兽之性不善；人知之，则人之性善矣。圣人何以知人性之善也？以己之性推之也。己之性既能觉于善，则人之性亦能觉于善，第无有开之者耳。使己之性不善，则不能觉；己能觉，则己之性善。己与人同此性，则人之性亦善，故知人性之善也。人之性不能自觉，必待先觉者觉之。故非性善无以施其教，非教无以通其性之善。教即荀子所谓伪也、为也。为之而能善，由其性之善也……人纵淫昏无耻，而己之妻不可为人之妻，固心知之也。人纵贪饕残暴，而人之食不可为己之食，固心知之也。是性善也。故孔子论性，以不移者属之上知下愚，愚则仍有知；禽兽直无知，非徒愚而已矣。③

此间，焦循紧扣"食色"二字对"性善"之义展开了层层论述。其要点有

---

① （清）戴震：《孟子字义疏证》卷中《性》，中华书局 2008 年版，第 25、37 页。
② （清）焦循：《雕菰集》卷九《性善解一》，载《丛书集成初编》第 2193 册，商务印书馆 1936 年版，第 127 页。
③ （清）焦循：《孟子正义》卷十，中华书局 1987 年版，第 317—318 页。

五：第一，"能知即善"。上古之时，人与禽兽无异，任行男女之欲而无定偶，充饥果腹唯有茹毛饮血。伏羲氏出，以阴阳卦画之"旁通""相错"晓谕嫁娶婚姻，人遂知夫妇父子，禽兽仍不知。神农氏作，教之以渔佃耕种之法，人能自食其力，禽兽仍不明。人与禽兽莫不食色，但人能因教而知饮食男女之道，故人性善。禽兽终不能知，故其性不善。此即性善论之本旨。第二，"智愚之别"。伏羲、神农生而知之，是为"上知"。百姓不能自觉，是为"下愚"。不过，后者亦可因教而明。能知即是性善，故圣人、常人的区别在于智性高下，而非性之善恶。至于鸟兽，伏羲、神农不能使之明乎嫁娶耕作，是有"血气"而无"心知"。此应归诸性之不善，绝不可以"愚"称之。第三，"推己及人"。后世皆知饮食男女之道，无不得益于圣人之先觉觉后觉。伏羲立教，则又始于推及之意，即因其自觉，推知百姓亦能觉；由己之性善，推知人之性亦善。第四，"化性起伪"。受教方知人道，即荀子所云"伪"也。人性不教不明，故《荀子·性恶》曰："人之性恶，其善者伪也。"焦循则反其意用之。在"能知即善"的前提下，"伪"恰可视作性善之证据。第五，"知行分离"。即便淫乱暴虐之徒，内心也十分清楚妻子不可与人共享，他人食粮不应掠为己有。依此推断，恶并非由"不知"所致，归根结底只是知而不行。但是，性善的内涵仅在于"能知"，与行或不行无涉。这就意味着，现实中自然欲望引发的一切抢夺纷争，均不足以否定人性之善。

不难发觉，焦循的性善论与其"设卦定人道"之说实为一体两面：伏羲创作卦爻旨在彰明人伦之理，人皆心知其意则为性善之义。因而，《孟子》人性论必与《周易》象数关联紧密。具言之，"知"的内容就是卦爻运行背后的义理内涵：

　　　　知者，谓其能变通也……有孚而不失是，则为知。知其盈而悔，知其非而悔，知也。①

---

① （清）焦循：《易通释》卷五《仁·义·礼·信·知》，载《雕菰楼易学五种》，凤凰出版社2012年版，第356页。

知"有孚","孚"即"旁通","旁通"为"仁";知"变通","变通"即"时行","时行"为"义";知"盈非而悔","盈""非"与"当位""失道"相关,"当位"为"礼"。如此一来,"仁义礼智"四者便相连一体。《孟子正义》曰:

> 孟子性善之说,全本于孔子之赞《易》。伏羲画卦,观象以通神明之德,以类万物之情,俾天下万世无论上智下愚,人人知有君臣父子夫妇,此性善之指也。孔子赞之则云:"利贞者,性情也。六爻发挥,旁通情也。"禽兽之情,不能旁通,即不能利贞,故不可以为善。情不可以为善,此性所以不善。人之情则能旁通,即能利贞,故可以为善;情可以为善,此性所以善。禽兽之情何以不可为善,以其无神明之德也。人之情何以可以为善,以其有神明之德也。神明之德在性,则情可旁通;情可旁通,则情可以为善……情之可以为善,而决其性之神明也。乃性之神明,能运旋其情欲,使之可以为善者,才也。孔子赞《易》云:"立天之道曰阴与阳,立地之道曰柔与刚,立人之道曰仁与义。"是为三才。有此才,乃能迭用柔刚,旁通情以立一阴一阳之道。才以用言,旁通者情,所以能旁通而"穷理尽性以至于命"者,才也。通其情可以为善者,才也。不通情而为不善者,无才也。云"非才之罪",犹云无才之罪也。盖人同具此神明,有能运旋乎情,使之可以为善。有不能运旋乎情,使之可以为善。此视乎才与不才,才不才则智愚之别也。智则才,愚则不才。下愚不移,不才之至,不能以性之神明运旋情欲也。惟其才不能自达,圣人乃立教以达之。其先民不知夫妇之宜别,上下尊卑之宜有等,此才不能自达也。伏羲教之,无论智愚,皆知夫妇之别,皆知上下尊卑之等,所以谓通其神明之德也。使性中本无神明,岂教之所能通?①

为了进一步说明人性善的根源,焦循又引入了"神明"概念。纵观早期思想史,"神明"之义多与天地造化相关,至《荀子·解蔽》方才用以指涉人之

---

① (清)焦循:《孟子正义》卷二十二,中华书局 1987 年版,第 755—756 页。

思维："心者，形之君也，而神明之主也。"因乎荀子言心偏重于认知，故"神明"二字亦相应隐含了认识论意味。尽管此说后来被朱熹发展为"心者，人之神明"①，但真正将其界定为人之智性者当数戴震。如其所言："思者，心之能也……神明之盛也，其于事靡不得理，斯仁义礼智全矣……人之异于禽兽者，虽同有精爽，而人能进于神明也。"②在他看来，人能认知一切客观事物和道德价值的原因即在于智性充足。就此而言，人与禽兽的区别并非"血气""食色"，而是"心知""神明"。这一思想又被焦循整体吸纳，继而运用到对性善论的疏解当中。概言之，人之性善，因其能知；所以能知，则在"神明"。鸟兽生而未具"神明"，故虽有圣人，亦不能使其合乎饮食男女之道。不能知，即性不善。不过，智性人人皆备，却难免有高下之分。焦循承认，现实中的人总会因先天材质不同而表现为或智或愚，这就是孟子所谓的"才"。"智"即"才"，"愚"即"不才"，亦称"无才"。然而，"无才"毕竟不同于"无知"，只是与生俱来的智性水平较低。无论"有才""无才"，"神明之德"为人所共有。"下愚"之人虽不能如"上智"者一般自觉，却仍可通过教化明晓伏羲设卦旨在开显的"仁""义""礼"等人道常则。依此观之，人能旁通情欲、时行变通、当位合礼，足以证明人性善。人有神明，故能由己欲食色推知他人好色好货，进而促成其情感欲望的实现满足。禽兽不能推及，故其性不善。此即"性善"与"仁"之关联。以义言之，"知其不宜，变而之乎宜，则义也……人有所知，异于草木，且人有所知而能变通，异乎禽兽，故顺其能变者而变通之，即能仁义也"③。同理，"礼"与"性善"亦紧密相连。一方面，人知父子、长幼、君臣各有定分且能恪守不渝，是为性善。另一方面，现实层面的礼法制度又莫不以人性为终极依据。"《淮南·泰族训》云：'民有好色之性，故有大昏之礼。民有饮食之性，故有大飨之谊。有喜乐之性，故有钟鼓筦弦之音。有悲哀之性，故有衰绖哭踊之节。先王之制法，因民之所好而为之节文者也。皆人之所有于性而圣人之所匠成也。故

---

① （宋）朱熹：《孟子集注》卷十三《尽心章句上》，载《四书章句集注》，中华书局 1983 年版，第 349 页。

② （清）戴震：《孟子字义疏证》卷上《理》，中华书局 2008 年版，第 5—6 页。

③ （清）焦循：《孟子正义》卷二十二，中华书局 1987 年版，第 734—735 页。

无其性不可教训，有其性、无其养，不能遵道。'……此盖孔门七十子之遗言，故善言性者，《孟子》之后惟《淮南子》。"[1]

至此，焦循终于将仁、义、礼、智贯通为一，从而完成了对孟子"四端"的全部疏解。必须指出，《孟子》性善论的要义在于人皆生而有"四心"，即程瑶田《通艺录·论学小记》所云"人生矣，则必有仁义礼智之德，是人之性善也"[2]。但在焦循看来，仁、义、礼、智并不属于同一层次。确切地说，生而固有者仅为智之一端。仁、义、礼三者，皆由后天受教而来。人能推及情欲、变通趋时、遵从礼序，恰是人有"神明"所以能知的证据。这与戴震"善之端不可胜数，举仁义礼三者而善备矣"[3]的说法一致。并且，荀子"化性起伪"的性恶说与孟子的性善论之间亦无严格界限，实可相互协调。[4] 问题在于，焦循的解说尽管契合《孟子》所言"乃若其情，则可以为善矣，乃所谓善也"，却与"仁义礼智，非由外铄我也，我固有之也"的说法背道而驰。既然仁、义、礼并非内在于性，人性又何以称善？

这一问题，提示我们有必要重新审视焦循论性的角度。毋庸置疑，在儒学传统中，人性是道德论域的关键议题。所谓性善，一般是指人先天禀赋了充足的价值资源，其一切行为合乎人道乃至能成圣成贤的终极根基皆在于此。焦循则有所不同。究其根本，他对"善"的规定乃是着眼于认知而非道德，即人之智性与生俱来，所以能知，"能知"就是"善"。至于人伦纲常，则同客观事物、自然律则一样，是因为人有"神明"才得以被理解和接受。也就是说，道德并非固有，而是认知的结果。因此，它仅可视作"能知"的证据，却不等于"性善"本身。

---

[1] （清）焦循：《雕菰集》卷九《性善解五》，载《丛书集成初编》第2193册，商务印书馆1936年版，第129页。

[2] （清）焦循：《孟子正义》卷二十二，中华书局1987年版，第741页。

[3] （清）戴震：《孟子字义疏证》卷下《诚》，中华书局2008年版，第51页。

[4] 正如张舜徽先生所言："似乎焦氏又是赞成荀子之说的。其实，荀子从根本上否定人性是善。认为只有通过教育，才能使人改变为善。所谓'化性起伪'，是荀子学说的核心。焦循却是从根本上肯定人性是善，所以能接受教育。通过教育，可以使善的程度，由小到大，不断发展。这便是他和荀子之说不同之点。"见张舜徽：《张舜徽集·清代扬州学记》，华中师范大学出版社2005年版，第129页。

从学术史的角度审视，这种人性论的独特见解是清代学术宏观特征的深刻体现，亦是对此前理学风格的极力扭转。在高扬"价值优位"的理学家看来，"天理"落实下贯而成的"天命之性"、生而皆有的"本心""良知"已然涵具了一切道德。因而，对阳明来说，"致知"不过是良知发动主宰人生的过程，即"致吾心良知之天理于事事物物，则事事物物皆得其理矣"①。朱熹虽相较看重知性探求，但"格物穷理"的终极意义仍在于使己之天理彻然呈现，进而成就人格境界，即"自家虽有这道理，须是经历过，方得"②。甚至主张"因明致诚，因诚致明"③ 即"诚明两进"路向的张载，亦相信"德性所知，不萌于见闻"④。可见，在理学家的心目中，"道问学"始终无法与"尊德性"相提并论。而在内心怀有高昂求知热情的清儒那里，知识拥有不可撼动的地位。此一"知识优位"倾向反映在思想学说当中，便是主张价值后于认知，⑤德性的成就必有赖于学识的积累，即戴震所云："学以养其良，充之至于贤人圣人。"⑥ 基于此，焦循从《孟子》"良知良能"之字义训解出发对阳明心学的"良知说"予以坚决否定："良之训为善，毛、韩之传《诗》，郑氏之注《礼记》《周礼》、笺《诗》，何氏注《公羊传》，韦氏注《国语》，高氏注《吕氏春秋》，许氏《说文解字》，张氏《广雅》，司马氏注《庄子》，某氏传《尚书》，孟康、如淳注《汉书》，孔晁注《周书》无不然，故良心即指仁义之心，谓善心也……

---

① （明）王守仁：《传习录》卷中《答顾东桥书》，载《王阳明全集》，上海古籍出版社1992年版，第45页。

② （宋）黎靖德编：《朱子语类》卷十，中华书局1986年版，第161页。

③ （宋）张载：《正蒙·乾称》，载《张载集》，中华书局1978年版，第65页。

④ （宋）张载：《正蒙·大心》，载《张载集》，中华书局1978年版，第24页。

⑤ 对此，张丽珠教授有一段透辟之论："相对于传统思想之以道德为主，清儒表现了凸显智识主义之倾向。继戴震的'德性资于学问'之后，焦循又提出了'能知故善'命题，进一步地彰显了主智思想……由于理学将'道德'学理化，使得'道德'与'知识'结合。当知识以道德为内容时，无形中儒学的门庭变狭窄了，学术从此只局限在'道德'之狭隘范畴中；而'道德'也以其独尊，被推到了宇宙本体的无与伦比高度，导致理学家固然未必有弃绝知识之本意，知识却在理学家尊德的'德性之知，不假见闻'——'外在有限的经验知识，不能观照无限的德性'认定下，被认为不相干于德性、无益于成德之教，而受到了相对地忽视。也因此理学末流走上了束书不观、游谈无根的学问空疏之路。"见张丽珠：《清代义理学新貌》，台湾里仁书局1999年版，第201—202页。

⑥ （清）戴震：《孟子字义疏证》卷下《才》，中华书局2008年版，第42页。

《易·文言传》云:'元者,善之长也。'元有善义,亦有首义,故《尔雅·释诂》云:'元,良,首也。'良训善,因亦为元首。此善于彼,则此居彼上,故《左传》所云'良医',即《周礼》所云'上医',若曰此医之善者,亦即医之首也。《山海经·西山经》'瑾瑜之玉为良',注云:'良,言最善也。'最善,善之最,即善之长,善之长即善之甚,故赵氏解良知、良能为甚知、甚能,皆由善之义引申者也……非良字有'自有'之训也。'良贵'犹云最贵,'非良贵'犹云非最贵也。自儒者误以良为'自有'之训,遂造为'致良知'之说,六书训诂之学不明,其害如此。"[1] 可不难发觉,焦循的"神明"同样是"自有"者,这一点与阳明学的"良知"并无不同。[2] 此足以说明,焦循与宋明儒者的根本分歧其实不在于人性当中是否有某种与生俱来的内容,而是这一先天本质究竟是道德原则还是认知能力。不妨设想,一旦把"良知"规定为智性,焦循即可全然接受。同理,承认材质有别虽与程颐"气清则才清,气浊则才浊"[3]、韩愈"性之品有上中下三"[4]的观点不无相近处,但他既不像汉唐儒者一样将常人与圣人的差距直接归结为先天的道德禀赋,也未采取宋明理学受气成形障蔽本体的形而上学角度加以分疏。一方面,"才"即智性无法通过"变化气质"提升,这与宋学的以气论性迥然有异;另一方面,道德水平却可因后天教化而改善,这又与汉唐"性三品"强调的"不移"泾渭分明。

质言之,对焦循来说,性善并不是一个道德问题,而是与道德相关的认知问题。这不仅与历代人性论有所不同,亦与《孟子》之说无甚关联。因其论性自起始处便与以往儒学迥然相异,故唯有着眼于其学说的内部逻辑才能作出相较公允的评价。事实上,焦循的论述虽大体能自圆其说,却非无懈可击,其问题症结在于对人性的双重规定。由其一则言"性无他,食色而已",一则又称"使性中本无神明,岂教之所能通"可见,"食色"之欲与"神明"

---

① (清)焦循:《孟子正义》卷二十三,中华书局 1987 年版,第 796—797 页。

② 何泽恒先生指出:"其指心知之灵以为善,颇类阳明所谓之良知。"见何泽恒:《焦循研究》,台湾大安出版社 1990 年版,第 209 页。

③ (宋)程颢、程颐:《二程集》,中华书局 1981 年版,第 252 页。

④ (唐)韩愈撰,(宋)魏仲举集注:《五百家注韩昌黎集》卷十一《原性》,中华书局 2019 年版,第 682 页。

之知乃是同时内在于性的。为了建立二者的衔接，焦循每每刻意将人能合乎饮食男女之道作为"能知即善"的证据。然而，他始终未从理论层面说明作为人性固有本质的"食色"与"神明"有何关系，而是延续了戴震"血气""心知"并行的思路，甚至以之作为不言自明的前提。在戴震的义理学中，"血气"与"心知"即被平列放置，未能获得恰当的贯通。就此而言，焦循基于易学象数的人性论疏解固然别出心裁，但其具体内容并非对戴震之说的突破与超越，在很大程度上不过是在其既定框架内进行了更为详尽的诠释而已。

六、"道"与"命"

"道"是中国哲学最重要的范畴之一。焦循解之曰："道者行也。凡路之可通行者为道，则凡事之可通行者为道也。通而四达不穷者为大道，即为达道。虽通行而致远则泥者为小道。其偏僻险仄、孤危高峻不可通行者，非道也。"[1] 他认为，"道"字的本义是"可以通行的路"，进而引申为放诸四海而皆准的常则。若要把握其确切意涵，先要对《系辞》相关文句有一通透理解：

> 《系辞传》云："一阴一阳之谓道，继之者善也，成之者性也。"又云："形而上者谓之道，形而下者谓之器。"形即"品物流形"之形。以爻之定言，谓成《既济》。未成《既济》之先，阴阳变化生生不已，是之谓道……成两《既济》而终止，无复一阴一阳相对，是但有形器而无道。[2]

在象数层面上，"路之可通行者为道"即是六十四卦、三百八十四爻之运行不已为道。而卦爻运行永无终止，是通过"时行"实现的。只要不断引入同位之爻阴阳相反即"一阴一阳"的旁通卦组，《易》卦就会运行不息，故曰"一阴一阳之谓道""形而上者谓之道"；若不知时行，旁通卦组连续进行三对爻

---

① （清）焦循：《易话》上《道德理义释》，载《雕菰楼易学五种》，凤凰出版社2012年版，第1032页。

② （清）焦循：《易通释》卷五《道》，载《雕菰楼易学五种》，凤凰出版社2012年版，第343页。

变以致成两《既济》，卦爻运行便会停止，是为"终止道穷"，亦即"形而下者谓之器"。也就是说，在焦循看来，"道""器"二字也是作为卦爻运行的标识符出现在《系辞》中的。基于此，他对南宋朱、陆二人的道器观皆有批评："'一阴一阳之谓道'，偏阴偏阳即为非道，道全在两'一'字上。一阴一阳则寒往而暑来、暑往而寒来，是为道也。故阴阳二字以为形气不可，竟以为道亦不可。朱晦庵以阴阳为形器，陆象山以阴阳为形而上，各得其一偏。"①

焦循此说亦与戴震颇有渊源。《孟子字义疏证》曰："道，犹行也。气化流行，生生不息，是故谓之道。""《易》'一阴一阳之谓道'，则为天道言之，若曰'道也者，一阴一阳之谓也'……形谓已成形质，形而上犹曰形以前，形而下犹曰形以后。阴阳之未成形质，是谓形而上者也，非形而下明矣。"②显见，戴、焦释"道"皆突出了"行"和"生生不息"之义。因而，有学者认为："焦循的道、理关系论，基本上源于戴震。他也十分强调'道'的生化赞誉功能，认为'一气反复往来，是为道'……其中无疑隐藏着一套穷神知化的系统哲学理论，惜因短寿而未能充分展开。"③这一论断值得商榷。原因在于，戴震《疏证》中"生生不息"的主语是作为哲学本体的"气"，而在焦循处则转为伏羲用以彰显人道内容的卦爻。"一气反复往来，是为道"④出自《易通释》固然不假，可通观焦氏著作，其中并没有与气本论有关的论述。尽管焦循义理学的不少内容承自戴震，但他更为排斥形而上学。就此而言，是否沿用传统哲学的气本论框架来诠释经学义理，正是焦、戴治学的根本区别之一。事实上，"一气反复往来"的"一气"与"一气贯通""一气呵成"相类，意谓"不间断"，并非指称创生大化的终极实体。同理，焦循所云"路之可通行者为道"虽与陈淳"道，犹路也。当初命此字是从路上起意"的字义训解近似，但其毕竟与宋学理本论"道与理大概只是一件物"⑤的观点存

---

① （清）焦循：《易余籥录》卷十二，载《丛书集成续编》第29册，台湾新文丰出版公司1989年版，第351页。

② （清）戴震：《孟子字义疏证》卷中《天道》，中华书局2008年版，第21—22页。

③ 孙邦金：《乾嘉易学与"道论"形上学之重构》，《周易研究》2013年第6期。

④ （清）焦循：《易通释》卷五《命》，《雕菰楼易学五种》，凤凰出版社2012年版，第345页。

⑤ （宋）陈淳：《北溪字义》卷下《道》《理》，中华书局1983年版，第38、41页。

在本质不同。此外，他也不赞同汉人把握天道的经验方式。在焦循看来，阴阳二气消息、时节物候更替当属"天时"，而非"天道"。"五行时日之术，别之为'天时'，而天时、天道乃晓然明于世也。"① 那么，"道"的义理内涵究竟是什么？这还要从象、理相应的角度来理解。既然阴阳变化、生生不已是通过旁通与时行实现的，由旁通言仁、时行言义可以推知，"一阴一阳之谓道"的象数命题落实于人伦层面，其实就是千百年来儒学一贯弘扬的"仁义"之旨："《易·说卦传》云：'是以立天之道曰阴与阳，立地之道曰柔与刚，立人之道曰仁与义。'仁即元，义即利，仁义之为道，即元亨利贞之为德，此尧舜所以通变神化者也。孟子言必称尧舜，尧舜之道即仁义矣。"②

在《易通释》中，焦循还对"命"字的象数含义进行了一番"实测"：

> "道""命"二字，言之最明，《大戴记》所谓"分于道之谓命"也。（见《本命》篇。）"一阴一阳之谓道"，《乾》二之《坤》五，《坤》化为《比》。《比》通《大有》，《大有》化为《同人》。《同人》通《师》，《师》又化为《比》，（诸卦变化仿此。）一气反复往来，是为道。分而言之，《坤》化为《比》，命也。《师》化为《比》，亦命也。《大有》化为《同人》，亦命也。通诸卦之二五言之，为道；自一卦之二五言之，为命……《革》九四"悔亡，有孚，改命吉"，《革》之改命，谓《乾》成《革》而通《蒙》……《姤》传云"天下有风，后以施命诰四方"，九五传云"有陨自天，志不舍命也"。施命者，《姤》二先之《复》五，而后上施于《复》三也。施命，故志不舍命。不舍命，不改命也……《姤》二之《复》五亦成《屯》，而《姤》未成家人，则《屯》三不必舍，故不舍命。盈则宜改而变通，未盈故不舍也……道变化而不已，命分于道，则有所限。有当安于所限者，不舍命是也。有不当安于所限者，申命、改命、致命是也。命而能改、能申、能致，则命不已，即道之不已。如是乃为知命。③

① （清）焦循：《孟子正义》卷八，中华书局 1987 年版，第 253 页。
② （清）焦循：《孟子正义》卷三十，中华书局 1987 年版，第 1041 页。
③ （清）焦循：《易通释》卷五《命》，载《雕菰楼易学五种》，凤凰出版社 2012 年版，第 345—348 页。

焦循认为，《大戴礼记》"分于道谓之命"一语早已将"道""命"之义全然点出："道"是六十四卦彼此连接、运行不已，"命"则专指旁通卦组二五互易。《乾》《坤》二五先行成《同人》《比》，大中后立即时行，《比》通《大有》，二五先行为《比》《同人》，又时行，《同人》通《师》，二五先行复成《同人》《比》。统而言之，此一运行过程之全体为"道"。分而论之，各组旁通之二五互易为"命"。也就是说，"道"乃卦爻运行之大全，"命"则是其中的一个个环节。因"命"分于"道"，势必受其限制，故是否应安于其命，须视运行的具体情形而定。如《姤》《复》旁通，二五先行成《遁》《屯》为命。此时仅完成一对爻变，仍可"顺命"续变三上，即《遁》上之《屯》三成《咸》《既济》，故《姤》九五《小象》曰"有陨自天，志不舍命也"，"不舍命"即"顺命"。反之，《乾》《坤》大中上应已成《革》《蹇》，倘初四从之必为两《既济》而终止道穷，故令《革》时行通《蒙》，是为"改命"，此即《革》九四所云"悔亡，有孚改命，吉"。由此可见，在象数层面上，判定命之宜顺宜改的根据是道。就义理而言，仁义即"道"，人之材质禀赋或时之规限是"命"。无论身处何种时局，人唯有从仁义出发，才能在安然听顺、修身以俟与冲破拘限、有所作为之间作出恰当选择，此即是"知命"：

> 死生穷达皆本于天命。宜死而营谋以得生，命宜穷而营得以得达，非知命也。命可以不死而自致于死，命可以不穷而自致于穷，亦非知命也。故子畏于匡，回不敢死，死于畏、死于桎梏、死于严墙之下皆非命也，皆非顺受其正也……味色声臭安佚听之于命，不可营求，是知命也。仁义礼智天道必得位乃可施诸天下，所谓"道之将行，命也"。不得位则不可施诸天下，所谓"道之将废，命也"。君子以行道安天下为心，天下之命造于君子……百姓之饥寒圈于命，君子造命则使之不饥不寒。百姓之愚不肖圈于命，君子造命则使之不愚不不肖……故己之命听诸天，而天下之命任诸己，是知命也。君子为得位者之称。君一邑，则宜造一邑之命；君一国，则宜造一国之命。①

---

① （清）焦循：《论语补疏》，载《皇清经解》第六册，上海书店 1988 年版。

个体人生总是有限的，它每时每刻都会受到诸多不可抗拒因素的综合影响。尤其是生老病死，绝非一己之力所能改变，只得坦然接受。若妄想摆脱这一自然常则，便是"不知命"。然而，本不当死，却因厌弃生命或行为过失导致死亡，亦是"不知命"："颜子三十二而终，此受于天之命也，不可强者也。虽大贤如颜子，不能改夭为寿，所谓'夭寿不贰，修身以俟'是也。若为墙所厌，则是不自慎，而自折其躯体，非命也。"①不止生死攸关的大事，对材质禀赋一般的芸芸众生来说，食色之性能否满足亦属命运的安排，并非个人所能决定。可是，"神明"自足的君子应有更高的觉悟。他所关切的，应是天下百姓生命如何安顿，即在达成其饮食男女等自然情欲的基础上，教之以仁义礼智，从而使其超越"命"的有限性。一如古圣先贤、历代君子尽心竭力，无不是把为万民"改命"当作毕生期许。孟子曰："仁之于父子也，义之于君臣也，礼之于宾主也，知之于贤者也，圣人之于天道也，命也。有性焉，君子不谓命也。"②至于一己之富贵利达、舒逸安乐与否则听之任之，毫无营谋以求之意，此即是"顺命"。故孟子又曰："口之于味也，目之于色也，耳之于声也，鼻之于臭也，四肢之于安佚也，性也，有命焉，君子不谓性也。"③总之，顺一己之命，改百姓之命，方为君子之"知命"："知命之说，详于孔孟，而皆本于《易》。命有宜顺者，口目耳鼻四体是也。命有宜改者，仁义礼智天道是也……委命而任力，圣人之权也。顺命而不任力，亦圣人之权也。或顺或改，惟圣人之心主宰而斡旋之。能用命，不为命所用，是为知命。"④当然，君子此一职志能否实现，依然受制于天命、时命。孔子曰："道之将行也与，命也；道之将废也与，命也。"⑤逢时、在位即可施诸天下，必当奋力行之；未逢时、不得位而无从施诸天下，便常怀此心、相时而动，以俟逢时之日。

---

① （清）焦循：《雕菰集》卷九《知命解上》，载《丛书集成初编》第 2193 册，商务印书馆 1936 年版，第 129 页。
② 《孟子·尽心上》。
③ 《孟子·尽心上》。
④ （清）焦循：《易余籥录》卷十二，载《丛书集成续编》第 29 册，台湾新文丰出版公司 1989 年版，第 353 页。
⑤ 《论语·宪问》。

在此基础上，焦循又对《说卦》"穷理尽性以至于命"一句予以详解：

盖道不可穷而理则宜穷。理犹性也，（见郑康成《乐记》注。）穷理即是尽性。物不可以终尽，而性则宜尽。理之言分也。道既分而为命，命乃定而成性。《白虎通》云："性者，阳之施；情者，阴之化也。"《论衡》云："性生于阳，情生于阴。"（《说文》："性，人之阳气，性善者也。""情，人之阴气，有欲者。"）性即道之一阳，情即道之一阴。一阴化为一阳，为命即为性。由九五一阳，上下应而成《既济》，则为成性。五已刚中，不必行动，所谓人生而静，天之性也。由其天性之善，扩而充之，使六爻皆正，则成性而尽其性……性为人生而静，其与人通者，则情也，欲也。传云："六爻发挥，旁通情也。"成己在性之各正，成物在情之旁通。非通乎情，无以正乎性。情属利，性属贞，故利贞兼言性情，而旁通则专言情。旁通以利言也，所谓感于物而动，性之欲也。如《乾》五刚中，性也。《坤》五柔中，情也。必以《乾》二通于《坤》五，而为元、为仁，次以《坤》初之《乾》四，而为亨、为礼。《乾》成《家人》、《坤》成《屯》，《家人》则旁通于《解》，《解》二之五成《萃》，为利、为义，然后《家人》上之《解》三成《既济》，为贞、为成性、为尽性……《乾》《坤》、《屯》《家人》各成《既济》，各正性命也。而《乾》孚于《坤》、《家人》孚于《解》、《屯》孚于《鼎》，其柔中者无不化为刚中，是情以旁通而皆可以为善，则保合大和也……即为"穷理尽性以至于命"。自成己性，各为《既济》，穷理尽性也，贞也。旁通而柔中，又为刚中，使未顺命、未受命者，皆复自命，至于命也……以己之情通乎人之情，因有以正人之情，即有以正人之性，是人之性自我而率，人之命自我而立。性已定故静，情未定故动。性与情孚而有以窒其欲，则情不失乎正而情善，性孚于情，一阳而一阴也，情得乎善，一阴而一阳也。故天命之谓性，率性之谓道，修道之谓教。率性由于通情，通乎人之情，则不拂乎人之性，故成性存存，道义之门。①

---

① （清）焦循：《易通释》卷五《性·情·才》，载《雕菰楼易学五种》，凤凰出版社2012年版，

此间，焦循凭借其象数体例巧妙地将诸多义理概念串通起来，进而点出其相互关系。他认为，由汉人"性阳情阴"的观念可知，别卦九五阳爻象征"性"，六五阴爻符示"情"与"欲"。以《乾》《坤》为例，《乾》九五居阳位，已定者不动，故《礼记·乐记》云"人生而静，天之性也"。与《坤》旁通，其未定六五亟待更变，是为"感于物而动，性之欲也"。《乾》二之《坤》五为旁通情欲，旁通言仁，故得《同人》《比》象征成性之"仁"。初四从二五，尊卑有序，当位合礼，故得《家人》《屯》象征成性之"礼"。此时业已连续完成两对爻变，须趋时变通，于是《家人》通《解》，《屯》通《鼎》。《家人》《解》二五先行成《家人》《萃》，《屯》《鼎》二五先行成《屯》《遁》。时行即义，故此有如成性之"义"。尔后，三上复从二五，则《家人》《解》、《屯》《鼎》各成《既济》《咸》。在焦氏义理学中，知旁通情欲、尊卑有序、变通趋时皆属"智"，能知即善。依此观之，自《乾》之九五一阳达于《既济》六爻皆定且"终则有始"的卦爻运行过程，恰如人性不断扩充而仁义礼智最终齐备一般，此即是"尽性"。又据郑玄《乐记》注"理犹性也"[1]，可知"穷理""尽性"义同。并且，在《乾》至《既济》的运行期间，《乾》《坤》、《家人》《解》、《屯》《鼎》三组旁通之二五均获正定，二五为"命"，是为"至命"。此实已昭示出，己之"穷理尽性"与人之"至命"相即不离。自我人格的成就与价值的彰显，唯有在促成他人情欲之满足、生命之安顿的同时方能实现。《乾》《坤》如是，其余三十一组旁通亦如是。倘若人人效此而行，则天下万方莫不贞定，一如《彖·乾》所云："乾道变化，各正性命。保合太和，乃利贞。"

七、"教"与"卜筮"

按照焦循的说法，圣人、常人虽有智性高下之别，但因性中皆具神明，故愚、不才者一旦受教，其视听言动、行为举止亦能合乎人道。在《易图略》

第348—350页。

[1] （汉）郑玄注，（唐）孔颖达等正义：《礼记正义》卷三十七《乐记》，载（清）阮元校刻：《十三经注疏（清嘉庆刊本）》三，中华书局2009年版，第3314页。

中，焦循曾以时行的各种情形分别对应不同智性水平的人：如《时行图》一、四、五所示，旁通卦组二五当位先行后随即时行或大中上下应后及时变通，卦成《既济》《咸》或《既济》《益》而"终则有始"，犹如圣人永无失道，"生而知之，安而行之"；如《时行图》二、三所示，旁通卦组虽初四或三上先行，但失道后立即变通，宛若常人智性较高者，"学而知之，利而行之"；如《失道图》最下层所示，旁通卦组初四、三上接连失道而成《需》《明夷》或《既济》《泰》后方知时行，则像智性较低之常人，"困而知之，勉而行之"。总之，无论失道至何种地步，一经变通时行即可复为元亨利贞。此旨在说明，即使再愚、再不才之人亦可因教向善，"及其成功一也"。① 不知时行而连续进行三对爻变成两《既济》即"困而不学"者，唯有鸟兽。此即"失道"而"时行"的义理意蕴："唯失道所以教之，唯失道而教之即能复于道，所以性虽限于命而无不善也。《中庸》言修道之谓教，而推本于天命之谓性，率性之谓道，明教本于性，而道复于教，即《易》义也……然此惟圣人能之，其限于命而不能自率其性者，不自知也，则必赖先觉者觉之。"② 基于此，他对《周易》一书的文本性质作了如下判定："《易》之一书，圣人教人改过之书也……孔子曰：'假我数年，五十以学《易》，可以无大过矣。'此圣人括《易》之全而言之。"③

显然，焦循此说针对朱熹"《易》本卜筮之书"的论断而发。这一批评指向在《易图略·原筮》中展现得一览无余：

> 圣人作《易》非为卜筮而设也，故《易》有圣人之道四，卜筮仅居其一而已。"君子居则观其象而玩其辞，动则观其变而玩其占"，所谓"以言者尚其辞，以动者尚其变"，不必卜筮而自合乎《易》之道。惟是百姓日用而不知，未可以道喻也。而"人谋鬼谋，百姓与能"。其所欲者吉与利，其所忌者凶与灾。欲与忌交锢于胸，而不能无疑。圣人神道

---

① 详见（清）焦循：《易图略》卷三，载《雕菰楼易学五种》，凤凰出版社2012年版，第912页。

② （清）焦循：《易通释》卷五《教》，载《雕菰楼易学五种》，凤凰出版社2012年版，第352页。

③ （清）焦循：《易图略》卷三，载《雕菰楼易学五种》，凤凰出版社2012年版，第912页。

设教，即以所作之《易》用为卜筮。因其疑而开之，即其欲而导之，缘其忌以震惊之，以趋吉避凶之心，化而为迁善改过之心，此圣人卜筮之用，所以为神而化也……民不能自喻于善，因其疑而转移于吉凶之际，乃勉强以自改过，则所以鼓之舞之者，在此卜筮也，即在此《易》也……假卜筮之事，而《易》之教行乎百姓矣……《易》之用于筮者，假筮以行《易》，非作《易》以为筮也。《易》为君子谋，用《易》于卜筮，则为小人谋。此筮之道，即《易》之道也，而宁有二哉？①

君子智性充足，能自觉人伦之道。百姓不知，故伏羲画卦且以卜筮开示之。依焦循之见，人逢疑难茫然无措继而求诸占问之时，往往正是价值迷失、是非动摇之际。卜筮的目的不是"求前知"，即从卦象与卦爻辞中求得未来事项的将然信息，而是"设卦定人道"的落实方式，即借卦爻行动彰明人道之旨，告之以仁、义、礼、智则吉，反之必凶。人皆有趋利避害之心，由是遂知当行人道至正之事。一言以蔽之，筮法不过是圣人施教的手段而已。由此出发，他对《周礼·春官》所载"九筮"之义作了新的解释："《春官》：'筮人掌三《易》以辨九筮之名。一曰巫更，二曰巫咸，三曰巫式，四曰巫目，五曰巫易，六曰巫比，七曰巫祠，八曰巫参，九曰巫环。'郑氏注谓'九巫'读皆当作'筮'。其说更、咸等义，傅会未合……余既悟得变通之指，乃知圣人作《易》之义如是，'九筮'占《易》之法亦如是。夫《易》者，圣人教人改过之书也。更者，改也。极孤危凶困，一经改过，遂化为吉而无咎，故首曰'更'。已有过宜更，人有过宜感，以我感孚乎人，使之亦无过，所谓'寂然不动，感而遂通'。咸者，感也。故次曰'咸'。'式'者，法也。谓先二五以为之则也。'目'者，条目也。谓初四、三上从乎二五以为之应也。何以更？何以感？则必以二五交易之，故曰'易'。二五交易，可为式法矣。而初四从之则为比，比即辅相之也。故易之次为'比'。初四比之，而三上又从之，则终止穷矣。必使终则有始，乃为续终，故谓之'祠'。祠者，犹

---

① （清）焦循：《易图略》卷六《原筮第八》，载《雕菰楼易学五种》，凤凰出版社 2012 年版，第 972—973 页。

继嗣也……谓不成两《既济》也。'参'犹骖也，两旁曰骖，谓旁通也。'环'犹周也，谓反复其道、周回不已也。此九者，作《易》之指也，而即筮《易》之法也。然则筮《易》之法，与圣人作《易》之指，一以贯之矣。"①与《周易》经传同辞标记的作用类似，卜筮无非是就占得之卦指明象数规则，二者均是将人道义理寓于卦爻象数以教化百姓。所以，焦循不但极力反对朱熹"一部《易》，只是作卜筮之书"②的判断，而且也不赞同张载"《易》为君子谋，不为小人谋"③的说法。在他看来，君子顺循经传象辞自可探明卦爻行动，继而尽晓人伦之理，小人则有待于用《易》卜筮方能知之。卜筮与易道浑然一体，故《周易》既为君子谋，亦为小人谋。春秋以降，随着卜筮本旨日渐失落，筮者愈发不明就里，于是纷纷另造占法，这才衍生出繁多的术数门类。"春秋时之占法，固已大谬乎圣人。彼辛廖、卜楚邱、卜徒父、史苏之徒，与后世京房、管辂、《火珠林》飞伏、纳甲之法相同，岂知圣人作《易》之教者乎！"④圣人假卜筮而行《易》教，借吉凶而明善恶，其旨在弘"道"。后世术数则但言吉凶，不论善恶，早已无涉于大道至理，只能以"术"视之："吉凶本于善不善，告以趣吉避凶，正使之为善去不善也……卜筮者，舍善不善，而专言吉凶，遂成术数小道。至《火珠林》，并舍《易》辞，别为占法，其术益贱。圣人所以济民行者，岂如是哉？"⑤

必须指出，朱子所谓"《易》本卜筮之书"是对《周易》古经文本性质的判定。依他之见，卜筮才是圣人画卦的初衷，将其归诸道德教化则已失却《易》之本义。如其所云："《易》自是别是一个道理，不是教人底书。""圣人要说理，何不就理上直剖判说？何故恁地回互假托，教人不可晓？又何

---

① （清）焦循：《易图略》卷六《原筮第八》，载《雕菰楼易学五种》，凤凰出版社 2012 年版，第 971—972 页。"己"原书误作"已"。

② （宋）黎靖德编：《朱子语类》卷六十六，中华书局 1986 年版，第 1629 页。

③ （宋）张载：《正蒙·大易》，载《张载集》，中华书局 1978 年版，第 48 页。

④ （清）焦循：《易图略》卷六《原筮第八》，载《雕菰楼易学五种》，凤凰出版社 2012 年版，第 974 页。

⑤ （清）焦循：《易章句》卷八《系辞下传》，载《雕菰楼易学五种》，凤凰出版社 2012 年版，第 191 页。

不别作一书？何故要假卜筮来说？又何故说许多'吉凶悔吝'？"① 今天看来，这一诘问仍然可以用来批评焦氏易学。尽管焦循多番强调"设卦"旨在"定人道"，但他始终未能合理解释为何"定人道"必须采用"设卦"的方式。历史主义地看，朱子之说的确是一种真知灼见。"可以说，朱熹的这些论据是清楚明白的，人们并不能从中去指责这些论据的不确实。但是，人们对一件事物的认识并非仅由这些表面的现象所决定，更重要的还在于既定的历史文化境遇中所形成的普遍性观念，这种观念或者态度具有一种形上学的意味，它并不因那些现象性的证据而被否定，因为现象性的论据都是可以被再解释的。朱熹的'《易》本是卜筮之书'的观点也是如此，他的这些证据也都被当时'《易》道广大'的崇经观念再解释了。"② 同样，在极尊经学的清代学者看来，将圣人撰作的《周易》经传界定为卜筮之书，乃是大逆不道的妄言。焦循提出与朱子针锋相对的观点，其中必有出于维护经典权威的考虑。但是，这并不等于二者全无相通之处。对朱子来说，《易》本为卜筮而作当无疑问，可义理与卜筮并非格格不入。相反，他曾明确主张道德义理初显于文王、周公之古经，至孔子"十翼"而大备："孔子恐义理一向没卜筮中，故明其义。"③ 易学重心由卜筮转向德性，正是圣人对治世风日下的趋时变通之举："俗之淳漓既异，故其所以为教为法者不得不异，而道则未尝不同也。"④"古人淳朴，不似后世机智，事事理会得，于事既不能无疑，即须来占方知吉凶，圣人就上为之戒，便是'开物成务'之道。若不以卜筮言之，则开物成务何所措？'动则观其变而玩其占'，'极数知来之谓占'，此即是《易》之用。使人占决于《易》，便是圣人家至户到以教之也。"⑤ 朱子还曾举例说明古经占辞如何趋人向善："如占得《乾》，此卦固是吉辞，曰'元亨'，元亨，大亨也。卦固是大亨，然下即云利正。是虽大亨，正即利，而不正即

① （宋）黎靖德编：《朱子语类》卷六十七、六十六，中华书局 1986 年版，第 1658、1623 页。
② 张克宾：《朱熹易学思想研究》，人民出版社 2015 年版，第 46 页。
③ （宋）黎靖德编：《朱子语类》卷六十六，中华书局 1986 年版，第 1627 页。
④ （宋）朱熹：《晦庵先生朱文公文集》卷八十一《书伊川先生易传版本后》，载《朱子全书》第 24 册，上海古籍出版社、安徽教育出版社 2002 年版，第 3842 页。
⑤ （宋）朱鑑编：《朱文公易说》卷二十一《卜筮》，载（宋）朱熹撰，（宋）朱鑑编：《原本周易本义 朱文公易说》，上海古籍出版社 1989 年版，第 423 页。

不利也。使天下因是事而占，因占而得其吉。而至理之权舆，圣人之至教，寓于其间矣。"①可见，在因时立教、寓教于筮这两点上，焦循与朱熹的看法并无二致，甚至其言语表述、经典引证亦有相近之处。此足以说明，焦循虽然拒绝接受朱子对《周易》古经基本性质的判断，但其具体观点着实不乏对朱子思想的暗承阴用。

"《易》者，圣人教人改过之书"的文本定性并非新论，明代遗老即多主此说。顾炎武曾云："卜筮者，先王所以教人去利怀仁义也……是以严君平之卜筮也，与人子言依于孝，与人弟言依于顺，与人臣言依于忠。而高允亦有筮者，当依附爻象，劝以忠孝之论。其知卜筮之旨矣……君子将有为也、将有行也，问焉，而以言其受命也如响。告其为也，告其行也。死生有命，富贵在天，若是则无可为也、无可行也，不当问，问亦不告也。《易》以前民用也，非以为人前知也。求前知，非圣人之道也。"② 黄宗炎亦曰："教人占者，教人学《易》也。""吾人自鸡鸣而起，以至向晦晏息，其立心行己，居处执事，能一一合理，是之谓吉；多所拂戾，是之为凶；其差谬旋即自觉，为悔；其鄙猥可羞，文饰外观，为吝；其动静不安，前后顾虑，即为厉；其萌于念有愆忒，应于物有过不及，失所宜然，俱谓之咎；亟能自改，不至章著，以遂其非，即谓之无咎。就日用饮食之常，无时无刻不般旋于此数者之内，圣人系之以辞，使人随地随事检束提醒，此即占也。如以端策拂龟为占，则放佚之时多矣，非学《易》之旨。故知以《易》为卜筮之书者，恐有未然。"③ 王夫之更有"占学一理"之说："古之为筮者，于事神治人之大事，内审之心，求其理之所安而未得，在天子、诸侯则博谋之卿士以至于庶人，士则切问之亲友，又无折中之定论，然后筮以决之……是知《易》者，所以代天诏人，迪之于寡过之途，而占与学初无二

---

① （宋）朱鑑编：《朱文公易说》卷二十一《卜筮》，载（宋）朱熹撰，（宋）朱鑑编：《原本周易本义　朱文公易说》，上海古籍出版社 1989 年版，第 420 页。

② （清）顾炎武著，（清）黄汝成集释：《日知录集释》卷一《卜筮》，上海古籍出版社 1985 年版，第 138—140 页。

③ （清）黄宗炎：《周易寻门余论》，载《易学象数论·外两种》，中华书局 2010 年版，第 380、394—395 页。

理。"① 追本溯源，此说乃是直承宋明理学而来，而与汉代经学判然两途。众所周知，《易传》十篇业已开启易学的德性转化，帛书《要》篇亦载孔子论《易》语云："我后亓祝卜矣！我观亓德义耳也。幽赞而达乎数，明数而达乎德，又仁 [守] 者而义行之耳。"② 然而，在两汉经学"本天道以立人道，法天道以开人文"的理念之下，包括《易》在内的诸部经典，皆被定位成法天地而设政教的王者之书，③ 并未着意强调《周易》对个体道德养成的重要作用。直至关注心性精微、追求个体境界的理学问世，《易传》此意方才获得再度彰显。不仅张载点出"《易》为君子谋，不为小人谋"，阳明亦云："卜筮是理，理亦是卜筮。天下之理孰有大于卜筮者乎？只为后世将卜筮专主在占卦上看了，所以看得卜筮似小艺。不知今之师友问答，博学、审问、慎思、明辨、笃行之类，皆是卜筮，卜筮者，不过求决狐疑，神明吾心而已。"④ 甚至在阳明弟子王畿处，焦循之说已被明确提出："学《易》之道，迁善改过而已矣。"⑤ 凡此种种皆可证明，乾嘉汉学绝非对两汉经学的一味重述。尽管其攻讦宋学不遗余力，但就义理主旨而言，清学在很大程度上仍与理学一脉相承，反而较汉代经学相去甚远。

　　"伏羲设卦定人道"与"《易》者，圣人教人改过之书"实为同一思想的不同表达。如果说前者是焦循打通象数与义理的核心关节，后者便是其义理之学的最终结论。至于历代儒家竭力彰明的仁、义、礼、智、道、命诸义，既是"伏羲设卦"所定"人道"之内涵的逐一展开，亦是"圣人教人改过"的具体内容。因此，在易学视域下对其予以分别疏解即构成了焦氏义理学的逻辑演进。就此而言，"《易》者，圣人教人改过之书"的提出，标志着焦循易学体系的圆满建成。

---

① （明）王夫之：《周易内传》卷六《系辞下传》，载《船山全书》第一册，岳麓书社 2010 年版，第 607 页。
② 廖名春：《帛书〈周易〉论集·帛书〈要〉释文》，上海古籍出版社 2008 年版，第 389 页。
③ 参见王新春：《易学与中国哲学·前言》，人民出版社 2012 年版，第 6 页。
④ （明）王守仁：《传习录》下，载《王阳明全集》，上海古籍出版社 1992 年版，第 102 页。
⑤ （明）王畿：《王龙溪先生全集》卷十七《学易说》，载《王畿集》，凤凰出版社 2007 年版，第 495 页。

结　语

　　焦循一生勤勉不倦，著作宏富，其经学最为精善者当数易学。于他而言，五经大义、四书之旨无不本诸伏羲画卦，故《论语》《孟子》实与《周易》经传通为一体。于是，他以《易学三书》专明象数，以《论》《孟》注疏倡发义理，二者彼此钩贯、相互显发，合为焦氏易学之完整体系。在《寄王伯申书》中，焦循曾对其易学识见予以精要概括，不妨视为其思想总纲：

　　　　伏羲以六十四卦教人，有画无辞。其画之奇一偶一，亦如算策之有正负。当时通神明之德，累万物之情，皆以爻之所之示人。至文王时，所之不明，故文王系辞即指其所之。孔子则赞翼之，亦即明其所之大旨在教人改过，即以寡天下之过，明人伦、定民志，全在所之之得失以为吉凶。惟以辞指其所之，故辞之所系，第如算法之用甲乙丙丁、四声之取天子圣哲用以为标，令人缘是以推卦画之变动。义悉存乎辞之外，而不在辞。"密云不雨""先甲后甲""先庚后庚""用拯马壮"以及"频复""频巽"、"敦艮""敦临"、"冥豫""冥升"之类，一言一字，屈曲相导，所指甚明。有用转注以贯之者，如湿即下、定即宁、字即饰、救即劳亦即轮……有用假借以贯之者，如发即拔、鹤即雀、杨即扬、约即酌……各随其文假借成章。而阴以行其比例，即指其所之。因悟得其例有三：曰旁通。如《蒙》之与《革》①、《屯》之于《鼎》是也。惟旁通乃有孚，惟有孚乃合一阴一阳。伏羲定人道、制嫁娶，使夫妇有别而后有父子、君臣、上下全在此。曰相错。如《乾》《坤》错为《泰》《否》、《坎》《离》

----

①　原文误作《萃》，兹正之。

错为《既济》《未济》是也。天下事物以相错而治，错而得乎道，惟在旁通。"旁通情也"，在舜为"善与人同"，在孔子为"忠恕一贯"，在《大学》为"絜矩"。后人自视为君子，不能旁通情，故与人相错遂互相倾轧，不能乎于小人，亦"不利君子贞"，而易道泯矣。曰时行。即变通以趋时，元亨利贞全视乎此。如《乾》二之《坤》五为大中，《坤》初之《乾》四应之为下应，《坤》三之《乾》上应之为上应。上下一齐俱应，则成两《既济》，终止则乱矣。下应成《家人》《屯》，则《家人》必变通于《解》，《屯》必变通于《鼎》。上应成《蹇》《革》，《蹇》必变通于《睽》，《革》必变通于《蒙》……圣人教人改过如此，皆于爻所之示之。盖当位则虞其盈，盈不可久，不当位则忧其消，消亦不可久。故盈宜变通，消亦宜变通，所谓时行也。其教人之义，文王、周公已施诸政治，孔子已质言之于《论语》《大学》《中庸》，传之七十子，此《易》辞全在明伏羲设卦观象指其所之。故不言义理，但用字句之同以为乡导，令学者按之而知三百八十四爻之行动，如读勾股割圆之书，按其甲乙丙丁等字于其同者即知线之所移，亦如曲之字谱，按工切四合即知声之高下，义理自□画之所之之中，指明其所之，则义理自见。文王述伏羲、孔子赞文王如此，志在使伏羲当日通德类情之故从卦爻中显出，宜按辞以知卦。泥辞以求义理，非也。惟其显然者易见，而用转注、用同声之字假借者，非明六书训诂，鲜克信之……盖《易》之辞文王、周公、孔子大半用此以自为比例。舍此则不知所谓，尤亟亟也。或谓《易经》可以空言了之，真不知而妄作耳。①

焦循易学的问世，曾在当时及此后一段时期内引发学界的巨大震动。王引之评价《易学三书》云："凿破混沌，扫除云雾，可谓精锐之兵矣。"② 皮锡瑞亦曰："焦氏说《易》，独辟畦町……意在采汉儒之长而去其短。《易通释》

① （清）焦循：《焦里堂先生轶文·寄王伯申书》，载《丛书集成续编》第 193 册，台湾新文丰出版公司 1989 年版，第 124—126 页。

② （清）王引之：《王伯申先生手札》，载（清）焦循：《雕菰楼易学五种》，凤凰出版社 2012 年版，第 1118 页。

六通四辟,皆有据依。《易图略》复演之为图……《易章句》简明切当。"①
近人梁启超亦极为称许:"清儒最善言《易》者,惟一焦循。"②然而,相较
上述学人的赏识抬爱,攻驳非议不遗余力者尤众。其中,高亨先生的说法颇
具代表性:"焦循《易学三书》,素称绝作,而最为荒滥。"③平心而论,因乎
焦循易学实为自洽之体系,很难与历代《易》注进行比对,故学者们截然相
反的褒贬虽然皆可言之成理,却始终无法摆脱各自学术立场的局限。时至今
日,我们仍然无法客观、中立地对其是非得失予以衡评。这提示出,着眼于
焦氏易学体系的自身逻辑,并将其置于古代学术的发展历程中加以考察,可
能更为允当。

　　焦循治《易》的起点,是幼年时期父亲焦葱"'密云不雨,自我西郊',《小
畜》言之矣,何以《小过》又言之"的《易》辞重出之问。在此问题意识的
驱动下,他从二十岁起广览博求历代《易》注,其中又以易汉学用力最深,
可依旧无法圆满解决心中的疑问,直至不惑之年开始一心求索《周易》经传,
最终方由"实测而知"的旁通、当位失道、时行、相错、比例五大象数义例
解通全篇《易》辞,并撰修著就《易学三书》。依他之见,《周易》一书的表
述方式在于以同辞标记指示卦爻行动。圣人有意令字词语句多次出现,一则
提示系有同辞的若干诸卦必有象数关联,一则使学者在反复探求中自行悟得
每一字词单元分别指涉的象数内容。既然圣人作《易》采用"参伍错综"的
方式,解《易》必须遵循"参伍求通"的原则:《易图略》"由辞推象",即
根据经传全篇重复出现的字词实测出卦爻运行的一般规则;《易通释》"因象
解辞",即凭借五大体例确定每一字词单元的象数含义;《易章句》再按经传
相分的文本编排对《周易》原文逐字逐句地加以疏解。在此基础上,他把象
辞相应的形式归纳为十二类,并就"易""彖""象"之义、卦序、卦名等易
学史上长期悬而未决的问题表明了一己之见,更以自家独得之"本义"——
评判既往易学。

　　因乎焦循攻驳易汉学尤为猛烈,加之几番声明一空众说、专务经传,确

---

① （清）皮锡瑞:《经学通论》,中华书局 1954 年版,第 34 页。

② 梁启超:《清代学术概论》,上海古籍出版社 2005 年版,第 42 页。

③ 高亨:《周易古经今注(重订本)·述例》,中华书局 1984 年版,第 11 页。

与乾嘉时期盛行的执汉之风颇有不同，故梁启超先生认为："里堂之学，不能叫做汉学，因为他并不依附汉人。不惟不依附，而且对于汉人所纠缠不休的什么飞伏、卦气、爻辰、纳甲……之类——辨斥。"① 张舜徽先生亦云："焦氏这种治经的方式方法，在当时既不是汉学，也不是宋学，只能算是'焦氏之学'……他的易学心得，完全是从象、象、《系辞》中推究出来，毫不杂以后起之说。"② 不过，持相反意见的学者更多。熊十力先生指出："焦氏实宗汉易，虽不必以术数家之说法作根据，而其方法确是汉易。汉易之方法，只向卦与卦、爻与爻之间去作活计，自然不会谈及理道。"③ 朱伯崑先生认为："他虽然批评了汉易诸家的易学体例，但通观其对《周易》经传的解释，仍是阐发汉易象数之学的传统。其不同之处是在扬弃汉人解经体例的基础上，独辟蹊径，另立一新的体例，解说《周易》经传文句……此表明焦氏易学乃荀虞易学的新发展，可以称之为汉易的创新，不同于惠栋、张惠言所倡导的汉易的复归。"④ 林忠军先生、陈居渊先生亦有相近看法："焦循虽然对于汉易也有质疑，但是通过解构汉易而建立的易学体系仍然带有汉易的特色。"⑤"他的象数易学虽不同于汉儒，实质上是用一种象数易学取代另一种象数易学，宏观上仍然没有也不可能摆脱和超越汉代易学。"⑥"焦循的易学研究，并没有彻底摆脱汉代以来易学研究传注形式的羁绊，而是对汉代易学的继承和发展。"⑦ 依此观之，焦循易学与汉代易学之异同不容不辨。

体系建构取决于问题意识。按照焦循的理解，父亲的提问可以转化为："何以《小畜》《小过》卦象不同却系有同辞？"它之所以成为问题，乃是因其明显有悖于同辞同象的既定认知。换言之，在焦循的心目中，象辞相应本

---

① 梁启超：《中国近三百年学术史》，东方出版社 1996 年版，第 203 页，标点有改动。
② 张舜徽：《张舜徽集·清代扬州学记》，华中师范大学出版社 2005 年版，第 120 页。
③ 熊十力：《原儒》上卷《原学统第二》，中国人民大学出版社 2006 年版，第 93 页，标点有改动。
④ 朱伯崑：《易学哲学史》第四册，昆仑出版社 2005 年版，第 356 页。
⑤ 林忠军：《论王念孙、王引之父子的易学解释》，《周易研究》2013 年第 1 期。
⑥ 林忠军：《论焦循"本经文实测"两汉象数易学》，《孔子研究》2015 年第 4 期。
⑦ 陈居渊：《焦循儒学思想与易学研究》，齐鲁书社 2000 年版，第 328 页。

是确定无疑、不言自明的前提，而这正是郑玄、荀爽、虞翻等象数注经派学者认定的第一原理。需要指出的是，易学体例并不足以作为判定"汉易"的标准。原因在于，不仅汉代各家《易》例不尽相同，"卦主""卦变"诸说更曾被王弼等义理派学者沿用。显然，不能因为王弼有取"反对""旁通""升降""卦变"之例，就将其认作汉易；干宝、李鼎祚、惠栋、张惠言均非汉儒，学界仍以汉学称之，则可证明所谓"汉易"亦不局限于两汉时期。确切地说，"汉易"指称的是一种易学注疏风格。凡主张经传每一字词皆有象数依据，《解》易应以逐一指示象辞严整对应为目标者即"汉易"。依此标准审视，焦循易学的精神实质确属汉易无疑。至于二者之技术细节则有同有异，其相同处约有如下三端：

其一，象辞观。象辞相应的前提，注定了汉代经师解《易》的主要目标即是将同辞归于同象。一旦确定某个《易》辞背后的象数根据，对于此字的注解便可宣告终止。换言之，汉人其实早已将《周易》经传拆分成字词单元，较少理会词句的整体文意。就此而言，焦循"参伍求通"的解经原则、《易》辞文意无甚可观的论断，皆是此一思路合乎逻辑的推演。另外，汉易的象辞相应仅仅体现在具体琐碎的经传注释中，焦循则更进一步，一面通过重新诠释三圣作《易》加以疏通证明，一面又把象辞相应的形式归纳为"十二类引申"。这无疑是对汉末易学的系统化和理论化。

其二，象数体例。由于建立同辞诸卦之间的象数连接乃是焦氏易学的核心任务，故其五大义例全部着眼于两卦关系。尽管焦循本人多次强调其卦爻运行规则是由实测经传悟得的圣人之意，但其实仍是涵化改构汉易的旁通、升降、之正、两象易等象数体例而来。他之所以在汉代易学纷繁众多的解经义例中择取以上几种，正是因为它们无一例外地指向两卦关系，因而格外契合其注经需要。至于其他体例，既有其明确反对者，如纳甲、爻辰，亦有被因袭承继者，如互体、逸象。就此而言，焦循的象数建构在相当程度上得益于深厚的汉易学养，其卓越的思想原创力与高超的知识整合力亦交融一体、难解难分。

其三，会通数学天算与音韵训诂。焦循曾言："非明九数之齐同比例，不足以知卦画之行；非明六书之假借转注，不足以知象辞、爻辞、'十翼'

之义。"①在他看来，卦爻象数犹如天体运行，只能由实测而知，绝不可凭空臆造。伏羲发明的旁通、相错、比例等象数规则，亦与天元术、齐同、比例等数学原理相类。至于训诂假借，则是同辞标记的另一种形式。为了成就经传语句的文意，圣人在设置《易》辞时每每以义同音近之字替代本字。因而，除字形相同外，凡符合同义互训、同声假借条件的两字均属同辞。"假借字与被假借字之间有音近义同的关系，这两个假借字所处的文辞所对应的卦变也应该存在着某种算学式的关系。即便这种关系比较曲折、复杂、隐晦，但对于焦循的易学阐释系统来说，这种关系一定是存在的。"②于是，对经传字词的声训、义训占据了《易学三书》的极大篇幅，进而使该书呈现出浓厚的小学特征。然而，因乎经传文句的语义承载功能在焦氏易学中并未受到重视，声训、义训方法的充分运用亦非旨在理顺文意，而是作为判定、归并同辞标记的工具，所以，天算数学、音韵训诂都不过是建构象数体系的技术手段，并不具有根本地位。即便如此，易学研究援引数学、小学的举动还是为其赢来了很多赞许，同时也招致了很多非议。赞之者如阮元、梁启超："盖深明乎九数之正负比例、六书之假借转注，始能使圣人执笔著书之本意豁然于数千年后。"③"里堂精于算理，又精于声音训诂，他靠这种学问做帮助，而从本经中贯穴钩稽，生出妙解……是否算得《易经》真解，虽不敢说，但他确能脱出二千年传注重围，表现他极大的创作力。他的创作却又非凭空臆断，确是用考证家客观研究的方法得来，所以可贵。"④现代学者王茂等人更是认为："他确是本着天文、数学的科学精神，努力从本经自身内部探索它的通则，而不附加以任何外来的东西。他企图把《易》学变成一门精确的学问，一如现时所谓'硬科学'。从哲学史角度看，这无疑是一种重要的理论动向。其所以重要，在于它要打破传统学术在理论和方法上的模糊性、不

---

① （清）焦循：《雕菰集》卷十三《与朱椒堂兵部书》，载《丛书集成初编》第2194册，商务印书馆1936年版，第202页。

② 程钢：《假借与焦循的易学阐释方法》，载钱逊、廖名春主编：《清华大学思想文化研究所集刊》第一辑，清华大学出版社1995年版，第193页，标点有改动。

③ （清）阮元：《江都焦氏雕菰楼易学序》，载（清）焦循：《雕菰楼易学五种》，凤凰出版社2012年版，第1115页。

④ 梁启超：《中国近三百年学术史》，东方出版社1996年版，第203页。

确定性、随意性，而要把自然科学的精神灌注入《易》这样充满神秘色彩的学科之中。这是一种创新，一种突破。"①非之者则以朱骏声为代表："以《九章》之正负、比例为《易》意，以六书之假借、转注为《易》词。虽其间不无心得，而傅会难通者十居八九。"②此外，亦有学者持中立态度，如章太炎先生曾云："焦循为《易通释》，取诸卦爻中文字声类相比者，从其方部，触类而长，所到冰释，或以天元术通之，虽陈义屈奇，诡更师法，亦足以名其家。"③其实，将推崇或贬低全然归于焦循一人有失公允。原因在于，数学、自然科学与易学的深度融合绝非焦氏的一家独创，亦非明清西学传入造就的乾嘉学术之特有面貌。毋宁说，它所代表的乃是两汉以来象数易学的一贯传统，孟京卦气说、《易纬》九宫数、刘牧图书学、邵雍先天易等皆是明证。在这一点上，焦循易学与汉代易学的区别更多只是反映了不同时代的科学发展水平。而训诂假借虽未被汉儒明确界定为《周易》经传的写作方式，但在其判定字词单元的取象过程中亦有涉及。以虞翻易学为例。《说卦》曰乾为"父"，父老子少，则"老"为乾之逸象；"老""旧"义近，复引申出"旧"之逸象；"旧""久"字义相关，故乾又有"久"之逸象。又如，艮为"少男"，少男即童，故"童"乃艮之逸象；"童""僮"音同义近，则"僮仆"亦属艮象。④由此可见，使未知《易》辞通过音和义的引申过渡转化为已知的象辞相应，正是汉易确定逸象的方法之一。依此推断，焦循"假借说《易》"的发明未必不曾受到汉代经师的启发影响。

　　基于种种理由，我们不妨将焦循象数学视为汉代易学的发展与深化。不过，二者确实存在一点显著差异，即是否关注到《周易》经传的重出词句。当然，在所有的"马"字都本于乾卦，即相同字词单元对应相同象数内容这一点上，焦循易学与汉易并无二致。可是，像"密云不雨，自我西郊"这类

---

① 王茂等：《清代哲学》，安徽人民出版社1992年版，第694页。

② （清）朱骏声：《传经室文集》卷二《书焦孝廉循易图略后》，载《续修四库全书》第1514册，上海古籍出版社2002年版，第593页。

③ 章太炎：《清儒》，载汪学群：《清代学问的门径》，中华书局2009年版，第40页。

④ 参见刘玉建：《两汉象数易学研究》，广西教育出版社1996年版，第749—750、897—898页。

在两卦中重复出现的整句《易》辞，汉人并没有区别对待。以虞翻《小过》
六五注文为例：

> 密，小也。《晋》坎在天为"云"，坠地成"雨"，上来之三，折坎
> 入兑小为"密"，坤为"自我"，兑为"西"，五动乾为"郊"，故"密云
> 不雨，自我西郊"也。①

按虞氏卦变说，《小过》为四阴二阳之变例，由《晋》上之三而来。《晋》三
至五互坎，居上体则"云"而"不雨"。三上互易后坎象消失，成《小过》
三至五互兑。兑为少女，乃巽、离、兑三阴卦之最小者，故有"小"之逸象。
"密""小"义近，同属兑卦。又据后天八卦方位，兑为正"西"。《晋》下体
坤，《说卦》"坤为腹"，"复有为'身'、为'躬'之逸象，是以虞氏八卦逸
象中，坤复多出二象，即为'我'、为'自我'"。《小过》六五失正，之正成
《咸》后三至五互乾。"乾位在西北。西北，郊野之象"②，即"郊"为乾之逸象，
故《小过》六五爻辞曰"密云不雨，自我西郊"。再看《小畜》卦辞之虞注：

> 密，小也，兑为密。《需》坎升天为"云"，坠地称"雨"。上变为阳，
> 坎象半见，故"密云不雨"……《豫》坤为"自我"，兑为"西"，乾为
> "郊"，雨生于西，故"自我西郊"。③

《小畜》一阴五阳，卦变无定例。虞翻认为，《小畜》由《需》之上六变阳而
成。《需》外卦坎居乾天之上，有"云"象。成《小畜》后外坎消失，但四、
五两爻坎象半现，仍为"云"而"不雨"。《小畜》下体乾为"郊"，二至四
互兑为"密"、为"西"，旁通于《豫》，《豫》下体坤，有"自我"之象。

　　虞翻的上述解释并不能令焦循满意。他指出："《晋》变《小过》，《需》
变《小畜》，同为'密云不雨'固矣。然《晋》下有坤为'自我'，由坤变兑、

---

① （清）李道平：《周易集解纂疏》卷七，中华书局 1994 年版，第 525 页。
② 王新春：《周易虞氏学》，台湾顶渊文化事业有限公司 1999 年版，第 391 页。
③ （清）李道平：《周易集解纂疏》卷二，中华书局 1994 年版，第 149 页。

变乾为'自我西郊'，而《需》无坤，'自我'二字遂无着，不得不以《豫》坤言之。乃坤在《豫》而《小畜》《需》本有乾兑，非由《豫》坤所变，其《需》之变《小畜》，何有于'自我西郊'？此达于《小过》，必不达于《小畜》也。"①也就是说，虞翻为反复出现的同一辞句提供了两种不同的象数解释。在《小过》中，"自我""云""不雨"本于卦变，"西""密"本于互体，"郊"本于之正；而在《小畜》中，"自我"本于旁通，"云""不雨"本于卦变与半象，"西""密"本于互体，"郊"本于下体经卦。这在虞翻易学中并无不妥，因为对象数注经派学者而言，只要遵循"同辞必同象"的原则逐一指示出《易》辞单元背后的象数依据，解《易》的核心任务便已完成。可在心头始终萦绕着同辞问题的焦循看来，虞翻等人的《易》注仅能保证字词单元与卦象对应的稳定性，却没有察觉到整句《易》辞反复出现的深意。换言之，虞翻对"密云不雨，自我西郊"的解说之所以不能前后一贯，是因为他仍然将该句拆分为一个个字词单元，继而在《小畜》与《小过》两卦中分别寻求象数根据。与此有别，焦循认为，《小畜》之"密云不雨，自我西郊"是由若干字词单元连缀而成，《小过》系以同辞则是为了明示其与《小畜》之间的比例关系。就解经而言，前者的任务是逐一疏解字词单元所符示的象数内容，后者则仅需指明同辞诸卦之相互关联。因此，建立六十四卦之间大规模的象数连接就成了焦循易学的核心目标。基于这一目的，他对汉代易学的注经技术进行了两点改良：第一，汉易重卦象，焦循重爻变。概言之，汉易解经的基点在于《易》辞单元与八卦之象的对应关系，而卦变、升降等爻变之例实与互体、之正诸说无异，均为获取所需卦象的手段。例如，"马"字对应乾卦是确凿不移的前提，解《易》即是综合运用各种《易》例从相关别卦中求得乾象的过程。尽管焦循注经亦时常运用《说卦》之象乃至逸象，但他还是更愿意将经传字词直接对应爻变规则。这也正是焦循仅凭五大体例即可解通《周易》经传而鲜少违例的奥秘所在。究其根本，相邻三爻组成的经卦始终是静态、固定的，即使动用卦变、升降等爻变体例也无法确保每一别卦皆能得出

---

① （清）焦循：《易图略》卷六《原辞下第六》，载《雕菰楼易学五种》，凤凰出版社 2012 年版，第 964 页。

所需经卦。一旦发生此种情况，汉人便迫不得已用变例解之。而在焦氏易学中，二五、初四、三上、旁通、时行、相错等象数规则可以通行于三十二组旁通，故以其作为象辞相应的基本单元势必具有更强的灵活性和普适性。第二，汉易体例相互平列，焦氏《易》例层层递进。对东汉经师来说，众多义例乃是各不相同的增象手段。注解某处经文采用哪些体例，需要根据已知的象辞对应来灵活取舍。与此不同，焦氏易学的五大体例有着甚为鲜明的逻辑次序：三十二组"旁通"是卦爻运行的起点；其三对爻变二五先行即为"当位"，反之则为"失道"；当位、失道后皆须"时行"，如是方能运行不已；若两组旁通按相同规则运行所得结果相同或"相错"，此四卦即成"比例"。在此过程中，六十四卦的相互连接得以逐步建立。就象数技术而言，其增象目的之实现主要依赖于两种手段：一是爻变，二是比例。首先，任一别卦皆可由旁通、时行、相错等运行规则得出其他别卦，这样就可以在多卦间建立关联。不过，仅凭三者并不足以贯通六十四卦。一旦《易》卦无法由卦爻运行直接相连，则需引入某一爻变结果作为中介搭建比例关系。例如，无论怎样使用"旁通""时行""相错"三种体例，都无法建立《乾》《坤》与《坎》《离》的象数关联。唯有令《坎》《离》二五先行成《同人》《比》，其结果同于《乾》《坤》二五先行，即《乾》二之《坤》五为《坎》二之《离》五之比例，《坎》《离》、《乾》《坤》才能相互连接。由此可知，焦氏象数学的增象能力远超汉易，在很大程度上应当归功于"比例"这一全新创造。对此，王引之深有所见："要其法，则比例二字尽之。"①

　　过犹不及。焦循象数体系的根本弊病亦在于此。前文已言，比例说的真正用意在于解释两卦为何系有同辞。例如，《小畜》《豫》、《中孚》《小过》两组旁通大中上应均成《既济》《咸》，即二者互为比例，是以《小畜》象辞与《小过》六五同言"密云不雨，自我西郊"。可是，依照焦循的规定，凡旁通卦组按同一规则运行所得结果相同或相错者皆成比例，而大中上应成《既济》《咸》者绝不仅限于以上两组旁通，如《需》《晋》、《明夷》《讼》

---

① （清）王引之：《王伯申先生手札》，载（清）焦循：《雕菰楼易学五种》，凤凰出版社2012年版，第1118页。

二五先行、三上从之亦成《既济》《咸》，为何"密云不雨，自我西郊"偏偏系于《小畜》《小过》两卦而不见于此四卦经传？更重要的是，倘若对比例说加以深究，便不难推出三十二组旁通即六十四卦皆成比例的结论：观《时行图》之"元亨"可见，旁通两卦大中上应所得结果无非两种，或为《蹇》《革》，或为《既济》《咸》。其中，得《既济》《咸》者共十六组，即此十六组旁通互为比例；成《蹇》《革》者亦十六组，此十六组旁通亦互为比例。且《既济》《咸》相错得《蹇》《革》，故此十六组旁通与彼十六组旁通亦有比例关系，亦即三十二组旁通大中上应皆成比例。同理，旁通两卦大中下应所得结果无非《屯》《家人》、《既济》《益》两种，二者互为相错，故三十二组旁通大中下应皆成比例。抑或旁通两卦初四、三上连续互易必成《需》《明夷》或《既济》《泰》，二者互为相错，则三十二组旁通连续失道也均成比例。如此一来，"易象符号的旁通已不仅仅局限于两卦之间，更是进一步引申推广到一切卦之间，从而使《易》的整个六十四卦最终统贯为一个'由此及彼，又由彼及彼，千脉万络，一气贯通'的符号之链"①。换言之，焦循运用比例说大幅增象的结果乃是将六十四卦全部连在一起，而非针对系有同辞的特定两卦给出具体解释。他用比例法解释重出《易》辞看似屡试不爽，其实只是在分别截取六十四卦比例全图的一个个片段。由其运用比例的娴熟程度推测，焦循本人对此必有觉察，只是知而不言而已。他之所以讳言此意，乃是因其势必会动摇相同《易》辞指示象数关联这一立论前提。六十四卦皆成比例，则每一字词均可在《周易》全书的任意位置出现。既然如此，圣人又何必大费周章设置诸多同辞标记？为何不让六十四卦经传全然相同？这才是焦循象数体系的根本失误。况且，若要令六十四卦相连一体，不妨直接采用荀爽、虞翻易学的"成既济定"，大可不必创设这般繁复牵缠的象数规则。依此观之，黄寿祺先生的批评不无道理："当清代乾、嘉之隆，举世崇尚汉学，好古不好是风气正盛之时，而循能独立为说，力辟荀、虞及康成诸家之谬，固可谓豪杰之士。惟其自所建立诸例，以测天之法测《易》，以数之比例求《易》之比例，虽曰自成一家之说，竟皆牵合胶固，无当经旨，较之郑氏爻辰有过之

---

① 张再林：《焦循象数易中"互文"的符号学思想》，《社会科学辑刊》2010 年第 6 期。

而无不及。"① 尚秉和先生所言更为明确："焦循变本加厉，于象之不知、义之不能通者，以一卦变为六十四以求其解。其弊遂与谈空者等。"② 另外，今天看来，他从《易》辞中实测出五大体例，又以此五大体例通释全篇《易》辞的做法有循环论证之嫌。方东美先生指出："焦循虽是大学问家，但是在逻辑上面究竟欠缺了一点！就逻辑这一方面看，他假定旁通的原理是真确的原理，然后再运用他所了解的数学方法去展转证明。因此，表现逻辑思想的循环性。"③ 不过，焦循易学实为封闭自洽之系统，所以他本人或许并不在意循环论证的问题。

事实上，学界对焦循易学的多数批评并非着眼于其象数体系的内在弊病，而是缘于他们根本无法认同作为其易学基点的象辞理论。时至今日，将《周易》一书视作由卦爻运行的指示符连缀而成，否认经传文意有实质价值的论点依然令人触目惊心。潘雨廷先生将焦循此举称为"扫辞"，可谓极具慧见："焦氏之书……是犹发展王弼之扫象而扫辞。扫象者，全然不论乾为马、坤为牛之具体《易》象，扫辞者，又全然不顾二篇文字之内容。"④ 朱伯崑先生将其归结为形式逻辑的思维方式，亦无可非议："焦氏因受其数学的影响，或者说，以代数学的原理，考察象辞之间的关系，《周易》则完全被抽象化、公式化和逻辑化了。形式逻辑的思维方式，只追求事项之间的关系和推理的形式，而不关心其内容。焦氏的比例引申说正是这种思维方式的产物。"⑤ 针对焦循象辞观的猛烈抨击而今犹未止息。李镜池曾云："焦氏《易学三书》，被称为'石破天惊'之作，而其实割裂文义、支离破碎，不可卒读。"⑥ "大概最能够从形迹上去推求的，当以焦循为第一……唯其求通，往

---

① 黄寿祺：《易学群书平议》，北京师范大学出版社 1988 年版，第 102—103 页，标点有改动。

② 尚秉和：《周易尚氏学·总论》，中华书局 1980 年版，第 11 页，标点有改动。

③ 方东美：《方东美先生演讲集·原始儒家思想之因袭及创造》，中华书局 2013 年版，第 120—121 页。

④ 潘雨廷：《周易集解纂疏·前言》，载（清）李道平：《周易集解纂疏》，中华书局 1994 年版，第 10—11 页。

⑤ 朱伯崑：《易学哲学史》第四册，昆仑出版社 2005 年版，第 397 页，标点有改动。

⑥ 李镜池：《周易通义·前言》，中华书局 2007 年版，第 9 页，标点有改动。

往牵连附会。"① 王琼珊说："信如焦氏说，则圣人作易，几于限字作文，其拘碍且甚于限韵赋诗矣。且焦氏之说止于揣测圣人作辞用字之意，于经文之奥义则无所发明。观其《章句》，于经文字字求象，卦必旁通，爻必升降，支离曼衍，每卦必合若干卦以解之，使六十四卦，无一卦有自身之意义，而圣人之经，有如七宝楼台，被拆碎下来，不成片段矣。夫千章夏木，各具栋梁之材，今舍其干而不顾，独于其甲株与乙株，乙株与丙株……接叶交枝之状而求其价值，此猿猴之智也，彼大匠必不然矣。总之，焦氏易为重重封闭曲线之交构，读其书如入迷宫而不知所出，不如读经之白文。"② 廖名春也认为："焦氏易学存在着根本性的错误：第一是否定《周易》卦爻辞的义理研究，把本来有意义的、阐明一种思想的句子、段落完全打碎搞散，牵强地把它们解释为卦爻之间的联系和运动。"③ 从上述学者的极力驳斥中不难推知，他们还是更加倾向于义理派疏解词句文意进而阐发思想主旨的研究路数。所以，其批评对象并不仅限于焦循，也包括一切象数注经派。正如清人郭嵩焘所云："汉儒之释经也，强经以就己之说。焦氏之弊，以《易》从例。"④ 对此，何泽恒先生颇为赞同："《易》非无例，然亦非句句有例、字字有例。里堂所悟之旁通比例，自有其突出创发之贡献，惟郭氏以《易》从例之一语，则已指出其病原之所在矣。"⑤ 不过，客观地讲，虽然义理派的解《易》方式在今人眼中更为平实，可我们始终无法在理论层面上彻底否定象数派认定的象辞观，主张"象数优位"的学者完全可以基于自身立场给予截然相反的评价。如焦循座师英和曾言："古今易学无虑数千百家，其大旨不外二端，曰理与数而已……《易》之非可理释，必由数推，而数本自然。求诸经文，触类引伸，在在契合；无取纳甲、爻辰之奥解，不袭图书、河洛之伪传，使古今言理、言数诸家均心折其辞而无所置喙也，岂非不朽之盛业哉……今观所学，

① 李镜池：《周易探源·周易卦名考释》，中华书局 2007 年版，第 290 页。

② 王琼珊：《易学通论》，台湾广文书局 2012 年版，第 116 页。

③ 廖名春、康学伟、梁韦弦：《周易研究史》，湖南出版社 1991 年版，第 391 页。

④ （清）郭嵩焘：《周易释例·周易释例叙》，载《郭嵩焘全集》第一册，岳麓书社 2012 年版，第 527 页。

⑤ 何泽恒：《焦循研究》，台湾大安出版社 1990 年版，第 70 页，标点有改动。

非列国、非汉、非晋唐、非宋，发千古未发之蕴，言四圣人所同然之言，是直谓之《周易》可焉。"① 归根结底，《周易》一书是否以"观象系辞"的方式写成，经传象辞是否存在严整对应，都只是无从证实的信念而已。因此，尽管我们内心总会或多或少地倾向于两派易学之其中一边，却应尽力避免以自身偏好非议古人。仅就象数创造力而言，郭彧先生的评价相对客观："焦循易学在中国易学史上独树一帜，别开生面，可谓自汉代以来能以三大易例'通释'经传全文而使之'语语有因，字字有据'之第一人。我们评价其得失，当从深入研究其建图立说之本意和剖析其'通释'效果入手。显然，一概否定与一概肯定的态度似都不可取。论其得失，或此一方面有所肯定而彼一层面有所否定。如，从易学哲学史角度谓其有违逻辑推理原则，陷入循环论而不自知，则似无可怀疑，而从易学研究史角度谓其承接汉易而又有所发展，则亦是事实……其建立一套完整之符号系统，则亦言之有理。""对易学研究富于创新精神者，惟宋代邵雍与清代焦循而已。"②

否定经传文意的价值不等于否定义理。依焦循之见，义理并不通过《周易》一书的文意表达，而是蕴含在《易》辞指示的象数规则当中。一方面，伏羲设卦旨在定人道，文王、周公、孔子以经传字词指明卦爻运行的目的亦在于令后觉者由是开悟道德人伦；另一方面，定人道必以设卦为形式，即儒家四书弘扬的一切义理皆与卦爻象数一一对应。既然专言设卦的《周易》经传与彰明人道的《论语》《孟子》相即难离，合为易道大全，则《易学三书》犹有未尽，焦循又作《论语补疏》《论语通释》《孟子正义》与之相互显发。简言之，伏羲画乾坤阴阳示人嫁娶之宜，神农教人耕作渔猎之法，人便知饮食男女之道，此"能知"即是"善"。常人与圣人虽有智性高下之别，但因性中皆具神明，则必能受教而知"旁通"之"仁"即推及情欲、"时行"之"义"即变通趋时、"当位"之"礼"即尊卑有序。总之，人道之旨即潜藏在卦爻运行之中，故"《易》者，圣人教人改过之书"。这种寓义理于象数的诠释方式，牟宗三先生曾予以充分肯定："焦循则是直接由卦爻象数之关系（大

---

① （清）英和：《江都焦氏雕菰楼易学序》，载（清）焦循：《雕菰楼易学五种》，凤凰出版社2012年版，第1112—1114页。

② 郭彧：《易图讲座》，华夏出版社2007年版，第267页。

中而上下应之）而建立其'旁通情也'的道德哲学……焦循所达成的道德哲学是工巧的穿凿，但穿凿得很一贯。"① 其实，此举亦非新创，而是接续了东汉易学的一贯传统。从传世文献来看，汉易有义理意蕴当无疑义，只是大多隐而未发，未如焦循一般彰显开示。就义理讨论的篇幅而言，焦循的确远超汉代学者。关键在于，相比象数层面的一脉相承，义理主旨的不同才是二者之本质区别。程石泉先生指出："焦循易学，自表面观之，似为坚守汉学壁垒者，但自其义蕴言之，于汉学无师承之统，故非祖述前人。"②

　　理性地看，脱略文字表意系统的六十四卦与阴阳爻画本身的含义并不明确。这就意味着，从象数中阐发义理，实质上是为符号赋予某种特定意义的过程。大体而言，历代学者揭示的《周易》义理可以归结为宇宙情状、政治理想、个体人生三个方面。汉代易学尤重前两点。在汉儒心中，《周易》六十四卦、三百八十四爻首先是"天道得以具体展现的年复一年四时接续之交替、阴阳二气之消息、节气物候之迁变、万物万象之生化的涵摄符示者"③。在西汉经学天人一体、相互感通的理念下，一切人事政教的终极根据皆在于效法天道，上天则以祥瑞、灾异告知君主其执政得失。相应地，《周易》作为观天时、知吉凶的理论工具，亦被涂抹上浓重的天人感应和术数占验色彩。"在汉代的那种特定的历史条件下，人们为了追求一种文化价值理想，防止君主滥用权力，胡作非为，唯一可供选择的思想武器只能是由董仲舒所倡导的天人感应论。""这种理论假借天意赋予臣下以一定的批评朝政的权利，也可以迫使专制君主能够有所警戒，不致过分地滥用权力。"当然，其理论本身是"经不起严格推敲的"，符瑞谴告之说"妖妄荒诞，不值一驳"，但从社会政治的角度看，"其中闪耀着一种自然与社会整体和谐的理想的光辉"。④ 东汉党锢之后，西汉占验易学创设发明的种种体例又被移植到注经活动当中。尽管天人感应、阴阳术数的政治干预功能已被淡化，但郑玄、荀爽、虞翻三家《易》注的字里行间仍然流露出后世士子难以为匹的担

---

① 牟宗三：《周易的自然哲学与道德函义·重印志言》，台湾文津出版社 1988 年版，第 5 页。
② 程石泉：《易学新探·雕菰楼易义》，上海古籍出版社 2003 年版，第 271—272 页。
③ 王新春：《易学与中国哲学》，人民出版社 2012 年版，第 83 页。
④ 余敦康：《汉宋易学解读》，华夏出版社 2006 年版，第 59、61、72 页。

当意识。这在虞翻易学的"成既济定"中表现得格外明显——不正之爻皆须变正、六十四卦全成《既济》所寄寓的，正是家国天下乃至大宇宙全方位正定的终极理想。①与之有别，宋明易学则着重强调宇宙情状与个体人生。周敦颐、邵雍、朱熹等理学家同汉人一样以《周易》象数模拟天地宇宙，但他们并不着力勾画阴阳消息、时序更替、五行生克的经验图景，而是希望借此表达对宇宙天人终极根基的追问与思索。并且，因乎此最高实存落实下贯而使人皆禀赋了内在充足的价值资源，故《周易》又与心性工夫、境界气象密切相关。于是，自理学开山周敦颐起，《周易》便由化民成俗、法天设教的王者之书转进为"性命之源"。南宋心学问世后，围绕个体心性境界阐发《周易》义理的诠释路数影响日甚。杨简《己易》开篇即云："易者，己也，非有他也。以易为书，不以易为己，不可也。以易为天地之变化，不以易为己之变化，不可也。"②阳明曰："《易》也者，志吾心之阴阳消息者也。""良知即是易。"③王畿曰："易，心易也。"④

综上，天人之学是汉宋易学的共同本质。只是汉儒怀有极其浓郁的担当意识和淑世精神，相较看重现实的经验世界；宋儒则追求人格养成和个体超越，表现出强烈的形上兴趣。就此而言，乾嘉学术与汉宋之学皆有不同：

首先，在明中期以来科学探索和西学传入造就的"质测"风尚、明代遗老反思理学偏弊继而开启由虚转实的学术重整以及清廷政治高压等多种因素的交织作用下，儒学的重心逐渐由"尊德性"转向"道问学"，并在乾嘉时期达至顶峰。拥有高度认知理性的朴学家们普遍认为，知识的成立必须以充足的证据支撑为条件。因此，他们拒绝接受汉代经学中荒谬怪诞的天人感应、阴阳术数之说。虽然乾嘉学者依旧沿用十二消息、六日七分、纳甲世应等一系列占验《易》例，但其旨在复原汉代经说的基本面貌，其中的非理性

①　参见王新春：《易学与中国哲学》，人民出版社 2012 年版，第 241—254 页。

②　（宋）杨简：《慈湖先生遗书》卷七《家记一·己易》，山东友谊书社 1991 年版，第 291 页。

③　（明）王守仁：《王阳明全集》卷七《稽山书院尊经阁记》、卷三《传习录下》，上海古籍出版社 1992 年版，第 254、125 页。

④　（明）王畿：《王龙溪先生全集》卷八《易与天地准一章大旨》，载《王畿集》，凤凰出版社 2007 年版，第 183 页。

成分已被全然剥离。在此意义上，清儒所谓的"汉学"，"仅仅是祖述，目的只是为了恢复历史之真"①。同理，将《周易》卦爻诉诸"先天""太极"亦属虚妄之言，宋明理学那些无法提供经验证据的形而上学内容也必须统统消去。究其根本，对天地宇宙的认知只能依赖数学天算，绝非《周易》之卦爻象数所能解决。或者说，《周易》与宇宙情状并无根本关涉，因为天道、人道并不通贯，二者分属不同的领域。后者历来是儒学关切的重点，前者则唯有借助科学方能认知。这提示出，乾嘉时期实已发生了一场根本性的学术变革，即在一定程度上打破了传统儒学长久以来的天人之学的学理品性。

其次，因乎清廷奖掖汉学与文字狱双管齐下，明代遗老极力张扬的经世精神及至乾嘉年间已然黯淡无光。学者们或缘于身家性命之虞，或出于单纯的知识热情，大多不问世事、穷经皓首，甘愿在书房一隅的故纸堆中宣泄智思。尽管焦循、阮元等扬州学人试图对此加以反拨，可毕竟无法挣脱残酷的现实时局，故其经世之意每每点到即止，绝无可能像汉儒那样彰显淋漓。于是，荀爽、虞翻的"成既济定"，在焦循处变作了避免成两《既济》的"时行"。此足以证明，乾嘉学者谈论的主要是个人当下的变通行权，鲜有家国天下皆得贞定的宏伟期许。

最后，在对个体人生的高度关注上，清学与宋学确有相近之处，但又存在两点显著差别：一是乾嘉学者主张人的本质属性在于智性，德性则是认知的结果。二是肯定自然情欲，将饮食男女的推及视为道德的基础，由此建构出己与人乃至社会整体的和谐、通泰、有序。对此，张丽珠教授论之甚明："清儒并不相信超越经验的理性，也不信任这种内向存省的思辨方法；他们只信任感官知觉的经验知识。所以在讲尚证据的智识主义要求下，道德不再以静坐省察'喜怒哀乐未发前的气象'为功夫，而以能够落实在经验世界，重践履、贵秩序的社会关系为强调。是以切合人伦日用的道德、社会化的伦理，才是清儒所关怀的重点。"因此，清代的"义理学发展，能够从一己的心性之学、从形上的思辨哲学中跨步而出，向着落实在经验领域，着重社会

---

① 廖名春、康学伟、梁韦弦：《周易研究史》，湖南出版社1991年版，第323—324页。

和谐、看重人际关系的社会哲学发展"①。

任何时代的学术文化都不是割裂前缘凭空而造的。乾嘉朴学的上述两点特征，无不显示出学术史发展的内在逻辑：重智主义导源于明清实学，认肯情欲更可上溯至泰州学派。而每个思想家的理论体系，又必定凝结着对当下文化课题的深刻反思与积极回应。焦循易学同样如此。其"求通""求义"的治经原则，正是针对吴、皖后学据守汉说、疏于义理的积弊而发。因此，他不取惠栋、张惠言等人一从汉说的解《易》路数，而是融通裁汰荀、虞易学以另铸新例。其义理疏解则是对戴震"故训明则古经明，古经明则贤人圣人之理义明"的进一步落实，并在深度吸纳戴氏义理三书思想内容的基础上有所发展。焦循深信，只有突破对汉代成说的盲目拘执进而博采众长，开掘出五经、四书丰富的义理内蕴，才能形成对经典本义的个人理解，即"自得性灵"。当然，平心而论，焦循易学"谓之为一家之学则可，如谓非此说不能通羲文周孔之微言大义，则不敢信也"②。即便如此，我们也大可不必攻评挞伐。学术总是时代的镜子。同宋代理学标榜超迈汉唐、回归孔孟一样，清代学者去除宋学遮蔽、恢复先秦本旨的最终成果，必定不是对经典原义的全盘照搬，而是将时代精神充分灌注其中的崭新创造。这正是中国传统学术的一贯诠释进路，也是先秦儒学、汉唐经学、宋明理学、清代朴学各有其独到价值的原因所在。分而观之，一代有一代之所胜；统而言之，它们共同组成了中华文化慧命相续的悠悠长河。今天的我们，唯有摒弃入主出奴的意气，多一些平和宽舒的从容，才能真正从汉宋之争的余音中走出。也唯有如此，传统文化才能跟随时代的脉动不断勃发新的生机，继而传衍不息、春意永在。

---

①　张丽珠：《清代义理学新貌》，台湾里仁书局 1999 年版，第 208、204 页。

②　王云五主持：《续修四库全书提要》第一册，台湾商务印书馆 1972 年版，第 85—86 页。

参考文献

一、古籍类

焦循：《雕菰楼易学五种》，凤凰出版社 2012 年版。

焦循：《周易补疏》，《续修四库全书》第 27 册，上海古籍出版社 1995 年版。

焦循：《论语通释》，《木犀轩丛书》本。

焦循：《论语补疏》，《皇清经解》第六册，上海书店 1988 年版。

焦循：《孟子正义》，中华书局 1987 年版。

焦循：《雕菰集》，《丛书集成初编》第 2191—2196 册，商务印书馆 1936 年版。

焦循：《易余籥录》，《丛书集成续编》第 29 册，台湾新文丰出版公司 1989 年版。

焦循：《里堂家训》，《丛书集成续编》第 60 册，台湾新文丰出版公司 1989 年版。

焦循：《致王引之书》，载赖贵三：《昭代经师手简笺释》，台湾里仁书局 1999 年版。

焦循：《焦里堂先生轶文》，《丛书集成续编》第 193 册，台湾新文丰出版公司 1989 年版。

司马迁：《史记》，中华书局 1982 年版。

班固：《汉书》，中华书局 1987 年版。

许慎撰，段玉裁注：《说文解字注》，上海古籍出版社 1988 年版。

王弼：《周易注》，楼宇烈校释：《王弼集校释》，中华书局 1980 年版。

刘徽、李淳风注：《九章算术注》，《丛书集成初编》第 1263 册，商务印书馆 1936 年版。

陈寿：《三国志》，中华书局 1982 年版。

陆德明：《经典释文》，中华书局 1983 年版。

韩愈：《韩昌黎集》，《万有文库》第一集第 807 种，商务印书馆 1930 年版。

胡瑗：《周易口义》，吉林出版集团有限责任公司 2005 年版。

欧阳修：《文忠集》，影印文渊阁《四库全书》第 1102 册，台湾商务印书馆 1986 年版。

邵雍：《邵雍集》，中华书局 2010 年版。

张载：《张载集》，中华书局 1978 年版。

程颢、程颐：《二程集》，中华书局 1981 年版。

朱震：《朱震集》，岳麓书社 2007 年版。

朱熹：《周易本义》，中华书局 2009 年版。

朱熹：《四书章句集注》，中华书局 1983 年版。

朱熹：《朱子全书》，上海古籍出版社、安徽教育出版社 2002 年版。

冯椅：《厚斋易学》，影印文渊阁《四库全书》第 16 册，台湾商务印书馆 1986 年版。

杨简：《慈湖先生遗书》，山东友谊书社 1991 年版。

陈淳：《北溪字义》，中华书局 2009 年版。

程迥：《周易古占法》，影印文渊阁《四库全书》第 12 册，台湾商务印书馆 1986 年版。

朱熹撰，朱鉴编：《原本周易本义 朱文公易说》，上海古籍出版社 1989 年版。

秦九韶：《数书九章》，《丛书集成初编》第 1269 册，商务印书馆 1936 年版。

王应麟：《玉海》，江苏古籍出版社、上海书店 1987 年版。

黎靖德编：《朱子语类》，中华书局 1986 年版。

吴澄：《易纂言》，影印文渊阁《四库全书》第 22 册，台湾商务印书馆 1986 年版。

吴澄：《易纂言外翼》，影印文渊阁《四库全书》第 22 册，台湾商务印书馆 1986 年版。

罗钦顺：《困知记》，中华书局 1990 年版。

湛若水：《格物通》，影印文渊阁《四库全书》第 716 册，台湾商务印书馆 1986 年版。

王守仁：《王阳明全集》，上海古籍出版社 1992 年版。

王畿：《王畿集》，凤凰出版社 2007 年版。

归有光：《震川先生集》，上海古籍出版社 2007 年版。

罗汝芳：《罗汝芳集》，凤凰出版社 2007 年版。

来知德：《周易集注》，上海古籍出版社 1990 年版。

李贽：《焚书》，中华书局 1961 年版。

方以智：《物理小识》，《万有文库》第二集第 543 种，商务印书馆 1937 年版。

方以智：《通雅》，影印文渊阁《四库全书》第 857 册，台湾商务印书馆 1986 年版。

方以智：《青原志略》，华夏出版社 2012 年版。

黄宗羲：《明儒学案（修订版）》，中华书局 2008 年版。

黄宗羲：《黄梨洲文集》，中华书局 1959 年版。

黄宗羲：《易学象数论·外两种》，中华书局 2010 年版。

顾炎武：《顾亭林诗文集》，中华书局 1959 年版。

顾炎武著，黄汝成集释：《日知录集释》，上海古籍出版社 1985 年版。

顾炎武：《音学五书》，中华书局 1982 年版。

王夫之：《读四书大全说》，中华书局 1975 年版。

王夫之：《船山全书》，岳麓书社 1988 年版。

毛奇龄：《毛奇龄易著四种》，中华书局 2010 年版。

毛奇龄：《仲氏易》，影印文渊阁《四库全书》第 41 册，台湾商务印书馆 1986 年版。

毛奇龄：《西河集》，影印文渊阁《四库全书》第 1320—1321 册，台湾商务印书馆 1986 年版。

胡渭：《易图明辨》，中华书局 2008 年版。

颜元：《颜元集》，中华书局 1987 年版。

李光地：《周易折中》，巴蜀书社 2006 年版。

李塨：《周易传注》，影印文渊阁《四库全书》第 47 册，台湾商务印书馆 1986 年版。

冯辰、刘调赞：《李塨年谱》，中华书局 1988 年版。

江永：《河洛精蕴》，巴蜀书社 2008 年版。

惠栋：《周易述》，中华书局 2007 年版。

惠栋：《九曜斋笔记》，《丛书集成续编》第 20 册，台湾新文丰出版公司 1989 年版。

惠栋：《松崖笔记》，《丛书集成续编》第 20 册，台湾新文丰出版公司 1989 年版。

惠栋：《九经古义》，《丛书集成初编》第 254 册，商务印书馆 1937 年版。

全祖望：《全祖望集汇校集注》，上海古籍出版社 2000 年版。

袁枚：《小仓山房诗集》，上海古籍出版社 1988 年版。

袁枚：《小仓山房文集》，上海古籍出版社 1988 年版。

袁枚：《小仓山房尺牍》，群学社 1926 年版。

戴震：《戴震文集》，中华书局 1980 年版。

戴震：《孟子字义疏证》，中华书局 2008 年版。

钱大昕：《潜研堂集》，上海古籍出版社 1989 年版。

段玉裁：《经韵楼集》，上海古籍出版社 2008 年版。

章学诚：《文史通义》，中华书局 1956 年版。

永瑢等：《四库全书总目》，中华书局 1965 年版。

孙星衍：《问字堂集》，中华书局 1996 年版。

凌廷堪：《校礼堂文集》，中华书局 1998 年版。

张惠言：《周易虞氏义》，北京大学出版社 2012 年版。

张惠言：《虞氏易礼》，《丛书集成续编》第 29 册，台湾新文丰出版公司 1989 年版。

张惠言：《易纬略义》，《续修四库全书》第 40 册，上海古籍出版社 1995 年版。

江藩：《国朝汉学师承记》，中华书局 1983 年版。

阮元：《揅经室集》，中华书局 1993 年版。

阮元校刻：《十三经注疏》，中华书局 1957 年版。

王引之：《经义述闻》，《万有文库》第二集第 11 种，商务印书馆 1935 年版。

赵在翰辑：《七纬·附论语谶》，中华书局 2012 年版。

方东树：《汉学商兑》，《汉学师承记（外二种）》，生活·读书·新知三联书店 1998 年版。

李道平：《周易集解纂疏》，中华书局 1994 年版。

朱骏声：《传经室文集》《求恕斋丛书》本。

郭嵩焘:《郭嵩焘全集》,岳麓书社 2012 年版。

王之春:《王夫之年谱》,中华书局 1989 年版。

王先谦:《后汉书集解》,中华书局 2006 年版。

皮锡瑞:《经学通论》,中华书局 1954 年版。

皮锡瑞:《经学历史》,中华书局 1959 年版。

二、今人著作类

何泽恒:《焦循研究》,台湾大安出版社 1990 年版。

程石泉:《易学新探·雕菰楼易义》,上海古籍出版社 2003 年版。

陈居渊:《焦循儒学思想与易学研究》,齐鲁书社 2000 年版。

陈居渊:《焦循阮元评传》,南京大学出版社 2006 年版。

赖贵三:《焦循雕菰楼易学研究》,台湾花木兰文化出版社 2008 年版。

赖贵三:《台海两岸焦循文献考察与学术研究》,台湾文津出版社 2008 年版。

刘建臻:《焦循学术论略》,社会科学文献出版社 2012 年版。

刘大钧:《周易概论》,齐鲁书社 1986 年版。

林忠军:《象数易学发展史》第一卷,齐鲁书社 1994 年版。

林忠军:《象数易学发展史》第二卷,齐鲁书社 1998 年版。

林忠军:《易学源流与现代阐释》,上海古籍出版社 2012 年版。

林忠军:《周易郑氏学阐微》,上海古籍出版社 2005 年版。

林忠军、张沛、张韶宇等:《明代易学史》,齐鲁书社 2016 年版。

林忠军、张沛、赵中国等:《清代易学史》,齐鲁书社 2018 年版。

王新春:《易学与中国哲学》,人民出版社 2012 年版。

王新春:《周易虞氏学》,台湾顶渊文化事业有限公司 1999 年版。

王新春、吕颖、周玉凤:《〈易纂言〉导读》,齐鲁书社 2006 年版。

刘玉建:《两汉象数易学研究》,广西教育出版社 1996 年版。

刘玉建:《中国古代龟卜文化》,广西师范大学出版社 1992 年版。

李尚信:《卦序与解卦理路》,巴蜀书社 2008 年版。

李秋丽:《元代易学史》,齐鲁书社 2021 年版。

张克宾:《朱熹易学思想研究》,人民出版社 2015 年版。

余敦康：《汉宋易学解读》，华夏出版社 2006 年版。

朱伯崑：《易学哲学史》第四册，昆仑出版社 2005 年版。

郭彧：《易图讲座》，华夏出版社 2007 年版。

廖名春、康学伟、梁韦弦：《周易研究史》，湖南出版社 1991 年版。

牟宗三：《周易的自然哲学与道德函义》，台湾文津出版社 1988 年版。

黄寿祺：《易学群书平议》，北京师范大学出版社 1988 年版。

王琼珊：《易学通论》，台湾广文书局 2012 年版。

孙剑秋：《易学新论》，台湾中华文化教育学会 2007 年版。

孙剑秋：《易理新研》，台湾学生书局 1997 年版。

汪学群：《清初易学》，商务印书馆 2004 年版。

汪学群：《清代中期易学》，社会科学文献出版社 2009 年版。

尚秉和：《周易尚氏学·总论》，中华书局 1980 年版。

高亨：《周易古经今注·述例》，中华书局 1984 年版。

李镜池：《周易通义·前言》，中华书局 2007 年版。

李镜池：《周易探源·周易卦名考释》，中华书局 1978 年版。

梁韦弦：《汉易卦气学研究》，齐鲁书社 2007 年版。

廖名春：《帛书〈周易〉论集》，上海古籍出版社 2008 年版。

王云五主持：《续修四库全书提要》，台湾商务印书馆 1972 年版。

梁启超：《中国近三百年学术史》，东方出版社 1996 年版。

梁启超：《清代学术概论》，上海古籍出版社 2005 年版。

钱穆：《中国近三百年学术史》，商务印书馆 1997 年版。

陈祖武：《清代学术源流》，北京师范大学出版社 2012 年版。

陈祖武、朱彤窗：《乾嘉学派研究》，河北人民出版社 2005 年版。

张丽珠：《清代义理学新貌》，台湾里仁书局 1999 年版。

张舜徽：《张舜徽集·清代扬州学记》，华中师范大学出版社 2005 年版。

陈居渊：《汉学更新运动研究——清代学术新论》，凤凰出版社 2013 年版。

王茂等：《清代哲学》，安徽人民出版社 1992 年版。

汪学群：《清代学问的门径》，中华书局 2009 年版。

刘师培：《经学教科书》，上海古籍出版社 2006 年版。

徐世昌辑：《颜李丛书》，四存学会 1923 年版。

冯达文、郭齐勇主编：《新编中国哲学史》，人民出版社 2004 年版。

冯友兰：《中国哲学史》，华东师范大学出版社 2000 年版。

侯外庐：《中国思想通史》第五卷，人民出版社 1956 年版。

张岂之：《中国思想学说史》明清卷，广西师范大学出版社 2008 年版。

张学智：《中国儒学史·明代卷》，北京大学出版社 2011 年版。

张学智：《明代哲学史》，北京大学出版社 2000 年版。

陈来：《宋明理学》（第二版），华东师范大学出版社 2003 年版。

章太炎：《章太炎全集》第四册，上海人民出版社 1985 年版。

胡适：《胡适论治学》，安徽教育出版社 2006 年版。

胡适：《胡适文存》第三集，安徽教育出版社 2003 年版。

熊十力：《原儒》，中国人民大学出版社 2006 年版。

方东美：《方东美先生演讲集》，中华书局 2013 年版。

杨向奎：《杨向奎集》，中国社会科学出版社 2006 年版。

钱伯城：《问思集》增订本，中西书局 2011 年版。

程树德：《论语集释》，中华书局 1990 年版。

杨伯峻：《春秋左传注》，中华书局 2000 年版。

孔国平：《李冶、朱世杰与金元数学》，河北科学技术出版社 2000 年版。

三、论文类

程钢：《焦循天算学、易学学术思想研究》，博士学位论文，西北大学，1996 年。

程钢：《假借与焦循的易学阐释方法》，载钱逊、廖名春：《清华大学思想文化研究所集刊》第一辑，清华大学出版社 1995 年版。

程钢：《焦循易学的引申论研究》，《传统文化与现代化》1997 年第 3 期。

程钢：《著作考据之争与焦循易学——焦循"徒托空言"发微》，载饶宗颐：《华学》第三辑，紫禁城出版社 1998 年版。

程钢：《解释学与修辞学——以焦循易学的假借引申论为例》，载祁龙威、林庆彰：《清代扬州学术研究》下册，台湾学生书局 2001 年版。

岑溢成：《焦循〈当位失道图〉牟释述补》，载李明辉、蔡仁厚等：《牟宗三先生与中国哲学之重建》，台湾文津出版社 1996 年版。

岑溢成：《焦循〈易图略〉的系统研究》，《鹅湖学志》第三十一期，2003 年。

徐辉：《试论焦循的〈易〉学与数学的关系》，《扬州师院自然科学学报》1986 年第 2 期。

林忠军：《论焦循"本经文实测"两汉象数易学》，《孔子研究》2015 年第 4 期。

吴根友：《"性灵"经学与"后戴震时代"个体主体性之增长——焦循经学与哲学思想新论》，《学术研究》2010 年第 8 期。

杨效雷：《清代学者焦循独特的易学构架》，《周易研究》2002 年第 2 期。

张再林：《焦循象数易中"互文"的符号学思想》，《社会科学辑刊》2010 年第 6 期。

郑朝晖：《略论朴学易的述言方式——以惠栋、焦循为例》，载《第七届海峡两岸周易学术研讨会论文集》下册，山东大学 2013 年版。

杨效雷：《清儒易学平议》，载孙剑秋、刘大钧等：《易道研几：穷究易经精微启发教学典范》，台湾五南图书出版股份有限公司 2012 年版。

王法周：《乾嘉学术对政治的反拨——以凌廷堪、焦循、阮元为中心》，《史学月刊》2014 年第 2 期。

孙邦金：《乾嘉易学与"道统"形上学之重构》，《周易研究》2013 年第 6 期。

林忠军：《论王念孙、王引之父子的易学解释》，《周易研究》2013 年第 1 期。

於梅舫：《从王学护法到汉学开山——毛奇龄学说形象递变与近代学术演进》，《中山大学学报（社会科学版）》2014 年第 1 期。

刘大钧：《"卦气"溯源》，《中国社会科学》2000 年第 5 期。

林忠军：《论两汉易学的形成、源流及其特征》，《山东大学学报（哲学社会科学版）》2000 年第 1 期。

林忠军：《〈易纬〉宇宙观与汉代儒道合流趋向》，《哲学研究》2002 年第 10 期。

刘玉建：《魏晋至唐初易学演变与发展的特征》，《周易研究》2003 年第 4 期。

李尚信：《〈杂卦传〉真的存在错简吗》，《周易研究》2009 年第 5 期。

王新春：《清华简〈筮法〉的学术史意义》，《周易研究》2014 年第 6 期。

田永胜：《论王弼易学对两汉象数易学的继承》，《周易研究》1998 年第 3 期。

郭彧:《俞琰卦变说辨析》,载刘大钧主编:《象数易学研究》第三辑,巴蜀书社 2003 年版。

郭素红:《明代易学中的汉学倾向》,《东岳论丛》2009 年第 10 期。

责任编辑：段海宝　王璐瑶

封面设计：石笑梦

图书在版编目（CIP）数据

焦循易学研究 / 张沛著 . -- 北京 ：人民出版社，
2024. 10. -- ISBN 978 - 7 - 01 - 026722 - 7

I . B221. 5

中国国家版本馆 CIP 数据核字第 2024HP2802 号

焦循易学研究

JIAOXUN YIXUE YANJIU

张沛　著

人 民 出 版 社 出版发行

（100706　北京市东城区隆福寺街 99 号）

北京九州迅驰传媒文化有限公司印刷　新华书店经销

2024 年 10 月第 1 版　2024 年 10 月北京第 1 次印刷

开本：710 毫米 ×1000 毫米 1/16　印张：23

字数：350 千字

ISBN 978 - 7 - 01 - 026722 - 7　定价：96.00 元

邮购地址 100706　北京市东城区隆福寺街 99 号

人民东方图书销售中心　电话（010）65250042　65289539